支挡结构极限状态设计指南
——以铁路路基支挡结构为例

GUIDE FOR LIMIT STATE DESIGN OF RETAINING STRUCTURES

TAKING RETAINING STRUCTURE
OF RAILWAY SUBGRADE AS AN EXAMPLE

魏永幸　郭海强　罗一农　等 著

人民交通出版社股份有限公司

北 京

内 容 摘 要

支挡结构的安全性、可靠性,事关工程安全,是工程设计的重要内容。本书基于铁路路基支挡结构的安全性、可靠性等相关研究以及工程实践,对铁路路基支挡结构极限状态设计进行系统的阐述。本书内容包括三部分,介绍了支挡结构极限状态设计的原理方法,铁路路基支挡结构极限状态设计的步骤及要点,并结合工程实例,对支挡结构极限状态设计进行系统、全面的阐述,是一本兼顾科研与实际应用的设计指南、工程手册。

本书可供铁路、公路、市政等相关领域从事支挡工程设计研究的工程技术人员使用,也供相关高校教学参考。

图书在版编目(CIP)数据

支挡结构极限状态设计指南:以铁路路基支挡结构为例/魏永幸等著. —北京:人民交通出版社股份有限公司,2021.4

ISBN 978-7-114-16981-6

Ⅰ.①支… Ⅱ.①魏… Ⅲ.①铁路路基—支挡结构—结构设计—指南 Ⅳ.①U213.1-62

中国版本图书馆 CIP 数据核字(2020)第 257037 号

Zhidang Jiegou Jixian Zhuangtai Sheji Zhinan——Yi Tielu Luji Zhidang Jiegou Weili

书　　名:	支挡结构极限状态设计指南——以铁路路基支挡结构为例
著 作 者:	魏永幸　郭海强　罗一农　等
责任编辑:	李　娜
责任校对:	孙国靖　卢　弦
责任印制:	张　凯
出版发行:	人民交通出版社股份有限公司
地　　址:	(100011)北京市朝阳区安定门外外馆斜街 3 号
网　　址:	http://www.ccpcl.com.cn
销售电话:	(010)59757973
总 经 销:	人民交通出版社股份有限公司发行部
经　　销:	各地新华书店
印　　刷:	北京虎彩文化传播有限公司
开　　本:	787×1092　1/16
印　　张:	21
字　　数:	509 千
版　　次:	2021 年 4 月　第 1 版
印　　次:	2021 年 4 月　第 1 次印刷
书　　号:	ISBN 978-7-114-16981-6
定　　价:	78.00 元

(有印刷、装订质量问题的图书由本公司负责调换)

前言
Preface

随着我国高铁走出去及"一带一路"倡议的实施,加速推进中国铁路标准与国际接轨迫在眉睫。铁路路基作为铁路工程重要的部分,必须提高其设计技术标准的科学性,适应国内外工程设计向极限状态设计方向发展的趋势,才能更好地与国际标准接轨。笔者长期从事路基工程的设计及施工配合、标准编制、科学研究与技术管理工作,曾主持内昆铁路、遂渝铁路、粤赣高速公路、武广高速铁路等铁路、公路路基工程设计,对此有深刻的认识:我国铁路路基支挡结构形式丰富多样,技术先进,但在设计方法上仍以传统的总安全系数法设计为主,这与国际上主要采用的极限状态设计方法兼容互通性不足。工程建设高质量发展对工程设计提出更高要求,如何使路基支挡结构更安全、更可靠、更经济,工程实践呼唤先进、科学的设计理论与设计方法——基于风险识别和概率论的铁路路基支挡结构极限状态设计方法。

基于上述认识,作者及其团队历经十余年研究,先后开展了十余项以概率论为基础的铁路路基支挡结构极限状态设计课题研究工作。结合工程实践,开展成果转化与应用研究,形成了"影响支挡结构安全性的因素分析""西南山区铁路路基工程设计风险识别与防治对策研究""铁路路基支挡结构极限状态设计研究""铁路路基支挡结构极限状态设计验证研究"等科研成果,出版了《路基工程风险识别与防范》《支挡结构设计的可靠性》等专著,开发了"路基支挡结构极限状态设计与可靠性分析"软件,参与编制了《铁路路基设计规范(极限状态法)》(Q/CR 9127—2018)、《铁路工程结构可靠性设计统一标准(试行)》(Q/CR 9007—2014)等标准。

为进一步总结推广应用研究成果,笔者联合课题主研人员,在《铁路路基设计规范(极限状态法)》(Q/CR 9127—2018)基础上,结合课题主要创新成果及实际工程实践,撰写了本书,其内容包括:支挡结构极限状态设计原理与方法(支挡结构形式及其发展、支挡结构极限状态设计原理、支挡结构极限状态设计方法)、铁路路基支挡结构极限状态设计流程及要点(支挡结构的设计流程、支挡结构的材料及参数、支挡结构的受力分析、常用铁路路基支挡结构设计要点、其他铁路路基支挡结构设计要点)、常用铁路路基支挡结构极限状态设计工程实例(重力式挡土墙、悬臂式挡土墙、锚固桩复合支挡结构)。

全书由魏永幸、郭海强、罗一农合作撰写,由魏永幸负责统稿。各章节参编人员为:第一章,罗一农、郭海强、李炼;第二章,魏永幸、罗一农、王占盛;第三章,魏永幸、王占盛、罗一农;第四章,罗一农、郭海强、周川滨、吴沛沛;第五章,王占盛、杨淑梅;第六章,郭海强、罗一农;第七章,郭海强、邱永平、谯春丽、王智猛;第八章,李炼、徐骏;第九章,郭海强、杨泉、杨祥荣、谯春丽;第十章,郭海强、谢清泉、周川滨;第十一章,郭海强、李刚、邱永平;附录,李炼。本书的出版得到了中铁二院工程集团有限责任公司学术著作出版基金的支持。

本书能够顺利出版,得益于研究团队的共同努力,也与单位领导和同事的支持密不可分。在此,谨向研究团队全体成员,向给予我们关心、支持、帮助的领导、同事和朋友,表示衷心的感谢!

本书撰写中借鉴和参考得到文献已列出,但难免疏漏,在此谨向有关文献作者一并致谢。

限于作者水平,书中或存在不妥,敬请读者批评指正。

魏永幸
2020 年 7 月

目录

第一篇　支挡结构极限状态设计原理与方法

第一章　支挡结构形式及其发展 · 3
- 第一节　支挡结构形式及分类 · 3
- 第二节　支挡结构形式的发展历程 · 12

第二章　支挡结构极限状态设计原理 · 17
- 第一节　极限状态设计理论的发展 · 17
- 第二节　极限状态设计原理 · 20

第三章　支挡结构极限状态设计方法 · 48
- 第一节　分项系数设计方法 · 48
- 第二节　可靠指标设计方法 · 50
- 第三节　极限状态设计需注意的几个问题 · 52

第二篇　铁路路基支挡结构极限状态设计流程及要点

第四章　支挡结构的设计流程 · 57
- 第一节　支挡结构的选型 · 57
- 第二节　支挡结构的设计流程 · 61

第五章　支挡结构的材料及参数 · 71
- 第一节　材料的类型 · 71
- 第二节　材料性能指标的确定方法 · 76

第六章　支挡结构的受力分析 · 82
- 第一节　外力计算 · 82
- 第二节　内力计算 · 110

第七章　常用铁路路基支挡结构设计要点 · 120
- 第一节　设计验算 · 120
- 第二节　构造及施工要求 · 136

第八章　其他铁路路基支挡结构设计要点 …… 144
第一节　半刚性支挡结构设计要点 …… 144
第二节　加筋支挡结构设计要点 …… 147
第三节　锚拉支挡结构设计要点 …… 153
第四节　锚固桩复合支挡结构设计要点 …… 156

第三篇　常用铁路路基支挡结构设计工程实例

第九章　重力式挡土墙 …… 163
第一节　非埋式路堤墙（一般工况） …… 163
第二节　埋式路堤墙（浸水工况洪水位） …… 176
第三节　重力式路堑墙（地震工况） …… 187
第四节　重力式路肩墙（一般工况） …… 201
第五节　衡重式路肩墙（浸水工况） …… 215

第十章　悬臂式挡土墙 …… 231
第一节　悬臂式路肩挡土墙（一般工况） …… 231
第二节　悬臂式路堤挡土墙（地震工况） …… 253

第十一章　锚固桩复合支挡结构 …… 270
第一节　路肩桩板墙（一般工况） …… 270
第二节　路堑桩间挡土墙（地震工况） …… 286

附　录

附录 A　混凝土强度指标 …… 303
附录 B　钢筋强度指标 …… 304
附录 C　土工格栅参数指标 …… 306
附录 D　水泥砂浆参数指标 …… 307
附录 E　填料或墙背岩土物理力学指标 …… 308
附录 F　地基承载力特征值 …… 309
附录 G　地基系数参考值 …… 312
附录 H　常用材料标准重度指标 …… 314
附录 I　库仑主动土压力公式 …… 315
附录 J　挡土墙极限状态分项系数 …… 318
附录 K　钢筋混凝土结构表面裂缝计算宽度限制值 …… 320
附录 L　铁路标准路基面宽度 …… 321
附录 M　铁路路基面以上轨道和列车荷载 …… 324
附录 N　常用设计状况下的作用组合 …… 326
附录 O　地震角 …… 327

参考文献 …… 328

第一篇 Part 1

支挡结构极限状态设计原理与方法

支挡结构是常见的岩土工程之一,在铁路、公路、市政工程中应用普遍,类型众多。支挡结构设计方法在工程实践中不断发展、完善,目前正经历由传统总安全系数法向极限状态法的转变。极限状态法是基于可靠度理论的结构性能状态设计方法,其理念、原理、方法先进。本篇阐述支挡结构分类及其发展,并重点介绍支挡结构极限状态设计原理和设计方法。

第一章 支挡结构形式及其发展

支挡结构是用来支撑、加固岩土体，防止其坍塌以保持稳定的一种建筑物，主要用于承受土体的侧向土压力。支挡结构的应用由来已久，可追溯到上古时代，用以修筑堤坝、构筑城郭等；其后，在长久的使用进程中，随着土力学、岩石力学、岩体力学等基础学科的发展，以及材料、机械、计算机等领域技术的进步，支挡结构在理论和实践应用方面都更加的趋于完善。本章将介绍支挡结构的形式分类及发展历程。

第一节 支挡结构形式及分类

发展至今，支挡结构的类型已有很多，包括重力式挡土墙、衡重式挡土墙、托盘式挡土墙、卸荷板式挡土墙、悬臂式挡土墙、扶壁式挡土墙、槽型挡土墙、加筋土挡土墙、土钉墙、锚杆挡土墙、预应力锚索、抗滑桩、桩板墙及桩间挡土墙结构、桩基托梁挡土墙、组合桩、锚定板挡土墙，等等。工程上往往因不同的使用目的和用途，根据不同原则和标准对其种类进行划分。如按材料特点划分，可分为浆砌块片石支挡结构、素混凝土支挡结构、钢筋混凝土支挡结构、土工合成材料支挡结构和复合型支挡结构等；按设置支挡结构的地区条件划分，可分为一般地区、地震地区、浸水地区、不良地质地区和特殊岩土地区等。

由于不同行业的差异性，支挡结构所处的环境条件、设置的具体位置以及施工方法均有所差异，其分类上也带有行业特点。如建筑行业的基坑支护结构，可分为排桩式支护结构、地下连续墙、水泥土墙、土钉墙和逆作拱等。交通行业的路基支挡结构，按其设置的位置划分，可分为：①用于稳定路堑边坡的路堑边坡支挡结构；②用于稳定路堤边坡的路堤边坡支挡结构；③用于支承铁路上部荷载或路堤填方的支挡结构；④用于稳定建筑物旁的陡峻边坡减少挖方的边坡支挡结构；⑤用于稳定滑坡、岩堆等不良地质体的抗滑支挡结构；⑥用于加固河岸、基坑边坡、拦挡落石等其他特殊部位的支挡结构。

虽然目前所用到的支挡结构形式有很多，但这些结构形式并不是横空出世的，各自也都经历了一个发展过程。此外，这些结构之间也存在着一定的联系，不同类型的支挡结构，其受力分析和结构设计既有共同之处，也有不同的地方。若针对每一种类型的支挡结构都详述其受力分析和设计细节，显然既重复冗杂也没有必要。为了方便设计人员了解各支挡结构内在的共同性，提高设计效率，本书在总结经验的基础上，基于支挡结构的受力机理及特点，根据这些结构形式的特点，将其归为五大类：刚性支挡结构、半刚性支挡结构、加筋支挡结构、锚拉支挡结构和锚固桩复合支挡结构，见表1-1，并以此分别讲述其发展历程。

支挡结构的分类　　　　　　　　　　　　表1-1

分类依据	结构类别	支挡结构
结构形式	刚性支挡结构	重力式挡土墙(包括衡重式挡土墙)
		托盘式挡土墙和卸荷板式挡土墙
	半刚性支挡结构	悬臂式挡土墙
		扶壁式挡土墙
		槽型挡土墙
	加筋支挡结构	加筋土挡墙
		土钉墙
	锚拉支挡结构	锚杆墙
		预应力锚索加固技术和由此发展而来的锚索桩等锚索复合结构
		锚定板挡墙
	锚固桩复合支挡结构	抗滑桩、侧向约束桩
		桩墙结构(桩间设置挡土板、重力式挡土墙或土钉墙)
		桩基托梁重力式挡土墙
		组合桩结构(桩基悬臂式挡土墙、桩基扶壁式挡土墙、椅式桩、框架桩)

一、刚性支挡结构

结构自身在侧向土压力及荷载作用下,墙体仅能发生整体滑动或倾覆,墙身由于刚度大,产生的挠曲变形很小且可忽略,这种类型的支挡结构称为刚性支挡结构。常见的刚性支挡结构包括重力式挡土墙和衡重式挡土墙。

1. 重力式挡土墙

重力式挡土墙是指以墙体重力抵抗土压力,如图1-1所示。重力式挡土墙,墙身多采用素混凝土、片石混凝土或浆砌片石等圬工材料建造,由于其结构形式简单、石料来源丰富、就地取材方便、不需要复杂的施工设备和技术,因此在铁路行业中普遍使用;缺点是墙体圬工量大。

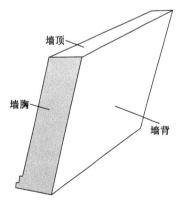

图1-1　重力式挡土墙

重力式挡土墙体积较大,墙高不宜大于10m,高度过大,既不经济也不安全。当土质边坡挡墙高度大于6~8m、石质边坡挡墙高度大于8~10m时,上述状况更明显,且重力式路堑挡土墙施工难以采用逆作法,开挖面形成后边坡稳定性降低,若挡墙施工不及时,很容易引起坡面剥落、溜坍甚至引发浅层滑坡。

2. 衡重式挡土墙

衡重式挡土墙由重力式挡土墙发展而来,是重力式挡土墙的一种特殊形式,如图1-2所示。衡重式挡土墙通过利用上墙衡重台上填土的重量和墙体自重维持稳定,由于胸坡很陡,可以有效降低挡墙的高度。与重力式挡土墙相比,衡重式挡土墙墙高可以设置得更高,自稳性更好,但上墙和下墙交接处是其截面的薄弱地方,特别是地震地区或有可能出现较大的动荷载时。

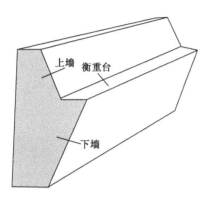

图1-2 衡重式挡土墙

重力式挡土墙和衡重式挡土墙的截面尺寸和刚度均较大,几乎不产生挠曲变形,在侧向土压力作用下,可发生滑动或倾覆破坏,多用于收坡、防冲刷等。重力式挡土墙可设置于路肩、路堤和路堑等部位,而衡重式挡土墙一般设置于路肩地段。

地震地区优先选择截面形式简单的无衡重台的挡土墙,若地形受限必须选择衡重式挡土墙,则需采取构造措施加强斜截面抗剪能力。

二、半刚性支挡结构

结构自身在侧向土压力及荷载作用下,挡土墙能够发生整体平移或倾覆,墙身也会产生一定的挠曲变形,但结构变形不会影响土压力的大小和分布,这种类型的支挡结构称为半刚性支挡结构。半刚性支挡结构包括悬臂式挡土墙、扶壁式挡土墙、槽型挡土墙等。

1. 悬臂式挡土墙

悬臂式挡土墙由立臂板、趾板、踵板等组成,如图1-3所示。以墙体和踵板以上土体的重力抵抗土压力的臂式挡土墙,其材料采用钢筋混凝土,使得其结构厚度减小,自重减轻,能够适用于石料缺乏和地基承载力较低的填方地段。悬臂式挡土墙和扶壁式挡土墙需要较宽的平坦地基,多用于收坡和顺接桥等,可设置于路肩和路堤。

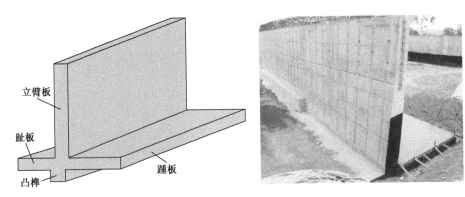

图 1-3 悬臂式挡土墙

2. 扶壁式挡土墙

扶壁式挡土墙由立臂板、趾板、踵板、扶壁等组成,如图 1-4 所示,即在悬臂式挡墙的立臂板上每隔一定距离加一道扶壁把墙面板和墙踵板连接起来,以减小立壁下部的弯矩。扶壁式挡土墙是悬臂式挡土墙的改进,当悬臂式挡土墙墙高大于 7m 时,立臂板下部弯矩增大,耗用钢筋较多,且变形不易控制,因此沿墙长方向,每隔一定距离加设扶壁,使立臂板与墙踵板相互连接起来。

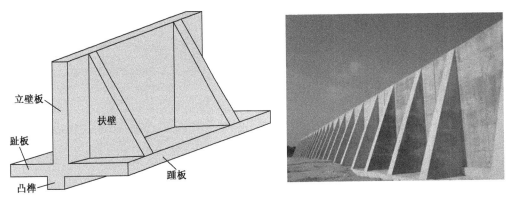

图 1-4 扶壁式挡土墙

3. 槽型挡土墙

槽型挡土墙由边墙和底板组成,可看成由两个悬臂式挡土墙在横断面上将趾板延长并对接而成,常见结构形式如图 1-5 所示。不同结构形式的槽型挡土墙具有不同的优点,倒 π 形挡土墙可通过增加填土压重提高槽型挡土墙的抗浮稳定性,U 形挡土墙结构形式简单,用于路堑地段可以减少基坑开挖量。

三、加筋支挡结构

岩土体通过植入钢筋、土工合成材料等人工材料,形成性质不同的复合材料加固土体,改善了岩土体的变形条件,提高了岩土体整体抗滑移或倾覆性能,这种类型的支挡结构称为加筋支挡结构。加筋支挡结构兼具刚性、半刚性支挡结构和锚拉支挡结构的部分特点。加筋支挡结构包括加筋土挡土墙、土钉墙等。

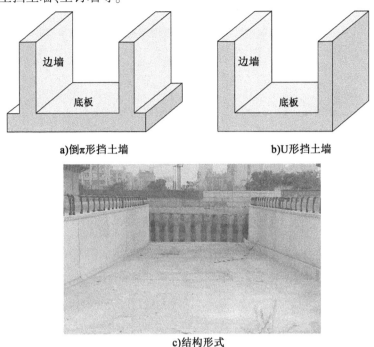

a)倒π形挡土墙　　　　　　　b)U形挡土墙

c)结构形式

图1-5　槽型挡土墙

1. 加筋土挡土墙

加筋土挡土墙是在土中加入拉筋,通过加筋带与填料土之间产生的摩擦作用,改善土体的变形条件和提高土体的工程性能,达到稳定土体的目的,如图1-6所示。加筋土挡土墙中加筋的土体及结构均为柔性,在外力作用下有较好的整体变形协调能力,与其他类型的挡土结构相比,具有良好的抗震性能。

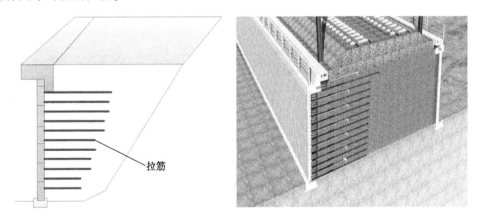

图1-6　加筋土挡土墙结构形式示意图

2. 土钉墙

土钉墙是由被加固土体、锚固于土体中的土钉群和面板组成,形成类似于重力式的挡土墙,用以抵抗墙背土压力或其他附加荷载,达到保持土体稳定的目的,如图1-7所示。

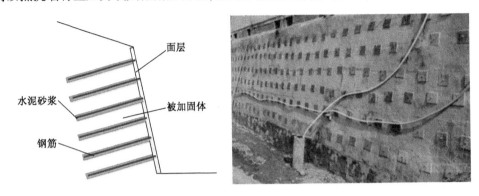

图1-7 土钉墙

四、锚拉支挡结构

依靠锚固在稳定岩土层内的锚杆、锚索锚固段的抗拔力来改善岩土体内部应力状况或平衡墙面处的土压力,这种类型的支挡结构称为锚拉支挡结构。锚拉支挡结构包括锚杆挡土墙、预应力锚索、锚索桩等。

1.锚杆挡土墙

锚杆挡土墙由钢筋混凝土墙面系和锚杆组成。土压力首先传递于墙面,再与锚杆锚固段抗拔力平衡。锚杆挡土墙常用于较高的边坡加固,可与桩墙组合使用,如图1-8所示。

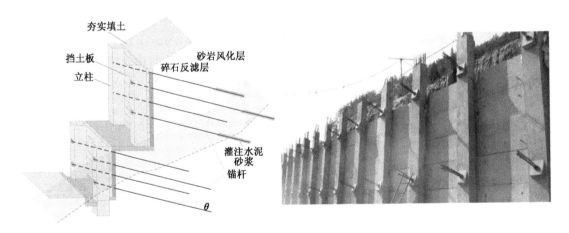

图1-8 锚杆挡土墙

2.预应力锚索

预应力锚索是通过对锚索施加张拉力来加固岩土体使其达到稳定状态或改善内部应力状况的支挡结构,如图1-9所示。预应力锚索是一种主要承受拉力的杆状构件,通过钻孔及注浆体将钢绞线固定于深部稳定地层中,在被加固体表面对钢绞线进行张拉产生预应力,达到使被加固体稳定和限制其变形的目的。

第一章 支挡结构形式及其发展

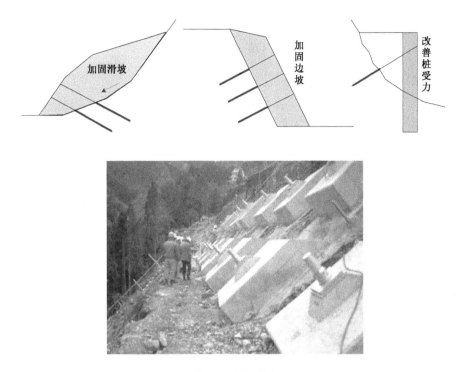

图 1-9 预应力锚索

五、锚固桩复合支挡结构

在桩间设置挡土板、重力式挡土墙或土钉墙,与桩共同组成的复合支挡结构,这种类型的支挡结构称为锚固桩复合支挡结构。锚固桩复合支挡结构包括抗滑桩、桩板式挡土墙、桩基托梁挡土墙、组合桩等。

1. 抗滑桩

抗滑桩是一种由其锚固段侧向地基抗力来抵抗悬臂段土压力或滑坡下滑力的侧向受力桩,如图 1-10 所示。

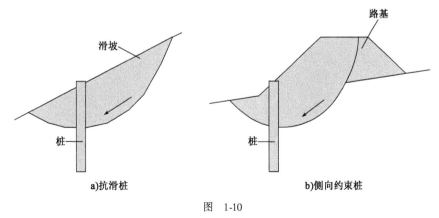

图 1-10

图 1-10 抗滑桩

2. 桩板式挡土墙

桩板式挡土墙是由抗滑桩演变过来的,可用于路堑和路堤高边坡地段,以减小挖方或填方边坡高度,如图 1-11 所示。桩间填土系用挂板或搭板封闭。桩板式挡土墙利用桩的锚固段侧向地基抗力来抵抗悬臂段传来的侧向力,如图 1-12 所示,其结构形式简单,适宜于土压力大,墙高超过一般挡土墙限制的情况。

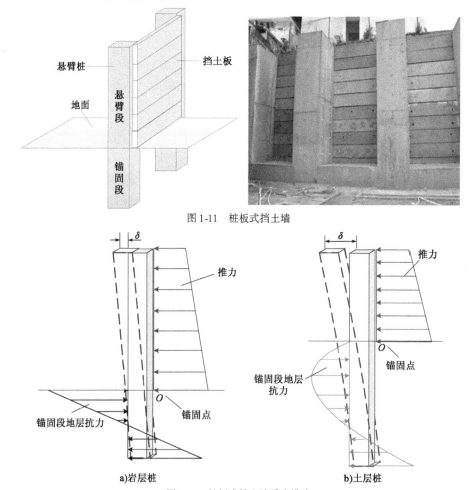

图 1-11 桩板式挡土墙

a) 岩层桩 b) 土层桩

图 1-12 桩板式挡土墙受力模式

3. 桩基托梁挡土墙

桩基托梁挡土墙由实体挡土墙、钢筋混凝土托梁及桩组成,如图 1-13 所示。桩基托梁挡土墙与桩板墙相比,由于挡土墙重力抵消了部分水平弯矩,故桩基相对较短。

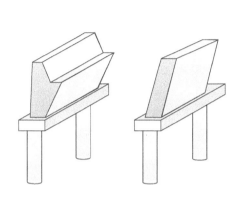

图 1-13　桩基托梁挡土墙

4. 组合桩

组合桩结构由桩基与上部结构或桩与连系梁组成,可分为桩基悬臂式挡土墙、桩基扶壁式挡土墙、椅式桩、框架桩等,如图 1-14 所示。

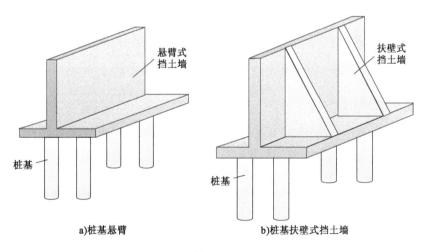

a) 桩基悬臂　　　　　　　　b) 桩基扶壁式挡土墙

图　1-14

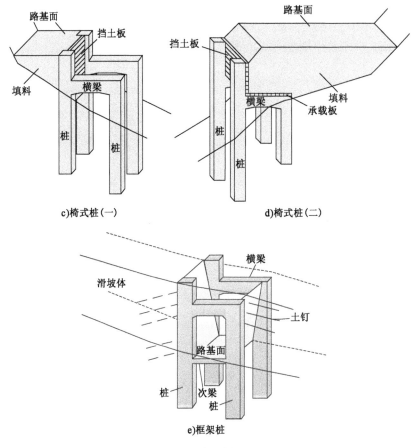

图 1-14 组合桩结构示意图

第二节　支挡结构形式的发展历程

一、刚性支挡结构

随着主体材料的改变及结构形式的优化,形成了刚性支挡结构的发展历程,如图 1-15 所示。在支挡结构发展的早期历史上,由于支挡结构构筑材料只能是石料等自然材料,因此石砌重力式挡土墙自然就成为早期铁路工程建设中最广泛采用的支挡结构形式。随着我国水泥类材料的大量生产应用,加之长期大量开采后石料来源的逐渐减少,重力式挡土墙也开始由石砌式逐渐向灌注混凝土式发展。另一方面,由于我国幅员辽阔,地形差异十分巨大,特别是我国西部很多地区地形较为陡峻,为适应此环境,20 世纪 50 年代,原铁道部第二勘测设计院[现中铁二院工程集团有限责任公司(以下简称"中铁二院")]在重力式挡土墙基础上发展出了衡重式挡土墙,目前衡重式挡土墙是我国山区铁路工程中应用较广泛的一种挡墙形式,且在公路等其他工程行业中也得到了推广运用。与重力式挡土墙相比,衡重式挡土墙可节省圬工20% ~ 30%,但当挡土墙较高时,墙身截面还是很大,故在此基础上又发展出了一种改进结构形式——卸荷板式挡土墙,该墙通过卸荷板将其上填料重力转化为墙体自重,同时降低下墙土压力,达到了既节省圬工与工程投资,又增加墙体抗倾覆稳定性的优良效果。

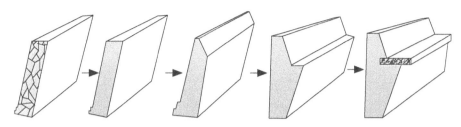

图1-15 刚性支挡结构的发展历程

二、半刚性支挡结构

随着钢筋材料的引入及结构形式的优化,形成了半刚性支挡结构的发展历程,如图1-16所示。悬臂式挡土墙是最先出现的半刚性支挡结构,其墙高一般不超过7m。当高度超过7m时,变形增大,为了改善墙面受力以减小变形,产生了扶壁式挡土墙,扶壁式挡土墙是在悬臂式挡土墙的基础上,通过沿纵向增加扶壁以减小悬臂的变形,并进一步达到增加墙高的目的。目前,悬臂式和扶壁式挡土墙在国内外广泛采用。虽然扶壁式挡土墙的扶壁能有效改善墙面板的变形,但墙后设扶壁施工时填土碾压比较困难,尤其是踵板与墙面板相交的死角处,墙前设扶肋,肋板受压,而墙面抗弯又不如墙后设肋板的好。为了增大墙高和减小踵板长度,在工程建设中,出现了带有卸荷平台的L型挡土墙。

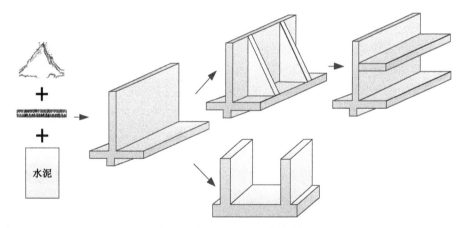

图1-16 半刚性支挡结构的发展历程

此外,槽型挡土墙也是在悬臂式挡土墙基础上发展而来的一种较新的结构形式,槽型挡土墙从断面形式上可看成由左、右两个悬臂式挡土墙拼接而成,但拼接而成的新结构具有悬臂式挡土墙不具有的一些新功能,特别是通过底板、边墙及其全断面防水层可起到阻止路基本体外地表水或地下水浸入路基面的作用,从而保持结构的稳定性。

三、加筋支挡结构

土体引入土工合成材料或钢筋,形成了加筋支挡结构的发展历程,如图1-17所示。

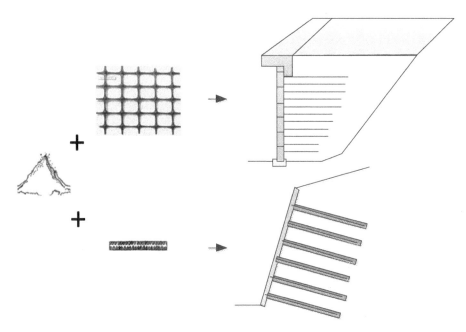

图 1-17 加筋支挡结构的发展历程

加筋土挡土墙起源于法国,亨利·维特尔于 1963 年提出加筋土结构新概念,1965 年在法国建起了世界上第一座加筋土挡土墙,之后在世界各国发展迅速。我国从 20 世纪 70 年代初,就开始了加筋土挡土墙的研究工作。1979 年云南省煤矿设计院在云南田坝矿区建成了我国第一座加筋土挡土墙储煤仓,该挡土墙长 80m,高 2.3~8.3m,采用钢筋混凝土墙面板,素混凝土块穿钢筋作拉筋。20 世纪 80 年代,先后在我国其他土木工程行业运用这项技术,加筋土工程的设计计算理论和施工技术也日臻成熟。

土钉墙是从隧道新奥法基础上发展起来的一门边坡支挡新技术,1972 年,法国瓦尔赛市铁路边坡开挖工程中首次成功应用了土钉墙加固边坡。此后,在世界各国迅速推广。我国 20 世纪 80 年代初期开始引进这项技术,1980 年山西柳湾煤矿的边坡稳定工程中首次运用土钉墙来加固边坡。1987 年,总参工程兵科研所在洛阳王城公园首次采用注浆式土钉墙和钢筋混凝土梁板护壁结构相结合的措施成功加固了 30m 高的护岸。冶金、建筑、铁路、公路等行业也将这项技术运用于基坑边坡加固及道路工程中。20 世纪 90 年代,在南宁至昆明铁路的设计施工中,原铁道部第二勘测设计院等单位,为解决软弱松散岩质高边坡的稳定问题,结合工程开展了分层开挖分层稳定新技术的研究,采用土钉墙作为路堑边坡的支挡结构高达 27m,属国内路堑土钉墙之最。

四、锚拉支挡结构

随着锚杆、锚索材料的引入,形成了锚拉支挡结构的发展历程,如图 1-18 所示。

20 世纪 40~50 年代,美国、法国、西德等国家就开始利用锚杆加固水电站边坡、隧道及洞口边坡等,20 世纪 50 年代,我国开始引进并推广锚杆技术。1966 年,中铁二院在成昆铁路上首次将锚杆挡土墙用来加固边坡,成昆铁路共修建小锚杆(锚孔直径为 40~50mm)挡土墙 14

处、大锚杆(锚孔直径为100～150mm)挡土墙3处,总长度为1029m,最大墙高为16m。随后在川黔、湘黔、太焦、京九、南昆铁路线上推广运用锚杆挡土墙。

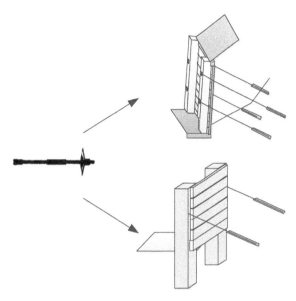

图1-18 锚拉支挡结构的发展历程

锚索技术用于岩土工程在国外已有很长的历史,1933年,阿尔及利亚首次将锚索用于水电工程的坝体加固。20世纪70年代,我国开始将该项技术在其他土木工程行业逐步推广。20世纪80年代,原铁道部第二勘测设计院在四川阿坝州草坡水电厂马岭山隧洞滑坡整治工程中,采用预应力锚索稳定滑体取得成功。20世纪90年代以来,国内预应力锚索技术所需的钢绞线材料及施工机械迅速发展,大大促进了预应力锚索技术的运用。1992年,福建梅剑铁路采用137根预应力锚索加固处于临界平衡状态的开裂边坡,1993年,外福线绿水车站西溪右岸采用预应力锚索整治滑坡,均取得了成功。20世纪90年代,在南宁到昆明的铁路工程建设中,广泛应用于整治滑坡、加固顺层边坡、加固危岩,以及与抗滑桩相结合组成锚索桩等,在加固软质岩路堑高边坡等工程中发挥了巨大作用,锚索加固技术得到较大发展。21世纪,随着高速铁路和公路的迅猛发展,该结构已成为我国铁路工程中的常用支挡结构。

五、锚固桩复合支挡结构

随着在桩体与其他支挡结构的结合,组成的复合支挡结构,形成了锚固桩复合支挡结构的发展历程,如图1-19所示。抗滑桩是锚固桩复合支挡结构中最早出现的结构类型,是我国铁路部门20世纪60年代开发、研究的一种抗滑支挡结构,1966年,原铁道部第二勘测设计院在成昆铁路沙北1号滑坡及甘洛车站2号滑坡中首次采用钢筋混凝土挖孔桩来加固稳定滑坡。20世纪70年代湘黔线贵州境内全段采用抗滑桩31处,共340根桩,总长3342m。由于抗滑效果良好,该结构在铁路路基工程中迅速推广,其后,枝柳、阳安、太焦等线均积极采用抗滑桩整治滑坡,并在岩土工程的各领域得到运用。20世纪90年代,中铁二院在南昆线上开展了软弱松散岩质深路堑高边坡的结构工程试验,抗滑桩与挡土板、桩间挡土墙、土钉墙等结构结合组成锚固桩复合支挡结构,这些复合结构大量使用于路堑边坡的坡加固工程中。在内昆、株六复线、渝怀线等新线建设工程中,锚固桩复合支挡结构得到推广应用。21世纪,随着山区高速铁路和公路的迅猛发展,陡坡路基数量越来越多,且存在许多高填方陡坡路基,为此中铁二院在原有桩板墙的基础上进一步创新研发了椅式组合桩支挡结构,并在兰渝铁路、叙大铁路得到了应用。

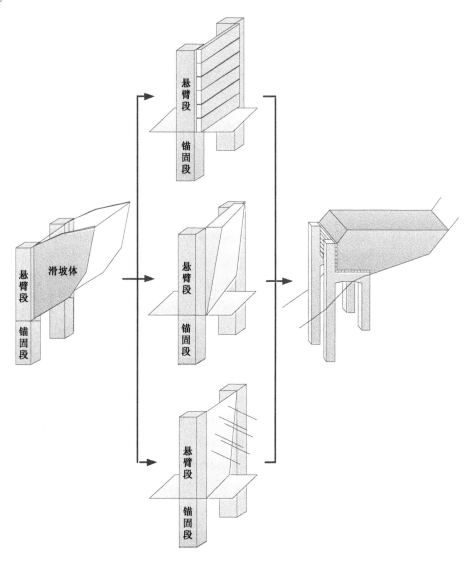

图1-19 锚固桩复合支挡结构的发展历程

本节从材料的引入及结构形式的优化,介绍了支挡结构的发展历程。其间,支挡结构设计方法又不断发展,从容许应力法、破损阶段法再到概率极限状态法,详见下章。

第二章 支挡结构极限状态设计原理

极限状态设计是目前国内外工程结构设计普遍采用的方法,我国铁路路基支挡结构设计也需逐步由传统的安全系数设计法向极限状态设计法转轨。本章主要介绍支挡结构的极限状态设计理论的发展及基本原理。

第一节 极限状态设计理论的发展

一、极限状态设计理论的出现和应用

结构设计的初期,人类尚未建立起材料的精确应力应变关系和截面强度、构件强度、体系强度等系统性概念,在结构设计中,人们主要着眼于整体结构的实际承载能力,在设计方法上主要依靠纯经验或基于结构整体的荷载试验。19世纪初期,随着材料弹性理论的成熟,形成了新的结构设计理论范式,即容许应力设计理论,此乃结构设计理论的第一次飞跃。到了20世纪30年代,随着材料塑性理论的发展,人们对结构构件破坏性能研究的不断深入,苏联的罗列依托提出了按破损阶段方法进行结构设计的极限强度理论,即破损阶段法,这是结构设计理论发展的第二次飞跃。19世纪70年代以来,随着概率论理论引入到结构设计中,逐渐发展出了基于可靠度的概率极限状态设计方法,这是结构设计理论发展的第三次飞跃,该方法也是目前国内外规范中普遍采用的一种设计方法。

在我国工程可靠性设计中,建筑、铁路、公路、水利、港口等行业的结构设计规范已普遍采用极限状态设计法,各行业代表性的规范如表2-1所示。其中在铁路行业,原中国铁路总公司于2014年发布了《铁路工程可靠性设计统一标准(试行)》,并在2014—2016年间,陆续发布了《铁路路基极限状态法设计暂行规范》《铁路桥涵极限状态法设计暂行规范》《铁路隧道极限状态法设计暂行规范》及《铁路轨道极限状态法设计暂行规范》,2018年6月11日,正式发布了《铁路路基设计规范(极限状态法)》(Q/CR 9127—2018)、《铁路桥涵设计规范(极限状态法)》(Q/CR 9300—2018)、《铁路隧道设计规范(极限状态法)》(Q/CR 9129—2018)及《铁路轨道设计规范(极限状态法)》(Q/CR 9130—2018)。

中国可靠性设计规范体系(现行)　　　　表2-1

层　次	行业	标　　准
第一层次标准(国家标准)	—	工程结构可靠性统一标准(GB 50153)
第二层次标准 各行业工程结构可靠度 设计统一标准(行业标准)	建筑	《建筑结构可靠性设计统一标准》(GB 50068)
	铁路	《铁路工程结构可靠性设计统一标准(试行)》(Q/CR 9007)
	公路	《公路工程结构可靠性设计统一标准》(JTG 2120)

续上表

层 次	行业	标 准
第二层次标准 各行业工程结构可靠度 设计统一标准(行业标准)	水利	《水利水电工程结构可靠性设计统一标准》(GB 50199)
	港口	《港口工程结构可靠性设计统一标准》(GB 50158)
第三层次标准 各行业工程结构设计规范等 (行业标准或企业标准)	建筑	《混凝土结构设计规范》(GB 50010)等
	铁路	《铁路路基设计规范(极限状态法)》(Q/CR 9127)等
	公路	《公路工程抗震规范》(JTG B02)等
	水利	《水电工程水工建筑物抗震设计规范》(NB 35047)等
	港口	《水运工程地基设计规范》(JTS 147)等

为建立与极限状态法相配套的支挡结构设计体系，中铁二院开展了大量的基础性及应用性研究工作，具体如下：

1. 理论研究方面

课题组先后承担并完成了"铁路路基支挡结构极限状态设计方法研究""铁路路基支挡结构极限状态设计验证研究""铁路路基支挡结构极限状态设计自洽性及相关问题研究"等科研课题，完成了专著《支挡结构设计的可靠性》的编写，初步建立了可靠指标与分项系数基本相匹配的极限状态设计体系。

2. 应用研究方面

为方便实际工程设计，课题组编制了"路基支挡结构极限状态设计与可靠性分析"相关软件。此外，前期科研成果已在浦梅线、成昆复线等铁路工程试设计中经过检验，且在中铁第一勘察设计院、中国铁路设计集团、中铁第四勘察设计院开展了试设计校核，校验结果均表明了前期科研成果的正确性。

3. 规范编制方面

1)《铁路路基支挡结构设计规范》(TB 10025—2019)

《铁路路基支挡结构设计规范》已于2018年完成修订，本次修订添加了许多有关极限状态设计法的内容，该规范于2019年12月1日正式实施。预计下一步的修订工作将在2019版本基础上根据极限状态设计相关研究成果、国内外规范深入对比情况上进行，以更好地服务于设计。

2)《铁路路基设计规范(极限状态法)》(Q/CR 9127—2018)

《铁路路基设计规范(极限状态法)》(Q/CR 9127—2018)已于2018年6月11日发布，2019年6月11日正式实施，该规范明确了路基支挡结构的设计要求、常用组合类型，规定了重力式挡土墙、衡重式挡土墙、加筋土挡土墙、桩板式挡土墙等常用路基支挡结构的极限状态设计方法。根据原中国铁路总公司的相关规定，自2019年6月11日起，初步设计未批复项目均应采用该标准进行结构设计。

以上三方面可见，基于概率的极限状态设计法基本上达到了实用的程度，为便于设计人员更好地理解该设计理念，以及其具体设计方法，有必要在以上研究成果基础上，编制本书以对这些内容作相应的说明与解读,方便广大路基工作者学习及今后具体设计工作的开展。

二、结构设计理论的发展

如前文所述,结构设计理论先后产生了三次飞跃。

1. 容许应力设计理论

该方法要求结构构件在使用期间内,截面任何一点的应力都不得超过容许承载力,其设计表达式为:

$$\sigma \leqslant [\sigma] = \frac{f}{K} \tag{2-1}$$

式中:σ——构件某一点的应力;

$[\sigma]$——构件的容许应力;

f——结构的材料性能,可由试验确定;

K——设计安全系数。

计算截面应力时,一般依靠的是线弹性理论,即假定材料是均质连续的弹性材料。该方法的主要优点是应用简便,且用该方法设计的结构,一般认为可满足使用要求,结构的变形和裂缝宽度等也很少达到临界点。

容许应力设计理论除了未考虑材料塑性这一力学理论缺陷之外,在结构可靠度方面也存在许多问题:

(1)没有对使用阶段给出明确的定义,也就是没有明确规定使用阶段荷载的取值原则;

(2)把影响结构可靠性的种种因素全归结到反映材料性质的容许应力上,也是一个不合理的处置方式;

(3)容许应力的取值往往会带有一定的经验性;

(4)按容许应力法设计的结构构件是否安全可靠,无法量化,也无法用试验验证。

2. 破损阶段设计理论

该方法的理论基础是按结构最终破坏时的应力状态进行设计,即按极限强度进行设计。在具体设计时,一般不研究构件在使用时的情况,而是直接研究构件最终破坏时的承载能力。以截面上弯矩设计为例,其表达式为:

$$M \leqslant \frac{M_u}{K} \tag{2-2}$$

式中:M——截面弯矩;

M_u——截面极限弯矩;

K——设计安全系数。

(1)破损阶段设计理论的优点是:

①结构设计中纳入了材料塑性性能;

②采用一个整体的安全系数,使结构有了总安全度的概念;

③设计以最终的承载能力为依据,其值可由试验进行验证。

(2)破损阶段设计理论的缺点是:

①该方法能保证结构的强度,但无法了解结构是否满足正常使用的要求;

②安全系数的取值仍然是带有经验性的,并无严格的科学依据;

③采用笼统的单一安全系数,无法就不同荷载、不同材料对结构安全的影响进行区别对待;

④荷载的取值仍带有经验性,材料强度采用平均值,不能正确反映材料强度的变异程度。

3. 概率极限状态设计理论

该理论首先明确规定了结构极限状态的概念,与容许应力与破损阶段设计相比,该理论给出了承载能力、变形、裂缝、疲劳等多种极限状态,比较全面地考虑结构可能存在的不同工作状态。在结构可靠度描述上,该理论放弃了单一、笼统的安全系数,代之以多个系数,如重力平衡作用分项系数、土压力平衡作用分项系数、土压力不平衡作用分项系数等,以分别考虑不同因素不确定性的影响。

该理论在计算结构可靠度时,结合了概率论方法,以失效概率、可靠指标或分项系数作为衡量指标,由于这些指标的确定基本采用近似的方法,因此目前该方法处于近似概率阶段。

(1)概率极限状态设计理论的优点是:

①较全面地考虑了影响结构可靠性的诸多因素的不确定性;

②根据结构的要求和特点选择设计的安全等级,以解决结构可靠性与经济性之间的矛盾;

③可横向比较同类结构在不同设计状况下的可靠性。

(2)概率极限状态设计理论的缺点是:

①目前各变量的统计数据较少;

②在结构可靠度分析中常引入一些简化的手段,可靠指标或失效概率等指标并不一定是真值。

第二节 极限状态设计原理

一、结构功能要求

为保证结构设计的安全可靠,结构应满足一定的功能要求。从宏观上讲,结构的功能包括安全性、适用性和耐久性三个方面,简称三性。安全性是指建筑结构承载能力的可靠性,建筑结构应能承载正常施工和使用中的各种荷载和变形,在地震、爆炸发生时和发生后保证整体的稳定性;适用性要求结构在正常使用过程中,不产生影响使用的过大变形以及不发生过宽的裂缝等;耐久性要求在正常维护的条件下结构不发生严重风化、腐蚀、脱离、碳化,钢筋不发生腐蚀等。

一般而言,耐久性可通过材料的选择实现,而安全性和适用性需进行设计计算保证。对于支挡结构而言,要保证其安全性与适用性,需要从多个角度进行结构功能的设计检算,具体如表 2-2 所示。如果支挡结构的设计、各项功能得不到保证,则会出现相应的结构破坏,图 2-1 所示为支挡结构的常见破坏形式。

支挡结构的功能要求　　　　　　　　　　　　　　表 2-2

支挡结构	功能要求	破坏或非正常使用模式
刚性支挡结构	外部稳定:抗滑、抗倾覆、地基承载力、基底各点的压应力	图 2-1a)
	承载能力:抗压、抗弯、抗剪	
半刚性支挡结构	外部稳定:抗滑、抗倾覆、地基承载力、基底各点的压应力	图 2-1b)
	承载能力:抗弯、抗剪、抗浮(槽型挡土墙)	
	结构正常使用:裂缝、挠度	
加筋支挡结构	外部稳定:抗滑、抗倾覆、地基承载力、基底各点的压应力	图 2-1a)
	承载能力:抗拉、抗拔	图 2-1c)
锚拉支挡结构	承载能力:抗拉、抗拔(锚孔壁与锚固体、锚固体和钢筋)	图 2-1c)
锚固桩复合支挡结构	承载能力:抗弯、抗剪	图 2-1d)
	正常使用:裂缝、挠度、侧壁应力	

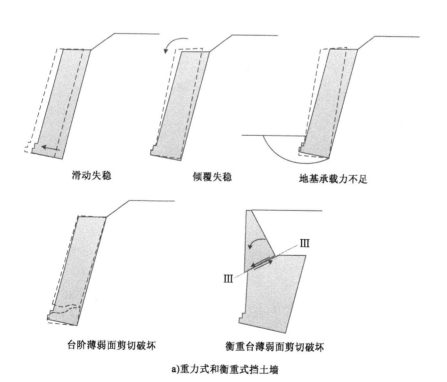

a)重力式和衡重式挡土墙

图 2-1

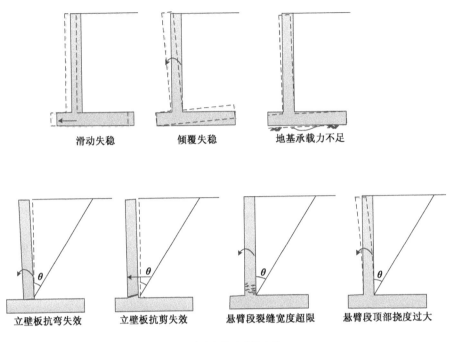

b) 悬臂式和扶壁式挡土墙

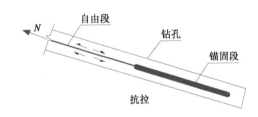

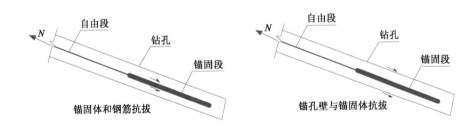

c) 锚杆(锚索)抗拉抗拔

图 2-1

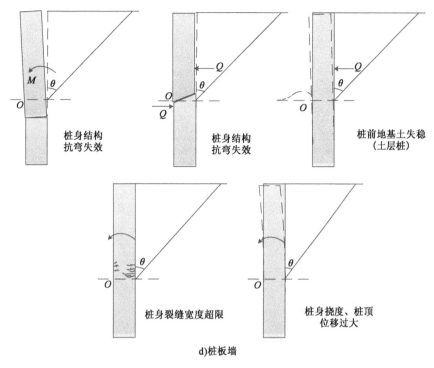

图 2-1 支挡结构常见破坏形式或非正常使用模式

二、结构极限状态及分类

极限状态是结构或构件超过某一特定状态,就不能满足设计规定的某一功能要求的状态,具体包括承载能力极限状态、正常使用极限状态、疲劳极限状态等。

承载能力极限状态是指结构或构件达到最大承载力或产生不适于继续承载的过大变形的状态;正常使用极限状态是指结构或构件达到正常使用或耐久性能的某项规定限值的状态;疲劳极限状态是指重复荷载作用下,结构或构件达到疲劳失效,不适于继续承载的极限状态。超越三类极限状态的具体标志如表 2-3 所示。

极限状态的分类　　　　　　　　表 2-3

极限状态类型	超越极限状态的标志
承载能力极限状态	1. 结构、构件或连接超过材料强度,或过度变形不适于继续承载; 2. 结构或构件失去刚体平衡; 3. 结构体系成为机动体系; 4. 结构或构件失稳; 5. 地基失去承载能力; 6. 影响结构安全的其他特定状态

续上表

极限状态类型	超越极限状态的标志
正常使用极限状态	1. 影响正常使用的变形； 2. 影响正常使用或耐久性能的裂缝、局部损坏； 3. 影响正常使用和舒适性的振动； 4. 影响正常使用的其他特定状态
疲劳极限状态	1. 影响安全使用的疲劳裂纹； 2. 影响安全使用的变形

注：正常使用极限状态包括：可逆正常使用极限状态，当产生超越正常使用要求的作用卸除后，该作用产生的超越状态可以恢复；不可逆正常使用极限状态，当产生超越正常使用要求的作用卸除后，该作用产生的超越状态不可恢复。

极限状态在数学上可用极限状态方程来表达，即当结构或构件处于极限状态时的关系式。如果使用作用 S 和抗力 R 两个变量进行表示，此时极限状态方程形式如下：

$$\begin{cases} R = S \\ R - S = 0 \\ \dfrac{R}{S} = 1 \end{cases} \tag{2-3}$$

极限状态是结构安全状态与失效状态之间的分界点。因此在作用与抗力组成的二维平面中，安全、极限、失效三种状态分别如图2-2所示。

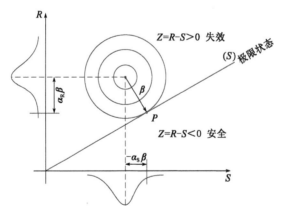

图2-2 结构三种状态示意图

α_R-抗力分项系数；α_S-作用分项系数；β-可靠指标

在实际计算中，极限状态方程中的作用 S 和抗力 R 往往是一系列基本变量的组合，如果以抗力和作用差值（有时也采用比值）为目标，则一般意义下的极限状态方程为

$$Z = R - S \Leftrightarrow Z = g(X_1, X_2, X_3, \cdots, X_n) \tag{2-4}$$

式中：$X_1, X_2, X_3, \cdots, X_n$——基本变量。

支挡结构的各项功能如式(2-4)表示时，也称为功能函数，对于支挡结构常见功能，其功能函数的具体形式如表2-4所示。

支挡结构的功能函数表达式

表 2-4

支挡结构	功能	功能函数表达式
重力式挡土墙	抗滑	$Z = R - S = \{[N + (E'_x - E_p)\tan\alpha_0]f + E_p\} - (E'_x - N\tan\alpha_0)$ 式中：E'_x——总水平力(kN)，$E'_x = E_x + F_{hE}$； E_x——一般地区、浸水地区或地震地区，墙后主动土压力水平分力(kN)； F_{hE}——地震时，作用于墙体质心和墙背与第二破裂面间岩土质心处的水平地震作用之和(kN)； α_0——基底倾斜角度(°)； N——挡土墙上所受的总竖向力(kN)，$N = G + E_y$； G——作用于基底上的墙身重力，浸水时应扣除浸水部分墙身的浮力(kN)； E_y——一般地区、浸水地区或地震地区，墙后土压力的总竖向分力，挡土墙浸水时，应扣除浸水部分岩土的浮力；出现第二破裂面时，含主动土压力及实际墙背与第二破裂面之间岩土的重力(kN)； f——基底与地基间的摩擦系数； E_p——被动土压力(kN)
	抗倾	$Z = R - S = (GZ_W + E_y Z_y + E_p Z_p) - (E_x Z_x + F_{hE} Z_{hE})$ 式中：Z_x——墙后土压力的水平分力到墙趾的距离(m)； Z_{hE}——水平地震作用到墙趾的距离(m)； Z_W——墙身自重及墙顶以上恒载自重合力重心到墙趾的距离(m)； Z_y——墙后土压力的总竖向分力到墙趾的距离(m)； Z_p——墙前被动土压力到墙趾的距离(m)
	基底压应力	$Z = R - S = (\gamma_\sigma \sigma_a) - (\sigma = \sigma_{1k} \text{ 或 } \sigma = \sigma_{2k} \text{ 或 } \sigma = \sigma_{pk})$ 式中：σ_a——地基本承载力(kPa)； γ_σ——地基承载力特征值调整系数； σ_{1k}——挡土墙趾部的压应力(kPa)； σ_{2k}——挡土墙踵部的压应力(kPa)； σ_{pk}——挡土墙基底平均压应力(kPa)
悬臂式和扶壁式挡土墙	抗滑、抗倾、基底压应力等功能函数式与重力式挡墙一致	
	抗弯	$Z = R - S = \dfrac{[1 - (1-x)^2]\alpha_1 f_{ck} b h_0^2}{2} - M_{max}$ 式中：h_0——截面有效高度(m)； α_1——计算系数，可查阅标准取值； f_{ck}——混凝土轴心抗压强度(kPa)； M_{max}——截面最大计算弯矩(kN·m)
	抗剪	$Z = R - S = 0.7 f_{tk} b h_0 - V_{max}$ 式中：f_{tk}——混凝土轴心抗拉强度(kPa)； V_{max}——截面最大计算剪力(kN)

续上表

支挡结构	功能	功能函数表达式
悬臂式和扶壁式挡土墙	裂缝	$Z = R - S = \omega_u - \omega_{max}$ 式中:ω_u——裂缝宽度限制值(mm); ω_{max}——立臂板根部裂缝宽度(mm)
悬臂式和扶壁式挡土墙	挠度	$Z = R - S = f_u - f_{max}$ 式中:f_u——立臂板位移限制值(mm); f_{max}——立臂板位移值(mm)
槽型挡土墙		抗滑、抗倾、基底压应力等功能函数式与重力式挡墙一致
槽型挡土墙	抗拔	$Z = R - S = G_k - (N_{wk} + N_{vEk})$ 式中:G_k——抗浮力作用效应标准值(kN); N_{wk}——浮力作用标准值(kN);不宜与结构重要性系重复采用; N_{vEk}——槽型挡土墙上向上竖向地震作用标准值(kN)
加筋土挡土墙		抗滑、抗倾、基底压应力等功能函数式与重力式挡墙一致
加筋土挡土墙	抗拔	$Z = R - S = T_k - \sigma_{hi} S_x S_y$ 式中:T_k——由拉伸试验测得的土工合成材料极限抗拉强度标准值或某一规定延伸率对应的抗拉强度标准值(kN); σ_{hi}——作用于墙面板上的水平土压应力(kPa); S_x, S_y——拉筋之间水平、垂直间距(m)
加筋土挡土墙	抗拉	$Z = R - S = \sum 2\sigma_{vi} a L_b f - \sum T_i$ 式中:σ_{vi}——计算点所对应拉筋上的垂直压应力(kPa); a——拉筋宽度(m); L_b——拉筋的有效锚固长度(m); f——摩擦系数
土钉墙	抗拉	$Z = R - S = f_{yk} A_s - E_i$ 式中:A_s——钢筋截面积(mm²); f_{yk}——钢筋抗拉强度标准值(MPa); E_i——第i层土钉拉力值(N)
土钉墙	锚固体与孔壁抗拔	$Z = R - S = \pi D f_{rbk} l_{ei} - E_i$ 式中:D——钻孔直径(mm); l_{ei}——锚固段长度(mm²); f_{rbk}——锚固体与锚孔壁之间黏结强度标准值(MPa)
土钉墙	水泥砂浆与钢材抗拔	$Z = R - S = n \pi d f_{bk} l_{ei} - E_i$ 式中:f_{bk}——锚固体与钢筋间的黏结强度标准值(MPa); d——钢筋直径(mm)
锚杆墙	肋板	抗弯、抗剪、裂缝及挠度功能函数式与悬臂式挡土墙一致
锚杆墙	锚杆	抗拉、抗拔功能函数式与土钉墙一致

续上表

支挡结构	功　能	功能函数表达式
预应力锚索	抗拉、抗拔	抗拉、抗拔功能函数式与土钉墙一致
桩	抗弯、抗剪	抗弯、抗剪、裂缝及挠度功能检算式与悬臂式挡土墙一致
	侧向应力	$Z = R - S = \sigma_u - \sigma_{max}$ 式中：σ_u——地基侧向应力限定值(kPa)； σ_{max}——岩层桩时，锚固点处侧向应力(kPa)，土层桩时，桩身锚固段1/3处和桩底侧向应力(kPa)

注：表中各项功能函数用于计算可靠指标。

三、结构可靠度

可靠性是结构在规定的时间内，在规定的条件下满足预定功能的能力，它是安全性、适用性和耐久性的总称。工程结构在规定的时间内、在规定的条件下，若其安全性、适用性和耐久性均能得到保证，则工程结构是可靠的。可靠度是结构完成预定功能的概率，是对可靠性的定量描述，是评价工程结构可靠性的指标。

对支挡结构而言，其设计、施工和维护应保证在设计使用年限内，以适当的可靠度且经济的方式满足规定的各项功能要求。支挡结构若要达到规定的可靠性水平，则应满足下列功能要求：

(1) 结构及构件能承受在正常施工和正常使用期间可能出现的各种作用；
(2) 在发生洪水、地震、滑坡、非正常撞击等偶然事件时，结构保持整体稳定性；
(3) 正常使用下保持良好的工作性能；
(4) 在正常的维护下具有足够的耐久性能。

上述(1)、(2)是承载能力的要求，属于结构的安全性，(3)属于结构的适用性，(4)属于结构的耐久性，均为正常使用的要求。

与可靠度相反，在规定时间内和规定的条件下，工程结构不能完成预定功能的概率为失效概率P_f。由于结构的可靠与失效为互不相容事件，有$P_f + P_s = 1$，因此可靠度和失效概率均可用来衡量结构的可靠性。图2-3所示为重力式挡土墙的抗滑功能通过数值计算得到功能函数累计概率分布曲线，可得到失效概率与安全概率之间关系。

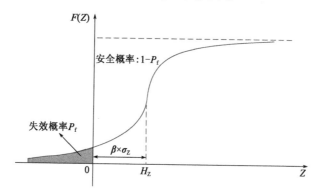

图2-3　安全概率与失效概率关系示意图

四、可靠指标

由于概率在理论计算上并不方便,因此人们引入了可靠指标的概念。可靠指标的数学定义是正态分布变量 Z 的均值 μ_Z 与标准差 σ_Z 的比值。对一般功能函数 $Z = R - S \geq 0$,其中 R、S 分别为抗力项与作用项。如果 R、S 为相互独立的正态分布变量,则其可靠指标 β_Z 计算如下:

$$\beta_Z = \frac{\mu_Z}{\sigma_Z} = \frac{\mu_R - \mu_S}{\sqrt{\sigma_R^2 + \sigma_S^2}} \tag{2-5}$$

式中:μ_R、μ_S——功能函数中,抗力均值、作用均值;
σ_R、σ_S——功能函数中,抗力标准差、作用标准差。

图 2-4 中阴影部分表示功能函数失效,则结构的失效概率可表达为:

$$P_f = P(Z < 0) = \int_{-\infty}^{0} f_z(Z) \mathrm{d}z = \int_{-\infty}^{0} \frac{1}{\sigma \sqrt{2\pi}} \exp\left[-\frac{1}{2}\left(\frac{Z - \mu_Z}{\sigma_Z}\right)^2\right] \mathrm{d}z \tag{2-6}$$

对其进行标准正态变换,令 $u = \dfrac{z - \mu_Z}{\sigma_Z}$,可得:

$$P_f = \frac{1}{\sqrt{2\pi}} \int_{-\infty}^{-\frac{\mu_Z}{\sigma_Z}} \exp\left(-\frac{u^2}{2}\right) \mathrm{d}u = \Phi\left(-\frac{\mu_Z}{\sigma_Z}\right) \tag{2-7}$$

由可靠指标 β 的定义所对应的式(2-5)可知,上式可转化为:

$$P_f = \Phi(-\beta) \quad \text{或} \quad P_f = \Phi^{-1}(1 - P_f) \tag{2-8}$$

式中:$\Phi(\cdot)$——标准正态分布函数。

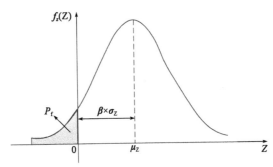

图 2-4 可靠指标与失效概率的关系

上式是基于功能函数为正态分布函数而得的,有关研究表明:在 $P_f \geq 1 \times 10^{-3}$(相当于可靠指标 $\beta \leq 3.09$)的范围内,分布类型对计算 P_f 的影响不显著,按正态分布、对数正态分布或极值 I 型分布等计算所得的 P_f 值多数在同一数量级。故当 $P_f \geq 1 \times 10^{-3}$ 时可以不考虑分布类型问题。

如果某一设计参数的分布形式与正态分布相差较大,在 P_f 或 β 的计算中应当采取正态化变换或当量正态化处理措施,把本来不服从正态分布的参数转换成服从正态分布的新参数,而设计参数服从对数正态分布时,只要变异系数不很大,计算可靠指标 $\beta < 2.5$,则按正态分布计算仍可求得很好的 P_f 值。

在铁路支挡结构设计领域,由于《铁路路基支挡结构设计规范》(TB 10025—2019)所采用的设计方法是安全系数法与分项系数法并用,如果要完全转向极限状态设计法,则需要搞清楚现行标准所隐含的可靠性水准,为此,中铁二院先后开展了一系列科研,对常见支挡结构的可靠指标进行了校准工作。所谓校准,就是通过对现存结构或构件安全系数的反演分析来确定设计时采用的结构或构件可靠指标及分项系数的方法,也称为经验校准法。各行业规范对目标可靠指标的校准一般基于以下原则确定。

(1)目标可靠指标应达到公众的心理预期值;
(2)应与安全等级相对应,即安全等级越高,可靠指标越高;
(3)根据破坏性质不同,取值不同(对于结构构件来说,脆性结构的目标可靠指标应高于延性结构的目标可靠指标);
(4)应考虑社会的承受力。

目标可靠指标的确定方法如下:
(1)经济分析法:从结构建造和破坏后的损失平衡考虑;
(2)风险类别法:与其他生产或社会活动中的风险事件进行对比;
(3)经验校准法:对现行规范结构设计的可靠度水平进行分析,保持与现行规范可靠度水平的一致。

经济分析法和风险类别法是在建立了比较完善的以概率论为基础的设计体系后,根据设计需要达到的主要目标而选择的方法。

经验校准法是规范从旧的设计体系转变为基于概率论的极限状态的新的设计体系时,比较切实可行的方法,即通过校核现行设计安全度,找出隐含于现有工程中的可靠指标值,经综合分析,制定今后设计采用的目标可靠指标。按照这种方式确定出来的目标可靠指标,可代表结构大部分的可靠性。

在规范转轨的初期,采用经验校准的方式,即承认按现行规范规定设计的、代表了现阶段的设计水准的支挡结构所隐含的可靠指标是可靠的、合理的。经验校准法确定的目标可靠指标,体现了工程建设长年积累的实践经验,继承了现行设计规范规定的设计可靠度水准。表2-5所示为中铁二院系列科研得到的部分常见支挡结构的可靠指标校准值。

常见支挡结构的可靠指标校准值 表2-5

地 区	墙 型	抗滑动可靠指标均值	抗倾覆可靠指标均值
一般地区	重力式路堤墙	2.55	3.44
	重力式路肩墙	2.67	2.76
	衡重式路肩墙	2.48	2.68
	重力式路堑墙	2.32	2.60
	悬臂式挡土墙	2.83	≥6.0
地震地区	重力式路堤墙	1.59	1.33
	重力式路肩墙	1.70	1.67
	衡重式路肩墙	1.97	1.96
	重力式路堑墙	1.89	1.87
	悬臂式挡土墙	2.33	≥6.0

续上表

地　区	墙　型		抗滑动可靠指标均值	抗倾覆可靠指标均值
浸水地区	重力式路肩墙	常水位	2.52	2.51
		洪水位	2.26	2.11
	悬臂式挡土墙	洪水位	2.09	≥6.0

五、分项系数

分项系数是保证设计的结构具有规定的可靠度而在设计表达式中采用的系数,分为作用分项系数和抗力分项系数。对于功能函数 $Z = R - S \geq 0$,可采用如下设计式:

$$\gamma_R \mu_R - \gamma_S \mu_S \geq 0 \tag{2-9}$$

式中:γ_R、γ_S——抗力分项系数和作用分项系数。

分项系数是目前国内外工程结构极限状态设计规范中所普遍采用的一种设计指标,目前国内外采用了以下两种方法来获得分项系数:

(1)欧洲规范中的分项系数是基于安全系数直接等价转化过来的,因此此类分项系数是分项的安全系数。EN1997-1 采用 DA1、DA2 和 DA3 三种设计方法。其中,DA1 为材料分项系数法;DA2 为荷载抗力分项系数法,即分项系数作用于作用和抗力;DA3 也为材料分项系数法。但与 DA1 不同的是,DA1 采用 2 组分项系数,而 DA3 只采用了 1 组分项系数。以上三种设计方法,欧洲各国可根据各国国情采用,如英国和丹麦使用 DA1;德国在基础设计中使用 DA2,而边坡设计中使用 DA3;法国采用 DA2,有些情况下也采用 DA3;其他一些国家(如爱尔兰)允许使用所有的方法。

(2)我国各行业标准分项系数确定方法并不统一,分项系数验算的形式也较多。我国《铁路路基设计规范(极限状态法)》(Q/CR 9127—2018)在转轨过程中,采用了基于安全系数,并考虑可靠指标基本一致的校准法,因此所给出的分项系数类似于传统的全局安全系数。此外,《公路路基设计规范》(JTG D30—2015)等国内工程结构设计标准在转向分项系数的过程中也采用了类似的方法。

六、国内外相关行业规范中极限状态设计基本规定

国内外设计规范中对极限状态设计的基本规定分为设计通式、抗力设计值通用表达式、作用设计值通用表达式三部分,由于极限状态设计通式是一致的,因此下面将着重梳理国内外相关行业规范中对抗力与作用设计值通用表达式的具体规定。

(一)承载能力极限状态

1. 持久或短暂及偶然设计状况设计表达式

(1)持久或短暂及偶然设计状况作用设计式对比

表 2-6 所示为国内外可靠性设计标准中关于持久或短暂及偶然设计状况作用设计式的规定。

持久或短暂及偶然设计状况作用设计式对比　　　　表 2-6

名　　称	条　　文	备　注
欧洲规范（BS EN 1990）	6.4.3.2 条，持久或短暂设计状况（基本组合）： $$E_d = E\left(\sum_{j\geq 1}\gamma_{G,j}G_{k,j}'' + ''\gamma_p p'' + ''\gamma_{Q,1}Q_{k,1}'' + ''\sum_{i>1}\gamma_{Q,i}\psi_{0,i}Q_{k,i}\right)$$ 6.4.3.3 条，偶然设计状况（偶然组合）： $$E_d = E\left\{\sum_{j\geq 1}G_{k,j}'' + ''p'' + ''A_d'' + ''(\psi_{1,1} \text{或} \psi_{2,1})Q_{k,1}'' + ''\sum_{i>1}\psi_{2,i}Q_{k,i}\right\}$$	国外标准
《工程结构可靠性统一标准》（GB 50153—2008）	8.2.4 条，持久或短暂设计状况： $$S_d = S\left(\sum_{i\geq 1}\gamma_{Gi}G_{ik} + \gamma_p P + \gamma_{Q1}\gamma_{L1}Q_{1k} + \sum_{i\geq 2}\gamma_{Qj}\psi_{cj}\gamma_{Lj}Q_{jk}\right)$$ 8.2.4 条，偶然设计状况： $$S_d = S\left\{\sum_{i\geq 1}G_{ik} + P + A_d + (\psi_{f1}\text{或}\psi_{q1})Q_{1k} + \sum_{i\geq 2}\psi_{qj}Q_{jk}\right\}$$	第一层次标准
《建筑结构可靠性设计统一标准》（GB 50068—2018）	7.0.2 条，持久或短暂设计状况（基本组合）： $$S_d = \gamma_G S_{G_k} + \gamma_{Q1}S_{Q1k} + \sum_{i\geq 2}\gamma_{Qi}\psi_{ci}S_{Qik} \text{ 或 } S_d = \gamma_G S_{G_k} + \sum_{i=1}^{n}\gamma_{Qi}\psi_{ci}S_{Qik}$$ 7.0.2 条，偶然设计状况（偶然组合）： 对于偶然作用，极限状态设计表达式宜按下列原则确定：偶然作用的代表值不乘以分项系数；与偶然作用同时出现的可变荷载，应根据观测资料和工程经验采用适当的代表值。具体的设计表达式及各种系数，应符合专门规范的规定	
《铁路工程结构可靠性设计统一标准（试行）》（Q/CR 9007—2014）	8.3.3 条，持久或短暂设计状况（基本组合）： $$S_d = \gamma_{sd}S\left(\sum_{i\geq 1}\gamma_{Gi}G_{ik} + \gamma_{Q1}Q_{1k} + \sum_{j\geq 2}\gamma_{Qj}\psi_{cj}Q_{jk}\right)$$ 8.3.3 条，偶然设计状况（偶然组合）： $$S_d = S\left\{\sum_{i\geq 1}G_{ik} + A_d + (\psi_{f1}\text{或}\psi_{q1})Q_{1k} + \sum_{j\geq 2}\psi_{qj}Q_{jk}\right\}$$	第二层次标准
《公路工程结构可靠度设计统一标准》（GB/T 50283—1999）	7.2.1 条，持久或短暂设计状况（基本组合）： $$S = \gamma_s\left(\sum_{i=1}^{m}\gamma_{Gi}S_{Gik} + \gamma_{Q1}S_{Q1k} + \psi_c\sum_{j=2}^{n}\gamma_{Qj}S_{Qjk}\right)$$ 7.2.1 条，偶然设计状况（偶然组合）： 未给出具体表达式，给定表达式确定原则： ①偶然作用取标准值效应，分项系数取 1.0。②与偶然作用同时出现的可变作用，可根据观测资料和工程经验采用适当的代表值效应。③设计表达式及各项分项系数的取值，可按公路工程有关规范的规定采用	

续上表

名　称	条　文	备　注
《水利水电工程结构可靠性设计统一标准》(GB 50199—2013)	8.2.4条,持久或短暂设计状况(基本组合): $S_d = S(\gamma_G G_k, \gamma_P P, \gamma_Q Q_k, \alpha_k)$	第二层次标准
	8.2.4条,偶然设计状况(偶然组合): $S_d = S(\gamma_G G_k, \gamma_P P, A_k, \gamma_Q Q_k, \alpha_k)$	
《港口工程结构可靠性设计统一标准》(GB 50158—2010)	7.2.2条,持久或短暂设计状况(基本组合): $S_d = S\left(\sum_{i \geqslant 1}\gamma_{Gi}S_{Gik} + \gamma_P S_P + \gamma_{Q1}S_{Q1k} + \sum_{j \geqslant 1}\gamma_{Qj}\psi_{cj}S_{Qjk}\right)$	
	7.2.2条,偶然设计状况(偶然组合):未给出具体表达式,给定表达式确定原则:①偶然作用的代表值分项系数为1.0;②具体的设计表达式及各种系数应复合国家现行有关标准的规定。	

对比我国《工程结构可靠性统一标准》(GB 50153—2008)与《欧洲规范》(BS EN 1990),持久或短暂及偶然设计状况作用表达式基本一致,但需进一步了解的是在具体荷载分类上的差异性,这关系到设计式的具体应用。我国工程结构可靠性设计统一标准和各行业的统一标准与欧洲标准基本一致。对比结论如下:

①基本组合:主要差异表现在四类系数上,即结构重要性系数、计算模型不确定性系数、荷载调整系数、可变作用组合系数,具体情况如表2-7所示。

各行业标准基本组合作用设计值通用表达式与《工程结构可靠性统一标准》对比情况　表2-7

行业	结构重要性系数	计算模型不确定性系数	荷载调整系数	可变作用组合系数
建筑	√	×	√	次可变作用有组合系数,且不一致
铁路	√	√	×	次可变作用有组合系数,且不一致
公路	√	√	×	次可变作用有组合系数,一致
水利	×	×	×	不考虑可变作用组合系数
港口	×	×	×	次可变作用有组合系数,且不一致

注:"√"表示与《工程结构可靠性统一标准》一致,"×"表示与《工程结构可靠性统一标准》不一致。

由表2-7可知,只有建筑标准考虑了荷载调整系数。部分标准考虑了结构重要性系数与计算模型不确定系数。组合系数只有水利标准未考虑。只有公路对次可变作用项取一致的组合系数。

②偶然组合:该组合下,各行业标准作用设计值通用表达式对比情况如表2-8所示。

各行业标准偶然组合作用设计值通用表达式与《工程结构可靠性统一标准》对比情况　表2-8

行业	具体差异
建筑	无具体表达式,条文规定偶然作用项采用标准值
铁路	永久作用采用标准值,欧标中虽采用设计值但无系数
公路	无具体表达式,条文规定偶然作用项采用标准值

续上表

行业	具体差异
水利	无具体表达式,条文规定偶然作用项采用标准值。 可变荷载考虑了全部可变荷载,与工程结构统一标准在偶然荷载下只考虑次可变荷载有出入;可变荷载项未考虑荷载组合系数
港口	偶然作用项分项系数为1.0,与偶然作用同时出现的可变作用取标准值,未考虑可变作用的组合系数

由表 2-8 可知,除铁路标准遵循《工程结构可靠性统一标准》外,其他各行业标准与工程结构统一标准的差异比较大,《工程结构可靠性统一标准》中的偶然组合形式在这些行业统一标准中实际上并未完全执行,从字面理解或具体表达式可知,偶然作用之外的作用是有分项系数的。

(2)持久或短暂及偶然设计状况抗力设计式对比

表 2-9 所示为国内外可靠性设计标准中关于持久或短暂及偶然设计状况抗力设计式的规定。

持久或短暂及偶然设计状况抗力作用设计式对比 表2-9

名 称	条 文	备 注
《欧洲规范》(BS EN 1990)	6.3.5 条:$R_d = R\left\{\eta_i \dfrac{X_{k,i}}{\gamma_{M,i}}; a_d\right\}$	国外标准
《工程结构可靠性统一标准》(GB 50153—2008)	$R_d = R\left(\dfrac{f_k}{\gamma_m}, a_k\right)$	第一层次标准
《建筑结构可靠性设计统一标准》(GB 50068—2018)		第二层次标准
《铁路工程结构可靠性统一标准》(Q/CR 9007—2014)		第一层次标准
《港口工程结构可靠性统一标准》(GB 50158—2010)		
《公路工程结构可靠度设计统一标准》(GB/T 50283—1999)		第二层次标准
《水利水电工程结构可靠性设计统一标准》(GB 50199—2013)		

从以上各行业抗力设计值通式的规定可知,抗力的计算通式基本一致,基本组合时,都采用了抗力分项系数。抗力分项系数可以放在计算抗力的关键参数中,抗力的计算参数采用设计值,也可将计算出的总抗力除以综合分项系数进行折减。偶然设计状况抗力采用什么值,各统一标准都讲得比较模糊。在我国的行业设计标准的相关条文规定中,或采用标准值,或在设计值上除以小于 1.0 的调整系数。总之偶然设计状况下的抗力,均采用比持久设计状况下更大的抗力。

2.地震设计状况下设计值表达式

(1)地震作用组合设计式对比

表 2-10 所示为国内外可靠性设计标准中关于地震作用组合设计式的规定。

我国和欧洲可靠性设计标准关于地震作用组合设计式的规定　　表2-10

名　称	条　文	备　注
《欧洲规范》（BS EN 1990）	对地震设计状况，作用效应不考虑主可变作用，$E_d = E\{G_{k,j}; P; A_{Ed}; \psi_{2,i}Q_{k,i}\}$	国外标准
《工程结构可靠性统一标准》（GB 50153—2008）	8.2.6条：地震作用组合效应设计值：$S_d = \sum_{i \geq 1} S_{Gik} + S_P + \gamma_I A_{Ek} + \sum_{j \geq 1} \psi_{qj} Q_{jk}$； 附录A.1 房屋建筑结构的专门规定：只给出基本组合形式，未给出其他组合； 附录A.2 铁路桥涵结构的专门规定：给出偶然组合形式（偶然作用组合包括地震作用）：$S_d = \sum_{i \geq 1} S_{Gik} + S_{Ad} + \sum_{j \geq 1} \gamma_{Qj} Q_{jk}$； 附录A.3 公路桥涵结构的专门规定：给出偶然组合形式（偶然作用组合包括地震作用）：$S_d = \sum_{i \geq 1} S_{Gik} + S_{Ad} + (\psi_{f1}$ 或 $\psi_{q1}) S_{Q1K} + \sum_{j \geq 1} \gamma_{Qj} Q_{jk}$； 附录A.4 港口工程结构的专门规定：①地震作用代表值的分项系数为1.0；②具体的设计表达式及各种分项系数，应按国家现行有关标准规定采用	第一层次标准
《建筑结构可靠性设计统一标准》（GB 50068—2018）	8.2.6条：对地震设计状况，应采用作用的地震组合。地震组合的效应设计值应符合现行《建筑抗震设计规范》（GB 50011）规定	第二层次标准
《铁路工程结构可靠性设计统一标准（试行）》（Q/CR 9007—2014）	8.3.5条：地震组合作用效应表达式：$S_d = \sum_{i=1}^{n} S_{Gki} + \gamma_I A_{Ek} + \sum_{j=2}^{m} \psi_{qj} S_{Qkj}$	
《公路工程结构可靠度设计统一标准》（GB/T 50283—1999）	7.2.1条：①偶然作用取标准值效应（偶然作用组合包括地震作用），其分项系数取1.0；②与偶然作用同时出现的可变作用，可根据观测资料和工程经验取适当的代表值效应；③设计表达式及各项系数的取值，可按公路工程有关标准专门规定	第二层次标准
《水利水电工程结构可靠性设计统一标准》（GB 50199—2013）	8.2.5条：偶然组合的作用效应表达式：$S_d = \sum_{i \geq 1} \gamma_{Gi} S(G_{ik}, a_k) + \gamma_p S(P, a_k) + S(A_k, a_k) + \sum_{j \geq 1} \gamma_{Qj} S(Q_{jk}, a_k)$	
《港口工程结构可靠性设计统一标准》（GB 50158—2010）	7.2.2条：①地震作用的代表值分项系数为1.0；②具体的设计表达式及各种系数应符合国家现行有关标准的规定	
《建筑抗震设计规范》（GB 50011—2010）	5.4.1条：结构构件地震作用表达式：$S_d = \gamma_G S_{Gk} + \gamma_{Eh} S_{Ek} + \gamma_{Ev} S_{Evk} + \psi_W \gamma_W S_{Wk}$	第三层次标准
《公路工程抗震规范》（JTG B02—2013）	5.5.1条：地震作用效应表达式：$S_d = \sum_{i=1}^{m} \gamma_{Gi} S_{Gik} + \sum_{j=1}^{n} S_{QjK} + Q_e$	
《水电工程水工建筑物抗震设计规范》（NB 35047—2015）	5.7.1条：地震作用效应表达式：$S_d = S(\gamma_G G_k, \gamma_Q Q_k, \gamma_E E_k, a_k)$	
《水运工程抗震设计规范》（JTS 146—2012）	5.6.4条：地震作用效应表达式：$S_d = \gamma_G C_G G + \gamma_{PH} C_{PH} P_H + \sum_{i=1}^{n} \gamma_{Qi} C_{Qi} \varphi_{Qi}$	

通过表 2-10 可知，虽然我国《工程结构可靠性统一标准》(GB 50153—2008)与《欧洲规范》(BS EN 1990)关于地震作用组合设计式的规定相一致，明确给出了地震作用组合设计式，式中永久、可变、地震荷载均采用了标准值，但是在《工程结构可靠性统一标准》附录 A 各类工程结构的专门规定中，可发现各行业关于地震作用效应表达式的表述与《工程结构可靠性统一标准》有所不同。如建筑行业给出基本组合，未给出其他组合；港口行业未给出地震作用设计式，规定地震作用取标准值；铁路和公路行业给出与《工程结构可靠性统一标准》相一致的地震作用效应表达式。

通过表 2-10 可知，我国第二层次标准中的地震作用组合表达式并未完全向第一层次标准看齐。除铁路行业外，建筑、公路、水利水电、港口第二层次可靠度统一标准中地震作用组合表达式均与《工程结构可靠性统一标准》表述不一致。如《建筑结构可靠性设计统一标准》(GB 50068—2018)直接将地震组合效应表达式指向了《建筑抗震设计规范》(GB 50011—2010)，而该规范把地震作用当成了可变作用，采用了类似基本组合的形式，永久荷载、主可变荷载均存在分项系数；《水利水电工程结构可靠性设计统一标准》(GB 50199—2013)的地震作用效应表达式的永久荷载和可变荷载均存在分项系数；《公路工程结构可靠度设计统一标准》(GB/T 50283—1999)及《港口工程结构可靠性设计统一标准》(GB 50158—2010)只规定在作用组合中，采取地震作用取标准值，其他作用未明确提出。

通过表 2-10 可知，我国第三层次标准中地震作用组合表达式同样未向第一层次标准看齐。建筑工程、公路工程、水电工程、水运工程的第三层次行业设计标准中地震作用组合设计式的永久荷载及主可变荷载均存在分项系数；公路工程的地震作用组合设计式的永久荷载存在分项系数。

(2) 地震抗力设计表达式对比

表 2-11 所示为国内外可靠性设计标准中关于地震抗力组合设计式的规定。

我国和欧洲可靠性设计标准关于地震抗力组合设计式的规定　　表 2-11

名　称	条　文	类　型	备　注
《欧洲规范》(BS EN 1990)	规范中只给出基本组合的抗力项设计值形式的通式 $R_d = R(f_k/\gamma_m, a_k)$，未给出适用于地震设计状况下的抗力组合设计式	—	国外标准
《工程结构可靠性统一标准》(GB 50153—2008)			第一层次标准
《建筑结构可靠性设计统一标准》(GB 50068—2018)			第二层次标准
《铁路工程结构可靠性设计统一标准(试行)》(Q/CR 9007—2014)			
《港口工程结构可靠性设计统一标准》(GB 50158—2010)			
《公路工程结构可靠度设计统一标准》(GB/T 50283—1999)			
《水利水电工程结构可靠性设计统一标准》(GB 50199—2013)			

续上表

名称	条文	类型	备注
《建筑抗震设计规范》（GB 50011—2010）	5.4.2条：$R_d = R(f_c, f_s, a_k, \cdots)/\gamma_{RE}$ γ_{RE}-承载力调整系数	采用抗力设计值除调整系数	第三层次标准
《水电工程水工建筑物抗震设计规范》（NB 35047—2015）	5.7.1条：$R_d = \dfrac{1}{\gamma_d}R\left(\dfrac{f_k}{\gamma_m}, a_k\right)$ γ_d-承载能力极限状态的结构系数，由"转轨套改"得到，计算公式为：$\gamma_d = \dfrac{K}{\gamma_0 \psi \gamma_m \gamma_f}$	采用抗力设计值除调整系数	第三层次标准
《水运工程抗震设计规范》（JTS 146—2012）	5.6.4条：$R_d = \dfrac{1}{\gamma_{RE}}R\left(\dfrac{f_k}{\gamma_m}, a_k\right)$ γ_{RE}-抗震调整系数，是经校准得出的，其值随钢筋种类和受力状态的不同而有所差异，一般在1.01～1.20之间，取1.2		
《公路工程抗震规范》（JTG B02—2013）	5.5.1条：$R_d = R(\gamma_f, f_k, \gamma_a, a_k)$	抗力采用标准值形式	

通过上表可知，我国第一、二层次可靠性统一标准中只给出基本组合的抗力项设计值形式的通式 $R_d = R(f_k/\gamma_m, a_k)$，未给出适用于地震设计状况的抗力组合设计式，而第三层次标准关于地震抗力设计表达式同样不存在通用的设计表达式，其形式主要可分为以下两种：

（1）抗力采用抗力设计值除调整系数形式

通过上表可知，我国第三层次标准中（除《公路工程抗震规范》（JTG B02—2013）、《铁路工程抗震设计规范》（GB 50111—2006）均采用抗力设计值除调整系数 γ_{RE}（不同规范的 γ_{RE} 符号不同，叫法不同，如表2-11所示）形式 $R_d = R(f_k/\gamma_m, a_k)/\gamma_{RE}$，该系数多由校准法得到。

（2）抗力采用标准值形式

通过上表可知，《公路工程抗震规范》（JTG B02—2013）规定：抗力采用标准值形式 $R_d = R(f_k, a_k)$。

《混凝土结构设计规范》（GB 50010—2010）规定：对偶然作用下的结构进行承载能力极限状态设计时，抗力采用标准值形式，即混凝土、钢筋的强度设计值改用强度标准值。

（二）正常使用极限状态

正常使用极限状态有三种荷载组合，即标准组合、频遇组合、准永久组合，国内外可靠性设计标准中关于正常使用极限状态每种组合下作用设计值通用表达式的规定如表2-12所示。

我国和欧洲可靠性设计标准关于正常使用极限状态组合设计式的规定　　表2-12

名称	条文	备注
《欧洲规范》（BS EN 1990）	6.5.2条，标准组合：$E_d = E\left(\sum\limits_{j\geqslant 1} G_{k,j} " + " p " + " Q_{k,1} " + " \sum\limits_{i>1} \psi_{0,i} Q_{k,i}\right)$	国外标准
	6.5.2条，频遇组合：$E_d = E\left(\sum\limits_{j\geqslant 1} G_{k,j} " + " p " + " \psi_{1,1} Q_{k,1} " + " \sum\limits_{i>1} \psi_{2,i} Q_{k,i}\right)$	
	6.5.2条，准永久组合：$E_d = E\left(\sum\limits_{j\geqslant 1} G_{k,j} " + " p " + " \sum\limits_{i\geqslant 1} \psi_{2,i} Q_{k,i}\right)$	

续上表

名　称	条　文	备　注
《工程结构可靠性统一标准》(GB 50153—2008)	8.3.2条，标准组合：$S_d = S\left(\sum_{i\geqslant 1} G_{ik} + P + Q_{1k} + \sum_{j\geqslant 1}\psi_{cj}Q_{jk}\right)$	第一层次标准
	8.3.2条，频遇组合：$S_d = S\left(\sum_{i\geqslant 1} G_{ik} + P + \psi_{f1}Q_{1k} + \sum_{j\geqslant 1}\psi_{qj}Q_{jk}\right)$	
	8.3.2条，准永久组合：$S_d = S\left(\sum_{i\geqslant 1} G_{ik} + P + \sum_{j\geqslant 1}\psi_{qj}Q_{jk}\right)$	
《建筑结构可靠性设计统一标准》(GB 50068—2018)	7.0.6条，标准组合：$S_d = S_{Gk} + S_{Q1k} + \sum_{i=2}^{n}\psi_{ci}S_{Qik}$	第二层次标准
	7.0.6条，频遇组合：$S_d = S_{Gk} + \psi_{f1}S_{Q1k} + \sum_{i=2}^{n}\psi_{qi}S_{Qik}$	
	7.0.6条，准永久组合：$S_d = S_{Gk} + \sum_{i=1}^{n}\psi_{qi}S_{Qik}$	
《铁路工程结构可靠性设计统一标准(试行)》(Q/CR 9007—2014)	8.4.3条，标准组合：$S_d = \gamma_{sd}S\left(\sum_{i=1}^{n} G_{ik} + Q_{1k} + \sum_{j=2}^{m}\psi_{cj}Q_{kj}\right)$	
	8.4.4条，频遇组合：$S_d = \gamma_{sd}S\left(\sum_{i=1}^{n} G_{ik} + \psi_{f1}Q_{1k} + \sum_{j=2}^{m}\psi_{qj}Q_{kj}\right)$	
	8.4.5条，准永久组合：$S_d = \gamma_{sd}S\left(\sum_{i=1}^{n} G_{ik} + \sum_{j=2}^{m}\psi_{qj}Q_{kj}\right)$	
《公路工程结构可靠度设计统一标准》(GB/T 50283—1999)	7.2.3条，标准组合：无标准组合，相对应的是作用长期效应组合 $S_d = \gamma_s\left(\sum_{i=1}^{m} S_{Gik} + \sum_{i=1}^{n}\psi_{2i}S_{Qik}\right)$	
	7.2.3条，频遇组合：无频遇组合，相对应的是作用短期效应组合 $S_d = \gamma_s\left(\sum_{i=1}^{m} S_{Gik} + \sum_{i=1}^{n}\psi_{1i}S_{Qik}\right)$	
	准永久组合：无准永久组合	
《水利水电工程结构可靠性设计统一标准》(GB 50199—2013)	8.3.1条，标准组合：$S_d = S(G_{ik}, P, Q_k, f_k, a_k)$	第二层次标准
	8.3.1条，频遇组合：$S_d = S(G_{ik}, P, Q_k, f_k, a_k)$	
	8.3.1条，准永久组合：$S_d = S(G_{ik}, P, Q_k, f_k, a_k)$	
《港口工程结构可靠性设计统一标准》(GB 50158—2010)	7.2.4条，标准组合：$S_d = \sum_{i\geqslant 1} S_{Gik} + S_P + S_{Q1k} + \sum_{j\geqslant 1}\psi_{cj}S_{Qjk}$	
	7.2.4条，频遇组合：$S_d = \sum_{i\geqslant 1} S_{Gik} + S_P + \psi_f S_{Q1k} + \sum_{j\geqslant 1}\psi_{cj}S_{Qjk}$	
	7.2.4条，准永久组合：$S_d = \sum_{i\geqslant 1} S_{Gik} + S_P + \sum_{j\geqslant 1}\psi_{qj}S_{Qjk}$	

由上表可知,对正常使用极限状态三种组合,各行业标准执行情况不一,建筑、铁路、港口行业标准与工程结构统一标准差异较小,而公路、水利行业标准与《工程结构可靠性统一标准》相差较大,具体如表2-13所示。

各行业标准正常使用极限状态三种组合作用设计值通用表达式与《工程结构可靠性统一标准》对比情况

表2-13

行业	标准组合	频遇组合	准永久组合
建筑	与《工程结构可靠性统一标准》一致	与《工程结构可靠性统一标准》一致	可变作用考虑了主可变作用
铁路	有计算模型不确定性系数	有计算模型不确定性系数	有计算模型不确定性系数
公路	无此组合,对应的是长期效应组合,主可变作用项考虑了准永久值系数,而《工程结构可靠性统一标准》未考虑,增加了计算模型不确定性系数	无此组合,对应的是短期效应组合,次可变作用项考虑了频遇值系数,而统标中次可变作用项考虑的是准永久值系数,增加了计算模型不确定性系数	无
水利	对次可变作用项未考虑组合值系数	无	无
港口	与《工程结构可靠性统一标准》一致	与《工程结构可靠性统一标准》一致	与《工程结构可靠性统一标准》一致

七、我国铁路路基支挡结构设计规范变革情况

(一)《铁路路基支挡结构物设计规则》(TBJ 25—90)

1990年以前,没有单独的铁路支挡结构设计规范,有关铁路支挡结构设计的要求体现在《铁路路基设计规范》(TBJ 1—85)中。《铁路路基设计规范》(TBJ 1—85)第十章挡土墙,对设计荷载、稳定性和结构强度计算方法、基础和构造等方面做了具体的规定。

20世纪80年代,铁路建设事业快速发展,铁路各勘测设计单位和科研单位结合具体的工程开展支挡结构理论和应用方面的研究,各类路基支挡结构开始得到推广应用,支挡结构设计理论和施工技术也迅速发展。当时,悬臂式挡土墙、锚杆挡土墙、锚定板挡土墙、加筋土挡土墙、抗滑桩等支挡结构已大量应用于铁路建设工程中,需要对设计做出相应的规定,以规范设计。1986年,原铁道部以铁基(1986)291号文安排由铁道部专业设计院负责主编、原铁道部第一、二、三、四设计院、铁科院及西南交通大学参编,共同编制了《铁路路基支挡结构物设计规则》(TBJ 25—90)。该"支挡结构物设计规则"除对《铁路路基设计规范》(TBJ 1—85)中有关挡土墙的条文予以充实外,新增加了悬臂式和扶壁式挡土墙、锚杆挡土墙、锚定板挡土墙、加筋土挡土墙、对拉式挡土墙和抗滑桩等支挡结构,对这些支挡结构的设计方法和构造要求等做出了规定。

(二)《铁路路基支挡结构设计规范》(TB 10025—2001)

1997年6月,原铁道部建设司在北京召开了"铁路地质路基专业设计规范编制大纲讨论会"。根据讨论会的精神以及铁道部铁建函(1997)54号文的通知要求,在全面修订《铁路路

基支挡结构物设计规则》(TBJ 25—90)的基础上编制《铁路路基支挡结构设计规范》。该规范主编单位由原铁道部第二勘察设计院承担,参编单位为原铁道部第一、三、四设计院及铁道专业设计院。

《铁路路基支挡结构设计规范》(TB 100025—2001)在总结 20 世纪 90 年代铁路等工程中支挡结构实践经验的基础上,采纳了最新的科研及工程试验的成果,对纳入规范的各种支挡结构的适用范围、设计方法和构造要求等作出详细的规定,并增加了短卸荷板式挡土墙、土钉墙、桩板式挡土墙、预应力锚索的内容,体现了支挡结构向轻型化、新型化发展的成就。

(三)《铁路路基支挡结构设计规范》(TB 10025—2006)

2004 年根据原铁道部《关于印发〈2004 年铁路工程建设规范定额标准设计编制计划〉的通知》(铁建函〔2004〕42 号文)进行了《铁路路基支挡结构设计规范》(TB 10025—2001)的修编工作。修编的主编单位为原铁道部第二勘察设计院,参编单位为原铁道部第一、三、四勘察设计院。修编后的规范于 2006 年 6 月发布,2009 年做过局部修改。《铁路路基支挡结构设计规范》(TB 10025—2006)主要内容及相对上一本规范的主要变化如下:

1. 主要章节

《铁路路基支挡结构设计规范》(TB 10025—2006)有十二章:总则、术语、重力式挡土墙、短卸荷板式挡土墙、悬臂式和扶壁式挡土墙、锚杆挡土墙、锚定板挡土墙、加筋土挡土墙、土钉墙、抗滑桩、桩板式挡土墙、预应力锚索等。规范还附有"列车和轨道荷载换算土柱高度及分布宽度""抗滑桩设计参考值"和"锚杆、锚索设计参考值"三个附录。

2. 主要修订内容及说明

(1)适用范围改为"本规范适用于国家铁路网中旅客列车最高行车速度 200km/h,货物列车最高行车速度 120km/h 客货共线标准轨距新建、改建铁路路基支挡结构的设计。"修订理由如下:

行车速度 200km/h 的列车静活载与原行车速度 160km/h 以下的列车的静活载是一致的,对支挡结构的稳定性没有特别影响,修订时将挡土墙抗倾覆稳定系数提高到 1.6,增加了支挡结构的安全度。

(2)增加了"混凝土结构耐久性设计应符合《铁路混凝土耐久性设计暂行规定》中的有关规定。"修订理由如下:

混凝土的耐久性不足,不仅会增加使用过程中的维护费用,影响工程的正常使用,而且会过早结束结构的使用年限,造成严重的资源浪费。《铁路混凝土耐久性设计暂行规定》已于 2005 年 10 月颁布实施,路基支挡结构设计亦应按该暂行规定中的有关要求进行设计。

(3)增加了路基支挡结构设计时应考虑列车动荷载的影响的要求及架桥机等运架设备应作为临时荷载进行检算的规定。修订理由如下:

在支挡结构设计中一般采用静法,将路基面上的轨道和列车荷载的合力,换算为与路基填料重度相同的土柱来代替作用在路基面上的荷载。考虑到列车运行速度的提高以及架桥机等施工运架设备的不断更新,设计中应考虑冲击力、离心力、制动力和摇摆力等的影响,必要时可适当增大安全系数。架桥机等运架设备应作为临时荷载进行检算,检算时安全系数可适当降低。

列车动荷载的考虑:根据相关科研研究显示,动荷载所产生的土压力为其等幅值静荷载所产生的土压力1.2倍左右。动荷载试验实测值和弹性理论计算值的墙背土压力分布图形较为接近,均呈中上部偏大、底部较小的曲线分布形式。但实测值的衰减速率明显高于理论计算值。在距路基面2.0m深度以下,其侧压力很小,随着荷载作用距离的增加,动荷载土压力逐渐减小。动荷载土压力与荷载作用距离之间基本符合线性关系,横向在距离荷载外边缘2.5m以外其影响已经较小。按照客运专线铁路路基宽度标准进行检算,如果挡土墙设置在路肩以外,可显著减小动荷载的影响。

考虑动荷载对路肩墙的影响,设计可采用以下两种方法:①如果以库仑理论计算土压力,当挡土墙墙高为2~4m时,应适当提高安全系数,安全系数的取值应通过研究确定;也可采用满铺荷载计算。②将动荷载和静荷载分开考虑。通过试验进一步了解动荷载在墙背的分布情况,确定可行的计算公式。

关于冲击力、离心力、制动力和摇摆力的问题:原规范总则中明确"可不计冲击力、离心力、制动力和摇摆力"。国外有关规范在此问题上也不一致,日本有关规范中规定荷载的组合未计冲击荷载和离心力荷载(桥台计算荷载中有冲击荷载和离心力荷载);德国有关规范要求冲击荷载的考虑应根据相应的目标确定。本规范修订考虑到我国铁路运行速度不断提高,运行速度提高后冲击力、离心力、制动力和摇摆力的影响问题尚需做进一步的研究,故取消了原规范中的"可不计冲击力、离心力、制动力和摇摆力"这条规定,但由于目前理论研究和实际经验储备不足,对设计中应如何考虑冲击力、离心力、制动力和摇摆力等的影响未作规定。中铁二院在"影响支挡结构安全性因素的分析"(2006年)的研究中初步分析,高速铁路虽然速度提高了,但由于曲线半径的增大和列车轴重的减小,离心力比《铁路路基设计规范》(TB 10001—99)中的速度和半径下所计算的小。根据以往的实践经验,支挡结构没有因列车离心力作用而产生破坏的,初步推论,高速铁路路基支挡结构一般情况下也可不计离心力。对于路基而言,作为列车下部的支承部分,与梁的受力情况不同,冲击力和摇摆力等作用于轨道上,传到路基,再通过路基传至路基支挡结构,其作用效应比直接作用在桥梁上要小得多。横向摇摆力与轴重和线路平顺程度有关,而高速运行时,列车轴重较以前的小,线路的状况比以前更好,故支挡结构设计时,初步分析也可不考虑冲击力和横向摇摆力的作用,但对速度120km/h货物列车的影响,目前尚无研究资料。

(4)删除了挡土墙使用浆砌片石的内容,改为"采用混凝土或片石混凝土",修订理由如下:

对于Ⅰ、Ⅱ级铁路挡土墙,其强度安全更应受到重视,以往由于挡土墙需要大量的浆砌片石,其砂浆质量及墙的整体砌筑质量不易保证,出于保证墙体质量的目的,《新建客货共线铁路工程施工补充规定(暂行)》《铁建设〔2004〕8号》规定:"重力式挡土墙施工不得使用浆砌片石"。因此,规定Ⅰ、Ⅱ级铁路为了保证挡土墙的强度,其材质应用混凝土或片石混凝土。

(5)悬臂式和扶壁式挡土墙的结构设计改为按极限状态法设计时,荷载分项系数可采用1.65,必要时采用容许应力法进行验证。修订理由如下:

2004年根据《铁路路基支挡结构设计规范》(TB 10025—2001)局部修订编制大纲审查会审查意见,悬臂式挡土墙的结构设计按极限状态法。荷载分项系数根据经验校准法反算确定。为了与按容许应力法设计的安全度大致相当,在主力的作用下,荷载分项系数为1.61~1.67,

采用了 1.65,结构设计还应满足《混凝土结构设计规范》(GB 50010—2002)的规定,必要时采用容许应力法验证。

(6)对于悬臂式和扶壁式挡墙以及桩板式挡墙,当墙顶以上填土小于 1.0m,轨道及列车荷载在墙背上引起的侧向土压力按弹性理论计算。修订理由如下:

从墙顶位移来看,墙背土压力没有达到产生主动土压力的状态。根据模型试验和以往的实测资料,列车荷载在墙背上产生的土压力的分布形式与弹性理论计算出的分布图形相似,其上部所受的土压力应比库仑主动土压力大,故路肩式或接近于路肩式的直墙背挡土墙按弹性理论计算比较符合墙背实际受力情况。

3. 与国内外有关规范比较的情况

(1)国外规范

以下对日本和德国等既有标准进行了比较详细的对比。

日本"铁道构造物等设计标准及解说《基础构造物、抗土压构造物》(2000 年)"在抗土压构造物这一篇第 8 章"挡土墙"中,对挡土墙的设计原则做了规定,具体的挡墙类型只提到三种:重力式挡土墙、L 型挡土墙、后扶壁挡土墙;德国 836 行业标准《路基工程设计、施工与维修》第 6 章支挡结构,对支挡结构的设计原则及刚性支挡结构、柔性支挡结构、路肩支挡结构做了规定,对重力式和悬臂式挡土墙、桩板墙、钻孔桩挡墙、地下连续墙、土钉墙、拉锚和桩、加筋土结构等支挡结构提出设计原则和应执行的相应的规范。

日本铁道构造物等设计标准及解说——《基础构造物、抗土压构造物》2000 年颁布实施。该标准要求抗土压构造物的设计,在确保填土、山体在内之结构物在设计使用年限期间整体安全的同时,还不能产生有害的位移。抗土压构造物的设计是按极限状态进行验算。设计中考虑的极限状态:长期使用极限状态、使用极限状态、最终使用极限状态、地震使用极限状态、地震最终使用极限状态五种极限状态。在挡土墙设计中所考虑的上覆荷载,不考虑各种轨道重量和列车荷载的不同所造成的差异,一般采用规范指定的值进行设计。荷载的组合中,未计冲击荷载和离心力荷载(桥台计算荷载中有冲击荷载和离心力荷载)。

德国 836 行业标准《路基工程设计、施工与维护》的设计原则要求:①支挡结构的建造应使得其对于预计的使用情况有足够的安全性、耐久性,同时经济实用;②必须确保在轨道承载区不会出现运行不允许的变形;③冲击荷载的考虑应根据相应的目标确定,当确定路堤和支挡结构的稳定性时,可以不再考虑冲击系数;④在确定路堤和涵洞的稳定性时,可以不计铁路水平荷载;⑤在柔性支挡结构的设计时,与地质专家协商后可以放弃对离心力、制动力和摇摆力的考虑,条件是能够通过比较试验对这些放弃予以论证说明。

(2)国内其他行业有关规范的情况

①《公路路基设计规范》(JTG D30—2004)

交通部正在编制《公路挡土墙设计和施工技术细则》,有关支挡结构的规定纳入了《公路路基设计规范》(JTG D30—2004)第 5 章"路基防护与支挡"。设计原则要求:设计应满足在各种设计荷载组合下支挡结构的稳定、坚固和耐久;采用以极限状态设计的分项系数法为主的设计方法,规范中极限状态设计和容许应力法设计并存;车辆荷载作用在挡土墙墙背填土上引起的附加土体侧压力换算成等代均布土层厚度计算。规范对重力式挡土墙做了较详细的规定,对悬臂式和扶壁式挡土墙、锚杆挡土墙、锚定板挡土墙、加筋土挡土墙、桩板式挡土墙、边坡锚固、土钉支护、抗滑桩等支挡结构做了简要的规定。

②《建筑边坡工程技术规范》(GB 50330—2013)

该规范是我国首次编制的建筑边坡工程技术规范,内容包括边坡工程勘察、稳定性评价、支护结构上的岩土压力、边坡支护结构的设计施工、边坡工程施工及质量检验、检测和验收等。总则规定"本规范根据国家标准《建筑结构可靠度设计统一标准》的规定制定"。支挡结构有锚杆(索)挡墙支护、岩石锚喷支护、重力式挡土墙、扶壁式挡墙等。设计原则要求:边坡工程分为下列两类极限状态,承载能力极限状态、正常使用极限状态;在确定锚杆、支护结构立柱、挡板、挡墙截面尺寸、内力及配筋时,设计均按极限状态法,有些结构(例如扶壁式挡土墙)同时要满足现行《混凝土结构设计规范》(GB 50010—2010)的规定;但在重力式挡土墙的抗滑和抗倾覆稳定性验算时还采用总安全系数法,抗倾覆稳定系数要求大于1.6。

(3)2004—2006年修订《铁路路基支挡结构设计规范》(TB 10025—2001)时,对国内外有关规范进行了比较,得到以下结论:

①我国的《铁路路基支挡结构设计规范》作为支挡结构专属的设计规范,对铁路路基工程中常用的支挡结构设计和结构构造等方面提出要求和规定,是一本具有独特风格的规范。

②21世纪初我国国民经济、科学技术迅速发展,铁路建设开始快速发展,2001年"铁路路基支挡结构设计规范"的局部修改,显然不能完全反映路基技术的发展水平,尤其是铁路长大干线的修建,路基工程新技术、新材料的大量应用,以及国民经济发展对铁路列车运营速度提高的实际需要,均要求铁路路基支挡结构设计标准加以修订。

当时的修订,在规范的适用范围、混凝土结构耐久性设计、列车动荷载的影响以及对各种支挡结构具体条文等方面所作的修订,反映了当时铁路建设发展的实际情况,也基本达到了国际上日本、德国等发达国家的有关规范水平,有些结构,例如抗滑桩、桩板式路肩墙等在国际上处于领先水平。但也应看到,国内建设、交通部门在边坡支挡结构规范的编制方面发展很快,《公路路基设计规范》关于支挡结构方面的规定,以前一般均参照《铁路路基支挡结构设计规范》的内容编制,2004年除了已着手编制《公路挡土墙设计和施工技术细则》外,规范中率先明确采用以极限状态设计的分项系数法为主的设计方法。

③2000年之后,锚杆挡土墙、抗滑桩、桩板式挡土墙等支挡结构的部分标准图已按极限状态法设计并经过一定范围的使用,2001年对《铁路路基支挡结构物设计规则》的修编过程中,中铁二院和中铁第四勘察设计院已分别对抗滑桩和桩板式挡土墙通过试算、验证工作,采用"工程经验校准法",在保证与原计算方法同等安全度的前提下,确定了结构的荷载分项系数。2004—2006年规范修编时,中铁二院又按上述方法将悬臂式和扶壁式挡土墙的结构构件设计改为按极限状态法设计。由于铁路路基支挡结构在可靠度研究2007年完成,针对结构主要是重力式挡墙和抗滑桩,其他一些支挡结构设计分项系数的确定尚缺乏经验。故当时规范修编,既有研究成果不具备纳规条件,不能规定支挡结构设计均按极限状态法进行结构计算。2008—2010年,中铁二院开发了"基于可靠度理论的挡土墙设计软件",该软件2011年获中国中铁股份有限公司优秀工程设计二等奖。

(四)《铁路路基支挡结构设计规范》(TB 10025—2019)

《铁路路基支挡结构设计规范》(TB 10025—2006)发布后,在规范我国高铁建设的设计工作中发挥了很好的作用,但近年来新型支挡结构发展较快,且在工程中广泛应用。为了适应和满足铁路工程建设发展的新需要,提高铁路路基支挡结构设计水平,保障铁路路基支挡结构质量与安全,根据国家铁路局构建铁路工程建设标准体系的要求,在《铁路路基支挡结构设计规范》(TB 10025—2006)的基础上,对其进行了全面修订。下面对修订情况作简要介绍:

1. 修订原则

(1)贯彻国家有关法律、法规、方针和政策,落实《铁路主要技术政策》《铁路技术管理规程》的规定要求,并与国家和行业的相关标准相协调。

(2)全面总结《铁路路基支挡结构设计规范》发布以来铁路工程建设的实践经验及有关科研成果,消化吸收国内外先进、成熟的设计和检验方法,适应铁路工程建设发展需求,注重标准的技术先进性和经济合理性,体现铁路安全、可持续发展要求。

(3)根据国家铁路局铁路工程建设标准体系框架的要求,内容应涵盖铁路路基及相关工程的支挡结构设计。

(4)路基支挡结构设计积极采用安全可靠、先进成熟、经济适用的"四新"技术,体现规范的前瞻性、先进性。

2. 主要修订和修编内容

本规范共17章,内容包括:总则、术语和符号、基本规定、设计荷载、材料及性能、重力式挡土墙、悬臂式和扶壁式挡土墙、槽型挡土墙、加筋土挡土墙、土钉墙、锚杆挡土墙、预应力锚索、抗滑桩、桩墙结构、桩基托梁重力式挡土墙、组合桩支挡结构、其他结构等,另有11个附录。其中,基本规定、设计荷载、材料及性能以及槽型挡土墙、桩基托梁重力式挡土墙、组合桩结构等章节为新增内容。

(1)总则

①适用范围调整为铁路路基及相关工程的支挡结构设计,取消了速度目标值、铁路等级的限制。

②规定了支挡结构的设计原则,强调与接触网支柱及声屏障基础等工程的衔接,保障路基支挡结构设计合理。

(2)术语和符号

①新增槽型挡土墙、桩墙结构、组合桩结构等新型支挡结构和作用、抗力等与结构设计相关的术语,完善了重力式挡土墙、加筋土挡土墙等术语。

②新增符号一节,增加规范中有代表性的符号解释。

(3)基本规定

包括一般规定、设计规定以及支挡结构设计原则等,主要内容如下:

①规定了支挡结构设置原则,并提出了宜设置支挡结构的地段。

②规定了伸缩缝(沉降缝)、泄水孔、反滤层等的设置要求。

③规定了抗滑动稳定性、抗倾覆稳定性、基底压应力以及钢筋混凝土结构的承载能力极限状态和正常使用极限状态检算要求。

④规定了支挡结构形式的选用要求、结构组合使用条件等内容。

(4) 设计荷载

包括一般规定、主力、附加力和特殊力,主要内容如下:

①规定了荷载的分类及组合。

②规定了土压力、浸水情况水土作用、路基面以上荷载、滑坡推力等主力的计算要求。

③规定了渗透力、冻胀力等附加力的计算要求。

④规定了地震作用、洪水位时土压力、运架设备等特殊力的计算要求。

(5) 材料及性能

对支挡结构使用的材料做出了要求,包括混凝土、浆砌片石和水泥砂浆,钢材,土工合成材料,填料和岩土参数五节,主要内容如下:

①规定了支挡结构采用材料的种类、性能确定方法和常用材料的重度的要求。

②规定了混凝土、浆砌片石和水泥砂浆的强度等级要求。

③规定了支挡结构常用钢材的类型、性能等要求。

④对土工合成材料种类、性能和作用进行了规定。

⑤对墙背填土和地基参数进行了规定。

(6) 重力式挡土墙

将原规范的5节改成3节,包括一般规定、设计与计算、构造要求,修订主要内容如下:

①根据工程实践经验,细化了重力式挡土墙墙高要求,规定了墙身材料要求、挡墙墙背形式和挡墙检算等内容。

②补充了主动土压力计算,抗滑动、抗倾覆和基底压应力的检算要求。

③细化了挡土墙基础埋置深度要求;根据工程经验,规定了挡土墙基础在稳定斜坡地面,墙趾埋入深度和距地面的水平距离的要求;补充了挡土墙设倾斜基底、衡重式挡土墙上墙下墙连接、挡土墙设置检查梯踏步的要求。

(7) 悬臂式和扶壁式挡土墙

①扶壁式挡土墙取消了在不良地质地段或地震地区不能采用的规定。

②完善了填料和路基面以上荷载产生的土压力计算内容,补充了悬臂不能达到主动状态时,库仑主动土压力的修正系数。

③结构构件设计的荷载分项系数由1.6调整为1.35～1.4,增加了墙顶水平变形的控制标准。

(8) 槽型挡土墙

包括一般规定、设计与计算、构造要求,主要内容如下:

①规定了槽型挡土墙的适用条件、高度、设计荷载及组合、基坑开挖等内容。

②结合工程经验及相关规范,提出了槽型挡土墙的检算内容,规定了土压力、抗浮力、水压力、列车动荷载等的计算要求及抗浮稳定性、地基压应力等检算要求。

③规定了槽型挡土墙内力及变形计算、防排水设计等要求。

④规定了结构的配筋率、钢筋搭接和锚固长度,沉降缝、防水、垫层等构造要求。

(9) 加筋土挡土墙

①规定了单级最大墙高不大于10m。补充可采用整体式面板和复合式面板使用要求。

②规定了加筋土挡土墙检算内容,补充地基承载力容许值计算修正系数。

③为保证加筋土挡土墙的稳定性和耐久性,规定了加筋土挡土墙基床表层设封闭层,墙面板内侧设反滤层的要求,并补充完善了设置泄水孔的要求。

(10)土钉墙

①明确了土钉墙适用范围和高度限制,规定边坡较高或顺层地段土钉墙要与其他措施联合使用。

②明确了土钉墙按外部稳定性和内部稳定性检算,并规定了外部稳定性和内部稳定性要检算的内容。调整了土钉抗拔作用安全系数。

③规定了土钉墙分层开挖高度,完善了面层构造要求。根据工程经验,喷射混凝土面层厚度由不小于80mm调整为不小于50mm,并规定模筑混凝土面层厚度不小于250mm。

④增加了成孔困难易塌孔时土钉可采用自钻式锚杆的规定。增加了拉拔试验相关规定。

(11)锚杆挡土墙

①规定了各结构形式的适用条件和施工方法。

②根据相关科研成果及相关国家标准,补充了土质边坡岩土压力的分布,提出了岩土压力的水平修正系数。

③完善了锚杆内力计算及抗拉和抗拔稳定性检算要求,明确了预应力锚杆初始预加力的确定方法,补充钢筋混凝土构件的设计要求。

④补充了锚杆锚固段上覆土层厚度、自由段长度以及锚杆的注浆、张拉控制力、张拉和锁定等要求。

⑤规定了锚杆试验和监测要求。

(12)预应力锚索

①按极限状态法理念,修正了锚固段长度公式中黏结强度含义,同时调整了锚索轴向拉力安全系数,保证了设计前后安全度一致。

②补充了锚索伸长量计算公式,完善了锚索的超张拉力值和张拉要求。

③按国家标准修订了锚索试验和数量要求,补充了锚索监测的相关内容。

(13)抗滑桩

①补充了圆形截面抗滑桩形式,增加了圆形桩的计算内容和构造要求;补充了侧向约束桩的设置要求。

②规定了地震和浸水地区滑坡推力计算的要求。条文说明中补充了滑坡推力隐式解与显式解安全系数对应关系。

③修改了土层的地基系数比例系数,完善了土层抗力计算要求。

④规定了作用效应计算和分项系数要求。完善了裂缝的检算要求,补充了裂缝宽度限定值的要求。

(14)桩墙结构

原规范桩板式挡土墙章名调整为桩墙结构,主要内容如下:

①补充了桩间重力式挡土墙和桩间土钉墙,补充了圆形桩截面要求。

②规定了桩墙结构承载能力极限状态设计的作用效应计算要求。

③补充了裂缝宽度限定值的要求,明确了高速铁路路肩桩板墙桩顶水平变形不大于60mm的控制标准。

(15) 桩基托梁重力式挡土墙

①规定了桩基托梁挡土墙适用范围、图例、形式。

②规定了挡土墙传递到每跨托梁上的荷载计算及托梁内力计算要求,托梁结构设计的抗弯、抗剪裂缝检算要求。

③规定了桩基托梁挡土墙构造要求。

(16) 组合桩结构

新增桩基悬臂式挡土墙、桩基扶壁式挡土墙、椅式抗滑桩、框架桩等组合桩结构内容,对适用范围、设计要点、构造要求等做出了规定。

①规定了组合桩结构的适用范围以及结构高度和桩间距的限定值。

②规定了组合桩结构的计算模式和计算方法。

③规定了组合桩结构的构造要求。

(17) 其他结构

考虑到支挡结构发展的连续性,将不常使用的短卸荷板挡土墙和锚定板挡土墙列为其他结构中,并对原规范条文进行了精简、完善和调整。

(18) 附录

新增附录 A,明确了支挡结构的适用条件和特点。

修订附录 B,规定了客货共线、高速、城际和重载铁路的轨道及列车荷载。

新增附录 C,规定了混凝土、水泥砂浆、钢筋、钢绞线参数性能参数。

新增附录 D,规定了不同岩土的地基基本承载力。

新增附录 E,规定了钢筋混凝土矩形、梯形和圆形截面构件的正截面和斜截面设计要求。

新增附录 F,规定了矩形桩钢筋混凝土受弯构件的最大裂缝宽度计算要求。

新增附录 G,规定了槽型挡土墙抗拔桩极限侧阻力计算方法。

新增附录 H,根据工程经验调整了锚杆(索)抗拔设计参数。

新增附录 J,提出了锚杆(索)试验规定。

新增附录 K,增加锚索选型要求。

新增附录 L,根据工程经验和相关科研成果及标准,补充了锚固点位移≤6mm 时的地基系数。

3. 规范的创新性和经济性

(1) 创新性

①该规范新增了槽型挡土墙结构,新增了锚杆挡土墙墙面系格构式、板肋式、板式和低预应力锚杆的规定,新增了加筋土挡土墙整体式和复合式墙面板的规定,新增了预应力锚索压力和拉力分散性的规定,新增了抗滑桩作为侧向约束桩的规定,新增了桩与重力式挡土墙和土钉墙相结合的结构形式,新增了桩基托梁重力式挡土墙结构,新增了组合桩支挡结构(桩基 L 型挡土墙、椅式桩和框架桩)。这些新增结构或构件的形式来源于设计和施工中的创新或借鉴,其设计计算方法有相应的科研支撑。新增结构丰富了支挡结构的形式,为工程人员提供了更多的选择,是该规范创新性的重要体现。

②该规范在结构材料选择上也体现了一定的创新性,加筋材料、防排水材料、反滤层和伸缩缝材料采用了新型材料。

(2)经济性

该规范编制过程中,在充分考虑风险因素的前提下,对明显不经济的情况进行了优化。具体情况如下:

①悬臂式和扶壁式挡土墙以及锚杆挡土墙的钢筋混凝土设计的作用效应分项系数分别从原来的1.65和1.6调整为1.35。相关支挡可靠性和极限状态设计研究,表明:分项系数为1.65和1.6时,结构可靠指标太高。

②对于锚固段地层为土层时,优化了锚固桩的地基系数的取值,计算出的锚固段长度比原规范更接近于实际。

(五)编制《铁路路基支挡结构极限状态设计规范》的准备工作

支挡结构在设计上既有结构工程的特点,又有岩土工程的复杂性和更高的不确定性,支挡结构设计需要综合考虑荷载、结构形状及材质、结构所处的地质环境及岩土参数特征,以及这些因素的耦合作用的影响。传统的定值法设计,采用总的安全系数来考虑这些因素的不利影响,难以保证支挡工程的可靠性。有效识别影响支挡工程安全性的风险因素,并建立一套完善的风险评估和基于概率论的可靠性设计体系,以提高支挡工程的可靠性,对保证支挡工程安全可靠,具有重要的工程和理论意义。中铁二院历经十余年的研究,取得以下主要创新成果:

(1)建立了路基支挡结构安全风险识别评估技术体系,揭示了安全风险主控因素及其对支挡结构的影响,建立了路基支挡结构安全风险关系图和防范对策库,指导了支挡工程设计与施工。

(2)建立了基于目标可指标的以分项系数保证安全储备的路基支挡结构设计式,创建了路基支挡结构设计程式和可靠性分析方法,实现了支挡工程基于可靠度的参数精准分析计算。

(3)提出了定值设计法与概率设计法"自洽"的核心公式,建立了支挡结构工程的"自洽"模型及算法。

在此基础上,中铁二院开发了"支挡结构极限状态设计与可靠性分析"设计软件,结合工程设计,对重力式挡土墙、衡重式挡土墙、悬臂式挡土墙、扶壁式挡土墙、桩板墙及锚杆墙等支挡结构进行了大量的极限状态设计计算研究,取得了此类支挡结构极限状态设计的经验。结合国家铁路集团的工程结构极限状态法试设计实践,完成了大量铁路路基支挡结构极限状态设计,并在工程中实际应用。这些工作为提高支挡结构安全性、可靠性提供了技术支撑,也为编制《铁路路基支挡结构极限状态设计规范》打下了坚实的基础。

第三章 支挡结构极限状态设计方法

对于极限状态设计方法而言,目前可用的有分项系数与可靠指标两种设计方法。《铁路路基支挡结构设计规范》(TB 10025—2019)规定:支挡结构设计采用安全系数与分项系数相结合的设计方法。这两种设计方法的具体内容,以及两种方法之间辩证关系为本章的核心。

第一节 分项系数设计方法

一、设计检算通式

根据极限状态设计通式,支挡结构的设计检算通式主要有以下三类。

(1)整个结构或其一部分作为刚体失去静力平衡的承载能力极限状态设计检算采用下式。

$$\gamma_0 S_{d,dst} \leq S_{d,stb} \tag{3-1}$$

式中:γ_0——结构重要性系数;

$S_{d,dst}$——不平衡作用效应设计值;

$S_{d,stb}$——平衡作用效应设计值。

在支挡结构设计中,抗滑动、抗倾覆和抗浮设计检算属于此类。

(2)结构或结构构件(包括基础等)破坏或过度变形的承载能力极限状态设计检算采用下式。

$$\gamma_0 S_d \leq R_d \tag{3-2}$$

式中:R_d——抗力设计值;

S_d——作用组合效应设计值。

在支挡结构设计中,抗弯、抗剪、抗拉、抗拔设计检算属于此类。

(3)结构或结构构件的正常使用极限状态设计检算采用下式。

$$S_d \leq C \tag{3-3}$$

式中:S_d——作用组合效应设计值,主要指变形、裂缝等;

C——设计对变形、裂缝等规定的相应限值。

在支挡结构设计中,基础压应力、裂缝宽度、挠度、位移检算属于此类。

二、支挡结构抗力、作用设计值通式具体规定

由设计检算通式可知,与一般工程结构设计检算通式不同的是,支挡结构设计多了一类平衡设计,当然这只是根据支挡结构实际情况而细化出的一类承载能力极限状态。由于铁路路基支挡结构设计抗力、作用设计值通式与我国《工程结构可靠性设计统一标准》(GB 50153—2008)及《铁路工程结构可靠性设计统一标准》(Q/CR 9007—2014)的规定是基本一致的,因此此处主要介绍支挡结构平衡设计中抗力、作用设计值通式的具体规定。不同设计状况不平

衡作用设计值 $S_{d,dst}$ 和平衡作用设计值 $S_{d,stb}$ 的计算如下：

1. 持久设计和短暂设计状况

持久设计和短暂设计状况应采用基本组合。

（1）不平衡作用应按下式计算：

$$S_{d,dst} = \sum_{i=1}^{n} \gamma_{i,dst} S_{ki,dst} \tag{3-4}$$

式中：$\gamma_{i,dst}$——第 i 个不平衡作用的综合分项系数（持久和可变），$\gamma_{i,dst} \geq 1.0$；

$S_{ki,dst}$——第 i 个不平衡作用。

（2）平衡作用应按下式计算：

$$S_{d,stb} = \sum_{i=1}^{n} \gamma_{i,stb} S_{ki,stb} \tag{3-5}$$

式中：$\gamma_{i,stb}$——第 i 个平衡作用的综合分项系数（持久和可变），$\gamma_{i,stb} \leq 1.0$；

$S_{ki,stb}$——第 i 个平衡作用。

2. 偶然设计状况

偶然设计状况应采用偶然组合。

（1）不平衡作用应按下式计算：

$$S_{d,dst} = \sum_{i=1}^{n} \gamma_{GAi,dst} S_{GAki,dst} \tag{3-6}$$

式中：$\gamma_{GAi,dst}$——第 i 个不平衡作用的综合分项系数（持久和偶然），$\gamma_{GAi,dst} \geq 1.0$ 当偶然作用可以分离出来时，和偶然作用相乘的分项系数取 1.0；

$S_{GAki,dst}$——第 i 个不平衡作用（持久和偶然）。

（2）平衡作用应按下式计算：

$$S_{d,stb} = \sum_{i=1}^{n} \gamma_{GAi,stb} S_{GAki,stb} \tag{3-7}$$

式中：$\gamma_{GAi,stb}$——第 i 个平衡作用的综合分项系数（持久和偶然），$\gamma_{GAi,stb} \leq 1.0$，当偶然作用可以分离出来时，偶然作用可不计；

$S_{GAki,stb}$——第 i 个平衡作用（持久和偶然）。

3. 地震设计状况

地震设计状况应采用地震组合。

（1）不平衡作用按下式计算：

$$S_{d,dst} = \sum_{i=1}^{n} \gamma_{GEi,dst} S_{GEki,dst} \tag{3-8}$$

式中：$\gamma_{GEi,dst}$——第 i 个不平衡作用的综合分项系数（持久和地震），$\gamma_{GEi,dst} \geq 1.0$ 当地震作用可以分离出来时，和地震作用相乘的分项系数取 1.0；

$S_{GEki,dst}$——第 i 个不平衡作用（持久和地震）。

（2）平衡作用应按下式计算：

$$S_{d,stb} = \sum_{i=1}^{n} \gamma_{GEi,stb} S_{GEki,stb} \tag{3-9}$$

式中：$\gamma_{GEi,stb}$——第 i 个平衡作用的综合分项系数（持久和地震），$\gamma_{GEi,stb} \leq 1.0$，当地震作用可以分离出来时，地震作用可不计；

$S_{\text{GE}ki,\text{stb}}$——第 i 个平衡作用(持久和偶然)。

三、分项系数法设计流程

按分项系数法设计时的设计流程如图 3-1 所示。

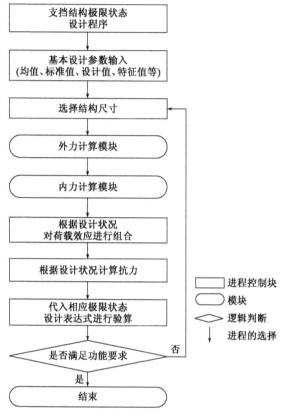

图 3-1　分项系数设计方法流程示意图

从图 3-1 可知,基于分项系数法的设计流程与基于安全系数法的设计流程无本质差异,只是在计算出抗力与荷载后,代入设计表达式验算的系数不同。

第二节　可靠指标设计方法

一、设计检算通式

对于一般极限状态方程 $Z = R - S$,当抗力与作用各项的均值与标准差已知时,则可靠指标设计方法的设计检算通式如下。

$$\beta = \frac{\mu_R - \mu_S}{\sqrt{\sigma_R^2 - \sigma_S^2}} \geqslant [\beta] \qquad (3\text{-}10)$$

式中:β——可靠指标计算值;
　　　μ——均值;

σ——标准差;

$[\beta]$——目标可靠指标。

而根据可靠指标的定义,可靠指标也可根据失效概率或安全概率进行计算,这也是采用蒙特卡洛方法计算可靠指标的理论基础,相应的可靠指标设计方法的设计检算通式如下。

$$\beta = \Phi^{-1}(1 - P_f) \tag{3-11}$$

式中:$\Phi(\cdot)$——标准正态分布函数;

P_f——结构的失效概率。

二、可靠指标法设计流程

根据可靠指标判定支挡结构是否合适的设计方法流程如图 3-2 所示。

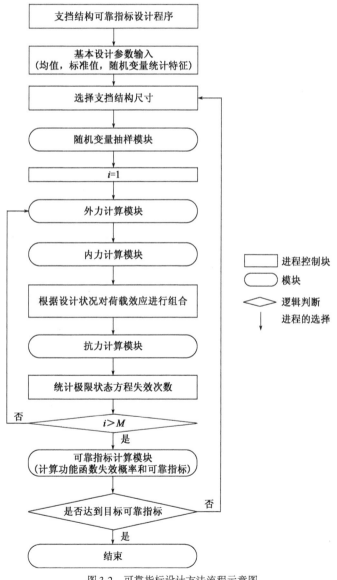

图 3-2 可靠指标设计方法流程示意图

由图 3-2 可知，基于可靠指标的设计方法在执行过程中需统计极限状态方程的失效次数，并以此计算出失效概率或可靠指标作为评判结构是否达到设计水准的依据。因此该方法在执行过程中需进行多次随机抽样设计，相对于分项系数设计方法，该方法较费时一些。从另一个方面讲，基于分项系数的设计方法之所以能进行一次计算即可，是因为分项系数的确定过程本身已包含可靠指标的校准。

第三节　极限状态设计需注意的几个问题

铁路路基支挡结构设计方法从总安全系数法转轨到极限状态法，除了设计理论与设计方法的改变之外，还存在相关设计参数复杂性、变异性影响设计结果的问题。因此，在支挡结构极限状态设计中，设计者还需要注意分项系数取值的适宜性、设计参数之间的相关性、岩土参数取值的差异性等问题，以更好地理解极限状态设计，以更好地进行支挡结构极限状态设计。

一、分项系数取值的适宜性问题

《铁路路基支挡结构设计规范》(TB 10025—2019) 已于 2019 年 12 月正式实施。目前，支挡结构设计规范除结构外部稳定性设计仍采用总安全系数设计法之外，其余结构功能的设计检算均采用分项系数设计法。规范给出的各结构分项系数值是基于安全系数校准得到的，即通过分项系数将结构总安全度分配到各设计项上。

根据我国铁路规范由安全系数法向极限状态法转轨的总体要求，转轨后的分项系数与转轨前的安全系数在设计的差异不能超过 5%。分项系数是通过一系列常规设计条件下的算例来综合校准确定的，所谓常规设计条件，如挡墙墙高在一般墙高限值范围内、岩土参数在规范给定的取值范围内取值、结构构件性能参数在规范给定的取值范围内取值等。

当遇到超越常规设计条件时，仍采用规范给定的分项系数设计是不合理的，此时应根据此类结构的可靠指标进行特殊设计。需要说明的是，从其他相近规范中找分项系数，甚至依据国外相关规范中的分项系数来设计我国铁路工程支挡结构的做法是不可取的，因为这些借用的分项系数与铁路支挡规范的具体规定未必是相匹配的，盲目使用可能会导致设计不安全或不经济。

二、设计变量之间的相关性问题

支挡工程是一类既包含岩土工程，又包含结构工程的工程。在支挡结构的设计计算中，抗力与作用之间、抗力与抗力之间以及作用与作用之间并不是严格独立的，即参数之间是存在相关性的，甚至在某些墙型下（如悬臂式、扶壁式挡土墙），各设计项之间的相关程度还很高。

在目前的设计体系下，设计变量的不确定性是相互独立来考虑的，这与支挡结构的实际的可靠度计算还是有一定的宏观性差异的，在《铁路路基支挡结构设计规范》的修编过程中，中铁二院针对设计变量之间相关性对分项系数的影响开展了针对性研究，提出了基于参数变异性的常规工作条件下的设计参数合理性取值建议意见。这较好地解决了规范在转轨初期的分项系数难以校准的难题。也正如前所述，相关性问题的解决也是在常规设计条件的前提下，因此当遇到超越常规设计条件时，设计者需根据可靠指标进行特殊设计。

需要强调的是,由于设计参数相关性问题的存在,在大多数情况下,未经校准的安全系数与分项系数之间的设计差异会进一步放大,设计时应特别注意。

三、岩土参数取值的差异性问题

在支挡结构设计计算中,岩土参数的取值对最终的设计结果具有不可忽视的影响,而岩土参数具有复杂性(成因复杂、性质复杂、难以精准获取)、区域差异性(同一类岩土因区域而有差异)、时空变异性(因地质形成年代,空间分布不同而具有差异)。我国是一个地形地貌多变、气候环境多样、岩土地质成因复杂的国家,《铁路路基支挡结构设计规范》中给出的混凝土、浆砌片石、水泥砂浆以及填料和岩体的参数取值范围难免出现与某一地域岩土的工程性质有所差异的情况,这种情况下,设计者宜根据当地岩土参数的实际取值,在充分考虑不确定性基础上,基于可靠指标进行特殊设计。

另外,随着中国铁路工程"走出去",设计者在使用国外标准的过程中,也需特别注意国内外标准中岩土参数取值的差异,并注意与之相匹配的设计指标的取值,切忌将中外标准中的参数与指标混用。

第二篇 Part 2

铁路路基支挡结构极限状态设计流程及要点

铁路路基支挡结构,包括刚性支挡结构、半刚性支挡结构、锚固桩复合支挡结构、加筋支挡结构、锚拉支挡结构等类型。本篇以常用的刚性支挡结构(重力式挡土墙)、半刚性支挡结构(悬臂式挡土墙)以及锚固桩复合支挡结构(桩板式挡土墙)为对象,阐述铁路路基支挡结构基于概率论的极限状态设计方法,包括设计流程、材料及参数、受力计算及结构分析,以及设计要点等,并简要介绍其他各类型铁路路基支挡结构极限状态设计要点。

第四章 支挡结构的设计流程

支挡结构发展至今已有十几种支挡结构形式,这些支挡结构在设计上均各有特点。对于许多初学者或者经验并不丰富的工程师来说,如何在复杂多变的实际工程中进行支挡结构中进行选型及布设,仍有较大困难。为此,本章将给出具体的支挡结构选型方法及设计步骤流程,用以指导支挡结构设计。

第一节 支挡结构的选型

一、支挡结构初选

铁路路基支挡结构进行结构选型时,需考虑设计工点的实际情况,如设计工况、设置位置、岩土性质、地基性质等外部条件,并根据本节有关支挡结构的横断面布置方法,初步确定出一种支挡结构类型。选型时可参照《铁路路基支挡结构设计规范》(TB 10025—2019)附录 A 规定,如表4-1 所示。

支挡结构选型参考表　　　　　表4-1

支挡结构类型	适用范围			设置位置				墙背岩土		地基性质		地面坡度		单级最大墙高/单根最大长度参考值(m)
	一般地区	浸水地区	地震地区	路肩	路堤	路堑	滑坡	土质	岩质	土质	岩质	平缓	较陡	
重力式挡土墙	☆	☆	○	☆	○	☆	△	○	○	○	○	○	△	12/—
衡重式挡土墙	○	△	×	○	×	×	×	○	○	○	○	○	○	10/—
短卸荷板挡墙	☆	☆	△	☆	×	△	×	○	○	○	○	○	☆	12/—
悬臂式挡土墙	○	○	○	○	○	△	×	○	○	☆	○	○	×	6/—
扶壁式挡土墙	○	○	△	○	○	△	×	○	○	☆	○	○	×	10/—
槽型挡土墙	○	☆	○	△	△	○	×	○	○	○	○	○	△	8/—
加筋土挡土墙	○	×	×	○	○	×	×	○	×	○	○	○	×	10/—
锚定板挡墙	○	△	☆	○	○	×	×	○	×	○	○	○	○	6/—
土钉墙	○	×	○	×	×	○	△	○	○	○	○	○	○	10/—
锚杆挡土墙	○	×	○	×	×	○	×	△	○	—	—	○	○	10/15
预应力锚索	○	△	○	○	△	○	○	△	○	—	—	○	○	—/70

续上表

支挡结构类型	适用范围			设置位置				墙背岩土		地基性质		地面坡度		单级最大墙高/单根最大长度参考值（m）
	一般地区	浸水地区	地震地区	路肩	路堤	路堑	滑坡	土质	岩质	土质	岩质	平缓	较陡	
抗滑桩	○	○	○	○	○	○	☆	○	○	○	○	○	○	—/50
桩墙结构	○	○	○	○	○	○	○	○	○	○	○	○	○	15/—
桩基托梁挡墙	○	○	○	○	△	△		○	○	☆	○	○	☆	12/—
组合桩 桩基悬臂式或扶壁式挡土墙	○	○	○	○	○	△	△	○	○	☆	○	○	△	10/—
组合桩 椅式桩或框架桩等	○	○	○	○	○			○	○	○	○	○	○	10/—

注：☆-优先选用；○-适用；△-有条件适用；×-不适用。

二、支挡结构定型

支挡结构经过初选后，还需根据结构的断面形式，做进一步定型。如重力式挡土墙可分为直线形墙背、折线形墙背、有衡重台形式；锚杆墙可分为肋板式、板壁式、格构式、柱板式；加筋土挡土墙可分为单侧墙、双侧墙、有墙面板包裹式、无墙面板包裹式，桩墙结构可分为桩板墙、桩间土钉墙、桩间挡土墙；槽型挡土墙可分为U形、倒π形、垂直式、俯斜式、仰斜式、路堤式、路堑式、半堤半堑式；预应力锚索可分为拉力型、拉力分散型、压力型、压力分散型等。本节以重力式挡土墙为例，介绍根据墙身断面形式的特点，进一步定型。

重力式挡土墙根据墙身断面形式可分为直线形墙背、折线形墙背、有衡重台形式三大类，如图4-1所示。由于表4-1中将衡重式挡土墙单独列出，所以在对不同墙背形式的重力式挡土墙结构定型时暂未考虑衡重式挡土墙。

每种形式的挡土墙的特点不同，适用的情况也有所不同，具体如下。

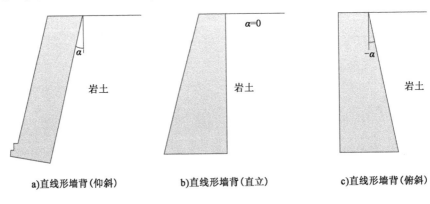

a) 直线形墙背（仰斜）　　　b) 直线形墙背（直立）　　　c) 直线形墙背（俯斜）

图 4-1

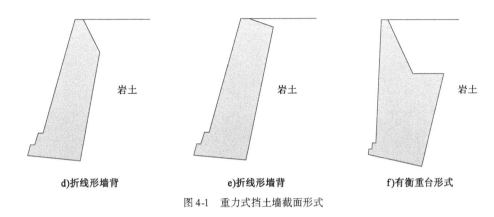

d) 折线形墙背　　　　　　e) 折线形墙背　　　　　　f) 有衡重台形式

图 4-1 重力式挡土墙截面形式

1. 直线形墙背

直线形墙背的重力式挡土墙适用于以下情况：

(1) 横断面布置

直线形墙背的重力式挡土墙适用于地面横坡为 1∶3~1∶2.5 的填方坡脚以及用地有限制的情况，如图 4-2a) 所示，也适用于土质、岩质边坡分别超过规定高度的路堑地段以及地面较陡需要封顶的地段，如图 4-2b) 所示，当与预加固桩组合时，适用于挖方边坡机械化施工的情况，其断面布置如图 4-2c)、d) 所示。直立墙背的挡土墙自稳性好；俯斜墙背的挡土墙，其墙背坡度可为垂直坡，适用于边坡需要垂直的地段。

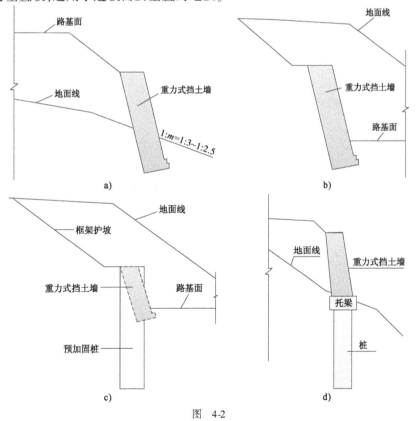

图 4-2

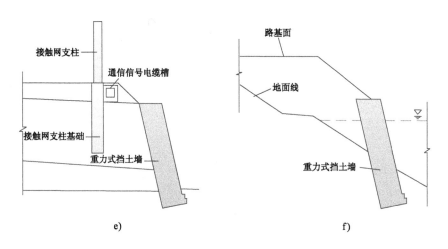

图 4-2 直线形墙背的重力式挡土墙横断面布置

(2)适用工况

仰斜墙背在普速铁路及高速铁路均适用,在高速铁路上,横断面布置如图 4-2e)所示。并给高速铁路路基两侧的接触网、电缆沟槽等设施留出位置,可避免墙顶侵入路基基床。

图 4-2a)适用于一般、浸水及地震工况,在不挤压河道或水域的前提下可优先选择非埋式路堤墙,否则需选择埋式路堤挡土墙,如图 4-2f)所示。

2. 折线形墙背

(1)横断面布置

折线形墙背的重力式挡土墙适用于地面横坡 1:3~1:2.5 的路肩地段如图 4-3a)所示,其墙背不会侵入基床,该墙型还适用于增建Ⅱ线并行不等高的线间地段,选择这种墙型比选择衡重式墙对既有线的干扰小。

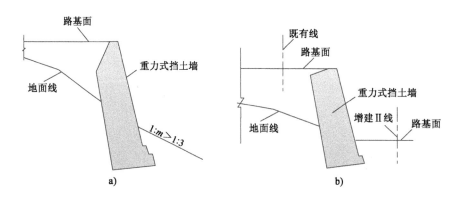

图 4-3 折线形墙背的重力式挡土墙横断面布置

(2)适用工况

折线形墙背的重力式挡土墙适用于一般、浸水及地震地区及普速铁路。

第二节　支挡结构的设计流程

支挡结构的一般设计流程如图4-4所示,包括以下步骤:
(1)根据所处断面位置进行路基横断面的初步布设;
(2)结合纵断面及平面位置关系,对支挡结构进行纵断面及平面协调布设,同步修改和优化横断面布设位置;
(3)支挡结构在空间布设完成后,选取代表性横断面进行外力和内力计算;
(4)根据支挡结构外力和内力计算结果,进行结构及构件的各项功能检算,完成结构设计;
(5)根据所计算的结构外形尺寸,在空间上进行精确布置,绘制横断面图、正面图、平面图等;
(6)计算工程数量,编写设计说明。

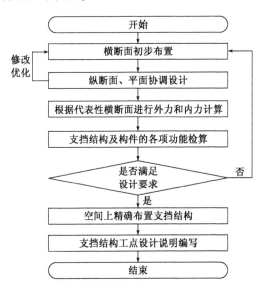

图4-4　支挡结构的设计流程框图

一、支挡结构在空间上的初步布置

(一)支挡结构横断面初步布置

支挡结构横断面设计时,根据所处横断面位置可分为路肩式、路堤式和路堑式三种形式。

1.路肩式支挡结构

路肩式支挡结构在横断面上初步布置时,结构顶面高程需和路肩点高程相齐平,支挡结构边缘需和路肩点相对齐,如图4-5所示。

路肩式支挡结构通常可选择重力式挡土墙、衡重式挡土墙、短卸荷板挡土墙、悬臂式挡土墙、扶壁式挡土墙、桩基托梁、桩基L型挡土墙、桩板式挡土墙、椅式桩、加筋土挡土墙和锚定板挡土墙等结构类型。对于路肩式支挡结构,设计过程中需注意支挡结构占据路基面的宽度应满足路基面设备的放置要求,避免支挡结构干扰路基面设备设施或影响电缆槽放置。

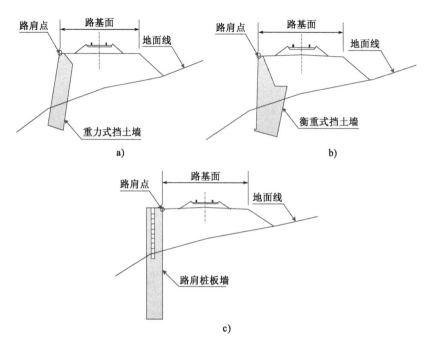

图4-5 路肩式支挡结构代表性类型

2. 路堤式支挡结构

路堤式支挡结构在横断面上初步布置时,应根据路堤填高、边坡高度、地质情况等综合确定布设位置和支挡结构顶面高程至路肩点高度(h)及水平距离(b)。路堤式支挡结构常见类型如图4-6所示。

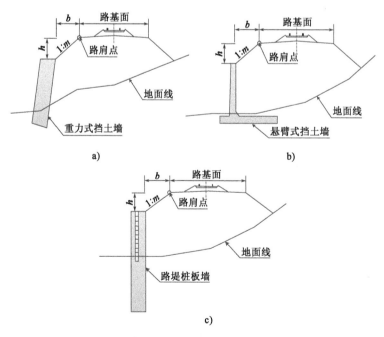

图4-6 路堤式支挡结构代表性类型

路堤式支挡结构通常可选择重力式挡土墙、悬臂式挡土墙、扶壁式挡土墙、桩基托梁挡土墙、桩基L型挡土墙、桩板式挡土墙、椅式桩、加筋土挡土墙和锚定板挡土墙等结构类型。

路堤式支挡结构顶面以上路基填土高度≤1m时,其受力与路肩式支挡结构受力相似,可按路肩式挡土墙进行设计。

3.路堑式支挡结构

路堑式支挡结构在横断面上初步布置时,应根据路堑侧沟平台位置宽度(bc)确定布置位置,根据支挡结构埋深要求确定墙趾或锚固点高程与路堑侧沟的距离。路堑式支挡结构设置时还需要根据边坡高度、地质情况等条件综合确定其结构高度,以满足路堑边坡稳定性要求。路堑式支挡结构常见类型如图4-7所示。

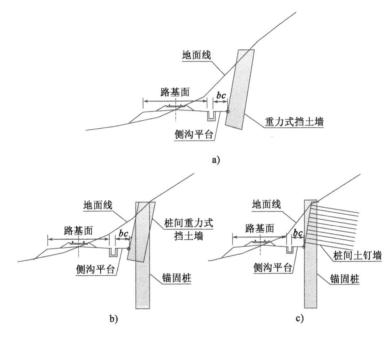

图4-7 路堑式支挡结构代表性类型

路堑式支挡结构通常可选择重力式挡土墙、桩板式挡土墙、槽型挡土墙、土钉墙、锚杆挡土墙、预应力锚索、预加固桩、框架桩等结构类型。

此外,需要注意的是,在自然山坡陡峭地段布设路堑式支挡结构时,很可能出现长大边坡或稳定开挖边坡与自然边坡无法相交的情况,此时宜将支挡结构作高并封顶,保证顶部不出现开挖边坡。如果开挖边坡高度很高,也可以考虑采用多级支挡结构。

(二)支挡结构纵断面及平面初步布置

支挡结构在横断面上初步布置后,可根据横断面上支挡结构的位置进行纵断面及平面的初步布置。在纵断面及平面初步布置时,需要将横断面上支挡结构的具体位置反映至纵断面及平面中,并根据纵断面及平面上支挡结构与地面线、底层线等信息调整横断面上支挡结构的设置高度与结构类型,此外还需根据纵断面及平面设计确定支挡结构设置里程范围。典型支挡结构纵断面布置如图4-8所示。

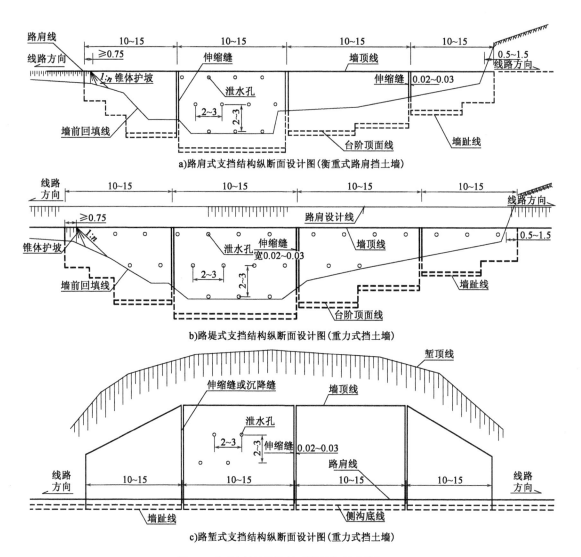

图 4-8 典型支挡结构纵断面设计图(尺寸单位:m)

(三)特殊地段支挡结构初步布置

对于滑坡、斜坡软弱地基等特殊地段的支挡结构初步布置应根据工程实际情况综合考虑。

(1)在滑坡地段,滑坡体上的支挡结构主要是指锚固桩结构,只有小型的且滑面很明确的滑坡才采用挡土墙。下面主要介绍抗滑桩在滑坡体上的布置原则。抗滑桩的布设需要根据滑坡平面位置、主轴断面、地质情况、稳定性分析结果等因素综合分析确定:

①在滑坡平面图上,根据地形及勘测资料判断滑坡主轴或辅轴位置和方向,得到勘测主轴断面(图 4-9);

②根据滑坡主轴断面进行稳定性分析,确定各滑坡主轴断面上对抗滑桩受力的最有利位置(图 4-10);

③根据主轴断面上抗滑桩受力的最有利位置,对抗滑桩进行初步布设(图4-11);

④主轴断面抗滑桩初步布设后,在平面图中将抗滑桩布设成一条直线或折线,并同步调整抗滑桩在滑坡主轴断面上的位置,确保抗滑桩在平面图与主轴断面图的位置协调统一;

⑤根据主轴上的抗滑桩实际布设位置,对滑坡再次进行稳定性分析及抗滑桩结构设计。

(2)在斜坡软弱地基地段,支挡结构的布设应根据斜坡软弱地基实际情况合理采用坡脚路堤桩板墙或坡脚内侧埋入式侧向约束桩(图4-12)。当采用坡脚路堤桩板墙时,应设置合理的桩板墙高度,防止上部路基填方越顶失稳(图4-13)。

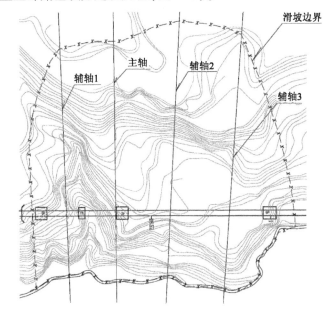

图4-9 滑坡平面图

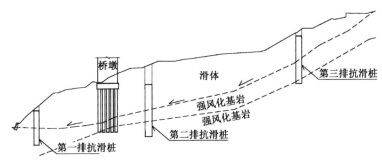

图4-10 滑坡主轴断图

二、根据代表性横断面进行外力和内力计算

(一)外力和外力分布

1. 路肩、路堤和路堑地段支挡结构的外力及分布

路肩、路堤和路堑地段支挡结构的外力及分布取决于支挡结构墙背形式及坡面边界条件,简述如下:

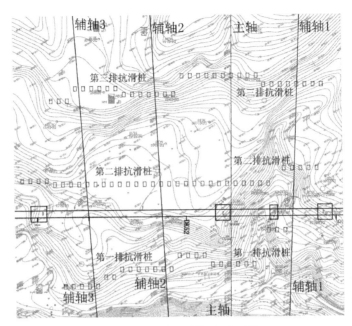

图 4-11 滑坡支挡结构平面布置图

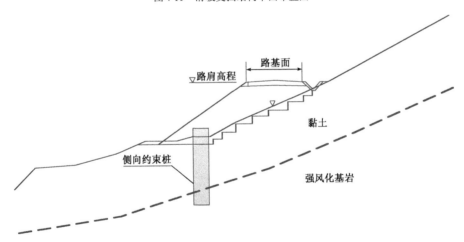

图 4-12 侧向约束桩横断面图

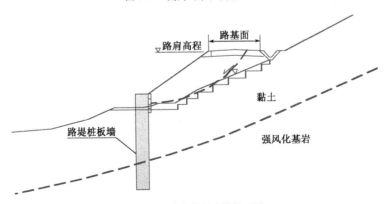

图 4-13 坡脚桩板墙横断面图

(1)按直线形墙背计算:重力式路肩墙(直线形墙背)、重力式路堤墙(非埋式)、重力式路堑墙、锚杆墙、土钉墙、桩板墙和悬臂式与扶壁式挡墙的立臂板等。

(2)按折线形墙背计算:包括重力式路肩墙(折线形墙背)、衡重式路肩墙、重力式路堤墙(埋式)等。

2.滑坡体和软基上支挡结构的外力及分布

滑坡体和软基上支挡结构的外力及分布取决于滑坡面,滑坡面可为折线或曲线,滑面一般由地勘资料提供,软基上的最不利滑面通过扫描搜索确定。当滑面确定时,无论是滑坡还是软基上锚固桩的外力,均可采用传递系数法计算。滑坡上外力的分布视滑体的岩土类别而定,土质一般为三角形分布,坚硬岩质或顺层滑坡可采用矩形分布,介于两者之间的为梯形分布。软基上的侧向约束桩的外力分布一般为三角形。

(二)内力计算

1.刚体构件

刚性体可根据需要检算的截面进行内力计算,例如衡重式挡土墙上、下墙截面薄弱部位的截面检算。

2.钢筋混凝土构件

钢筋混凝土构件一般被简化为悬臂梁、简支梁、连续梁或弹性地基梁进行内力计算,简述如下:

(1)悬臂梁:某些构件按悬臂梁计算,例如悬臂式挡墙、桩的锚固点之上的内力等。

(2)简支梁:某些构件按简支梁计算,其代表性结构有挡土板等。

(3)连续梁:某些构件上的支点较多,采用按支点为刚性支撑的连续梁计算,其代表性结构有多支撑的锚杆墙的肋柱、格构等,连续梁算法的基础是三弯矩方程。

(4)弹性地基梁:某些构件的内力计算是将构件和地基均视为弹性,其代表性的结构为桩基。

(5)框架结构:还有一些更复杂的结构,如椅式桩和框架桩结构可简化为框架结构模型,采用弹性地基梁法或结构力学位移法计算。

3.拉拔构件

某些结构构件主要承受拉拔作用,代表性的构件有筋带、土钉、锚杆、锚索等。

三、支挡结构及构件的各项功能检算

(一)支挡结构的设计状况

不同的设计状况下,设计所要求达到的安全度是不一样的。我国第一、二层次的可靠性设计统一标准中,一般把设计对结构从施工到使用全过程所考虑的结构状态和环境条件,称为设计状况,有些行业标准说得更具体,比如,设计状况为代表一定时间内(施工、运营和维护期间)结构体系承受的作用、材料性能等实际情况的一组设计条件。在结构具体的设计状况划分中,主要体现的是这些设计条件中荷载出现的频率。铁路路基支挡结构设计应区分下列设计状况：

(1)持久设计状况：在支挡结构使用过程中一定出现，且持续时间很长的设计状况。该设计状况下的荷载包括在设计基准期内承受的恒载、车辆活载等；持久设计状况下荷载出现的时间最长，一般与结构的设计使用年限为同一数量级。

(2)短暂设计状况：在支挡结构施工、运营、维修过程中出现概率较大，与设计使用年限相比，持续很短的设计状况。该设计状况下应考虑临时性荷载(运架设备等)；短暂设计状况下，动荷载出现的时间较短，一般出现在施工和维护的时间段。

(3)偶然设计状况：支挡结构使用的异常情况，出现概率很小且持续时间很短。该设计状况下应考虑突发撞击、落石冲击、洪水暴发等作用；偶然设计状况下，偶然荷载出现的概率很小。

(4)地震设计状况：结构遭受地震时的设计状况，该设计状况下应考虑地震荷载。地震设计状况下的地震荷载属于偶然荷载，由于地震这种特殊的偶然荷载在设计组合中有其特别的规定，故地震设计状况从偶然设计状况中独立出来了。

不同的设计状况，不仅荷载及其产生的作用的大小和持续时间可能不同，而且结构的构成形式和材料性能值也可能不同。不同的设计状况，失事后的后果不同，设计所要达到的可靠度水平就不同。根据不同的设计状况，支挡结构设计荷载或作用的组合不同：

(1)在持久设计状况和短暂设计状况下，应采用作用的基本组合进行承载能力极限状态设计，承载能力极限状态设计是为了保证支挡结构的安全，因此，长期出现或短暂出现的作用或作用效应的组合是设计中最基本的组合，必须进行该组合的设计。

(2)在偶然设计状况下，应采用作用的偶然组合进行承载能力极限状态设计，可根据工程需要进行正常使用极限状态设计。偶然作用出现的概率很小，设计使用年限中可能发生，也可能不发生，作用的值却很大，为经济合理起见，设计时对应着更小的目标可靠指标。

(3)在地震设计状况下，应采用作用的地震组合进行承载能力极限状态设计，可根据工程需要进行正常使用极限状态设计或不进行正常使用验算。

(二)支挡结构极限状态设计检算

铁路路基支挡结构及构件的设计检算包括承载能力极限状态和正常使用极限状态检算。检算的主要内容是外部稳定性、内部稳定性和结构构件的各项功能是否满足要求。支挡结构承载能力极限状态设计，是为了保证结构和构件的安全性；正常使用极限状态检算，是为了保证支挡结构的适用性和耐久性。不同的设计状况下，均应选择相应的设计组合进行支挡结构的承载能力极限状态设计检算。支挡结构正常使用极限状态设计，可根据需要选择检算项目，例如：埋式抗滑桩桩顶位移不受限制，而悬臂式抗滑桩则有限制；如果埋入式抗滑桩附近有其他建筑物，桩顶位移也可能因为附近的建筑物而需要限制。

支挡结构按极限状态设计时，在每一种组合中还必须选取其中的最不利组合进行有关的极限状态设计。例如，浸水地区挡土墙，除了按无水或常水位情况下的基本组合验算外，还应按设计洪水位时的偶然组合进行验算。设计时应针对各种有关的极限状态进行必要的计算和验算，当有工程实际经验时，也可采用构造措施来代替验算。

四、根据计算结果在空间上精确布置支挡结构

通过结构设计,得到支挡结构的尺寸后,可进一步在空间上精确布置支挡结构。采用先进的三维数字化设计,可将支挡结构的尺寸信息,放入边坡、地基等铁路工程空间模型中,根据需要形成代表性横断面图、纵断面图、平面图。

传统的设计方式是将支挡结构的精确尺寸首先在横断面图上表示出来,再通过横断面上的关键数据形成正面图和平面图。此过程目前一般设计单位可用相应的软件完成。平、纵断面图之间会相互进行调整修改,直到支挡结构的精确位置在图中反应。根据支挡结构所处工点的复杂性,平、纵断面图是全部出图还是部分出图视需要而定。一般而言,重力式实体圬工墙,可只出横断面图或横、纵断面图和结构尺寸表。钢筋混凝土结构一般应给出横、纵断面图和结构图,必要时给出平面图。滑坡等复杂工点,需要平面布置方能反应支挡结构准确的空间位置时,需给出平面图。

自铁路 BIM 联盟成立以来,BIM 技术在铁路行业也不断发展,取得了很多技术成果。目前,铁路行业已可以通过参数化调整模型部件库,生成不同形式及尺寸的支挡结构模型,放入三维路基设计模型中进行剖切,实现基于 BIM 的铁路路基三维正向设计。

五、支挡结构工点的设计说明

支挡结构工点的设计说明一般包括以下几个部分:
(1)工程概况;
(2)工程措施;
(3)设计计算书;
(4)施工注意事项;
(5)对检测和监测的要求等。

此外,为了设计使用者设计方便,提高计算效率,减少设计的审图环节并保证设计质量,设计单位习惯于把常用的支挡结构制作成标准图集,供设计者选用。制作标准图包括设计意见书和标准图两个阶段。

1. 设计意见书阶段

设计意见书阶段主要是各种分类比选,确定出图规模,编写设计意见书,为标准图编制提供依据,设计意见书一般包括以下内容:
(1)任务来源;
(2)适用范围;
(3)编制依据;
(4)设计原则和设计方法;
(5)主要设计参数;
(6)编制施工图说明的主要内容;
(7)标准图组成内容。

2. 标准图编制阶段

在标准图编制阶段,根据设计意见书提出的设计参数表,设计计算支挡结构的尺寸表和结

构图。标准图一般由封面、目录、设计说明、平面图、正面图、代表性断面、需要展示的各种细部详图和结构图组成。设计说明的主要内容如下：

(1)编制依据与运用范围；

(2)符号说明；

(3)主要设计参数；

(4)设计原则(包括外力计算、整体性验算、内力计算及构件设计)；

(5)构造要求；

(6)设计及施工注意事项；

(7)算例。

第五章 支挡结构的材料及参数

支挡结构的材料是构成支挡结构的物质,是作用(有利和不利)和抗力的基本组成部分,材料的性能很大程度上决定了支挡结构的性能。因此材料及性能是支挡结构可靠性的重要保证,对支挡结构的安全性和经济性具有重要的意义。

第一节 材料的类型

一、支挡结构中的常用材料

支挡结构的常用材料包括人工材料和天然材料。人工材料有混凝土、钢筋、土工合成材料、填料、石料及水泥砂浆等,天然材料有岩、土等。部分人工材料如图5-1所示。

a)混凝土　　　　　　　b)钢筋　　　　　　　c)土工合成材料

d)填料　　　　　　　e)石料　　　　　　　f)水泥砂浆

图5-1 支挡结构常用材料

由于支挡结构的结构类型多样且功能上各有侧重,因此支挡结构所采用的材料需要根据结构的类型、功能、使用范围及应用环境等因素综合确定,具体如表5-1所示。

支挡结构设计中的常用材料 表 5-1

结　构	部　位	材　料	附　注
重力式挡土墙（衡重式挡土墙）	墙身	素混凝土、片石混凝土或浆砌片石	人工材料
	反滤层	土工合成材料等	
	墙背岩土或填料	土、石	天然或人工材料
	地基	土、石	天然材料
悬臂式挡土墙及扶壁式挡土墙	墙身	混凝土、钢筋	人工材料
	反滤层	土工合成材料等	
	墙背填料	土、石	
	地基	土、石	天然材料
槽型挡土墙	墙身	混凝土、钢筋	人工材料
	反滤层	土工合成材料等	
	墙背岩土或填料	土、石	天然或人工材料
	地基	土、石	天然材料
加筋土挡土墙	筋材	土工合成材料等	人工材料
	面板	混凝土、钢筋	
	基础	素混凝土	
	填料	土	
土钉墙	土钉	钢筋、水泥砂浆	人工材料
	面板	素混凝土、钢丝网片	
	墙背岩土	土、石	天然材料
	锚固段	土、石	
	地基	土、石	
锚杆挡土墙	面板	混凝土、钢筋	人工材料
	锚杆	普通钢筋或预应力钢筋	
	水泥砂浆	水泥砂浆	
	锚杆与面板系联结	螺栓或钢筋	
	墙背岩土	土、石	天然材料
	锚固段	土、石	
预应力锚索	锚具	钢材、混凝土等	人工材料
	锚索	钢绞线、钢丝	
	墙背岩土	土、石	天然材料
	锚固段	土、石	
抗滑桩	锁口护臂	素混凝土	人工材料
	桩体	混凝土、钢筋	
	桩、挡土板	混凝土、钢筋	
	锚固段	土、石	天然材料
	滑体	土、石	

续上表

结 构	部 位	材 料	附 注
桩墙结构	锁口护臂	混凝土、钢筋	人工材料
	挡土墙、土钉墙	素混凝土	
	墙背填料	土	
	锚固段	土、石	天然材料
桩基托梁重力式挡土墙	桩、桩基承台	混凝土、钢筋	人工材料
	锁口护臂	混凝土、钢筋	
	墙背岩土或填料	土、石	天然或人工材料
	锚固段	土、石	天然材料
桩基L型挡墙	桩身	混凝土、钢筋	人工材料
	锁口护臂	混凝土、钢筋	
	墙背填土和悬臂段岩土	土、石	天然或人工材料
	锚固段	土、石	
椅式桩和框架桩	桩身	混凝土、钢筋	人工材料
	锁口护臂	混凝土、钢筋	
	墙背岩土或填料	土、石	天然或人工材料
	锚固段	土、石	天然材料

注：天然材料是指未进行人工处理的材料。

常用支挡结构在设计中采用的材料力学性能指标及代号，如表5-2所示。

支挡结构常用材料力学性能指标及代号 表5-2

材 料		性 能 指 标
人工材料	混凝土	抗压强度标准值f_{ck}；抗压强度设计值f_c；抗拉强度标准值f_{tk}；抗拉强度设计值f_t；弹性模量E_c
	普通钢筋	屈服强度标准值f_{yk}；极限强度标准值f_{stk}；抗拉强度设计值f_y；抗压强度设计值f'_y；弹性模量E_s
	预应力钢筋	屈服强度标准值f_{pyk}；极限强度标准值f_{ptk}；抗拉强度设计值f_{py}；抗压强度设计值f'_{py}；弹性模量E_s
	土工合成材料	筋材极限抗拉强度T；拉筋与填料间的摩擦系数f
	砂浆材料	锚孔壁与锚固体间极限黏结强度标准值f_{rbk}；钢筋、钢绞线与锚固体间黏结强度f_{bk}、f_b
天然材料	填料	内摩擦角φ；黏聚力c；重度γ
	岩土	基底摩擦系数f；地基基本承载力σ_0；地基承载力特征值σ_a；钻孔灌注抗拔桩极限侧阻力标准值q_{sk}；地基系数K_0；地基比例系数m

二、构件材料指标

支挡结构自身和构件的材料属于人工材料,设计中用到的规范有现行《混凝土结构设计规范》(GB 50010)、《铁路路基支挡结构设计规范》(TB 10025)及相关的行业规范。下面主要介绍来源于以上两个代表性规范中各性能指标的取值。

由于结构材料为人工材料,材料指标变异性较小,设计时可直接根据所选人工材料编号查阅相关设计规范获取,具体如下:

1. 混凝土参数指标

支挡结构中的混凝土可分为钢筋混凝土、素混凝土及片石混凝土三类,无论哪种混凝土,设计中混凝土指标均可参考附录 A 确定。

2. 钢筋参数指标

支挡结构中的钢材分为钢筋、预应力钢丝、钢绞线、钢板及型钢等。支挡结构设计中所用到的钢筋材料参数可参考附录 B 确定。

3. 土工合成材料参数指标

支挡结构常用的土工合成材料主要为土工格栅等。加筋土挡土墙设计中所用到的单向拉伸塑料土工格栅(HDPE)的物理力学性能指标可按附录 C 确定。

由于土工格栅特殊的网孔结构,其与土体的相互作用较为复杂,拉筋与填料间的摩擦系数 f 值不仅与拉筋表面的粗糙度和填料性质及颗粒大小有关,而且与填土压实度及填筑高度有关,因此选取拉筋与填料之间的摩擦系数 f 值,应根据现场拉拔试验确定,当无试验数据时,可根据工程经验在设计中可采用 0.3~0.4。

4. 水泥砂浆参数指标

砂浆由水泥、细集料和水等材料按适当比例配置而成。支挡结构设计所需要的砂浆种类可以分为砌筑砂浆和灌注砂浆,相关参数可参考附录 D 确定。

三、岩土材料指标

1. 填料或墙背岩土

路堤地段支挡结构在计算墙背土压力时,需要填料的物理力学指标,其中内摩擦角应根据室内直接剪切试验或三轴压缩试验确定,土体重度可由环刀法确定。有经验时,其标准值可参考附录 E.01 确定。

路堑地段支挡结构在计算墙背土压力时,需要墙背地层的物理和力学指标,这些指标可根据边坡设计和地质资料综合确定,有经验时,可参考附录 E.02 确定。

2. 岩土参数

(1)基底摩擦系数

基底与地基间的摩擦系数是支挡结构物底部与基底持力层之间内摩擦角的正切值,主要用于挡土墙的抗滑移验算。对易风化的软质岩石和塑性指数大于 22 的黏性土,基底摩擦参数标准值 f' 可通过室内直接剪切试验确定;对碎石土,其值可根据密实度、填充物状况、风化程度来确定。在有经验时,可参考表 5-3 确定。

基底与地基间的摩擦系数经验值 f　　　　　　　　　　表 5-3

地 基 类 别	经验值 f	地 基 类 别	经验值 f
硬塑黏土	0.25～0.30	碎石类土	0.40～0.50
粉质黏土、粉土、半干硬的黏土	0.30～0.40	软质岩	0.40～0.60
砂类土	0.30～0.40	硬质岩	0.60～0.70

但是需要说明的是,根据调查和试验得知,表 5-3 所采用的经验值 f 与通过试验获取的摩擦系数标准值 f' 相比是有一定安全储备的,具体如表 5-4 所示,存在 1.5 倍的关系(平均意义上)。因此若采用经验值 f 进行在挡土墙外部抗滑动稳定性检算时,应做如下变换 $f' = f \times 1.5$ 才可使用。

基底摩擦系数对应关系　　　　　　　　　　表 5-4

地 基 类 别	基底摩擦角 φ_k	正切值 $\tan\varphi_k$	经验值 f	比值 $\tan(\varphi_k)/f$
硬塑黏土	20～30	0.36～0.57	0.25～0.30	约 1.4
粉质黏土、粉土、半干硬的黏土			0.30～0.40	
砂类土	30～36	0.57～0.73	0.30～0.40	约 1.5
碎石类土			0.40～0.50	
软质岩	28～42	0.53～0.90	0.40～0.60	约 1.3
硬质岩			0.60～0.70	

(2)地基或锚固段参数

地基基本承载力的值为基础短边宽度不大于 2.0m、埋置深度不大于 3.0m 时的地基承载力特征值,即没有通过基础深、宽修正的地基承载力特征值。支挡结构基础所处地基的岩土基本承载力应根据浅层平板载荷试验、标准贯入试验或静力触探试验等进行确定;有经验时,可根据岩土的物理力学性质,参考附录 F 确定。

(3)地基系数

地基系数是指单位土体或岩体在弹性限度内产生单位压缩变形值所需要施加于其单位面积上的力,取值时可参考附录 G 确定。

四、常用重度

重度是计算自重力的重要指标,常用材料重度可按表附录 H 确定。表中列出了支挡结构设计中,所选常用材料的重度,不同行业或不同国家的同种材料的重度有可能不一样。

以上各种材料性能的指标是支挡结构设计的依据,这些指标具有随机性,其决定了作用和抗力的随机性,同一指标不同的取值对应着一定的概率。下一节将说明如何确定以上各种支挡结构材料的指标。

第二节 材料性能指标的确定方法

无论人工材料,还是天然材料,确定其性能指标的理论基础都是统计学中的区间估计理论,只是由于两者的变异性有所差异,导致具体确定方式上有所差别。

一、人工材料性能指标的确定方法

支挡工程中的人工材料主要指结构构件材料,包含混凝土、钢筋、土工合成材料、水泥砂浆和填料等。由于人类加工行为本身对不确定性具有较强的约束,因此材料加工生成后,其性能指标的变异性一般不随空间变化,在相同工程环境下的性能衰减也一般具有相似性。鉴于此,对于人工材料性能指标的确定,我们一般采用的是总体均值估计加大子样抽样估计标准差的方式。在具体执行过程中,该方式隐含了这样一个基本假定:材料性能每一个测试结果,在设计截面上有足够的代表性,而重复采样试验只能看作是对同一个参数的平行试验。

在实际工程设计中,常用到人工材料性能的标准值与设计值。标准值是其基本代表值,一般根据材料性能测试结果的概率分布的某一分位值确定。设计值一般定义为标准值与分项系数的比值。

1. 混凝土性能指标的确定

混凝土性能指标包括一般状态下的轴心抗压强度、轴心抗拉强度、弹性模量,以及疲劳状态下的轴心抗压强度、轴心抗拉强度、弹性模量等。在支挡结构的设计中,涉及的指标主要是一般状态下的轴心抗压强度、轴心抗拉强度两类。

(1)标准值的确定

混凝土材料性能指标标准值的取值原则为假定性能指标符合正态分布,则标准值为:

$$f_k = \mu - t_\alpha \sigma \tag{5-1}$$

式中:f_k、μ、σ——性能标准值及其大子样抽样结果的均值与标准差;

t_α——材料性能低于f_k概率为α的与概率分布类型有关的系数,混凝土材料取值一般将α定为0.05,则上式可化为:

$$f_k = \mu - 1.645\sigma \tag{5-2}$$

轴心抗压强度、轴心抗拉强度的标准值均根据立方体的抗压强度标准值确定。立方体抗压强度标准值系指按标准方法制作、养护的边长为150mm的立方体试件,在28d或设计规定龄期以标准试验方法测得的具有95%保证率的抗压强度值。《混凝土结构设计规范》(GB 50010—2010)轴心抗压强度标准值f_{ck}、轴心抗拉强度标准值f_{tk}分别为:

$$\begin{cases} f_{ck} = 0.88\alpha_{c1}\alpha_{c2}f_{cu,k} \\ f_{tk} = 0.88 \times 0.395 f_{cu,k}^{0.55}(1 - 1.645 \times \delta_{f_{cu}})^{0.45} \times \alpha_{c2} \end{cases} \tag{5-3}$$

式中:α_{c1}——棱柱强度与立方体抗压强度比值,对C50及以下普通混凝土取0.76,对高强度混凝土C80取0.82,中间强度线性插值;

α_{c2}——C40以上混凝土所需要考虑的脆性折减系数,对C40取1.00,对C80取0.87,中间强度线性插值。

其中系数 0.395 和指数 0.55、0.45 为轴心抗拉强度与立方体抗压强度的折算关系,是根据试验数据进行统计分析以后确定的经验值。

以混凝土强度等级 C30 为例,根据上式可得轴心抗压强度与轴心抗拉强度标准值分别为:

$$\begin{cases} f_{ck} = 0.88 \times 0.76 \times 60 = 20.10(\text{MPa}) \\ f_{tk} = 0.88 \times 0.395 \times (1 - 1.645 \times 0.18)^{0.45} = 2.13(\text{MPa}) \end{cases}$$

同理,其他强度等级混凝土所对应的轴心抗压强度与轴心抗拉强度标准值可按此计算。

(2)设计值的确定

混凝土强度设计值定义为混凝土强度标准值与混凝土材料分项系数的比值,混凝土轴心抗压强度、混凝土轴心抗拉强度设计值分别可按下式计算:

$$\begin{cases} f_c = \dfrac{f_{ck}}{\gamma_c} \\ f_t = \dfrac{f_{tk}}{\gamma_c} \end{cases} \quad (5-4)$$

式中:f_c、f_t——混凝土的轴心抗压与抗拉强度设计值;
γ_c——混凝土材料的分项系数。

目前,由于不同强度等级混凝土的变异系数有所差异,因此不同强度等级混凝土强度指标的分项系数有小幅差异,但也基本分布在 1.30~1.40 的区间内,对应的材料性能保证率在 98.9%~99.9% 之间。在《混凝土结构设计规范》(GB 50010—2010)中给定的混凝土材料分项系数为 1.40。

仍以混凝土强度等级 C30 为例,如果混凝土材料分项系数取 1.40,根据上式可得轴心抗压强度与轴心抗拉强度设计值分别为:

$$\begin{cases} f_c = \dfrac{20.1}{1.40} = 14.3(\text{MPa}) \\ f_t = \dfrac{2.01}{1.40} = 1.43(\text{MPa}) \end{cases}$$

2. 钢筋性能指标的确定

常用钢筋包括热轧钢筋、热处理钢筋、碳素钢丝、刻痕钢丝、钢绞线、冷轧带肋钢筋等种类,支挡结构常用到的普通钢筋、预应力钢筋一般也包含如上这些种类,所用到的钢筋性能指标主要是受拉强度。

(1)标准值的确定

钢筋的强度标准值可按现行《钢筋混凝土用钢》(GB 1499)、《钢筋混凝土用余热处理钢筋》(GB 13014)、《中强度预应力混凝土用钢丝》(YB/T 156)、《预应力混凝土用钢绞线》(GB/T 5224)等规范的相关规定给出,且应具有不小于 95% 的保证率。

普通钢筋采用屈服强度标志,屈服强度标准值 f_{yk} 相当于钢筋标准中的屈服强度特征值。预应力钢筋没有明显的屈服点,但有明显的极限强度标志,极限强度标准值 f_{ptk} 相当于钢筋标准中钢筋抗拉强度,但该值一般用于结构抗倒塌设计,而在一般性的结构设计中,标准一般会采用条件屈服强度标准值f_{pyk}。

预应力钢筋条件屈服强度标准值f_{pyk}有两种取值条件：①对于中强度预应力钢丝、预应力螺纹钢筋等预应力钢筋，标准中一般给出了一个条件屈服强度标准值f_{pyk}，相当于残余应变为0.002时所对应的应力。②对于传统的预应力钢丝、钢绞线等预应力钢筋，一般取0.85倍的抗拉强度（极限强度标准值）作为条件屈服点计算条件屈服强度标准值f_{pyk}。

（2）设计值的确定

钢筋的抗拉强度设计值由强度标准值除以材料分项系数γ_s得到，即：

$$\begin{cases} f_y = \dfrac{f_{yk}}{\gamma_s} \\ f_{py} = \dfrac{f_{pyk}}{\gamma_s} \end{cases} \tag{5-5}$$

式中：f_y、f_{py}——普通钢筋与预应力钢筋的抗拉强度设计值。

对于延性较好的热轧类普通钢筋，具体包括HPB300、HRB335、HRB400、HRBF400、RRB400等型号，分项系数取1.10；对于500MPa级的高强普通钢筋，具体包括HRB500、HRBF500等型号，为适当提高安全储备，分项系数取1.15。

对于预应力钢筋，其强度设计值取其条件屈服强度标准值与材料分项系数的比值，由于预应力钢筋相对于普通钢筋的延性稍差，因此其分项系数一般不小于1.20。

以HRB400型号的钢筋为例，其屈服强度标准值f_{yk}为400MPa，材料分项系数为1.10，因此其抗拉强度设计值为：

$$f_y = \frac{400}{1.10} \approx 360(\text{MPa})$$

二、岩土材料性能指标的确定方法

与人工材料不同的是，支挡工程中天然材料控制设计的是由一定范围内土体强度性能及重度综合形成的抗力与外力的平衡条件，该平衡条件计算过程中所用到的参数应取实际工程范围内岩土体性能的指标，因此该指标具有空间上的变异性，这是与人工材料性能指标的一个根本区别。正因如此，岩土材料性能指标的取值应采用对总体平均值做区间估计的理论，以反映某一范围土体的综合性能。

当子样均值与方差已知，假定每次抽样的方差相等，则均值的方差为：

$$\sigma_{\bar{x}}^2 = \frac{\sigma^2}{n} \tag{5-6}$$

则均值的标准差为：

$$\sigma_{\bar{x}} = \frac{\sigma}{\sqrt{n}} \tag{5-7}$$

则总体均值单侧置信下限估计表达式为：

$$f_k = \mu - t_\alpha \sigma_{\bar{x}} = \mu\left(1 - \frac{t_\alpha}{\sqrt{n}}\delta\right) \tag{5-8}$$

上式中，如果抽样次数n比较大时，则t_α为1.645，此乃大子样抽样估计，亦即人工材料性能指标确定的方法。但对于岩土参数的试验而言,由于同一场地同一土层的抽样次数不可能很多,因此具体操作过程中,应根据实际的抽样次数 n,查取 t 分布相应的 t_α 值来估计单侧置信下限值。

由式(5-8)中含有学生氏分布函数,如果纳入规范并不利于工程师们的应用,因此现行《岩土工程勘察规范(2009 年版)》(GB 50021—2001)提供了一个实用的简化公式,具体如下:

$$\begin{cases} f_k = \gamma_s \mu \\ \gamma_s = 1 \pm \left(\dfrac{1.704}{\sqrt{n}} + \dfrac{4.678}{n^2} \right) \delta \end{cases} \quad (5-9)$$

式中:γ_s——统计修正系数;
δ——性能标准值的变异系数。

式中正负号应按不利组合考虑,一般岩土材料性能指标统计修正取负值。

式(5-8)与式(5-9)有何区别呢?高大钊教授在其《关于岩土设计参数标准值计算公式的讨论》一文中,给出了在置信概率为 95% 的前提下,两者之间的相对误差,结果如表 5-5 所示。

简化公式的误差估计表 表 5-5

样本容量 n	自由度 $n-1$	$t_{0.05}$	$\dfrac{t_{0.05}}{\sqrt{n}}$	$\dfrac{1.704}{\sqrt{n}} + \dfrac{4.678}{n^2}$	相 对 误 差
6	5	2.015	0.8226	0.8256	3.6×10^{-3}
7	6	1.943	0.7344	0.7395	6.9×10^{-3}
8	7	1.895	0.6700	0.6755	8.2×10^{-3}
9	8	1.860	0.6200	0.6256	9.0×10^{-3}
10	9	1.833	0.5796	0.5856	10.0×10^{-3}
11	10	1.812	0.5463	0.5524	11.1×10^{-3}
21	20	1.725	0.3764	0.3824	15.9×10^{-3}
31	30	1.697	0.3048	0.3109	20.0×10^{-3}
121	120	1.658	0.1513	0.1555	27.0×10^{-3}

由上表可知,简化公式与理论公式相比其相对误差小于 3%,因此用于实际工程具有足够的精度。

综上,对于一组具体的测试结果,可按照以下步骤确定标准值。

(1)计算测试结果的平均值

$$\mu = \dfrac{\sum\limits_{i=1}^{n} x_i}{n}$$

(2)计算测试结果的标准差

$$\sigma = \sqrt{\dfrac{1}{n-1} \left(\sum\limits_{i=1}^{n} x_i^2 - \dfrac{\left(\sum\limits_{i=1}^{n} x_i \right)^2}{n} \right)}$$

(3)计算测试结果的变异系数

$$\delta = \dfrac{\sigma}{\mu}$$

(4)计算统计修正系数

$$\gamma_s = 1 - \left(\frac{1.704}{\sqrt{n}} + \frac{4.678}{n^2}\right)\delta$$

(5)计算标准值

$$f_k = \gamma_s \mu$$

如某山区路基工程,查得路基面以下3m深度内为岩性相同、风化程度较一致的基岩,在现场采取了6块岩样进行室内饱和单轴抗压强度试验,结果分别为10.22MPa、15.47MPa、13.58MPa、14.62MPa、11.79MPa、12.98MPa,根据上述确定标准值的步骤可得具体过程如下:

(1)计算均值

$$\mu = \frac{\sum_{i=1}^{n} x_i}{n} = \frac{10.22 + 15.47 + 13.58 + 14.62 + 11.79 + 12.98}{6} = 13.11(\text{MPa})$$

(2)计算测试结果的标准差

$$\sigma = \sqrt{\frac{1}{n-1}\left(\sum_{i=1}^{n} x_i^2 - \frac{(\sum_{i=1}^{n} x_i)^2}{n}\right)}$$

$$= \sqrt{\frac{1}{5}\left(\begin{array}{l}(10.22^2 + 15.47^2 + 13.58^2 + 14.62^2 + 11.79^2 + 12.98^2) \\ - \frac{(10.22 + 15.47 + 13.58 + 14.62 + 11.79 + 12.98)^2}{6}\end{array}\right)} = 1.91(\text{MPa})$$

(3)计算测试结果的变异系数

$$\delta = \frac{\sigma}{\mu} = \frac{1.91}{13.11} = 0.15$$

(4)计算统计修正系数

$$\gamma_s = 1 - \left(\frac{1.704}{\sqrt{n}} + \frac{4.678}{n^2}\right)\delta = 1 - \left(\frac{1.704}{\sqrt{6}} + \frac{4.678}{6^2}\right)0.15 = 0.88$$

(5)计算标准值

$$f_k = \gamma_s \mu = 0.88 \times 13.11 = 11.54(\text{MPa})$$

一般情况下,岩土工程勘察报告只提供岩土材料性能指标的标准值,不提供设计值。当采用分项系数描述的设计表达式进行计算时,岩土参数设计值可按下式计算

$$f_d = \frac{f_k}{\gamma} \tag{5-10}$$

式中:γ——岩土材料性能指标的分项系数,可按有关的具体设计规范的规定取值。

以上所述岩土性能指标的确定方法主要针对的是岩土材料的强度指标,其物性指标与变形指标的确定方法与其有所差异,在《铁路路基设计规范(极限状态法)》(Q/CR 9127—2018)中对此是这样表述的:

(1)土的物性指标试验结果离散性较小且其对设计结果影响较小时,可取试验结果的算术平均值作为代表值。

(2)土的变形指标试验结果离散性较大时,由于宏观上的沉降是其平均压缩性的表现,因此可取试验结果的算术平均值作为代表值。

（3）土的强度指标一般对设计结果的影响较大，宜通过原位测试或直剪试验获得，对控制性地段宜采用一定数量的三轴试验，可取试验结果的保守估计值作为代表值。

由此可见，指标的确定是一个综合考虑各项条件，以及指标用途的过程，从而选择出最具有代表意义的指标值。

第六章 支挡结构的受力分析

支挡结构的最主要功能是支撑侧向土压力。在支挡结构极限状态设计中,无论是作用或抗力均需要计算所承受的土压力。因此支挡结构上的土压力计算十分重要,支挡结构设计无论是按照总安全系数法还是极限状态法,所采用的土压力的计算方法是相同的。

第一节 外力计算

一、土压力分类

土压力按土体位移方向和其应力状态可分为静止土压力[图 6-1a)]、主动土压力[图 6-1b)]、被动土压力[图 6-1c)]三类,具体介绍如下。

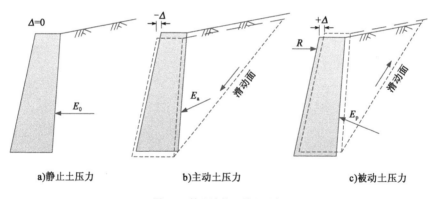

图 6-1 挡土墙的三种土压力

静止土压力:当挡土墙不产生位移,处于固定不动时,墙后土体处于静止的弹性平衡状态[图 6-1a)],这时的土压力为静止土压力,用符号 E_0 表示。由于墙后土体处于弹性平衡状态,不会产生破裂楔体,进而导致无法通过绘制静止土压力状态及力系图来推导出静止土压力的计算式,但根据土压力计算的基本假定和静止土压力产生的条件,可以假定墙后土体产生静止土压力也应有一定的范围,在此范围内,墙与墙背土之间均不产生抗剪力。在土中产生静止土压力的这个面并不是"破裂面",可称为"土压面"。这样就可以构成静止土压状态和力系,如图 6-2 所示。

主动土压力:当挡土墙在侧压力作用下,向离开土体方向产生微小的位移[图 6-1b)],土体出现向下、向外滑动的趋势,土体及墙背逐渐增大的抗剪力抵抗这一滑动的产生,土体侧压力逐渐减小。当位移达到某一数值,土的抗剪强度完全发挥,土体中即将出现滑动面,土压力减小到最小值,土体便处于主动极限平衡状态,其土压力称为主动土压力,用符号 E_a 表示,主动土压力及其力系如图6-3所示。

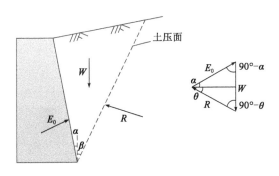

图 6-2　静止土压力及其力系

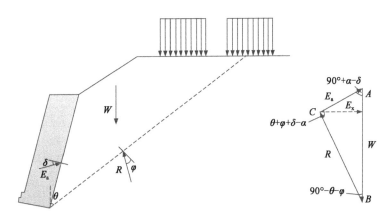

图 6-3　主动土压力及其力系

被动土压力：当挡土墙受外力作用挤向土体方向产生微小位移（平移或转动），如图 6-1c）所示，土体出现向上、向内滑动的趋势，同样土体及墙背逐渐增大的抗剪力阻止这一滑动的产生，土体侧压力逐渐增大。当位移增大到某一数值，土的抗剪强度完全发挥，土体中即将出现滑动面，土压力增大到最大值，土体便处于被动极限平衡状态，其土压力称为被动土压力，用符号 E_p 表示。被动土压力及其力系如图 6-4 所示。

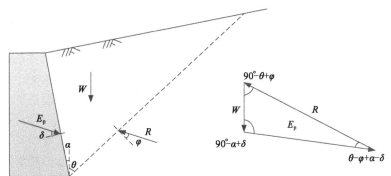

图 6-4　被动土压力及其力系

土压力计算的常用方法有朗肯土压力理论和库仑土压力理论。朗肯和库仑土压力理论都均属于极限平衡状态土压力理论，但两者在分析方法上存在较大差别，朗肯理论属于"极限应力法"，库仑理论则属于"滑动楔体法"，这两种土压力理论的详细对比如表6-1所示。

朗肯土压力理论和库仑土压力理论对比 表6-1

对比内容	朗肯土压力理论	库仑土压力理论
推导假设	①墙背直立； ②墙背光滑； ③墙后填土面水平	①墙后的填土是理想的散粒体(黏聚力$c=0$)； ②墙背倾斜、粗糙、墙后填土面倾斜； ③滑动破坏面为一平面； ④刚体滑动，不考虑滑动楔体内部应力和变形； ⑤破裂楔体整体处于极限平衡状态
分析方法	极限应力法： 从土中一点的极限平衡应力状态出发，先求出竖直墙背上的土压力强度及其分布，再计算出总土压力	滑动楔体法： 根据墙背和滑裂面之间的破裂楔体，先求出作用在墙背上的总土压力，需要时再算出土压力强度及其分布形式
适用条件	只能得到理想简单边界条件下的黏性土和无黏性土土压力计算	适用于各种较为复杂的边界条件或荷载条件下的无黏性土压力计算，也可以采用综合内摩擦角法对黏性土进行计算
优缺点	优点：理论严密。 缺点：只能得到理想简单边界条件下的解答，在实际应用上受到限制	优点：适用于各种较为复杂的边界条件或荷载条件，且能满足工程上所要求的精度，应用更广泛。 缺点：理论推导做了近似处理

由于库仑理论能够适用于各种复杂的边界条件或荷载条件，且能满足工程上所要求的精度，故应用更为广泛。本章重点介绍各种工况下的库仑土压力计算方法。

二、扫描搜索法计算库仑主动土压力

当墙后土体的坡面形式变化有限，且荷载形式不多时，可直接根据现有库仑理论推导出主动土压力计算公式，铁路、公路等相关行业规范所对应的计算手册均给出了部分计算公式。以《铁路工程设计技术手册》为例，对于不同工况下的直线形墙背、折线形墙背及折线形下墙背共给出110组计算公式供选择，但是这些公式随着地面地层的不同和地面超载的变化形式不一。当坡面复杂、荷载形式多样或计算边界条件超出已有公式的范围时，需要重新推导新的计算公式。目前，已有公式的边界条件均有一定的简化，其原因在于复杂边界条件下，土压力的公式推导非常困难。为此，本节介绍一种已知破裂角，将土压力及坡面路基面以上的超载的计算思路统一起来的简便计算方法——扫描搜索法。

扫描搜索法是通过扫描假定的破裂面，根据库仑理论求得每组破裂楔体所对应的土压力，并通过搜索获得对支挡结构最不利土压力的计算方法。该方法的具体做法是，以墙背某一点为起点，以该点到地面线的连线为破裂面，按照一定间距变化破裂楔体位置并扫描墙后土体，得到所有可能的破裂面，求取破裂楔体的自重及形心，利用库仑土压力计算通式计算土压力的大小和作用点，最后搜索出最大土压力或最大倾覆力矩。

(一)直线形墙背土压力计算

直线形墙背包括墙背直立[图 6-5a)]、墙背仰斜[图 6-5b)]、墙背俯斜[图 6-5c)]及假想墙背俯斜[图 6-5d)]4 种形式。其中,悬臂式挡土墙在设计上普遍采用直线形墙背形式近似计算。扫描搜索法计算直线形墙背的库仑主动土压力方法如下。

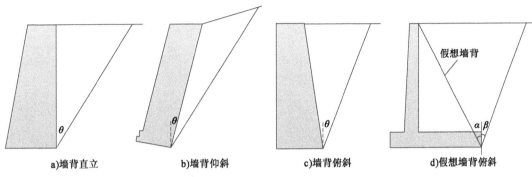

图 6-5 直线形墙背示意图

1. 一般工况下直线形墙背土压力计算

(1)建立坐标系

将墙后坡面及路基面按给定间距进行分段,包括坡面变坡点、荷载边缘、荷载内、荷载外等关键点,以墙踵 O 点为坐标原点建立坐标系,计算扫描搜索界限,依次得到若干坐标点集合;假定墙踵 O 点与路基面交于点 $A_i(x_i, y_i)$,连接 OA_i 两点,得到假定破裂面 OA_i,如图 6-6 所示。

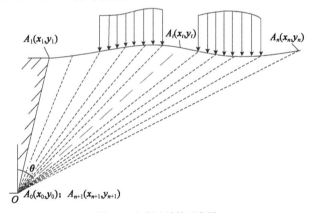

图 6-6 扫描法计算示意图

(2)破裂楔体的自重及形心

利用坐标法计算假定破裂面 OA_{i-1} 与墙背形成的破裂楔体的自重及形心点坐标。

①参照图 6-7,将破裂楔体分割成若干微段三角形,依次计算各微段三角形面积 $S_{OA_iA_{i-1}}$,…,$S_{OA_3A_2}$,$S_{OA_2A_1}$,求和后得到破裂楔体自重 W_{soil},计算公式如下所示。

$$W_{\text{soil}} = \gamma \cdot S = \gamma \cdot \sum_{k=2}^{i} S_{\Delta OA_kA_{k-1}} = \frac{1}{2} \cdot \gamma \left\{ \begin{vmatrix} x_0 & y_0 \\ x_1 & y_1 \end{vmatrix} + \begin{vmatrix} x_1 & y_1 \\ x_2 & y_2 \end{vmatrix} + \cdots + \begin{vmatrix} x_i & y_i \\ x_0 & y_0 \end{vmatrix} \right\}$$
$$= \frac{1}{2} \cdot \gamma \sum_{k=0}^{i} (x_k \cdot y_{k+1} - x_{k+1} y_k) \tag{6-1}$$

式中：W_{soil}——破裂楔体的自重；
S——破裂楔体的面积，按逆时针顺序计算时，面积 S 为正，反之为负；
i——坐标点个数。

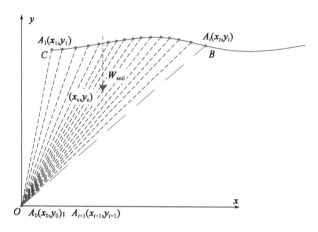

图 6-7　破裂楔体分段

②破裂楔体形心坐标(C_x,C_y)，计算公式如下所示。

$$C_x = \frac{1}{6S}\sum_{k=0}^{i}(x_k + x_{k+1})(x_k y_{k+1} - x_{k+1} y_k) \tag{6-2}$$

$$C_y = \frac{1}{6S}\sum_{k=0}^{i}(y_k + y_{k+1})(x_k y_{k+1} - x_{k+1} y_k) \tag{6-3}$$

式中：C_x——破裂楔体形心横坐标；
C_y——破裂楔体形心纵坐标。

(3) 荷载重力及其在路基面上的作用点

①参照图 6-8，当假定破裂面与墙背间的路基面存在集中荷载时，每点荷载自重 $W_{j,\mathrm{load}}$ 即为所受集中力；当假定破裂面与墙背间的路基面存在均布或非均布荷载时，每段荷载自重 $W_{j,\mathrm{load}}$ 计算公式如下所示：

$$W_{j,\mathrm{load}} = \sum_{i=1}^{k}\Delta q_i \cdot \Delta l \tag{6-4}$$

式中：$W_{j,\mathrm{load}}$——第 j 个荷载的自重；
Δq_i——第 j 个荷载内的第 i 段的荷载极度；
Δl——荷载分段间距。

②参照图 6-8，当假定破裂面与墙背间的路基面存在集中荷载时，任意一点的荷载在路基面上的作用点坐标$(Q_{j,x},Q_{j,y})$即为所受集中荷载的坐标点；当假定破裂面与墙背间的路基面存在均布或非均布荷载时，需要计算每段荷载在路基面上的作用点坐标$(Q_{j,x},Q_{j,y})$，其中，横坐标 $Q_{j,x}$ 按式(6-5)计算，纵坐标 $Q_{j,y}$ 与路基面相关，通过内插求取。

$$Q_{j,x} = \frac{\sum_{i=1}^{k}\left(\Delta q_i \cdot \Delta l \cdot \dfrac{x_{q_i} + x_{q_{i-1}}}{2}\right)}{W_{j,\mathrm{load}}} \tag{6-5}$$

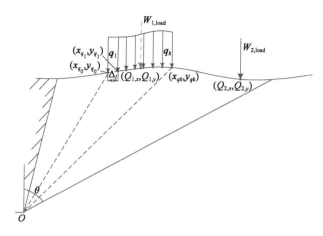

图 6-8　重力荷载及其在路基面上的投影点示意图

(4) 计算土压力及作用点位置

①破裂楔体及破裂楔体上荷载产生的总重力 W 与形心坐标

破裂楔体及破裂楔体上荷载产生的总重力 W 与形心坐标 (x_c, y_c) 计算公式如下所示。

$$W = W_{\text{soil}} + \sum_{j=1}^{m} W_{j,\text{load}} \tag{6-6}$$

$$\begin{cases} x_c = \dfrac{W_{\text{soil}} \cdot C_x + \sum_{j=1}^{m} W_{j,\text{load}} \cdot Q_{j,x}}{W} \\ y_c = \dfrac{W_{\text{soil}} \cdot C_y + \sum_{j=1}^{m} W_{j,\text{load}} \cdot Q_{j,y}}{W} \end{cases} \tag{6-7}$$

式中：x_c——破裂楔体及荷载总形心点横坐标；

y_c——破裂楔体及荷载总形心点纵坐标；

m——荷载个数。

②直线形墙背土压力计算

扫描搜索土压力计算方法的关键在于推导主动土压力的核心计算通式。通过研究发现，无论破裂面交于何处，其所对应的力系图形都是一致的，均可用图 6-9b) 力系图形表示。

根据图 6-9b) 力系图形，可推导出直线形墙背破裂角为 θ_i 时的水平及竖直向土压力的计算通式，如下所示：

$$\begin{aligned} E_x &= E_a \cdot \cos(\delta - \alpha) \\ &= W \frac{\sin(90° - \theta_i - \varphi) \cdot \cos(\delta - \alpha)}{\sin(\theta_i + \varphi + \delta - \alpha)} \\ &= W \frac{\cos(\theta_i + \varphi) \cdot \cos(\delta - \alpha)}{\sin(\theta_i + \varphi) \cdot \cos(\delta - \alpha) + \cos(\theta_i + \varphi) \cdot \sin(\delta - \alpha)} \\ &= \frac{W}{\tan(\theta_i + \varphi) + \tan(\delta - \alpha)} \end{aligned} \tag{6-8}$$

式中：E_x——墙背所承受的水平土压力；

φ——墙背岩土综合内摩擦角;

δ——墙背摩擦角;

α——墙背倾角,墙背直立时,α 值为0;墙背仰斜时,α 值为正;墙背俯斜时,α 值为负。

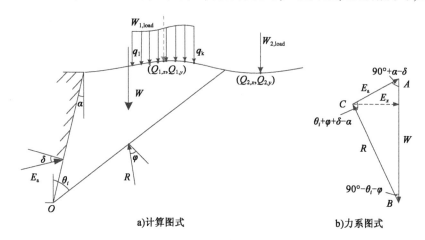

图6-9 一般工况下直线形墙背库仑土压力计算图式

土压力的垂直分力:

$$E_y = E_x \tan(\delta - \alpha) \tag{6-9}$$

式中:E_y——墙背所承受的竖向土压力。

综上,只需求得破裂楔体及破裂楔体上荷载产生的总重力 W,就可根据本节所推导的直线形墙背库仑主动土压力计算通式,计算破裂角交到任意位置时的土压力。

③直线形墙背土压力作用点计算

参照图6-10,土压力在墙背上的作用点即为 W 的形心 (x_c, y_c) 沿破裂面方向在墙背上的投影点,计算公式如下:

$$\begin{cases} T_x = \dfrac{x_{\theta_i} - x_c}{\tan\theta_i - \tan\alpha} \\ T_y = T_x \cdot \tan\alpha \end{cases} \tag{6-10}$$

式中:x_{θ_i}——总形心点与破裂面水平交点横坐标,如图6-10所示;

T_x——土压力的水平分力到 O 点的距离;

T_y——土压力的竖向分力到 O 点的距离。

(5)寻找土压力最大值

重复步骤(2)~步骤(4),依次计算所有破裂面所产生的库仑土压力,并从中选出土压力或倾覆力矩的最大值,如图6-11所示。

2. 地震工况下直线形墙背土压力计算

目前地震工况下的主动土压力大部分按库仑理论公式计算,将墙后土破裂楔体产生的水平地震作用作用在其质心处,然后利用静力学的平衡原理求算,这种静力法计算地震主动土压力有两个假设条件:①只考虑地面运动的水平分量影响,墙身各点的水平加速度和地面相同,不计地面运动的竖向分量和转动分量的影响;②土的力学指标采用静力状态值。

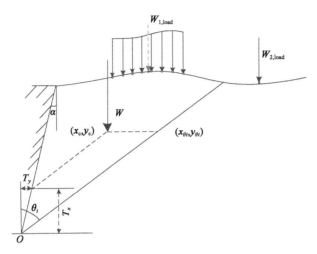

图 6-10　土压力作用点投影示意图

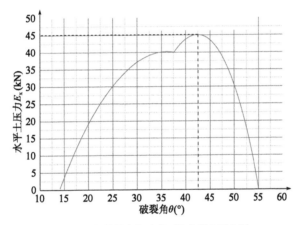

图 6-11　扫描搜索各破裂面的水平土压力图

采用扫描搜索法计算地震工况下直线形墙背的库仑主动土压力时，除水平向土压力的计算通式有所不同外，其余所有步骤均可参照采用扫描搜索法计算一般工况下直线形墙背的库仑主动土压力，具体如下：

对比图 6-12b) 与图 6-9b)，地震工况下的力系图式较一般工况有所不同。根据图 6-12b) 力系图式，可推导出地震工况下的直线形墙背的水平及竖直向土压力的计算通式，如下所示：

$$E_{xE} = E_a \cdot \cos(\delta_E - \alpha - \eta)$$
$$= \frac{W_E}{\tan(\theta_E + \varphi_E) + \tan(\delta_E - \alpha)} \cdot \frac{\cos(\delta - \alpha)}{\cos(\delta_E - \alpha)} \quad (6-11)$$

式中：E_{xE}——地震工况下墙背所承受的水平土压力；

W_E——地震工况下破裂楔体与其上部荷载的重力，$W_E = W/\cos\eta = \gamma \cdot A/\cos\eta = \gamma_E \cdot A$；

θ_E——地震工况下的破裂角；

η——地震角；

φ_E——地震工况下的墙背岩土综合内摩擦角，$\varphi_E = \varphi - \eta$；

δ_E——地震工况下的墙背摩擦角，$\delta_E = \delta + \eta$。

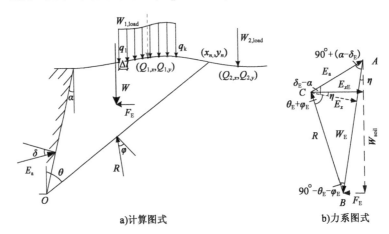

图6-12 地震工况下直线形墙背库仑土压力计算图式

从地震工况下直线形墙背的水平向土压力的计算通式(6-11)可知，一般工况下的水平土压力的计算通式(6-8)需做以下3点修正，即可计算地震工况下直线形墙背的水平土压力。

(1) 一般工况下的水平土压力通式(6-8)中 θ_i、φ、δ 分别以 θ_E、φ_E、δ_E 代入，$\varphi_E = \varphi - \eta$，$\delta_E = \delta + \eta$；

(2) 一般工况下的水平土压力通式(6-8)需乘以 $\cos(\delta - \alpha)/\cos(\delta_E - \alpha)$；

(3) 一般工况下的水平土压力通式(6-8)中的重度 γ 以 γ_E 代入，$\gamma_E = \gamma/\cos\eta$。

由于地震工况时土压力 E_a 与墙背法线之间的夹角仍为 δ [图6-12a)]，因此地震工况下土压力的垂直分力计算公式仍按照式(6-9)计算。

3. 浸水工况下直线形墙背土压力计算

浸水工况下的土压力计算，应按照墙后填料浸水后的力学指标是否改变进行计算，而在实际工程中，浸水地区墙后填料一般用岩块或粗粒土(粉砂、黏砂除外)等渗水土填筑，其内摩擦角 φ 受水的影响不大，故不考虑浸水后 φ 值的折减，只考虑填料受水的浮力作用使其重度减小。因此，本节着重介绍浸水工况下墙后填料 φ 值不变的土压力计算。

当破裂面交于路基面或边坡时，传统公式法计算破裂角的计算公式是不同的。当破裂面交于边坡时，破裂角计算公式为一元四次方程，目前设计上采用的近似方法会产生微小误差，详见《浸水重力式挡土墙破裂面交边坡土压力计算的探讨》(铁路标准设计通讯1981年10期)。而本节采用扫描搜索法计算浸水工况下直线形墙背的土压力不需要先求取最不利破裂角，可有效解决该问题，具体步骤如下：

(1) 建立坐标系。

(2) 破裂楔体的自重及形心。

(3) 荷载重力及其在路基面上的作用点计算，参见一般工况下直线形墙背土压力计算。

(4) 填料浸水后减少的自重及形心。

利用坐标法计算假定破裂面 OA_{i-1} 与墙背及水位所形成的破裂楔体浸水后减少的自重及形心点坐标。

参照图6-13b),计算破裂楔体浸水后减小的自重 $W_{\Delta\gamma}$,按式(6-12)计算。

$$W_{\Delta\gamma} = \Delta\gamma \cdot S_w \tag{6-12}$$

式中:$W_{\Delta\gamma}$——破裂楔体浸水后减小的自重;
　　　S_w——浸水的破裂楔体的面积,按逆时针顺序计算时,面积 S 为正,反之为负;
　　　$\Delta\gamma$——填料浸水后减少的重度,按式(6-13)计算:

$$\Delta\gamma = \gamma - \gamma_b \tag{6-13}$$

式中:γ——填料的天然重度;
　　　γ_b——填料的浮重度,按式(6-14)计算:

$$\begin{cases} \gamma_b = \dfrac{\gamma_g - \gamma_\omega}{1+e} \\ \gamma_b = (\gamma_g - \gamma_\omega)(1-n) \end{cases} \tag{6-14}$$

式中:γ_g——填料的颗粒重度;
　　　γ_ω——水的重度;
　　　n——填料的孔隙度;
　　　e——填料的孔隙比。

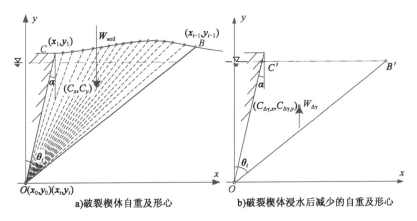

a)破裂楔体自重及形心　　b)破裂楔体浸水后减少的自重及形心

图 6-13　浸水工况下破裂楔体自重及形心

(5)计算土压力及作用点位置。

①填料浸水后的重力 W 与形心坐标 (x_c, y_c) 计算

$$W = W_{\text{soil}} + \sum_{j=1}^{m} W_{j,\text{load}} - W_{\Delta\gamma} \tag{6-15}$$

$$\begin{cases} x_c = \dfrac{W_{\text{soil}} \cdot C_x + \sum\limits_{j=1}^{m} W_{j,\text{load}} \cdot Q_{j,x} - W_{\Delta\gamma} \cdot C_{x,\Delta\gamma}}{W} \\ y_c = \dfrac{W_{\text{soil}} \cdot C_y + \sum\limits_{j=1}^{m} W_{j,\text{load}} \cdot Q_{j,y} - W_{\Delta\gamma} \cdot C_{y,\Delta\gamma}}{W} \end{cases} \tag{6-16}$$

式中:x_c——浸水后的破裂楔体总形心点横坐标;
　　　y_c——浸水后的破裂楔体总形心点纵坐标;

$C_{x,\Delta\gamma}$——填料浸水后减少的重度的形心点横坐标;

$C_{y,\Delta\gamma}$——填料浸水后减少的重度的形心点纵坐标。

②直线形墙背土压力计算

根据图6-14b)及图6-9b)的力系图式,可知浸水工况下的力系图式与一般工况下的力系图式基本一致,土压力计算通式均可采用式(6-8)及式(6-9),只是在浸水工况下,需先求得填料浸水后的重力W,才可根据通式(6-8)及式(6-9)计算浸水工况下破裂角交到任意位置时的土压力。

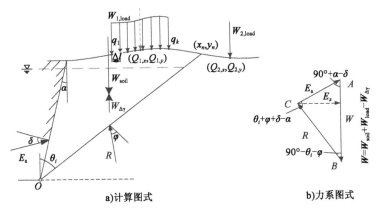

图6-14 浸水工况下直线形墙背库仑土压力计算图式

③直线形墙背土压力作用点计算

如图6-15所示,浸水工况下,土压力在墙背上的作用点即为W的形心(x_c, y_c)沿破裂面方向在墙背上的投影点,按式(6-10)计算。

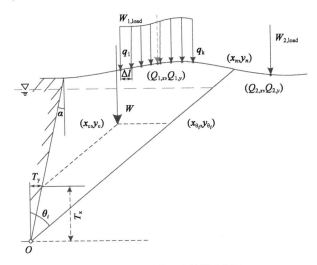

图6-15 土压力作用点投影示意图

(6)寻找土压力最大值,参见本章一般工况下直线形墙背土压力计算。

(二)折线形墙背土压力计算

折线形墙背包括重力式路肩墙(折线形墙背)、衡重式路肩墙、重力式路堤墙(埋式)3种结构形式,如图 6-16 所示。折线形墙背土压力应按上、下墙分别计算,下墙采用力多边形法。扫描搜索法计算折线形墙背的库仑主动土压力方法如下:

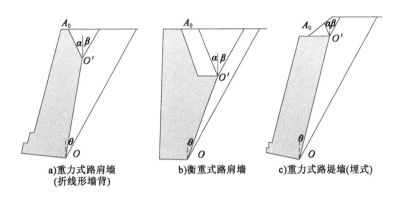

a) 重力式路肩墙
(折线形墙背)
b) 衡重式路肩墙
c) 重力式路堤墙(埋式)

图 6-16 折线形墙背

1. 折线形墙背上墙土压力计算

扫描搜索法计算折线形墙背上墙土压力时,程序算法需要采用二重循环计算,第一重循环用于扫描第二破裂角 α_i,第二重循环用于扫描第一破裂角 β_j。当选定第二破裂角 α_i 后,将其作为假想墙背,参照直线形墙背土压力计算方式进行计算,依次类推,求取折线形上墙背最大土压力及作用点。需要注意的是,若假定第二破裂面为实际墙背,墙背摩擦角与综合内摩擦角不一致($\delta = \varphi/2$ 或 $2\varphi/3$);若假定第二破裂面为假想墙背时,墙背摩擦角与综合内摩擦角一致($\delta = \varphi$)。具体步骤如下:

(1) 一般工况下折线形墙背上墙土压力计算

①建立坐标系

将墙后坡面及路基面按给定间距进行分段,包括 O' 点与墙后填土顶面的竖直交点、坡面变坡点、荷载边缘、荷载内、荷载外等关键点,以 O' 点为坐标原点建立坐标系,计算扫描搜索界限,依次得到若干坐标点集合 $\{A_1, A_2, \cdots, A_n\}$。其中,第二破裂角 α_i 计算点集为 $\{A_1, A_2, \cdots, A_m\}$,第一破裂角 β_j 计算点集为 $\{A_m, A_{m+1}, \cdots, A_n\}$。假定 O' 点与路基面交于点 $A_i(x_i, y_i)$,连接 $O'A_i$ 两点,得到假定第二破裂面 $O'A_i$;假定 O' 点与路基面交于点 $A_j(x_j, y_j)$,连接 $O'A_j$ 两点,得到假定第一破裂面 $O'A_j$,如图 6-17 所示。

②破裂楔体的自重及形心

利用坐标法计算假定第一破裂面 $O'A_j$ 与第二破裂面 $O'A_i$ 所形成破裂楔体的自重及形心点坐标,计算方法参考本节直线形墙背土压力计算。

③荷载重力及其在路基面上的作用点

荷载重力及其在路基面上的作用点计算原理及方法可参考本节直线形墙背土压力计算。

④计算土压力及作用点位置

破裂楔体及破裂楔体上荷载产生的总重力 W_1 与形心坐标:根据步骤②和步骤③求取破裂楔体及破裂楔体以上路基面荷载产生的总重力 W_1 及形心坐标 (x_c, y_c),计算方法参考本节直线形墙背土压力计算。

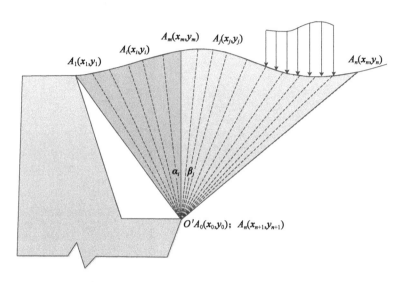

图6-17 一般工况折线形墙背上墙扫描法计算示意图

折线形墙背上墙土压力计算:根据图6-18b)及图6-9b)的力系图式对比可知,一般工况下折线形墙背上墙土压力的力系图式与一般工况下墙背为俯斜时的力系图式基本一致,土压力计算通式均可采用通式(6-8)及式(6-9)计算,只是通式中的 α 作为第二破裂角 α_i 并以负值代入,即可计算一般工况下折线形墙背上墙的土压力。

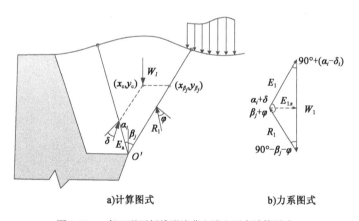

a)计算图式   b)力系图式

图6-18 一般工况下折线形墙背上墙土压力计算图式

此外,在计算折线形墙背上墙土压力时,还需计算上墙反力 R_1,根据图6-18b)折线形墙背力系图式求得计算通式,如下所示:

$$R_1 = \frac{E_{1x}}{\cos(\beta_j + \varphi)} \tag{6-17}$$

折线形墙背上墙土压力作用点计算:参照图6-18a),计算土压力在墙背上的作用点(x_c, y_c)沿假定第一破裂面 $O'A_j$ 方向在第二破裂面 $O'A_i$ 上的投影点,计算方法可参考本节直线形墙背土压力计算。

⑤寻找土压力最大值

重复步骤②~步骤④,依次计算所有第二破裂面 $\{A_1, A_2, \cdots, A_m\}$ 与第一破裂面 $\{A_m, A_{m+1}, \cdots, A_n\}$ 组合所产生的库仑土压力并选出最大值。

(2)地震工况下折线形墙背上墙土压力计算

采用扫描搜索法计算地震工况下折线形墙背上墙的库仑主动土压力时,除水平向土压力的计算通式有所不同外,其余所有步骤均可参照一般工况下折线形墙背上墙土压力计算。

根据图6-19b)及图6-18b)的力系图式对比可知,地震工况下折线形墙背上墙土压力的力系图式与一般工况下直线形墙背土压力的力系图式有所不同,一般工况下的水平向土压力的计算通式(6-8)需做以下3点修正,即可计算地震工况下折线形墙背上墙的水平向土压力。

①一般工况下的水平土压力通式(6-8)中 α、θ_i、φ、δ 分别以 $-\alpha_{iE}$(α_{iE} 为地震工况下的第二破裂角)、β_{jE}(β_{jE} 为地震工况下的第一破裂角)、φ_E、δ_{1E} 代入,$\varphi_E = \varphi - \eta$,$\delta_{1E} = \delta_1 + \eta$;

②一般工况下的水平土压力通式(6-8)需要乘以 $\cos(\delta + \alpha_{iE})/\cos(\delta_E + \alpha_{iE})$;

③一般工况下的水平土压力通式(6-8)中的重度 γ 以 γ_E 代入,$\gamma_E = \gamma/\cos\eta$。

地震工况下土压力的垂直分力计算公式按照式(6-9)计算。

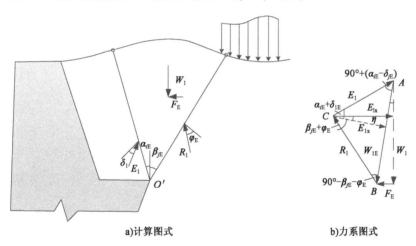

图6-19 地震工况下直线形墙背库仑土压力计算图式

a)计算图式 b)力系图式

(3)浸水工况下折线形墙背上墙土压力计算

浸水工况下折线形墙背上墙土压力计算,参照本节一般工况下折线形墙背上墙土压力计算方法,扣除填料受水的浮力作用减小的自重即可。本节着重介绍浸水工况下墙后填料 φ 值不变情况下的土压力计算。具体步骤如下:

①建立坐标系。

②破裂楔体的自重及形心。

③荷载重力及其在路基面上的作用点计算,参见本章一般工况下折线形墙背上墙土压力计算。

④填料浸水后减少的自重及形心。

参照图6-20b),计算破裂楔体浸水后减小的自重 $W_{\Delta\gamma}$,按式(6-12)计算。

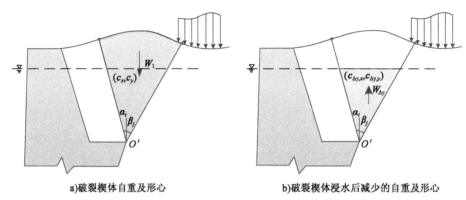

a) 破裂楔体自重及形心　　　　b) 破裂楔体浸水后减少的自重及形心

图 6-20　浸水工况下破裂楔体自重及形心

⑤计算土压力及作用点位置。

填料浸水后的总重力 W_1 与形心坐标 (x_c, y_c) 按式(6-15)及式(6-16)计算。

折线形墙背上墙土压力计算:根据图 6-21b)及图 6-18b)的力系图式,可知浸水工况下的力系图式与一般工况下的力系图式基本一致,土压力计算通式均可采用通式(6-8)及通式(6-9),只是在浸水工况下,需先求得填料浸水后的重力 W,才可根据通式(6-8)及通式(6-9)计算浸水工况下破裂角交到任意位置时的土压力。

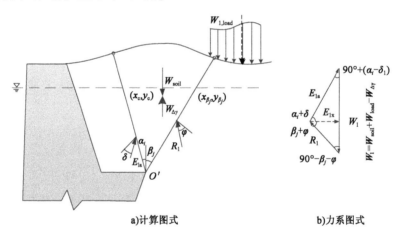

a) 计算图式　　　　b) 力系图式

图 6-21　浸水工况下直线形墙背库仑土压力计算图式

折线形墙背上墙土压力作用点计算:如图 6-22 所示,浸水工况下,土压力在墙背上的作用点即为 W 的形心 (x_c, y_c) 沿破裂面方向在墙背上的投影点,按式(6-10)计算。

⑥寻找土压力最大值,参见本章一般工况下折线形墙背上墙土压力计算。

2. 折线形墙背下墙土压力计算

扫描搜索法计算折线形墙背下墙土压力时,需要综合折线形墙背及直线形墙背土压力计算方法进行计算。有上、下墙时,程序算法需要采用三重循环计算,土压力计算应注意以下几点:

(1)上墙土压力第二破裂角 α_i 处于最外层循环,第一破裂角 β_j 为第二层循环,下墙破裂角 θ_m 处于最内层循环。

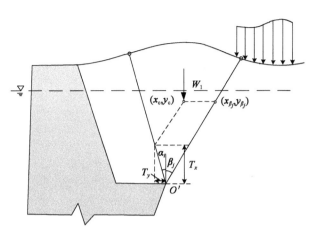

图 6-22 土压力作用点投影示意图

(2) 上墙土压力投影方向为平行于第一破裂面 OA_n 的方向,而下墙土压力的投影方向为介于上墙第一破裂面和下墙第二破裂面的方向。

(3) 有上、下墙的情况下,搜索最大土压力或最大弯矩时,不要上、下墙分开搜索,应搜索上、下墙合力的最大土压力或最大弯矩。

折线形墙背下墙土压力计算具体步骤如下:

(1) 一般工况下折线形墙背下墙土压力计算

①建立坐标系。

将墙后坡面及路基面按给定间距进行分段,包括上墙 O' 点与墙后填土顶面的竖直交点、下墙墙背的延长线与路基面交点、坡面变坡点、荷载边缘、荷载内、荷载外等关键点,建立坐标系,划分上下墙计算点集合。其中,下墙计算点集合划分可分为两种情况:当 $\beta_j \geqslant \delta_2$,下墙破裂角 θ_m 计算点集为 $\{A_j, A_{j+1}, \cdots, A_{p-1}\}$,其中 A_j 为上第一破裂角 β_j 与路基面的交点,A_p 为根据库仑理论计算的下墙扫描搜索界限,如图 6-23a) 所示;当 $\beta_j < \delta_2$,下墙破裂角 θ_m 计算点集为 $\{A_k, A_{k+1}, \cdots, A_{p-1}\}$,其中 A_k 为下墙背延长线与路基面的交点,如图 6-23b) 所示。假定下墙墙踵 O 点与路基面交于点 $A_l(x_l, y_l)$,连接 OA_l 两点,得到下墙破裂面 OA_l。

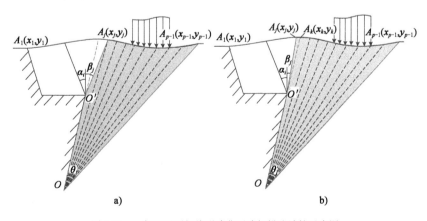

图 6-23 一般工况下折线形墙背下墙扫描法计算示意图

②破裂楔体的自重及形心。

折线形下墙破裂楔体参照图6-24a),按照三角形 OCO' 和多边形 $O'CB$ 分别计算自重及形心点坐标,计算方法参考直线形墙背土压力计算。

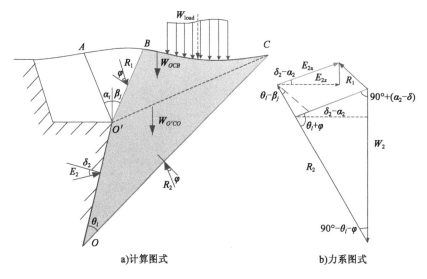

图6-24 一般工况下折线形墙背下墙受力图式

a)计算图式　　b)力系图式

③折线形墙背下墙破裂面与上墙第一破裂面所包围的荷载重力及其在路基面上的作用点的计算原理及方法,可参考直线形墙背土压力计算。当非均布荷载跨越上墙第一破裂面时,需在上墙第一破裂面与路基面交点处分段。

④计算土压力及作用点位置。

破裂楔体及破裂楔体上荷载产生的总重力 W_2 与形心坐标:根据步骤②和步骤③求取折线形墙背下墙破裂楔体的重力及破裂面以内的路基面上荷载产生的总重力 W_2 及形心坐标 (x_c, y_c),计算方法可参考本节直线形墙背土压力计算。

折线形墙背下墙土压力计算:折线形墙背下墙土压力计算采用力多边形法计算,根据图6-24b)所示的力系图式,可推导出下墙水平及竖直向土压力 E_{2x}、E_{2y},具体如下所示:

$$
\begin{aligned}
E_{2x} &= E_2 \cdot \cos(\delta_2 - \alpha_2) \\
&= \left[W_2 \frac{\sin(90° - \theta_l - \varphi)}{\sin(\theta_l + \varphi + \delta_2 - \alpha_2)} - \frac{R_1 \sin(\theta_l - \beta_j)}{\sin(180° - \theta_l - \varphi - \delta_2 + \alpha_2)} \right] \cdot \cos(\delta_2 - \alpha_2) \\
&= \left[W_2 \frac{\cos(\theta_l + \varphi)}{\sin(\theta_l + \varphi + \delta_2 - \alpha_2)} - \frac{R_1 \sin(\theta_l - \beta_j)}{\sin(\theta_l + \varphi + \delta_2 - \alpha_2)} \right] \cdot \cos(\delta_2 - \alpha_2)
\end{aligned}
\tag{6-18}
$$

式中:R_1——折线形上墙反力,$R_1 = E_{1x}/\cos(\beta_j + \varphi)$;

E_{1x}——上墙水平土压力;

E_{2x}——下墙水平土压力;

β_j——上墙第一破裂角;

θ_l——下墙破裂角;

δ_2——下墙墙背摩擦角；

α_2——下墙墙背倾角。

$$E_{2y} = E_2 \cdot \sin(\delta_2 - \alpha_2) \tag{6-19}$$

式中：E_{2y}——下墙竖向土压力。

折线形墙背下墙作用点计算：传统折线形墙下墙力多边形的土压力计算公式，早在20世纪60年代初就已研究推导出来，并公认从库仑理论出发折线形墙下墙土压力的计算以力多边形法较为合理。但由于力多边形法尚无确切的土压力系数，致使不能准确的绘制出土压力图形，求出土压力力臂。《铁路工程设计手册：路基》近似假定两破裂面之间地面变化点间的水平投影距离与下墙竖直投影面上应力变化点的距离成正比，绘制出下墙的土压应力图形，并得到下墙土压力力臂 Z_{2x} 公式（《铁路工程设计手册：路基》表23-11），该表中的下墙力臂 Z_{2x} 公式是由示意图的应力图形求得的，是一个近似公式，它没有考虑 β 是一个破裂面的问题，只有当 $\theta = \beta$ 时，才是精确的[图6-25a)]。当 $\theta < \beta$ 时，《铁路工程设计手册：路基》中的力臂公式偏大[图6-25b)]，当 $\theta > \beta$ 时，力臂公式偏小[图6-25c)]。根据以往《工业企业铁路衡重式路肩挡土墙》（贰线2020号图）定型图中查得，力多边形下墙破裂角 θ 在大多数情况下是大于 β。

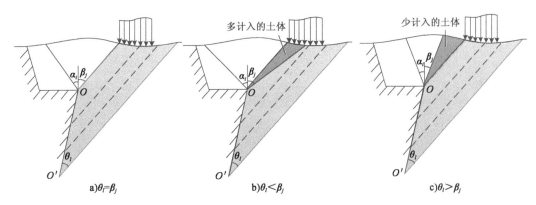

图6-25 折线形墙背下墙破裂角与上墙第一破裂角关系图示

为此中铁二院根据库仑理论提出折线形墙下墙力多边形法土压力系数、应力图形的绘制以及土压力力臂公式的推导方法，详见《折线形墙下墙力多边形法的土压力图形及其力臂》。采用该方法，不仅是理论上的完善，也提高了挡墙设计计算的精确度，特别是高墙设计。从墙背破裂楔体的形心投影在墙背上的高度求土压力力臂方法如下所示。

由于墙背破裂楔体的形心投影在墙背上的高度就是土压力力臂，因此将墙背破裂楔体划分成几个图形，来求墙背破裂楔体的形心投影在墙背上的高度。如图6-26所示，可将墙背破裂楔体划分为三角形 OCO'、多边形 $O'CB$ 和荷载三部分，并将各自的面积和形心投影在下墙背上，该投影方法与所求得的力臂公式是完全一致的，具体方法如下：

a. 三角形 OCO' 的形心沿着下墙破裂面 OC 投影到墙背上，如图6-26所示，形心投影高度为 $H_2/3$；

b. 多边形 $O'CB$ 的形心沿着上墙第一破裂面 $O'B$ 投影到 $O'C$ 上，再沿着下墙破裂面 $O'C$ 投影到墙背上，如图6-26所示，若路基面 BC 为直线，则形心投影高度为 $2H_2/3$；

c. 下墙破裂面与上墙第一破裂面间的荷载,沿着上墙第一破裂面 $O'B$ 投影到 $O'C$ 上,再沿着下墙破裂面 $O'C$ 投影到墙背上,如图 6-26 所示,若荷载为均布荷载且在 BC 段平均满铺,则形心投影高度为 $H_2/2$。

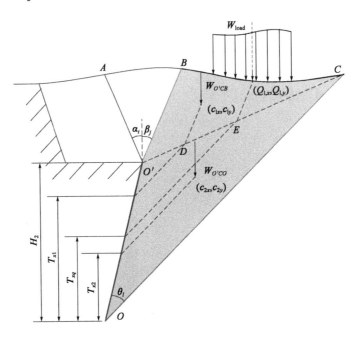

图 6-26 折线形墙背下墙土压力作用点投影示意图

综上所述,折线形墙背下墙土压力在下墙背上的作用点计算公式如下:

$$\begin{cases} T_{2x} = \dfrac{W_{O'CB} \cdot T_{x1} + W_{O'CO} \cdot T_{x2} + W_{\text{load}} \cdot T_{xq}}{W} = \dfrac{W_{O'CB} \dfrac{CD}{O'C} H_2 + W_{O'CO} \cdot \dfrac{H_2}{3} + W_{\text{load}} \dfrac{CE}{O'C} H_2}{W} \\ T_{2y} = T_{2x} \cdot \tan\alpha_2 \end{cases}$$

(6-20)

式中:T_{2x}、T_{2y}——折线形墙背下墙土压力作用点。

⑤寻找土压力最大值

重复步骤②~步骤④,依次计算所有下墙破裂面 θ_l、上墙第二破裂面 α_i 与上墙第一破裂面 β_j 组合所产生的库仑土压力,并选出上、下墙合力的最大土压力或最大弯矩。

(2)地震工况下折线形墙背下墙土压力计算

采用扫描搜索法计算地震工况下折线形墙背下墙的库仑主动土压力时,除水平向土压力的计算通式有所不同外,其余所有步骤均可参照一般工况下折线形墙背下墙土压力计算。

根据图 6-27b)及图 6-24b)的力系图式对比可知,地震工况下折线形墙背下墙土压力的力系图式与直线形墙背下墙土压力的力系图式有所不同,一般工况下的折线形墙背下墙水平向土压力的计算通式(6-18)需做以下 4 点修正,即可计算地震工况下折线形墙背下墙的水平向土压力。

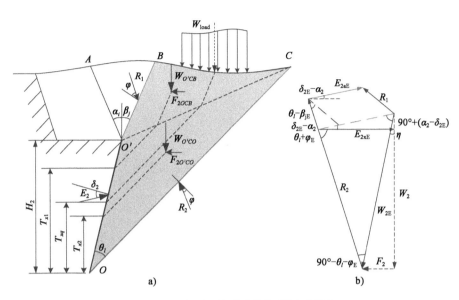

图 6-27 地震工况下折线形墙背下墙力系图式

① 一般工况下折线形墙背的下墙水平土压力通式(6-18)中 θ_l、φ、δ_2 分别以 θ_E、φ_E、δ_E 代入，$\varphi_E = \varphi - \eta$，$\delta_{2E} = \delta_2 + \eta$。

② 一般工况下折线形墙背的下墙水平土压力通式(6-18)中的上墙抗力 R_1 计算通式按下式计算：$R_{1E} = E_{1xE}\cos(\alpha_{iE} + \delta_{1E})/\cos(\beta_{iE} + \varphi_E)\cos(\alpha_{iE} + \delta_1)$。

③ 一般工况下的折线形墙背下墙水平土压力通式(6-18)需要乘以 $\cos(\delta_2 - \alpha_2)/\cos(\delta_{2E} - \alpha_2)$。

④ 一般工况下的折线形墙背下墙水平土压力通式(6-18)中的重度 γ 以 γ_E 代入，$\gamma_E = \gamma/\cos\eta$。

由于地震工况时土压力 E_a 与墙背法线之间的夹角仍为 δ_2 [图6-27a)]，因此地震工况下土压力的垂直分力计算公式仍按照式(6-19)计算。

(3) 浸水工况下折线形墙背下墙土压力计算

浸水工况下折线形墙背下墙土压力计算，参照本节一般工况下折线形墙背下墙土压力计算方法，扣除填料受水的浮力作用减小的自重即可。本节着重介绍浸水工况下墙后填料 φ 值不变的土压力计算，具体步骤如下：

① 建立坐标系。

② 破裂楔体的自重及形心。

③ 荷载重力及其在路基面上的作用点计算，参见本章一般工况下折线形墙背上墙土压力计算。

④ 填料浸水后减少的自重。

破裂楔体浸水后减小的自重 $W_{\Delta\gamma}$，参照图6-28，按式(6-12)计算。

⑤ 计算土压力及作用点位置。

填料浸水后的重力 W_2，参照图6-28，按式(6-15)计算。

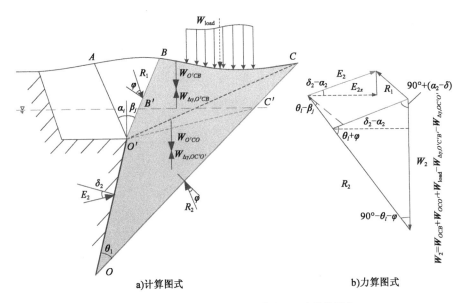

图 6-28 浸水工况下直线形墙背库仑土压力计算图式

折线形墙背下墙土压力计算：根据图 6-28b) 及图 6-24b) 的力系图式，可知浸水工况下的力系图式与一般工况下的力系图式基本一致，土压力计算通式均可采用式(6-18)及式(6-19)。只是在浸水工况下，需先求得浸水后下墙破裂楔体总重量 W_2 后，才可根据通式(6-18)及通式(6-19)计算浸水工况下破裂角交到任意位置时的土压力。

折线形墙背下墙土压力作用点计算：当水位浸入到上墙时，如图 6-29a) 所示，土压力作用点，按式(6-21)计算；当水位浸入到下墙时，如图 6-29b) 所示，土压力作用点，按式(6-22)计算。

$$\begin{cases} T_{2x} = \dfrac{W_{O'CB} \cdot T_{x,O'CB} + W_{O'CO} \cdot T_{x,O'CO} + W_{\text{load}} \cdot T_{xq} - W_{\Delta\gamma,O'C'B'} Z_{\Delta\gamma,O'C'B'} - W_{\Delta\gamma,OC'O'} Z_{\Delta\gamma,OC'O'}}{W_2} \\ T_{2y} = T_{2x} \cdot \tan\alpha_2 \end{cases}$$

(6-21)

$$\begin{cases} T_{2x} = \dfrac{W_{OCB} \cdot T_{x,OCB} + W_{O'CO} \cdot T_{x,O'CO} + W_{\text{load}} \cdot T_{xq} - W_{\Delta\gamma,OC'B'} \cdot T_{\Delta\gamma,OC'B'}}{W_2} \\ T_{2y} = T_{2x} \cdot \tan\alpha_2 \end{cases}$$

(6-22)

式中：$W_{O'CB}$、$W_{O'CO}$——三角形 $\Delta O'CB$、$\Delta OC'O$ 的填料自重；

$W_{\Delta\gamma,O'C'B'}$、$W_{\Delta\gamma,OC'O'}$——三角形 $\Delta O'C'B'$、$\Delta OC'O$ 的填料浸水后减小的自重；

$T_{x,OCB}$、$T_{x,O'CO}$——三角形 ΔOCB、$\Delta OC'O$ 的填料自重在下墙的投影；

$T_{\Delta\gamma,O'C'B'}$、$T_{\Delta\gamma,OC'O'}$——三角形 $\Delta O'C'B'$、$\Delta OC'O$ 的填料浸水后减小的自重在下墙的投影；

$W_{\Delta\gamma,OC'B'}$——三角形 $\Delta OC'B'$ 的填料浸水后减小的自重。

⑥寻找土压力最大值，参见本章一般工况下折线形墙背下墙土压力计算。

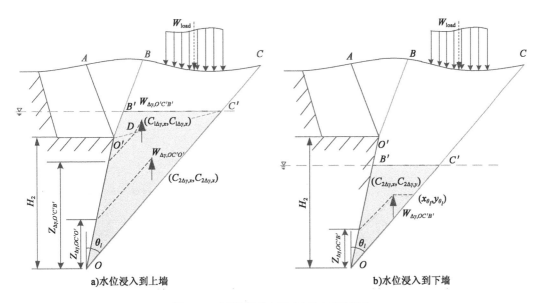

图 6-29 破裂楔体浸水后减少的自重及形心

(三) 扫描搜索法程序流程图

采用扫描搜索法计算库仑主动土压力时,需借助于计算机编程实现,根据本节所介绍的计算原理编制相应计算程序,程序流程如图 6-30 所示。

三、其他土压力计算方法

(一) 库仑主动土压力计算

非扫描的库仑主动土压力计算需要根据每个可能的破裂面计算土压力极大值,并最终确定土压力。例如,采用库仑主动土压力理论计算非埋式路堤挡土墙的土压力时(图 6-31),需要分别按表 6-2 所列 11 种情况的计算公式,计算破裂面交到以下不同位置时的主动土压力,并取最大值。

破裂面交于不同位置　　　　　　　　　　　　　　　　表 6-2

a	破裂面交于边坡	g	破裂面交于Ⅰ、Ⅱ线荷载之间
b	破裂面交于边坡与路基面交点	h	破裂面交于Ⅱ线荷载左边缘
c	破裂面交于路基面,不与荷载相交	i	破裂面交于Ⅱ线荷载内
d	破裂面交于Ⅰ线荷载左边缘	j	破裂面交于Ⅱ线荷载右边缘
e	破裂面交于Ⅰ线荷载内	k	破裂面交于Ⅱ线荷载外侧
f	破裂面交于Ⅰ线荷载右边缘		—

本节以破裂面交于Ⅰ线荷载内为例,讲解库仑主动土压力公式推导过程。其余直线形墙背及折线形墙背的库仑主动土压力公式推导过程从略,应力图形及计算公式可参见附录Ⅰ典型边界条件下的库仑主动土压力公式。

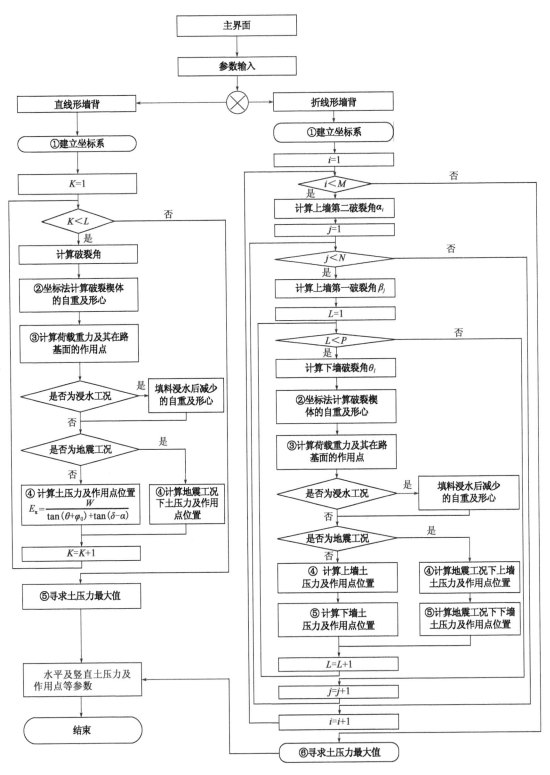

图 6-30 扫描搜索法计算库仑主动土压力程序流程图

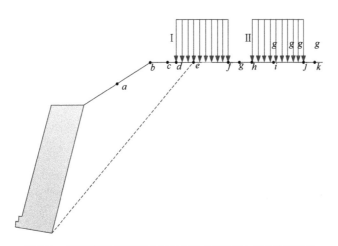

图 6-31 破裂面交于不同部位时的非埋式路堤墙土压力计算图式

1. 求破裂角 θ

与扫描搜索法不同,不是通过扫描求出交于第一荷载内的最大土压力,而是需要先通过求解得出土压力极大值对应的破裂角 θ,公式推导过程如下。

如图 6-32a)所示,将列车荷载换算成土柱,求取破裂面与墙背所围成破裂楔体 W 的重量,则:

$$W = 0.5(H+a)(H+a+2h_0)\gamma\tan\theta - 0.5[ab+2(b+K)h_0]\gamma - 0.5H(H+2a+2h_0)\gamma\tan\alpha$$
$$= \gamma(A_0\tan\theta - B_0)$$

(6-23)

式中:γ——填料重度;

A_0、B_0——边界条件系数,随边界条件而异,破裂面交于 I 线荷载内时,$A_0 = 0.5(H+a)(H+a+2h_0)$,$B_0 = 0.5[ab+2(b+K)h_0+H(H+2a+2h_0)\tan\alpha]$。

如图 6-32c)力系图式可知,在力系三角形中,根据正弦定理可得以下关系式:

$$E_a = W\frac{\sin(90°-\theta-\varphi)}{\sin(\theta+\varphi+\delta-\alpha)} \tag{6-24}$$

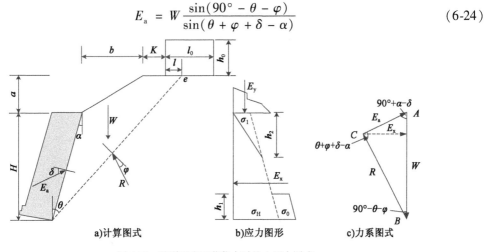

a)计算图式　　b)应力图形　　c)力系图式

图 6-32 破裂面交于荷载内时的土压力图式

令 $\psi = \varphi + \delta - \alpha$，并将式(6-23)破裂楔体 W 代入式(6-24)中，可得：

$$E_a = \gamma(A_0 \tan\theta - B_0)\frac{\cos(\theta+\varphi)}{\sin(\theta+\psi)} \qquad (6-25)$$

此时，E_a 是 θ 的函数，当 $\theta = 90° - \varphi$ 时，抗力 R 与 W 重合，$E_a = 0$；当 $\theta = \alpha$ 时，$W = 0$，$E_a = 0$；当 $\theta > \alpha$ 时，E_a 随 θ 的增大而增大；当 θ 等于某一特定值时，E_a 为最大，则为所求主动土压力值，故令 $dE_a/d\theta = 0$，得：

$$\gamma A_0 \tan\theta \times \frac{-\sin(\theta+\psi)\sin(\theta+\varphi) - \cos(\theta+\psi)\cos(\theta+\varphi)}{\sin^2(\theta+\psi)} + \gamma A_0 \frac{\cos(\theta+\varphi)}{\sin(\theta+\psi)}\sec^2\theta -$$

$$\gamma B_0 \times \frac{-\sin(\theta+\psi)\sin(\theta+\varphi) - \cos(\theta+\psi)\cos(\theta+\varphi)}{\sin^2(\theta+\psi)} = 0$$

整理化简后可得：

$$\tan\theta = -\tan\psi \pm \sqrt{(\tan\psi + \cot\varphi)\left(\tan\psi + \frac{B_0}{A_0}\right)} \qquad (6-26)$$

对于破裂角交于其他区域的情况，只需将不同边界条件下的边界条件系数 A_0、B_0 代入式(6-26)即可求取破裂角。

2. 求土压力水平推力系数 λ_x 及应力图形

利用式(6-25)及式(6-26)可求得墙后库仑主动土压力，但计算作用点位置较为困难，若能借助应力图形[图6-32b)]则可容易求解。应力图形中各变量的计算公式推导如下。

从图6-32c)力系图式可知土压力水平推力 E_x 和 W 还存在如下关系：

$$E_x = \frac{W}{\tan(\theta+\varphi) + \tan(\delta-\alpha)} \qquad (6-27)$$

式(6-23)中破裂楔体 W 可进一步改写为以下形式：

$$\begin{aligned} W &= 0.5(H+a)(H+a+2h_0)\gamma\tan\theta - 0.5[ab+2(b+K)h_0]\gamma - 0.5H(H+2a+2h_0)\gamma\tan\alpha \\ &= [0.5H^2(\tan\theta - \tan\alpha) + H(\tan\theta - \tan\alpha)a - 0.5a(b - a\tan\theta) + l \times h_0]\gamma \\ &= \left[0.5H(H+2a) - 0.5\frac{b - a\tan\theta}{\tan\theta - \tan\alpha}a + \frac{l \times h_0}{\tan\theta - \tan\alpha}\right]\gamma(\tan\theta - \tan\alpha) \end{aligned}$$

将式(6-23)破裂楔体 W 的改写形式代入式(6-27)中，可得到应力图形计算的形式：

$$E_x = 0.5(\sigma_H + \sigma_1)H - 0.5\sigma_1 h_2 + \sigma_0 h_1 \qquad (6-28)$$

式中：$\sigma_H = (H+a)\gamma \times \lambda_x$；

$\sigma_1 = a \times \gamma \times \lambda_x$；

$\sigma_0 = h_0 \times \gamma \times \lambda_x$；

$\lambda_x = \dfrac{\tan\theta - \tan\alpha}{\tan(\theta+\varphi) + \tan(\delta-\alpha)}$；

$h_1 = \dfrac{l}{\tan\theta - \tan\alpha}$；

$h_2 = \dfrac{b - a\tan\theta}{\tan\theta - \tan\alpha}$。

土压力的垂直分力：

$$E_y = E_x \tan(\delta - \alpha) \qquad (6-29)$$

(二)按朗肯理论计算土压力

朗肯土压力理论是依照半空间的应力状态和土的极限平衡条件推导而来,它具有概念明确、计算简单、使用方便等特点。朗肯土压力理论适用于黏性土和无黏性土,以无黏性土的推导为例,计算公式如下。

1. 主动土压力计算

无黏性土的土压力 E_a 按式(6-30)进行计算,E_a 作用点在墙底以上 $h/3$ 处,土压力分布如图 6-33 所示。

$$E_a = \frac{1}{2}\gamma h^2 \lambda_a \tag{6-30}$$

式中:λ_a——主动土压力系数,$\lambda_a = \tan^2(45° - \varphi/2)$。

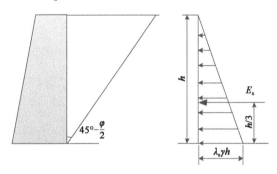

图 6-33 无黏性土的朗肯主动土压力分布

2. 被动土压力计算

无黏性土的朗肯被动土压力 E_P 按式(6-31)进行计算,E_P 作用点在墙底以上 $h/3$ 处,土压力分布如图 6-34 所示。

$$E_P = \frac{1}{2}\gamma h^2 \lambda_P \tag{6-31}$$

式中:λ_P——被动土压力系数,$\lambda_P = \tan^2(45° + \varphi/2)$。

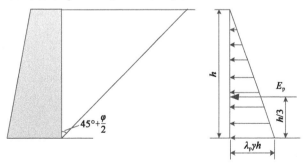

图 6-34 无黏性土的朗肯被动土压力分布

(三)静止土压力计算

下面介绍一种最简单的静止土压力计算,如图 6-35 所示,其边界条件为墙顶水平,此时静止土压力沿墙高呈三角形分布,土对墙体的整体静止土压力 E_0 按式(6-32)计算,E_0 作用点在墙底以上 $h/3$ 处。

$$E_0 = \frac{1}{2}\gamma h^2 \lambda_0 \qquad (6-32)$$

式中：γ——土体重度(kN/m^3)；

h——墙体高度；

λ_0——土压力系数,在缺乏试验资料时,土的静止土压力系数 λ_0 可按下面经验式(6-33)、式(6-34)估算。

$$砂性土:\lambda_0 = 1 - \sin\varphi' \qquad (6-33)$$

$$黏性土:\lambda_0 = 0.95 - \sin\varphi' \qquad (6-34)$$

式中：φ'——土的有效内摩擦角。

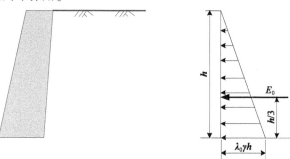

图 6-35　静止土压力计算图式

(四) 按弹性理论计算土压力

根据模型试验和以往的实测资料,铁路列车荷载在墙背上产生的土压力的分布形式与弹性理论计算出的分布图形相似,故路肩式或接近路肩式的直墙背支挡结构可按弹性理论条形均布荷载作用下的土中应力公式计算列车荷载产生的土压力。

1. 水平向土压应力

轨道及列车荷载产生的水平土压应力按式(6-35)计算,如图 6-36a)所示。

$$\sigma_{hi} = \frac{q}{\pi}\left[\frac{bh_i}{b^2 + h_i^2} - \frac{h_i(b + l_0)}{h_i^2 + (b + l_0)^2} + \arctan\frac{b + l_0}{h_i} - \arctan\frac{b}{h_i}\right] \qquad (6-35)$$

式中：σ_{hi}——荷载产生的水平土压力(kPa)；

b——荷载边缘至立臂板的距离(m)；

h_i——墙背距路肩的垂直距离(m)；

q——列车和轨道荷载作用在路基面上的压应力(kPa)；

l_0——荷载分布宽度(m)。

2. 竖直向土压应力

轨道及列车荷载产生的竖向土压力按下列式(6-36)计算,如图 6-36b)所示。

$$\sigma_v = \frac{q}{\pi}\left[\arctan X_1 - \arctan X_2 + \frac{X_1}{1 + X_1^2} - \frac{X_2}{1 + X_2^2}\right] \qquad (6-36)$$

$$X_1 = \frac{2x + l_0}{2(H_1 + H_s)}, X_2 = \frac{2x - l_0}{2(H_1 + H_s)} \qquad (6-37)$$

式中:σ_v——荷载在踵板上产生的竖向压应力(kPa);
　　　x——计算点至荷载中线的距离(m);
　　　H_1——立臂板的高度(m);
　　　H_s——墙顶以上填土高度(m)。

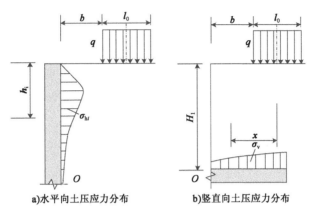

a)水平向土压应力分布　　b)竖直向土压应力分布

图 6-36　弹性土压力计算图式

四、土压力计算模型不确定性

根据相关研究表明,土压力计算值往往与实际值有一定差异,这与土压力实际受力情况是否达到库仑主动或被动状态有关,也与边界的限制条件有关。本书中的衡重式挡土墙上墙、悬臂式与扶壁式挡土墙立臂、桩板墙的悬臂,都很难达到主动状态,需要附加相应的增大系数,即计算模型不确定系数。

计算模型不确定性系数是指:作用计算中采用的基本假定和计算公式的不精确等引起的变异性,可定义为实际作用与按给定公式计算的作用之间比值。各类支挡结构的土压力计算模型不确定性系数如表 6-3 所示。

各类支挡结构的土压力计算模型不确定性系数　　　表 6-3

分类依据	结构类别	支挡结构	计算模型不确定系数 γ_{sd}
结构形式	刚性支挡结构	重力式挡土墙(墙身)	1.0
		衡重式挡土墙(上墙)	1.4
		卸荷板式挡土墙(上墙)	1.4
	半刚性支挡结构	悬臂式挡土墙(立臂板)	1.25
		扶壁式挡土墙(立臂板)	1.0
		槽型挡土墙(边墙)	1.25
	加筋支挡结构	土钉墙	—
		加筋土挡墙	—
	锚拉支挡结构	锚杆墙(锚杆)	非预应力锚杆:1.0~1.2
			预应力锚杆:1.1~1.3
		预应力锚索	1.2~1.4

续上表

分类依据	结构类别	支挡结构	计算模型不确定系数 γ_{sd}
结构形式	锚固桩复合支挡结构	抗滑桩(桩体悬臂段)	1.1~1.2
		桩墙结构(桩体悬臂段)	
		桩基悬臂式挡土墙(立臂板)	1.25

第二节 内力计算

一、刚体构件

刚性体可根据需要检算的截面进行内力计算。图 6-37 中所示,截面为可能的最不利截面,对这些截面上的内力计算步骤如下:

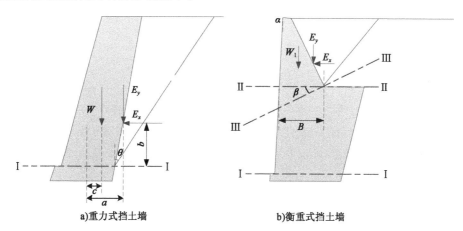

图 6-37 剪应力和弯矩受力图式

1. 如图 6-37 中Ⅰ-Ⅰ或Ⅱ-Ⅱ截面上的剪力和弯矩

$$Q = E_x \tag{6-38}$$

$$M = E_x b - E_y a - Wc \tag{6-39}$$

式中:Q——计算截面剪力(kN);

E_x——计算截面以上主动土压力的水平分力(kN);

M——计算截面弯矩(kN·m);

E_y——计算截面以上主动土压力的竖直分力(kN);

W——墙体自重(kN);

a、b、c——各力到计算截面中心的距离(m)。

2. 图 6-37 中Ⅲ-Ⅲ斜截面上的剪力

如图 6-37 所示,设衡重式挡土墙在衡重台处沿倾斜方向被剪裂,裂缝与水平面成 β 角,则斜截面Ⅲ-Ⅲ上的剪力如下:

$$Q = E_x\cos\beta + (E_y + W_1 + W_2)\sin\beta \tag{6-40}$$

$$\tan\beta = -A \pm \sqrt{A^2 + 1} \tag{6-41}$$

$$A = \frac{\tau_y - \tau_x - \tau_W \cdot \tan\alpha}{\tau_x \cdot \tan\alpha - \tau_W} \tag{6-42}$$

式中：$\tau_x = \dfrac{E_x}{B}$；

$\tau_W = \dfrac{E_y + W_1}{B}$；

$\tau_\gamma = \dfrac{1}{2}\gamma_{墙} B$。

二、钢筋混凝土构件

钢筋混凝土构件一般被简化为悬臂梁、简支梁、连续梁或弹性地基梁进行内力计算。

（一）悬臂梁

某些构件按悬臂梁计算，例如悬臂式挡墙、桩的锚固点之上的内力等（图6-38）。

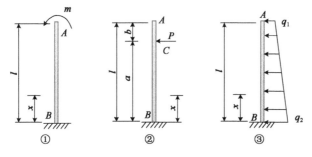

图6-38 悬臂结构受力图式

①弯矩产生的内力：

$$Q(x) = 0 \tag{6-43-1}$$

$$M(x) = m \tag{6-43-2}$$

$$\theta(x) = \frac{m}{EI}x \tag{6-43-3}$$

$$f(x) = \frac{m}{2EI}x^2 \tag{6-43-4}$$

②集中荷载产生的内力：

BC 段：

$$Q(x) = P \tag{6-44-1}$$

$$M(x) = Pa \tag{6-44-2}$$

$$\theta(x) = \frac{Pa}{EI}x \tag{6-44-3}$$

$$f(x) = \frac{Pa}{2EI}x^2 \tag{6-44-4}$$

AC 段：

$$Q(x) = 0 \tag{6-44-5}$$

$$M(x) = 0 \tag{6-44-6}$$

$$\theta(x) = \frac{Pa^2}{EI} \tag{6-44-7}$$

$$f(x) = \frac{Pa^3}{2EI} + \frac{Pa^2 b}{2EI} \tag{6-44-8}$$

③线荷载产生的内力：

$$Q(x) = q_1(l-x) + \frac{(q_2 - q_1)(l-x)^2}{2l} \tag{6-45-1}$$

$$M_x = \frac{q_1}{2}(l-x)^2 + \frac{(q_2 - q_1)(l-x)^3}{6l} \tag{6-45-2}$$

$$\theta(x) = \frac{l^3}{24EI}[4q_1(1-\zeta^3) + (q_2 - q_1)(1-\zeta^4)]; \zeta = 1 - \frac{x}{l} \tag{6-45-3}$$

$$f(x) = \frac{l^4}{120EI}[5q_1(3 - 4\zeta + \zeta^4) + (q_2 - q_1)(4 - 5\zeta + \zeta^5)] \tag{6-45-4}$$

共同产生的内力：①＋②＋③。

有多个线荷载或集中荷载，按上述原理逐个叠加即可。

(二) 简支梁

某些构件按简支梁计算，其代表性结构有挡土板等（图 6-39）。

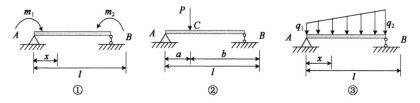

图 6-39 简支梁受力图式

①弯矩产生的内力：

$$Q(x) = \frac{m_2 - m_1}{l} \tag{6-46-1}$$

$$M(x) = m_1 + \frac{m_2 - m_1}{l}x \tag{6-46-2}$$

$$\theta(x) = \frac{m_2 - m_1}{6EIl}(l^2 - 3x^2) + \frac{m_1}{2EI}(l - 2x) \tag{6-46-3}$$

$$f(x) = \frac{x(l-x)}{2EI}\left[m_1 + \frac{m_2 - m_1}{3l}(x + l)\right] \tag{6-46-4}$$

②集中荷载产生的内力：

AC 段：

$$Q(x) = \frac{Pb}{l} \tag{6-47-1}$$

$$M(x) = \frac{Pb}{l}x \tag{6-47-2}$$

$$\theta(x) = \frac{P}{EIl}\left[\frac{1}{2}bx^2 - \frac{1}{6}b(l^2 - b^2)\right] \quad (6\text{-}47\text{-}3)$$

$$f(x) = \frac{Pbx}{6EIl}(l^2 - b^2 - x^2) \quad (6\text{-}47\text{-}4)$$

BC 段：

$$Q(x) = \frac{Pa}{l} \quad (6\text{-}47\text{-}5)$$

$$M(x) = \frac{Pb}{l}x - P(x - a) \quad (6\text{-}47\text{-}6)$$

$$\theta(x) = \frac{P}{EIL}\left[\frac{1}{2}bx^2 - \frac{1}{2}l(x - a)^2 - \frac{1}{6}b(l^2 - b^2)\right] \quad (6\text{-}47\text{-}7)$$

$$\omega(x) = \frac{Pbx}{6EIl}\left[(l^2 - b^2 - x^2)x + \frac{l}{b}(x - a)^3\right] \quad (6\text{-}47\text{-}8)$$

③线荷载产生的内力：

$$Q(x) = (2q_1 + q_2)\frac{l}{6} - q_1 x - \frac{(q_2 - q_1)x^2}{2l} \quad (6\text{-}48\text{-}1)$$

$$M_x = (2q_1 + q_2)\frac{lx}{6} - \frac{q_1 x^2}{2} - \frac{(q_2 - q_1)x^3}{6l} \quad (6\text{-}48\text{-}2)$$

$$\theta(x) = \frac{q_1}{24EI}(l^3 - 6lx^2 + 4x^3) + \frac{q_2 - q_1}{360EIl}(7l^4 - 30l^2 x^2 + 15x^4) \quad (6\text{-}48\text{-}3)$$

$$\omega(x) = \frac{q_1 x}{24EI}(l^3 - 2lx^2 + x^3) + \frac{q_2 - q_1}{360EI}\frac{x}{l}(7l^4 - 30l^2 x^2 + 3x^4) \quad (6\text{-}48\text{-}4)$$

(三) 连续梁

某些构件上的支点较多，采用按支点为钢性支撑的连续梁计算，其代表性结构有多支撑的锚杆墙的肋柱、格构等，连续梁算法的基础是三弯矩方程。

(1) 如图6-40所示，将构件上每个支点视为一铰支，构件三弯矩方程为：

$$M_0 l_1 + 2M_1(l_1 + l_2) + M_2 l_2 = -6(B_1^\phi + A_2^\phi) \quad (6\text{-}49)$$

式中：M_0、M_1、M_2——第1、第2、第3支点的弯矩(kN·m)；

l_1——第0支点~第1支点的距离(m)；

l_2——第1支点~第2支点的距离(m)；

B_1^ϕ——第1跨的虚荷载在i点引起的虚梁反力；

A_2^ϕ——第2跨的虚荷载在i点引起的虚梁反力。

(2) 如图6-41所示，当构件嵌入基岩按固定端考虑时，锚固点c处的方程为：

$$2M_c l_{n+1} + M_n l_{n+1} = -6B_n^\phi \quad (6\text{-}50)$$

式中：M_c——锚固点处的弯矩(kN·m)；

M_n——第n支点处的弯矩(内力)(kN·m)；

l_{n+1}——第n支点至锚固点的距离(m)；

B_n^ϕ——第$n+1$跨的虚荷载在锚固点引起的虚梁反力。

(3) 将以上方程联立求解可得出各支点处的弯矩。将每跨视为简支梁，将支点弯矩作为外力,根据每跨上的土压力求出相邻支点的反力,最后可求出构件的弯矩和剪力值。

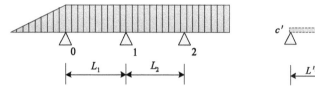

图 6-40 三支点时的计算图式

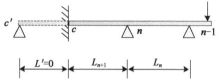

图 6-41 固定端时三弯矩方程计算图式

(四)弹性地基梁

某些构件的内力计算是将构件和地基均视为弹性,其代表性的结构为桩基。弹性桩的弯矩、剪力和地基的弹性抗力可采用地基系数法("K"法或"m"法)进行计算,具体方法如下:

1. "K"法

对于地基系数形状为矩形分布的弹性桩,可采用"K"法进行计算。根据桩顶受水平荷载的挠曲方程(6-51)为:

$$EI\frac{\mathrm{d}^4 x}{\mathrm{d}y^4} + x \cdot K \cdot B_P = 0 \tag{6-51}$$

式中:K——地基系数,宜采用试验进行确定,在有足够丰富经验时也可参考按附录 G 进行选取;

B_P——计算宽度,可按下式进行计算:

$$\begin{cases} 矩形桩:B_P = b + 1 \\ 圆形桩:B_P = 0.9 \times (d + 1) \end{cases} \tag{6-52}$$

式中:b——桩截面宽度;

d——桩体直径。

引入变形系数 β,计算公式如下:

$$\beta = \left(\frac{KB_P}{4EI}\right)^{\frac{1}{4}} \tag{6-53}$$

经过求解式(6-51),可得到桩身任一断面的位移、转角、弯矩、剪力的计算公式:

$$\left.\begin{aligned} 位移:&x = x_0\varphi_1 + \frac{\varphi_0}{\beta}\varphi_2 + \frac{M_0}{\beta^2 EI}\varphi_3 + \frac{Q_0}{\beta^3 EI}\varphi_4 \\ 转角:&\varphi = \beta\left(-4x_0\varphi_4 + \frac{\varphi_0}{\beta}\varphi_1 + \frac{M_0}{\beta^2 EI}\varphi_2 + \frac{Q_0}{\beta^3 EI}\varphi_4\right) \\ 弯矩:&M = -4x_0\beta^2 EI\varphi_3 - 4\varphi_0\beta EI\varphi_4 + M_0\varphi_1 + \frac{\varphi_0}{\beta}\varphi_2 \\ 剪力:&Q = -4x_0\beta^3 EI\varphi_2 - 4\varphi_0\beta^2 EI\varphi_3 - 4M_0\beta\varphi_4 + Q_0\varphi_1 \end{aligned}\right\} \tag{6-54}$$

式中:x_0、φ_0、M_0、Q_0——桩身锚固点处的初始(位移、转角、弯矩、剪力)值;

φ_1、φ_2、φ_3、φ_4——"K"法的影响函数值,计算公式如下:

$$\left.\begin{aligned}\varphi_1 &= \cos(\beta y)\operatorname{ch}(\beta y) \\ \varphi_2 &= \frac{1}{2}\sin(\beta y)\operatorname{ch}(\beta y) + \cos(\beta y)\operatorname{sh}(\beta y) \\ \varphi_3 &= \frac{1}{2}\sin(\beta y)\operatorname{sh}(\beta y) \\ \varphi_4 &= \frac{1}{4}(\sin(\beta y)\operatorname{ch}(\beta y) - \cos(\beta y)\operatorname{sh}(\beta y))\end{aligned}\right\} \quad (6\text{-}55)$$

式(6-54)为用普通的 K 法求解的表达式,计算时先求滑动面处的 x_0 和 φ_0,即可求桩身任一截面的变位、内力和侧应力。为此,需要根据下述三种边界确定。

①当桩底为固定端时,$x_h = 0$,$\varphi_h = 0$,将式(6-54)第 1、2 式联立解得:

$$\left.\begin{aligned}x_0 &= \frac{M_0}{\beta^2 EI} \times \frac{\varphi_2^2 - \varphi_1\varphi_3}{4\varphi_4\varphi_2 + \varphi_1^2} + \frac{Q_0}{\beta^3 EI} \times \frac{\varphi_2\varphi_3 - \varphi_1\varphi_4}{4\varphi_4\varphi_2 + \varphi_1^2} \\ \varphi_0 &= -\frac{M_0}{\beta EI} \times \frac{\varphi_1\varphi_2 + 4\varphi_3\varphi_4}{4\varphi_4\varphi_2 + \varphi_1^2} - \frac{Q_0}{\beta^2 EI} \times \frac{\varphi_1\varphi_3 + 4\varphi_4^2}{4\varphi_4\varphi_2 + \varphi_1^2}\end{aligned}\right\} \quad (6\text{-}56)$$

②当桩底为铰支端时,$x_h = 0$,$M_h = 0$,$\varphi_h \neq 0$,$Q_h \neq 0$,不考虑桩底弯矩的影响,将 $x_h = 0$,$M_h = 0$ 代入式(6-54)第 1、3 式,联立解得:

$$\left.\begin{aligned}x_0 &= \frac{M_0}{\beta^2 EI} \times \frac{4\varphi_3\varphi_4 + \varphi_1\varphi_2}{4\varphi_2\varphi_3 - 4\varphi_1\varphi_4} + \frac{Q_0}{\beta^3 EI} \times \frac{4\varphi_4^2 + \varphi_2^2}{4\varphi_2\varphi_3 - 4\varphi_1\varphi_4} \\ \varphi_0 &= -\frac{M_0}{\beta EI} \times \frac{\varphi_1^2 + 4\varphi_3^2}{4\varphi_2\varphi_3 - 4\varphi_1\varphi_4} - \frac{Q_0}{\beta^2 EI} \times \frac{4\varphi_3\varphi_4 + \varphi_1\varphi_2}{4\varphi_2\varphi_3 - 4\varphi_1\varphi_4}\end{aligned}\right\} \quad (6\text{-}57)$$

③当桩底为自由端时,$M_h = 0$,$Q_h = 0$,$\varphi_h \neq 0$,$x_h \neq 0$。将 $M_h = 0$,$Q_h = 0$ 代入式(6-54)的第 3、4 式,联立解得:

$$\left.\begin{aligned}x_0 &= \frac{M_0}{\beta^2 EI} \times \frac{4\varphi_4^2 + \varphi_1\varphi_3}{4\varphi_3^2 - 4\varphi_2\varphi_4} + \frac{Q_0}{\beta^3 EI} \times \frac{\varphi_2\varphi_3 - \varphi_1\varphi_4}{4\varphi_3^2 - 4\varphi_2\varphi_4} \\ \varphi_0 &= -\frac{M_0}{\beta EI} \times \frac{4\varphi_3\varphi_4 + \varphi_1\varphi_2}{4\varphi_2^3 - 4\varphi_2\varphi_4} - \frac{Q_0}{\beta^2 EI} \times \frac{\varphi_2^2 - \varphi_1\varphi_3}{4\varphi_3^2 - 4\varphi_2\varphi_4}\end{aligned}\right\} \quad (6\text{-}58)$$

将上述各种边界条件相应的 x_0 和 φ_0 代入式(6-54),可求得滑动面以下桩身任一截面的变位和内力。

当桩底为自由端时,由普通法(6-58)得:

$$\left.\begin{aligned}x_0 &= \frac{Q_0}{\beta^3 EI}\Phi_1 + \frac{M_0}{\beta^2 EI}\Phi_2 \\ \varphi_0 &= -\frac{Q_0}{\beta^2 EI}\Phi_2 - \frac{M_0}{\beta EI}\Phi_3\end{aligned}\right\} \quad (6\text{-}59)$$

式中:Φ_1、Φ_2、Φ_3——$Q_0 = 1$、$M_0 = 1$ 时,桩在滑动面处的位移、转角的无量纲系数,按下式计算:

$$\left.\begin{aligned} \Phi_1 &= \frac{\varphi_2\varphi_3 - \varphi_1\varphi_4}{4\varphi_3^2 - 4\varphi_2\varphi_4} \\ \Phi_2 &= \frac{\varphi_1\varphi_3 + 4\varphi_4^2}{4\varphi_3^2 - 4\varphi_2\varphi_4} = \frac{\varphi_2^2 - \varphi_1\varphi_3}{4\varphi_3^2 - \varphi_2\varphi_4} \\ \Phi_3 &= \frac{\varphi_1\varphi_2 + 4\varphi_3\varphi_4}{4\varphi_3^2 - 4\varphi_2\varphi_4} \end{aligned}\right\} \quad (6\text{-}60)$$

将式(6-59)代入式(6-54),整理得:

$$\left.\begin{aligned} x_y &= \frac{Q_0}{\beta^3 EI}a_x + \frac{M_0}{\beta^2 EI}b_x \\ \varphi_y &= \frac{Q_0}{\beta^2 EI}a_\varphi + \frac{M_0}{\beta EI}b_\varphi \\ M_y &= \frac{Q_0}{\beta}a_m + M_0 b_m \\ Q_y &= Q_0 a_Q + M_0 \times \beta \times b_Q \\ \sigma_y &= K_H x_y \end{aligned}\right\} \quad (6\text{-}61)$$

式中:a_x、a_φ、a_m、a_Q——$Q_0 = 1$ 时引起桩身各截面的变位和内力的无量纲系数;

b_x、b_φ、b_m、b_Q——$M_0 = 1$ 时引起桩身各截面的变位和内力的无量纲系数。

以上各系数按下式计算:

$$\left.\begin{aligned} a_x &= \Phi_1\varphi_1 - \Phi_2\varphi_2 + \varphi_4 \\ a_\varphi &= -4\Phi_1\varphi_4 - \Phi_2\varphi_1 + \varphi_3 \\ a_m &= -4\Phi_1\varphi_3 + 4\Phi_2\varphi_4 + \varphi_2 \\ a_Q &= -4\Phi_1\varphi_2 + 4\Phi_2\varphi_3 + \varphi_1 \\ b_x &= \Phi_2\varphi_1 - \Phi_3\varphi_2 + \varphi_3 \\ b_\varphi &= -4\Phi_2\varphi_4 - \Phi_3\varphi_1 + \varphi_2 \\ b_m &= -4\Phi_2\varphi_3 + 4\Phi_3\varphi_4 + \varphi_1 \\ b_Q &= -4\Phi_2\varphi_2 + 4\Phi_3\varphi_3 - 4\varphi_4 \end{aligned}\right\} \quad (6\text{-}62)$$

当桩底的边界条件为固定端、铰支端时,由式(6-54)、式(6-55)按同样方法可导出与式(6-61)、式(6-62)相同的公式。

2."m"法

对于地基系数形状为梯形分布的弹性桩,可采用"m"法进行计算。根据桩顶受水平荷载的挠曲方程:

$$EI\frac{\mathrm{d}^4 x}{\mathrm{d}y^4} + x \cdot my \cdot B_P = 0 \quad (6\text{-}63)$$

式中:m——地基系数随深度变化的比例系数,宜采用试验进行确定,在有足够丰富经验时也可参考附录 G 进行选取。

引入变形系数 α,计算公式如下:

$$\alpha = \left(\frac{mB_P}{EI}\right)^{\frac{1}{5}} \quad (6\text{-}64)$$

经过求解式(6-63),可得到桩身任一断面的内力和变形公式:

$$
\begin{aligned}
\text{位移}: x &= x_0 A_1 + \frac{\varphi_0}{\alpha} B_1 + \frac{M_0}{\alpha^2 EI} C_1 + \frac{Q_0}{\alpha^3 EI} D_1 \\
\text{转角}: \varphi &= \varepsilon \left(x_0 A_2 + \frac{\varphi_0}{\alpha} B_2 + \frac{M_0}{\alpha^2 EI} C_2 + \frac{Q_0}{\alpha^3 EI} D_2 \right) \\
\text{弯矩}: M &= \alpha^2 EI \left(x_0 A_3 + \frac{\varphi_0}{\alpha} B_3 + \frac{M_0}{\alpha^2 EI} C_3 + \frac{Q_0}{\alpha^3 EI} D_3 \right) \\
\text{剪力}: Q &= \alpha^3 EI \left(x_0 A_4 + \frac{\varphi_0}{\alpha} B_4 + \frac{M_0}{\alpha^2 EI} C_4 + \frac{Q_0}{\alpha^3 EI} D_4 \right)
\end{aligned}
\right\} \quad (6-65)
$$

式中:x_0、φ_0、M_0、Q_0——桩身锚固点处的初始(位移、转角、弯矩、剪力)值;

A_i、B_i、C_i、D_i——"m"法中随桩身换算深度(αy)而变化的系数。

(五)框架结构

还有一些更复杂的结构,如椅式桩和框架桩结构可简化为框架结构模型,采用弹性地基梁法或结构力学位移法计算,模型见图6-42。

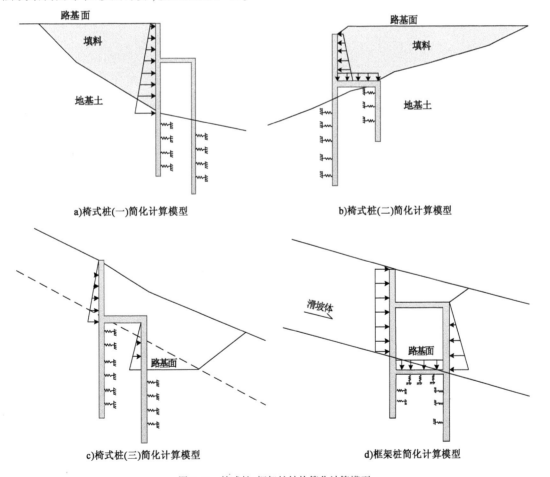

图6-42 椅式桩、框架桩结构简化计算模型

三、拉拔构件

某些结构构件主要承受拉拔作用,代表性的构件有筋带、土钉、锚杆、锚索等。

(一)加筋类

加筋挡土墙的筋带和土钉墙上的土钉所受拉力计算如下:

$$T_i = \frac{\sigma_i S_x S_y}{\cos\beta} \tag{6-66}$$

式中:T_i——第 i 层拉筋拉力计算值(kN);

S_x、S_y——拉筋或土钉之间水平及垂直间距(m);

β——土钉与水平面的夹角(°),加筋土挡墙时筋带一般平铺,$\beta = 0$。

(二)锚杆和锚索内力

当墙面系不考虑弹性变形时,锚杆(索)的内力为墙面系上各支点反力在锚杆(索)轴向的分力如图 6-43 所示。

$$N_t = \frac{R_n}{\cos(\beta - \alpha)} \tag{6-67}$$

式中:N_t——锚杆(索)轴向拉力(N);

R_n——第 n 个支点反力(N);

β——锚杆(索)与水平面的夹角(°);

α——墙面的竖向倾角(°)。

当计算要考虑墙面系的变形时,外锚结构可采用平面弹性支点法进行计算;锚索或锚杆结构可按弹性杆结构进行计算。外锚结构与锚索或锚杆结构的计算应考虑相互之间的变形协调。

例如,锚索桩的悬臂段简化为受横向变形约束的弹性梁,桩背岩土可仍视为刚性,锚拉点处桩的位移与锚索伸长量相等。图 6-44 为锚索桩结构计算图式。假定桩上设置 n 排锚索,则桩为 n 次超静定结构。桩锚固段顶端 O 点处桩的弯矩 M_0 及剪力 Q_0 计算如下:

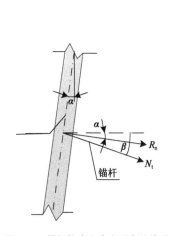

图 6-43 锚杆拉力和支点反力的关系

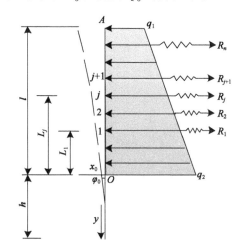

图 6-44 锚索桩结构计算图式

$$M_n = M - \sum_{j=1}^{n} R_j L_j \tag{6-68}$$

$$Q_n = Q - \sum_{j=1}^{n} R_j \tag{6-69}$$

式中：M、Q——滑坡推力或岩土压力作用于桩 x 点的弯矩、剪力；

L_j——第 j 排锚索锚拉点距 O 点的距离；

R_j——第 j 排锚索拉力。

由位移变形协调原理，每根锚索伸长量 Δ_i 与该锚索所在点桩的位移 f_i 相等，建立位移平衡方程。

$$\Delta_i = f_i \tag{6-70}$$

$$f_i = X_0 + \varphi_0 L_i + \Delta_{iq} - \sum_{j=1}^{n} \Delta_{ij} \tag{6-71}$$

$$\Delta_i = \delta_i (R_i - R_{i0}) \tag{6-72}$$

式中：X_0、φ_0——桩锚固段顶端 O 点处桩的位移、转角；

Δ_{iq}、Δ_{ij}——滑坡推力（或岩土压力）、其他层锚索拉力 R_j 作用于 i 点桩的位移；

R_{i0}——第 i 根锚索的初始预应力；

δ_i——第 i 根锚索的柔度系数，即单位力作用下锚索的弹性伸长量。

$$\delta_i = \frac{l_i}{N \cdot E_g A_s} \tag{6-73}$$

式中：l_i、A_s——锚索自由段长度及每束锚索截面面积；

E_g——锚索的弹性模量；

N——每孔锚索的束数。

悬臂段上的内力按前面的悬臂梁公式计算，应注意 x 点处的位移和转角除了悬臂段挠曲产生的位移和转角，还应考虑 O 点的位移和转角产生的影响。

第七章　常用铁路路基支挡结构设计要点

常用支挡结构是铁路路基设计中应用最为广泛的支挡结构,如重力式挡土墙、悬臂式挡土墙及桩板墙,本章将详细介绍该三种重要支挡结构极限状态的设计。

第一节　设　计　验　算

一、外部稳定性检算

常用支挡结构中的重力式(含衡重式)和悬臂式挡土墙均需要进行外部稳定性检算,具体包括抗滑动和抗倾覆检算及基底压应力验算。

1. 抗滑动检算

挡土墙的抗滑动稳定受力如图7-1a)所示,按式(3-1)进行承载能力极限状态检算,其中不平衡作用及平衡作用设计值的计算公式如下:

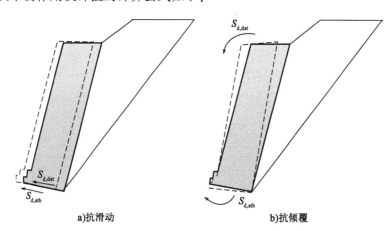

图7-1　挡土墙抗滑动抗倾覆示意图

(1)不同工况下不平衡作用

$$S_{d,dst} = \gamma_{El} E_x + F_{hE} \tag{7-1}$$

式中:E_x——墙后主动土压力的水平分力标准值(kN),地震工况时,含实际墙背与第一破裂面之间岩土体的水平地震作用;

F_{hE}——地震时,作用于墙体质心处的水平地震作用标准值(kN);

γ_{El}——土压力不平衡作用分项系数,重力式及衡重式挡土墙取值按附录J.0.1确定,悬臂式挡土墙分项系数的取值按附录J.0.2确定。

(2)不同工况下平衡作用

$$S_{d,stb} = [\gamma_G W + \gamma_{E2}(E_y + E'_x \tan\alpha_0)]f' + (\gamma_G W + \gamma_{E2} E_y)\tan\alpha_0 \quad (7-2)$$

式中：W——作用于基底上的重力标准值(kN)，挡土墙浸水时，应扣除浸水部分墙身的浮力；

E_y——墙后土压力的总竖向分力标准值(kN)，挡墙浸水时，应扣除浸水部分岩土的浮力，出现第二破裂面时，含主动土压力及实际墙背与第二破裂面之间岩土的重力；

E'_x——总水平作用标准值(kN)，$E'_x = E_x + F_{hE}$；

γ_G——重力平衡作用分项系数，重力式及衡重式挡土墙取值按附录J.0.1确定，悬臂式挡土墙分项系数的取值按附录J.0.2确定；

γ_{E2}——土压力平衡作用分项系数，重力式及衡重式挡土墙取值按附录J.0.1确定，悬臂式挡土墙分项系数的取值按附录J.0.2确定；

α_0——基底倾斜角度(°)；

f'——基底与地基层间的摩擦系数标准值，宜根据试验资料确定。有经验时，也可按$f' = f \times 1.5$ 计算，其中经验值f按表5-3选用。

2. 抗倾覆检算

挡土墙的抗倾覆稳定受力如图7-1b)所示，按式(3-1)进行承载能力极限状态检算，其中不平衡作用及平衡作用设计值的计算公式如下：

(1)不同工况下不平衡作用

$$S_{d,dst} = \gamma_{E1} E_x Z_x + F_{hE} Z_{hE} \quad (7-3)$$

式中：Z_{hE}——水平地震作用到墙趾的距离(m)；

Z_x——墙后土压力的水平分力到墙趾的距离(m)。

(2)不同工况下平衡作用

$$S_{d,stb} = \gamma_G W Z_w + \gamma_{E2} E_y Z_y \quad (7-4)$$

式中：Z_w——墙身自重及墙顶以上恒载自重合力形心到墙趾的距离(m)；

Z_y——墙后土压力的总竖向分力到墙趾的距离(m)。

其余符号意义同式(7-1)、式(7-2)，上式中重力式、衡重式挡土墙抗倾覆分项系数取值见附录J.0.3，悬臂式挡土墙抗倾覆分项系数与衡重式挡土墙一致。

3. 基底压应力

挡土墙基底竖向合力偏心距和压应力如图7-2所示。基底合力偏心距按式(7-5)计算。

$$e = \frac{B}{2} - c = \frac{B}{2} - \frac{M_y - M_0}{N'} \quad (7-5)$$

式中：e——基底合力的偏心距(m)，当为倾斜基底时，为倾斜基底合力的偏心距；

B——基底宽度(m)，倾斜基底为其斜宽；

c——作用于基底上的垂直分力对墙趾的力臂(m)；

M_y——稳定力系对墙趾的总力矩(kN·m)；

M_0——倾覆力系对墙趾的总力矩(kN·m)；

N'——作用于基底上的总垂直力(kN)，如图7-3a)所示，当基底为平底时，$N' = N$，如图7-3b)所示，当基底为倾斜时，N'按下式计算：

$$N' = N \times \cos\alpha_0 + E'_x \times \sin\alpha_0 \qquad (7\text{-}6)$$

式中：N——挡土墙上的总竖向作用(kN)，$N = W + E_y$；

E'_x——总水平作用标准值(kN)，$E'_x = E_x + F_{hE}$；

α_0——基底倾斜角度(°)。

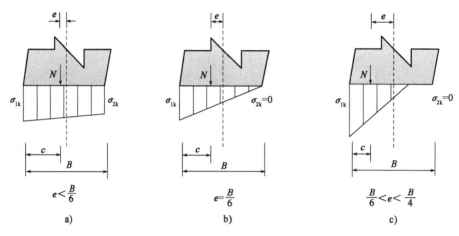

图 7-2　挡土墙基底竖向合力偏心距及压应力示意图

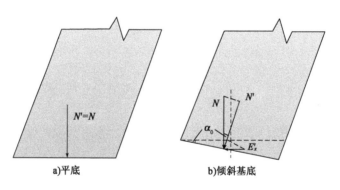

图 7-3　作用于基底上的总垂直力的力系图

基底合力偏心距需满足表 7-1 的要求。

基底合力偏心距限定值　　　　表 7-1

基底岩土状况		基底合力偏心距限定值		
		一般地区和浸水地区常水位	施工临时荷载地区	地震地区和洪水位
a	未风化或弱风化的硬质岩	≤$B/4$	≤$B/4$	≤$B/3$
b	软质岩及全、强风化的硬质岩	≤$B/6$	≤$B/4$	≤$B/4$
c	基本承载力大于200kPa的土层	≤$B/6$	≤$B/5$	≤$B/5$
d	基本承载力小于200kPa的土层	≤$B/6$	≤$B/6$	≤$B/6$

注：倾斜基底时 $B = B'$。

挡土墙基底压应力验算要求挡土墙的基底应力不超过地基的承载力特征值,按式(3-3)进行验算。由于承载力特征值是指保证地基稳定的条件下,结构物不产生超过容许变形的承载力,因此地基承载力验算可归为正常使用极限状态验算。墙趾、墙踵及平均压应力作用及抗力计算如下所示:

(1)作用

基底压应力采用标准组合,墙趾、墙踵及平均压应力计算公式如下:

当 $|e| \leq \dfrac{B}{6}$ 时,
$$S_d = \sigma_{1k,2k} = \dfrac{N'}{B}\left(1 \pm \dfrac{6e}{B}\right) \tag{7-7}$$

当 $e > \dfrac{B}{6}$ 时,
$$S_d = \sigma_{1k} = \dfrac{2N'}{3c}, S_d = \sigma_{2k} = 0 \tag{7-8}$$

当 $e < -\dfrac{B}{6}$ 时,
$$S_d = \sigma_{1k} = 0, S_d = \sigma_{2k} = \dfrac{2N'}{3(B-c)} \tag{7-9}$$

$$S_d = \sigma_{pk} = \dfrac{\sigma_{1k} + \sigma_{2k}}{2} \tag{7-10}$$

式中:σ_{1k}——挡土墙趾部的压应力标准值(kPa);

σ_{2k}——挡土墙踵部的压应力标准值(kPa);

σ_{pk}——挡土墙基底平均压应力标准值(kPa)。

(2)抗力

基底抗力采用特征值,计算公式如下:

$$C_d = \gamma_\sigma \sigma_a \tag{7-11}$$

式中:σ_a——地基承载力特征值(kPa);

γ_σ——基底承载力特征值调整系数,按表7-2选取。

基底承载力特征值调整系数 γ_σ 表7-2

验算项目	组合 V							
	组合内容①	组合内容②	组合内容③	组合内容④				
	永久荷载	永久作用+主可变荷载	①+施工荷载	①+偶然荷载	①+地震荷载			
					a	b	c	d
墙趾处地基承载力	1.0	1.0	1.2	1.2	1.5	1.4	1.3	1.2
墙踵处地基承载力	1.3	1.3	1.5	1.5	1.95	1.82	1.69	1.56
地基平均承载力	1.0	1.0	1.2	1.2	1.5	1.4	1.3	1.2

注:表中编号 a、b、c、d 与表7-1对应。

此外,对于一般土层和软质岩地层,当基础的宽度 B 超过2.0m,墙趾的埋置深度 h 超过3.0m,且 $h/B \leq 4.0$ 时,地基承载力特征值可进行深宽修正。

二、土压应力分布和悬臂梁内力计算

在对结构构件进行极限状态设计中,首先应确定构件所受土压力的应力分布,然后才能选择不利截面进行承载能力及正常使用极限状态检算。根据墙后土体类型、破裂面与荷载相交位置以及土压力计算模式的不同,可按照实际应力图形或简化应力图形(三角形、梯形、和矩形)计算。

(一)土压力分布情况

支挡结构墙身截面弯矩、剪力按照实际的土压力应力图形计算时,可大致分为以下两类。

(1)荷载按弹性理论计算,填料按库仑理论计算。

荷载按弹性理论计算、填料按库仑理论计算时,可根据边坡形式分为路肩及路堤两种情况,如图 7-4 所示,计算时可参照第六章第一节(外力计算)分别得到填料及荷载产生的土压力及应力图形,叠加后的应力图形可用来计算悬臂梁各截面的弯矩、剪力。

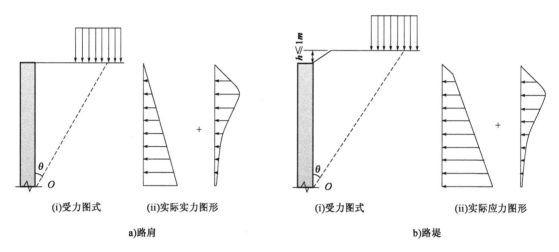

图 7-4 荷载按弹性理论计算,填料按库仑理论计算

(2)荷载及填料均按照库仑理论计算。

荷载及填料均按照库仑理论计算时,需要根据破裂面交于边坡不同部位,选择相应的计算公式及应力图形(参见附录 I),计算悬臂梁各截面的弯矩、剪力。

(3)在支挡结构设计中为了计算简便,有时把土压力分布简化为三角形、梯形和矩形,后面将分别介绍这几种情况。

(二)简化为三角形应力分布

当应力图形中,水平力臂 $Z_x \leqslant H/3$ 时,可按照三角形应力图形简化。

1. 应力图形中,水平力臂 $Z_x \leqslant H/3$ 的情况

(1)如图 7-5a)所示,当边坡形式为路肩、破裂面未交到荷载,且荷载及填料均按库仑理论计算时,其应力图形本身就是三角形。

(2)如图 7-5b)所示,当边坡形式为路堑时,其实际应力图形就为三角形。

(3)如图 7-5c)所示,当边坡形式为路堤、破裂面交到荷载,且荷载及填料均按照库仑理论计算时,水平力臂 $Z_x \leqslant H/3$,若仍按照传统方法进行应力图形简化,会得到悬臂梁上半段出现负弯矩的情况,这与实际受力情况不符,为此可按照三角形应力图形进行简化。

(4)如图 7-5d)所示,对于液性指数较大、刚度较小和密实度不均匀的塑性滑体,其靠近滑面的滑动速度较大而滑体表层的滑动速度则较小,滑坡推力的分布图形可简化为三角形。

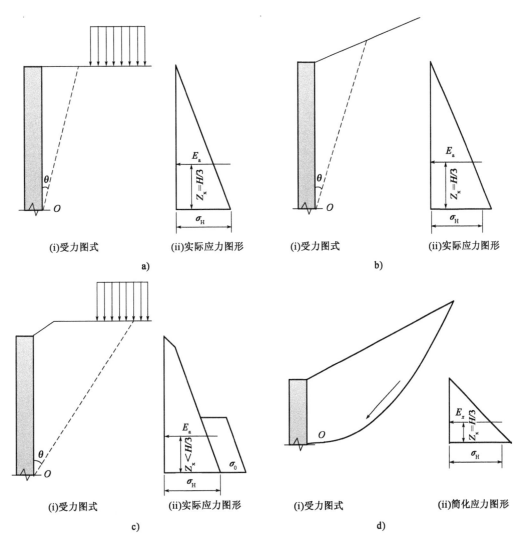

图 7-5 实际应力图形中水平力臂 $Z_x \leqslant H/3$ 的情况

2. 悬臂梁的总弯矩、剪力

以半刚性支挡结构为代表的立臂构件,以及以锚固桩支挡结构为代表的悬臂段桩身,其内力计算时均按一端固定的悬臂梁考虑,悬臂梁根部总弯矩、剪力的计算如式(7-12)、式(7-13)所示:

$$M_0 = \gamma_{sd} \times E_x \times Z_x \tag{7-12}$$

$$Q_0 = \gamma_{sd} E_x \tag{7-13}$$

式中:γ_{sd}——土压力模型不确定系数,各类结构取值不同,详见表 6-3;

E_x——水平土压力(kN)。

3. 各截面的弯矩、剪力计算

悬臂梁按三角形简化计算时,应力图形如图 7-6 所示。

三角形土压力分布计算应力 σ_1 的计算公式如下：

$$\sigma_1 = \frac{2Q_0}{H} \tag{7-14}$$

悬臂梁各点的弯矩 M_y 和剪力 Q_y 的计算公式如下：

$$M_y = \frac{\sigma_1 y^3}{6H} \tag{7-15}$$

$$Q_y = \frac{\sigma_1 y^2}{2H} \tag{7-16}$$

式中：H——悬臂梁高(m)；

y——计算截面到悬臂梁顶点的距离(m)。

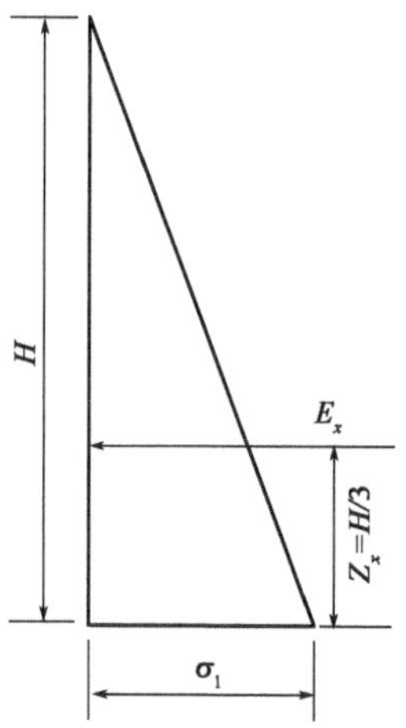

图 7-6　三角形应力图形

(三)简化为梯形应力分布

当实际应力图形中所受水平力臂 $H/3 < Z_x < H/2$ 时，可按照梯形应力图形简化。

1. 实际应力图形中，水平力臂 $H/3 < Z_x < H/2$ 的情况

(1)如图 7-7a)所示，当边坡形式为路堤、破裂面交到路基面，且荷载及填料均按库仑理论计算时，水平力臂 $H/3 < Z_x < H/2$，可根据墙身的应力图形计算得到所受弯矩 M_0 及剪力 Q_0，按照梯形进行简化。

(2)如图 7-7b)、c)、d)所示，当边坡形式为路堤或路肩、破裂面交过 I 线荷载，且荷载及填料均按库仑理论计算时，水平力臂 $H/3 < Z_x < H/2$，可根据墙身的应力图形计算得到所受弯矩 M_0 及剪力 Q_0，按照梯形进行简化。

(3)如图 7-7e)所示，当荷载按弹性理论计算时，无论破裂面交到荷载任意部位，其墙身的应力图形均可根据计算得到的弯矩 M_0 及剪力 Q_0，按照梯形进行简化。

(4)如图 7-7f)所示，对于液性指数适中、刚度较小和密实度不均匀的塑性滑体，其滑坡推力的分布图形按照梯形进行简化。

(i)受力图式　(ii)实际应力图形　(i)受力图式　(ii)实际应力图形

a)　b)

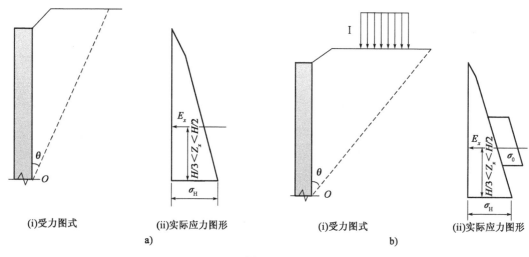

图 7-7

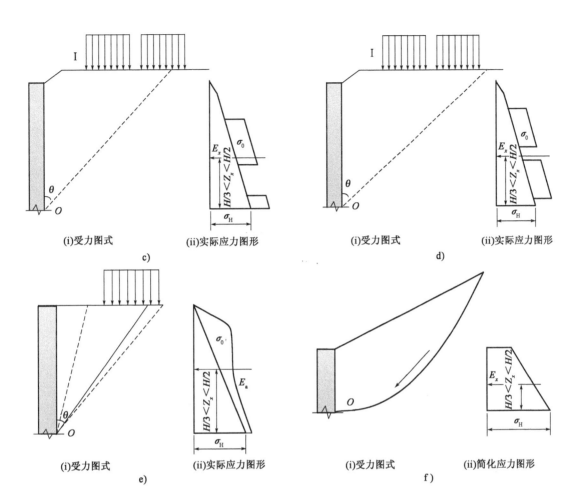

图 7-7 梯形应力图形

2. 悬臂梁的总弯矩和剪力

悬臂梁根部总弯矩和剪力,按式(7-12)、式(7-13)计算。

3. 各截面的弯矩和剪力计算

悬臂梁按梯形简化计算时,应力图形如图 7-8 所示。当 $\sigma_1 = 0$ 时,土压力分布可简化为三角形;当 $\sigma_2 = 0$ 时,土压力分布可简化矩形;当 $\sigma_1 > 0, \sigma_2 > 0$ 时,则为梯形。由于梯形应力图形可以用来表示所有简化应力图形,因此在实际设计中普遍采用梯形应力图形。

图 7-8 土压力的分布图形中的应力 σ_1、σ_2 计算公式如下:

$$\left. \begin{array}{l} \sigma_1 = \dfrac{6Q_0 \times H - 12M_0}{H^2} \\ \sigma_2 = \dfrac{6M_0 - 2Q_0 \times H}{H^2} \end{array} \right\} \quad (7\text{-}17)$$

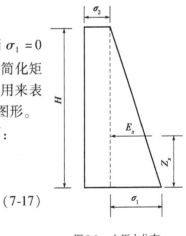

图 7-8 土压力分布

悬臂梁各点的弯矩 M_y 和剪力 Q_y 的计算公式如下：

$$M_y = \frac{\sigma_2 y^2}{2} + \frac{\sigma_1 y^3}{6H} \tag{7-18}$$

$$Q_y = \sigma_2 y + \frac{\sigma_1 y^2}{2H} \tag{7-19}$$

(四) 简化为矩形应力分布

当实际应力图形中所受水平力臂 $Z_x = H/2$ 时，可按照矩形应力图形简化。如图7-9所示，对于液性指数较小、刚度较大和较密实的滑体，从顶层和底层的滑动速度是基本一致的，抗滑桩上滑坡推力的分布图形可简化为矩形。

1. 悬臂梁的总弯矩、剪力

悬臂梁根部总弯矩、剪力，按式(7-12)、式(7-13)计算。

2. 各截面的弯矩、剪力计算

悬臂梁按矩形简化计算时，应力图形如图7-10所示。

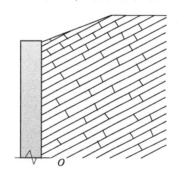

图7-9　矩形受力图式　　图7-10　土压力分布

矩形土压力分布计算应力 σ_2 的计算公式如下：

$$\sigma_2 = \frac{Q_0}{H} \tag{7-20}$$

悬臂梁各点的弯矩 M_y 和剪力 Q_y 的计算公式如下：

$$M_y = \frac{\sigma_2 y^2}{2} \tag{7-21}$$

$$Q_y = \sigma_2 y \tag{7-22}$$

三、墙身截面和悬臂构件设计

除了对刚性及半刚性支挡结构进行外部稳定性检算，还应对刚性、半刚性及锚固桩复合支挡结构进行截面及构件设计。如墙身材料以素混凝土、片石混凝土或浆砌片石为主的刚性支挡结构，需要对截面薄弱部位进行承载能力检算（抗压、抗弯、抗剪等）；墙身材料为钢筋混凝土的半刚性及锚固桩复合支挡结构在进行构件设计时，需进行构件的承载能力极限状态设计（抗弯、抗剪等）和正常使用极限状态设计（裂缝、挠度等）。

(一) 刚性墙截面薄弱部位检算

刚性挡土墙截面薄弱部位一般位于结构截面变化处、应力集中处等，如图7-11所示。设计时需要对墙身薄弱部位进行验算(抗弯、抗剪和截面偏心等)。

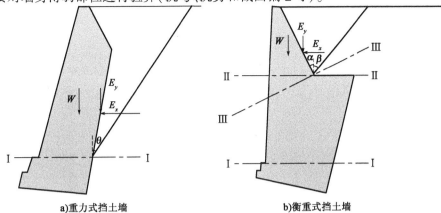

a)重力式挡土墙 b)衡重式挡土墙

图7-11 刚性挡土墙截面薄弱部位

1. 内力计算

刚性墙截面内力计算时,除计算位置存在变化外,土压力算法没有任何改变,计算时可根据计算截面所处位置,以此为计算墙高,参考第六章第二节(内力计算)。

2. 抗弯检算

结构抗弯受力如图7-12a)所示,按式(3-2)进行抗弯承载能力极限状态检算,其中抗力及作用具体表达式,如下所示。

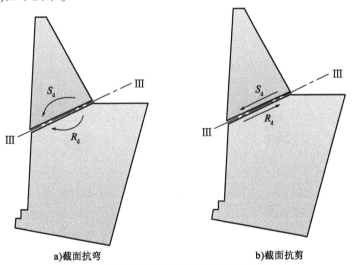

a)截面抗弯 b)截面抗剪

图7-12 刚性挡土墙截面薄弱部位抗弯、抗剪示意图

(1)作用效应

作用在素混凝土结构上的弯矩计算公式如下:

$$S_d = \gamma_{sd}\gamma_s(S_{Gk} + S_{Qk}) \tag{7-23}$$

式中:γ_{sd}——模型不确定性系数,取值详见表6-3;

γ_s——荷载作用分项系数,可取1.35;

S_{Gk}——永久作用效应标准值;

S_{Qk}——可变作用效应标准值。

(2)结构抗力

素混凝土结构抗弯计算公式如下:

$$R_d = \frac{\gamma f_{ct} b h^2}{6} \tag{7-24}$$

式中:γ——截面抵抗矩塑性影响系数,按《混凝土结构设计规范》(GB 50010—2010)第7.2.4条取用;

f_{ct}——素混凝土轴心抗拉强度设计值(N/mm^2),按附录A规定的混凝土轴心抗拉强度设计值f_t值乘以系数0.55取用;

b——截面宽度(mm);

h——截面高度(mm)。

3. 抗剪检算

结构抗剪受力如图7-12b)所示,需按式(3-2)进行抗剪承载能力极限状态检算,其中作用效应及结构抗力具体表达式,如下所示。

(1)作用效应

作用在刚性墙截面的剪力按式(7-9)计算。

(2)结构抗力

素混凝土结构抗剪计算公式如下:

$$R_d = 0.7\beta_h f_t b h \tag{7-25}$$

式中:β_h——截面高度影响系数,$\beta_h = (800/h_0)^{1/4}$;当$h < 800mm$时,$h = 800mm$,当$h > 2000mm$时,$h = 2000mm$;

f_t——混凝土轴心抗拉强度设计值(N/mm^2),按附录A取用。

4. 截面合力偏心距

为避免墙身截面出现较大的拉应力,截面偏心距也应进行控制,截面的合力偏心距e'应满足式(7-26)或式(7-27)的规定。

按永久作用、永久作用+主可变作用计算时:

$$|e'| \leqslant 0.3B' \tag{7-26}$$

按永久作用+主可变作用+偶然作用、永久作用+主可变作用+地震作用、永久作用+主可变作用+施工作用计算时:

$$|e'| \leqslant 0.35B' \tag{7-27}$$

式中:B'——墙身截面宽度(m)。

截面的合力偏心距e'计算按式(7-27)计算,式中应代入计算截面处的相关参数。

(二)钢筋混凝土悬臂构件设计

本节中的悬臂构件包括立臂板、墙踵板和墙趾板和桩的悬臂段,设计时应进行承载能力极限状态检算(抗弯、抗剪等)及正常使用极限状态检算(裂缝、挠度等)。

1. 内力计算

钢筋混凝土悬臂构件内力计算时可参考第六章第二节(内力计算)。

2. 抗弯检算

结构构件抗弯受力如图 7-13a)所示,按式(3-2)进行抗弯承载能力极限状态检算,其中作用效应及结构抗力具体表达式,如下所示。

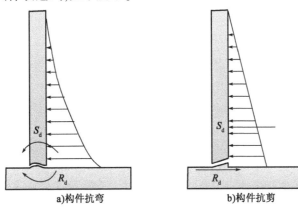

a)构件抗弯　　　　　　b)构件抗剪

图 7-13　构件抗弯、抗剪示意图

(1)作用效应

结构弯曲作用效应设计值 S_d 一般由墙后土压力、列车动荷载、地下水压力、地震作用等组合而成,对于不同的设计工况,作用效应组合的分项可按式(7-28)~式(7-30)进行计算,分项系数如表 7-3 所示。

① 一般地区和浸水地区常水位时,应采用基本组合:

$$S_d = \gamma_G S_{Gk} + \gamma_Q S_{Qk} \tag{7-28}$$

式中:S_{Gk}——土压力产生的弯矩或剪力;

S_{Qk}——动荷载产生的弯矩或剪力;

γ_G——采用极限状态设计的土压力作用效应系数,可按表 7-3 进行选用;

γ_Q——采用极限状态设计的荷载作用系数,可按表 7-3 进行选用。

② 浸水地区洪水位时,应采用偶然组合:

$$S_d = \gamma_G S_{Gk} + S_{wk} + \gamma_Q S_{Qk} \tag{7-29}$$

式中:S_{wk}——水压力产生的弯矩或剪力。

③ 地震地区应采用地震组合:

$$S_d = \gamma_G S_{Gk} + \gamma_I S_{Ek} + \gamma_Q S_{Qk} \tag{7-30}$$

式中:S_{Ek}——地震作用等产生的弯矩或剪力;

γ_I——采用极限状态设计的地震作用系数,可按表 7-3 进行选用。

结构构件承载能力极限状态设计的作用效应分项系数　　　　表 7-3

分项系数	基本组合			偶然组合	地震组合
	Ⅰ	Ⅱ	Ⅲ	Ⅲ	Ⅳ
	Ⅰ:永久荷载	Ⅰ+主可变载	Ⅰ+施工荷载	Ⅰ+偶然荷载	Ⅰ+地震荷载
γ_G	1.35	1.35	1.35	1.35	1.35
γ_Q	—	1.40	1.3	1.40	1.40
γ_I	—	—	—	—	1.0~1.7

(2)结构抗力

钢筋混凝土受弯构件为矩形截面时,结构弯矩抗力设计值可按式(7-31)计算:

$$R_d = \alpha_1 f_c bx \left(h_0 - \frac{x}{2}\right) + f'_y A'_s (h_0 - a'_s) \tag{7-31}$$

混凝土受压区高度,按式(7-32)确定:

$$\alpha_1 f_c bx = f_y A_s - f'_y A'_s \tag{7-32}$$

混凝土受压区高度需符合下列条件:

$$x \leq \xi_b h_0 \tag{7-33}$$

$$x \geq 2a'_s \tag{7-34}$$

式中:α_1——系数,取 $1.0h_0$;

f_c——混凝土轴心抗压强度设计值(MPa),可按附录 A 选取;

f_y——普通钢筋强度设计值(MPa),可按附录 B 选取;

A_s、A'_s——受拉区、受压区纵向普通钢筋的截面面积(mm);

b——截面宽度(mm);

h_0——截面有效高度(mm);

a'_s——受压区纵向受力钢筋合力点至截面受压边缘的距离(mm);

ξ_b——相对界限受压区高度,可按《混凝土结构设计规范》(GB 50010—2010)确定。

3. 抗剪检算

结构构件抗剪受力如图 7-13b)所示,按式(3-2)进行抗剪承载能力极限状态检算,其中作用效应及结构抗力具体表达式,如下所示。

(1)作用效应

结构剪切作用效应可按式(7-28)~式(7-30)进行计算。

(2)结构抗力

①钢筋混凝土受弯构件为矩形截面时,结构剪力抗力设计值可按下式计算:

$$R_d = 0.025 \beta_c f_c b h_0 \tag{7-35}$$

式中:β_c——混凝土强度影响系数,取 1.0。

②当配置箍筋或弯起钢筋时,矩形截面受弯构件的斜截面剪力抗力设计值按式(7-36)~式(7-38)计算:

$$R_d = V_{cs} + V_{bs} \tag{7-36}$$

$$V_{cs} = \alpha_{cv} f_t b h_0 + f_{yv} \frac{A_{sv}}{s} h_0 \tag{7-37}$$

$$V_{bs} = 0.8 f_{yv} A_{sb} \sin\alpha_s \tag{7-38}$$

式中:V_{cs}——构件斜截面上混凝土和箍筋的剪力抗力设计值(N);

V_{bs}——构件斜截面上弯起钢筋抗拉设计值(N);

α_{cv}——斜截面混凝土剪力抗力系数,对一般受弯构件,取 0.7;

A_{sv}——配置在同一截面内箍筋各肢的全部截面面积(mm²);

s——沿构件长度方向的箍筋间距(mm);

f_{yv}——箍筋或弯起钢筋的抗拉强度设计值(MPa);

A_{sb}——同一平面内弯起钢筋的截面面积(mm^2);

α_s——斜截面上弯起钢筋与构件纵轴线的夹角(°)。

4. 裂缝检算

结构构件需按式(3-3)进行裂缝正常使用极限状态检算,其中作用效应及结构抗力具体表达式,如下所示。

(1)作用效应

钢筋混凝土受弯构件可按荷载标准组合或准永久组合并考虑长期作用影响按下列公式计算最大裂缝宽度:

$$\omega_{max} = \alpha_{cr}\psi \frac{\sigma_{sq}}{E_s}\left(1.9c_s + 0.08\frac{d_{eq}}{\rho_{te}}\right) \tag{7-39}$$

$$\psi = 1.1 - 0.65\frac{f_{tk}}{\rho_{te}\sigma_{sq}} \tag{7-40}$$

$$\sigma_{sq} = \frac{M_q}{0.87A_s h_0} \tag{7-41}$$

$$d_{eq} = \frac{\sum n_i d_i^2}{\sum n_i v_i d_i} \tag{7-42}$$

$$\rho_{te} = \frac{A_s}{A_{te}} \tag{7-43}$$

式中:α_{cr}——构件受力特征系数,对受弯构件,取1.9;

ψ——裂缝间纵向受拉钢筋应变不均匀系数:当$\psi < 0.2$时,取$\psi = 0.2$;当$\psi > 1.0$时,取$\psi = 1.0$;对直接承受重复荷载的构件取$\psi = 1.0$;

σ_{sq}——按荷载准永久组合计算的钢筋混凝土构件纵向受拉钢筋应力(MPa);

E_s——钢筋的弹性模量(MPa),按附录B选取;

c_s——最外层纵向受拉钢筋外边缘至受拉区底边的距离(mm):当$c_s < 20mm$时,取$c_s = 20mm$,当$c_s > 65mm$时,取$c_s = 65mm$;

d_{eq}——受拉区纵向钢筋的等效直径(mm);

ρ_{te}——按有效受拉混凝土截面面积计算的纵向受拉钢筋配筋率,时$\rho_{te} < 0.01$,取$\rho_{te} = 0.01$;

f_{tk}——混凝土轴心抗拉强度标准值(MPa),按附录A选取;

A_s——受拉区纵向普通钢筋截面面积(MPa);

h_0——截面有效高度(mm);

A_{te}——有效受拉混凝土截面面积(MPa),对矩形和翼缘受压的T形截面受弯构件,取$A_{te} = 0.5bh$;

d_i——受拉区第i种纵向受拉钢筋的公称直径(mm);

n_i——受拉区第i种纵向受拉钢筋的根数;

v_i——受拉区第i种纵向钢筋的相对黏结特征性系数,对于光面钢筋取0.7,对带肋钢筋,取1.0。

式(7-41)中的弯矩值 M_q 可采用标准组合式(7-44)或准永久组合式(7-45)计算。

标准组合：

$$S_d = S_{Gk} + S_{Qk} \tag{7-44}$$

准永久组合：

$$S_d = S_{Gk} + \psi_q S_{Qk} \tag{7-45}$$

式中：ψ_q——可变作用的准永久值系数，可采用0.6，也可根据观测资料和工程经验取用，但不宜小于0.6。

(2)结构抗力

按正常使用极限状态的裂缝宽度按附录 K 选取。

5. 挠度检算

结构构件需按式(3-3)进行挠度正常使用极限状态检算，其中作用效应及结构抗力具体表达式，如下所示。

① 作用效应

挠度及位移作用效应采用准永久组合，按式(7-45)计算。

② 结构抗力

按正常使用极限状态的挠度及位移限定值应符合表7-4 的规定。

正常使用极限状态的挠度或位移限制值(mm)　　表7-4

部　位	普速地段	高速地段	
		总位移	列车荷载产生的位移
墙顶	$l_0/100$	60	10
构件悬出端	$l_0/100$	$l_0/100$	—
立臂板中部	$l_0/200$	$l_0/200$	—

注：l_0-构件计算长度。

四、桩结构锚固段设计

对于桩结构的锚固段，其外力为悬臂段传递过来的弯矩(M_0)和剪力(Q_0)，锚固段的设计首先是根据 M_0 和 Q_0 计算锚固段的内力，包括锚固段各点的弯矩、剪力、侧压应力、水平位移和转角，然后检算特定点的侧压应力是否超过岩土的侧向承载力特征值，再进行构件的结构设计(抗弯、抗剪、裂缝和挠度验算)。

(一)内力计算

锚固点桩身内力及变形可根据锚固点处的弯矩、剪力和锚固段地基的弹性抗力可采用地基系数法("K"法或"m"法)进行计算，详见第六章第二节(内力计算)。

(二)桩侧应力检算

桩身结构构件需按式(3-3)进行桩侧应力正常使用极限状态检算，其中作用效应及结构抗力具体表达式，如下所示。

1. 作用效应

(1)岩层桩

岩层桩的横向压应力标准组合值，按下式计算：

$$S_d = \sigma_y = K_H x_y \tag{7-46}$$

(2) 土层桩

地层为土层或风化成土、砂砾状岩层时,锚固点以下深度 $H_2/3$ 和 H_2 处的横向压应力标准组合值,按下式计算:

$$S_d = \sigma_y = m_H y x_y \tag{7-47}$$

2. 结构抗力

(1) 岩层桩

当桩为矩形截面时,地基的横向承载力特征值可按下式计算:

$$C_d = \sigma_a = K_H \eta R_c \tag{7-48}$$

式中:K_H——在水平方向的换算系数,根据岩石的完整程度、层理或片理产状、层间的胶结物与胶结程度、节理裂隙的密度和充填物,可采用 0.5~1.0;

η——折减系数,根据岩层的裂隙、风化及软化程度,可采用 0.3~0.45;

R_c——岩石单轴极限抗压强度(kPa)。

(2) 土层桩

地层为土层或风化成土、砂砾状岩层时,锚固点以下深度 $H_2/3$ 和 H_2 处的地基横向承载力特征值,可按下式计算:

$$C_d = \sigma_a = P_{pk} - P_{ak} \tag{7-49}$$

式中:P_{pk}——锚固段所受被动土压力标准值(kPa);

P_{ak}——锚固段所受主动动土压力标准值(kPa)。

(三) 抗弯、抗剪检算

桩身及挡土板结构构件需按式(3-2)进行抗弯、抗剪承载能力极限状态检算,其中作用效应及结构抗力具体表达式,如下所示。

1. 作用效应

桩身及挡土板构件弯矩及剪力作用可见本章(钢筋混凝土悬臂构件设计),按式(7-28)~式(7-30)进行计算,式中分项系数按表7-5选取。

桩板式挡土墙作用分项系数及组合系数　　　　表7-5

分项系数	基本组合		偶然组合	地震组合
	I	II	III	IV
	永久荷载	主可变荷载	I +施工荷载	I +偶然荷载	I +地震荷载
γ_G	1.35~1.5	—		1.35	1.35
γ_Q	—	1.40	1.2~1.3	1.40	1.40
γ_I	—	—			1.0~1.7

注:承载能力极限状态基本组合,挡土板永久作用分项系数可取为1.35;当列车荷载无法分离出来时,锚固桩永久作用分项系数采用综合系数,反之分项取值,当桩荷载变异性大时,取大值,桩荷载变异性小时取小值。

2. 结构抗力

桩身及挡土板构件弯矩抗力可见本章(墙身截面和悬臂构件),按式(7-31)计算;桩身及挡土板构件抗剪受力可参见本章(墙身截面和悬臂构件),按式(7-35)、式(7-36)计算。

3. 裂缝及挠度检算

结构构件需按式(3-3)进行裂缝正常使用极限状态检算,其中作用效应及结构抗力具体表达式,如下所示。

(1)作用效应

①裂缝

桩身及挡土板钢筋混凝土受弯构件最大裂缝宽度计算,可见本章(墙身截面和悬臂构件),按式(7-39)计算。

②挠度

桩身及挡土板挠度及位移作用效应采用准永久组合,按式(7-45)计算。

(2)结构抗力

①裂缝

桩身及挡土板结构裂缝宽度按附录K选取;当有经验时,桩身最大裂缝宽度值可适当放宽,并采用适当的防腐附加措施。

②挠度

桩顶水平位移限定值可采用悬臂端长度的1/100,且不宜大于100mm。高速铁路填方地段,桩顶水平位移限定值可采用60mm。挡土板跨中最大挠度限定值可采用挡土板计算跨度的1/200。

第二节 构造及施工要求

(一)重力式和衡重式挡土墙

1. 构造要求

(1)地基与基础

①基础埋置深度

重力式及衡重式挡土墙的断面形式应结合基础埋置深度共同考虑,根据地形地质条件,挡土墙基础留置足够的埋置深度,基础埋置深度的确定需满足表7-6的规定。

挡土墙基础埋置深度 表7-6

挡墙基础所处环境		最小深度限定值及相关措施
一般地区		≥1.0m
季节性冻土地区	冻结深度小于或等于1.0m时	≥1.0m并保证基础底在冻结深度线以下0.25m
	冻结深度大于1.0m时	≥1.25m,基底至冻结线下0.25m深度范围内换填冻胀不敏感土,或采用其他处理措施
受水流冲刷		基底在冲刷线下不应小于1.0m
软质岩层地基		≥1.0m
膨胀土地段		基础埋置深度不宜小于1.5m

注:路堑挡土墙基底除满足上表要求外,基础底还应低于侧沟砌体底面0.2m或侧沟平台下1.2m。

当挡土墙基础在斜坡地面上时,其基础的埋入深度除了需要满足表7-6中规定的最小埋入深度外,还受到墙趾距斜坡地面的水平距离控制,其趾部埋入深度和距地面的水平距离,需满足表7-7的规定,表中规定的数值是根据多年的经验总结得出的。

墙趾距地面最小水平距离　　　　　表7-7

基础所处地层情况		墙趾距斜坡地面的最小水平距离(m)
地层类别	埋入深度(m)	
硬质岩层	0.60	1.50
软质岩层	1.00	2.00
土层	≥1.00	2.50

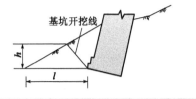

注:基础所处岩层埋入深度在0.6~1.0m之间时,计算的最小水平距离可按内插取值;当埋入深度超过1.0m时,最小水平距离可不再增加。

当挡土墙基底纵坡大于5%时,需将基底设计为台阶形式。

②倾斜基底

挡土墙受滑动稳定控制时,横向可采用不大于0.2∶1倾斜基底,如图7-14所示。浸水地区挡土墙不宜设倾斜基底。

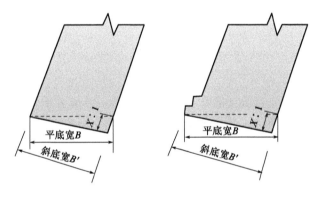

图7-14　挡土墙倾斜基底图示

(2)挡土墙构造

①墙身构造

a.重力式挡土墙墙身混凝土强度一般不低于C25。

b.重力式挡土墙胸坡和背坡一般采用1∶0.3~1∶0.2;衡重式挡土墙胸坡一般采用1∶0.05,上墙背坡在1∶0.45~1∶0.35之间,下墙背坡一般为1∶0.25左右。上下墙的墙高比一般采用2∶3,它与衡重台的宽度和上下墙背的坡度有关,需根据断面经济、技术合理的原则确定。

c.采用混凝土块和石砌体的挡土墙,墙顶宽度不应小于0.5m;整体灌溉的混凝土墙,墙顶宽度不应小于0.4m;钢筋混凝土墙顶宽度不应小于0.2m。

d.浆砌片石的墙面应选用较大和表面较平的片石砌筑,并抹成平缝,一般不另镶面。挡土墙各周边的夹角不宜小于60°,片石掺用量单位体积不应大于20%。

e.重力式路肩墙顶部需设帽石,厚度不小于0.4m,宽度不小于0.6m,突出的墙顶外的飞檐宽度为0.1m。路堤和路堑挡土墙不做帽石,选大块片石置于墙顶用砂浆抹平即可。浸水地区路堤墙宜使墙面保持在一个平面上,不同墙高可通过调整墙顶平台达到要求。

f. 在一般地区和浸水地区,衡重式路肩挡土墙上、下墙之间,宜设置短钢筋连接;挡墙高度≥6m时,需设短钢筋连接;在地震地区,上、下墙之间需设置短钢筋,如图7-15中所示。为减小上墙土压力或改善衡重台上应力集中现象,必要时可在上墙范围横向铺设土工格栅。

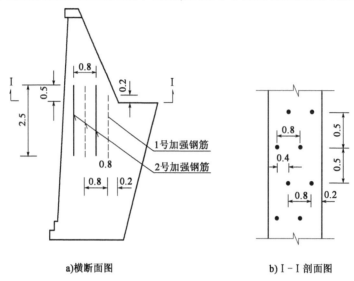

图7-15 衡重式挡墙衡重台处斜截面抗剪加强措施(尺寸单位:m)

g. 在挡土墙两端有条件的地方应尽可能利用路基边坡设置台阶。没有条件做台阶时,应在适当位置设置检查梯,路堑两端宜设置踏步。检查梯一般用 $\phi 32$ 钢筋弯制,插入固定于墙身 $0.2 \sim 0.25 \mathrm{m}$,竖直间距为 $0.3 \mathrm{m}$。钢筋外露部分应涂刷防锈漆进行保护,检查梯两侧宜设扶手,以保证安全。

② 伸缩缝与沉降缝

为避免因地基不均匀沉降而引起墙身开裂,须根据地基条件及墙的断面、高度不同而设置沉降缝;为防止挡土墙圬工砌体因收缩硬化和温度变化产生裂缝,需沿墙长每隔 $10 \sim 15 \mathrm{m}$ 或与其他建筑物相接处设置伸缩缝,伸缩缝和沉降缝可合并设置,如图7-16所示。缝宽采用 $0.02 \sim 0.03 \mathrm{m}$,缝内沿墙的内、外、顶三边填塞沥青麻筋、沥青木板胶泥或橡胶条等,塞入深度不小于 $0.2 \mathrm{m}$;当墙后为岩石路堑和填石路堤时,还需设置竖向或水平的施工缝。

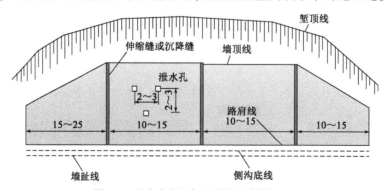

图7-16 重力式路堑墙正面图(尺寸单位:m)

③排水措施

为疏干墙后土体中的水、防止地表水下渗、减小静水压力、冻胀压力及膨胀土(岩)的膨胀压力等,需为挡土墙设置地面排水沟,截引地表水流,并应夯实回填土和地表松土,必要时可加铺砌。

墙顶平台设置平台截水沟,将墙顶边坡汇水引入吊沟或两端截水沟(天沟)内,在适当位置汇入排水沟内,形成完整排水系统,避免集中水流冲刷路基边坡,产生工程隐患。

2. 施工注意事项

(1)挡土墙应避开雨季选择旱季施工,严禁雨天施工。开挖前先砌筑堑顶天沟或地面排水沟,做好地面排水。基坑开挖过程中,做好施工场地的排水设施,严禁基坑积水,浸泡挡墙基础。

(2)浇灌混凝土时,应一次完成浇筑。如有间断,第二次浇灌时,应保证新混凝土与已浇筑混凝土黏结强度满足设计强度要求。

(3)挡土墙设有倾斜基底时,施工时应切实按设计要求施工,不得随意改缓或改陡,以免影响墙身的稳定。

(4)若为路肩挡土墙,则在施工过程中应采取措施确保自身的稳定,待混凝土强度达到设计强度的80%以上时,及时进行墙背填料的填筑。

(5)为确保挡土墙在施工过程中的自稳性,对于高墙可采用排架支撑等措施,挡土墙基础墙前墙后基坑应回填并夯实,墙前基坑顶面应做成向外不小于4%的排水坡度。

(6)墙背土体开挖严禁欠挖,严格控制超挖,当出现超挖时,超挖部分必须回填密实,达到挡墙设计要求的墙背土体物理力学指标。

(7)若为路堑墙,则堑顶以上边坡自上而下分级按设计坡率进行开挖,开挖一级立即做好防护工程,然后再分段跳槽开挖墙背临时边坡,每一分段长度不宜大于15m,开挖后及时浇注挡土墙,边坡暴露时间不得超过15d。

(8)施工期间,严禁在墙顶平台及边坡平台上堆放弃土或杂物增加挡墙荷载,墙顶以上挖方边坡不能随意改陡。

(9)若为路肩墙,有架桥机等运架设备通过时,必须沿线路中心线或靠近未设置挡土墙侧行走,最大允许偏差不大于1.0m。

(10)若为路肩挡土墙,则在墙背填土施工时,靠近墙背2m范围内的填土应采用小型夯实设备进行碾压夯实,禁止在此范围使用重型碾压设备。

(11)路基填筑压实机械主要采用重型压路机,对于个别工点采用超重型压路机(工作质量>26t)时,需根据其工作时的最不利荷载分布进行验算。

(12)施工前对工程所处范围内地下水、地表水及施工用水进行取样复测,若地下水、地表水复测结果与设计不符,应及时通知相关单位进行处理。施工中不得使用有侵蚀性水作为施工用水。

(13)加强施工过程中信息反馈,若地质发生变化或其他特殊情况应及时反映,以便采取相应措施。

(二)悬臂式挡土墙

1. 构造要求

(1)基础埋置深度。

墙趾顶面不宜露出地面,特殊环境下基础底部埋置深度可参考本节重力挡土墙、衡重式挡土墙的构造要求。

(2)墙身构造。

悬臂式挡土墙墙高一般不大于6m。

①立臂板。

为便于施工,立臂板内侧(即墙背)做成竖直面,外侧(即墙面)做成1:0.05~1:0.02的斜面,具体坡度值根据立臂板的强度和刚度要求确定。立臂板顶部厚度一般不小于0.2cm,当挡土墙墙高不大时,立臂板可做成等厚度,当挡墙高大于4m时,宜在立臂板下部内侧设置倒角。

悬臂式挡土墙的立臂板主筋在墙顶部宜采用直角弯折,如图7-17所示。主筋最小锚固长度l_a,受力钢筋伸入底板的锚固长度需满足《混凝土结构设计规范》(GB 50010—2010)和《铁路工程混凝土配筋设计规范》(TB 10064—2019)的要求。

②底板。

底板由墙趾板和墙踵板组成,其宽度由墙的整体稳定性确定,一般可取墙高的0.6~0.8倍。底板一般水平设置,通常做成等厚,底面水平,顶面自与立臂板连接处向两侧倾斜。

墙踵板长度由全墙抗滑稳定性验算确定,并要求具有一定刚度。与立臂板连接处的厚度一般取为墙高的1/12~1/10,且不小于30cm。

墙趾板长度应根据全墙倾覆稳定,基底应力和偏心距等条件确定,一般可取墙底宽的0.15~0.3倍,与立臂板连接处厚度与墙踵板相同,墙趾端的最小厚度为30cm。

悬臂式挡土墙的趾板底面主筋宜从端部向上弯折,踵板顶面主筋宜从端部向下弯折,如图7-17所示。主筋最小锚固长度l_a,受力钢筋伸入底板的锚固长度需满足《混凝土结构设计规范》(GB 50010—2010)和《铁路工程混凝土配筋设计规范》(TB 10064—2019)的要求。

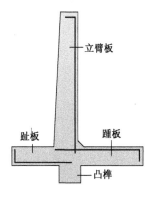

图7-17 悬臂式挡土墙配筋简化图式

③凸榫。

为提高挡土墙抗滑稳定的能力,可在底板下部设置凸榫。为使凸榫前的土体产生最大的被动土压力,墙后的主动土压力不致因设置凸榫而增加,通常将凸榫置于通过墙趾与水平成$45°-\varphi/2$角线和通过墙趾与水平成φ角线所包围的三角形包络线范围内,凸榫高度根据全墙稳定性要求而定,凸榫宽度除满足混凝土直剪和抗弯要求以外,为便于施工,一般不应小于30cm。此外,其他行业也有将凸榫按照倾斜基底考虑的情况。

(3)伸缩缝和沉降缝。

伸缩缝的间距不大于20m,伸缩缝和沉降缝、泄水孔的设置可参考本节重力挡土墙、衡重式挡土墙的构造要求。

(4)保护层。混凝土保护层厚度应符合《铁路混凝土结构耐久性设计规范》(TB 10005—2010)的规定。

(5)墙身混凝土。墙身的混凝土强度等级不宜低于C35。采用的混凝土材料应符合《铁路混凝土结构耐久性设计规范》(TB 10005—2010)的规定。

(6)底板底部宜设置碎石垫层或素混凝土垫层,垫层填料性质及厚度根据地基条件确定,碎石垫层厚度不小于15cm,混凝土垫层厚度不小于5cm。

(7)挡土墙高出地面部分,从地面开始,沿墙高每隔2~3m交错布置向墙外排水坡度不小于4%的泄水孔,泄水孔采用直径为100mm PVC圆管。

(8)墙背宜采用袋装砂夹砾(卵)石、土工合成排水材料或其他新型材料作为反滤层。墙顶位置和地面的最低一排泄水孔的进水口下部设置隔水层,底部隔水层宽度大于反滤层厚度不小于0.2m。

(9)砂砾(卵)石作为反滤层,应采用袋装体,最小厚度不小于30cm。装砂砾(卵)石的透水土工袋的渗透系数不小于0.3cm/s;砂砾(卵)石质地应致密、坚硬,具有高度的抗水性和抗风化能力,颗粒不均匀系数不大于2,颗粒小于0.15mm的含量不得超过5%,含泥量不得大于5%。土工合成排水材料的技术指标应满足《铁路工程土工合成材料 第6部分:排水材料》(Q/CR 549.6—2017)的相关要求。

(10)挡土墙应根据需要在挡土墙适当位置设置检查梯。

(11)挡土墙两端可设置锥体与路堤连接,挡土墙端部伸入路堤内不应小于0.75m。锥体顺线路方向的坡度不应陡于1:1.25。挡土墙端部嵌入原地层的深度,土质不应小于1.5m,弱风化岩层不应小于1m,微风化岩层不应小于0.5m。

(12)挡土墙墙顶应设置防护栏杆,防护栏杆预埋件与挡土墙同步施工。

(13)对挡土墙基底下持力层范围内的软弱层或挡土墙位于斜坡上时,应检算其整体稳定性,沉降变形应满足有关的控制要求。

(14)站后工程设施如雨棚柱、接触网立柱等的基础应避免与挡土墙位置发生冲突,若无法避免冲突时,应进行挡土墙个别设计。

2.施工注意事项

(1)立臂板水平施工缝应留在高出趾板和踵板表面不小于500mm的墙体上。水平施工缝浇筑混凝土前,应将其表面浮浆和杂物清除,然后铺设净浆或涂刷混凝土界面处理剂等材料,再铺30~50mm厚的1:1的水泥砂浆,并应及时浇筑混凝土。

(2)地基的承载力特征值必须满足设计要求,不满足时应采取加固措施。

(3)挡土墙基础基坑应及时回填并夯实,墙前基坑顶面应做成向外不小于4%的排水坡度。

(4)其他见重力式挡土墙施工注意事项。

(三)桩板式挡土墙

1.构造要求

(1)桩身构造

①桩身混凝土强度等级和钢筋性能应符合《铁路路基支挡结构设计规范》(TB 10025—

2019)的规定,受力钢筋宜采用 HRB400。结构耐久性需符合《铁路混凝土结构耐久性设计规范》(TB 10005—2010)的相关规定。

②桩身配筋率、钢筋搭接和锚固长度等需符合《混凝土结构设计规范》(GB 50010—2010)的相关规定,配筋的构造需符合以下规定。

a. 桩身纵向主筋钢筋直径不小于16mm,净距不宜小于120mm,困难情况下可适当减小,但不得小于80mm。采用束筋时,每束不宜多于3根。配置单排钢筋有困难时,可设置2排或3排。受力钢筋混凝土保护层不应小于70mm。

b. 桩身不宜设置斜筋,可采用调整箍筋的直径、间距和桩身截面尺寸等措施,满足斜截面的抗剪强度。

c. 桩身箍筋需采用封闭式,肢数不宜多于4肢,其直径不宜小于14mm,间距不大于400mm。

d. 矩形截面桩的两侧和受压边,需适当配置纵向构造钢筋,其间距不大于300mm,直径不宜小于12mm。桩的受压边两侧,应配置架立钢筋,其直径不宜小于16mm。当桩身较长,纵向构造钢筋和架立钢筋的直径应增大。

③桩上设置锚索时,锚孔距离桩顶不小于1.5m,锚固点附近桩身箍筋需适当加密。

(2)挡土板构造

①挡土板混凝土强度等级和钢筋性能应符合现行《混凝土结构设计规范》(GB 50010—2010)的相关规定。

②挡土板需预留泄水孔,挡土板后需设置反滤层,反滤层设置可参考本节重力式挡土墙、衡重式挡土墙排水措施。

(3)各构件的联结

①挡土板与桩的搭接长度≥0.3m。

②外挂式桩板墙的预埋联结钢筋与4根帮条钢筋焊接。

③钢垫板上预留孔的直径应大于预埋钢筋直径3mm。

④挡土板如果是外挂板则桩身需预埋连接钢筋,挡土板上应预留连接孔。帮条钢筋与联结钢筋的截面设计和焊接固定,应满足相关规范的要求。

2. 施工注意事项

(1)桩井开挖需隔桩进行,桩井应设置锁口,桩井位于土层和风化破碎的岩层时宜设置护壁。

(2)桩井爆破采用浅眼爆破法,严格控制用药量。桩井较深时,禁止用导火索和导爆索起爆,孔深超过10m时,需经常检查井内有毒气体的含量,当二氧化碳浓度超过0.3%或发现有害气体时,需增加通风设备。

(3)桩井中开挖的弃渣不得随意堆放,运至指定弃渣场。

(4)桩身混凝土应连续灌注,不得形成水平施工缝。混凝土的强度测试应符合《混凝土结构设计规范》(GB 50010—2010)的要求。

(5)施工中桩横截面的误差只能为正,不能为负,以保证主筋混凝土保护层的厚度。

(6)注意主筋必须布在构件的受拉侧,一般的悬臂桩主筋布置在靠岩土侧,锚索桩由于两侧都布置主筋,因此不能把主筋的位置放反。简支挡土板的主筋一般布置在外侧,槽型挡土板的安放应注意槽口向外,矩形挡土板主筋需在外侧。人行道板的主筋布置面在下侧,槽型板的槽口向外。

(7)桩、板设计未考虑大型碾压机的荷载,桩板墙板后 2m 内,需以人工铺填,小型机械夯实,不得使用大型碾压机械填筑。必须使用大型机械碾压的,需进行特殊设计。

(8)墙后填料为非渗水土时,需在墙后挡土板范围内设置土工合成材料或砂砾石反滤层,反滤层的设置方式与重力式挡土墙相同。

(9)当挡土板的基底不平整时,采用浆砌片石垫块或混凝土填补。

(10)挡土板与桩的搭接处应保证接触面平整。

(11)外挂式桩板墙靠线路一侧锁口与护壁应对齐。必须保证锁口与护壁的施工质量,以便挂板。

(12)外挂式桩板墙桩身预埋联结钢筋应按照挡土板位置严格定位。帮条钢筋与联结钢筋固定时,帮条锚具的施工需严格按照有关规范、规定要求保证焊缝质量。

(13)4 根帮条与钢垫板相接触的截面应在一个垂直平面上,以免受力时产生扭曲。

(14)桩、板施工完成后,应将裸露在外的联结钢筋和帮条锚具用模注 C15 混凝土封闭。封层表面距板面 0.15m,宽与桩的宽度相同。

(15)桩施工需隔桩进行,桩身混凝土应连续灌注,不得形成水平施工缝。

第八章　其他铁路路基支挡结构设计要点

前面章节从设计参数和设计方法的角度,对铁路路基设计中应用最为广泛的支挡结构进行了详细论述,本章简要介绍一些应用频次较多的重要支挡结构。

第一节　半刚性支挡结构设计要点

一、扶壁式挡土墙

(一)适用范围

扶壁式挡土墙适用于一般地区、浸水地区和地震地区,墙高不超过 10m。由于挡土高度大、适用范围广、经济效果好、可靠度较高而有一定的应用,但因为扶壁的存在,不易碾压,尤其是踵板和立臂交界的地方,故限制了应用范围,将来有可能用"丄"字形挡土墙代替。

(二)外力和内力计算

扶壁式挡土墙外部稳定性检算时,土压力计算同悬臂式挡土墙(见第六章),结构构件的内力计算时可采用简化模型,对土压力分布进行修正。

(1)立臂板和踵板按三向固结板设计。作用于立臂板的水平土压力沿墙高呈梯形分布(图 8-1 中 $abdg$)。作用在踵板的应力分布形式与立臂板类似,在外荷载计算时,除需要计算板上的土压力和基底反力之外,还需计算由于趾板弯矩作用在踵板上产生的等效荷载。

(2)立臂板竖向弯矩沿墙高及沿线路方向的分布如图 8-2 所示。立臂板纵向可视为扶壁支承的连续梁,且不计底板对立臂板的约束。

(3)踵板横向可与立臂板竖向配筋一致,纵向可视为扶壁支承的连续梁,且不计立臂板对底板的约束,趾板应按悬臂梁计算。

(4)扶壁需按悬臂 T 形梁计算,将立臂板视为梁的翼缘,扶壁视为梁的腹板。

此外,应当注意的是,在计算踵板时除了荷载以外,尚要考虑由于趾板的弯矩作用在踵板上产生一个附加的等代荷载。根据经验,等代荷载呈抛物线形分布。踵板在横断面方向上承受的荷载图形近似三角形,它与立臂板承受的垂直荷载图形其大小正好相反,在相同条件下正弯矩加大,负弯矩减小,加之踵板长度通常只有墙高的三分之一左右,实际弯矩要偏小些,因而不起控制作用。扶壁计算简化成以底板为固端的变载面 T 形悬臂梁。翼缘板为立臂板、扶壁为 T 梁的腹板。

(三)稳定性检算和构件设计

扶壁式挡土墙与悬臂式挡土墙相同,通过稳定性检算和构件的承载能力及正常使用设计确定截面尺寸和钢筋的尺寸及布置。

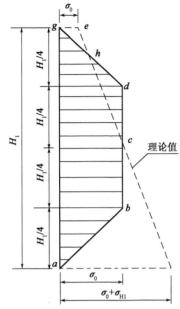

图 8-1 水平土压力沿墙高方向的分布

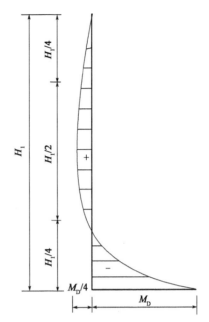

图 8-2 竖直弯矩沿墙高及沿线路方向的分布
M_D-板跨中弯矩

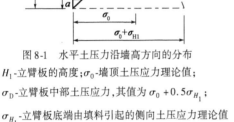

H_1-立臂板的高度;σ_0-墙顶土压应力理论值;
σ_D-立臂板中部土压应力,其值为 $\sigma_0 + 0.5\sigma_{H_1}$;
σ_{H_1}-立臂板底端由填料引起的侧向土压应力理论值

(四) 构造要求

(1) 立臂板、趾板、踵板的构造要求与悬臂式挡土墙相同(见第六章)。

(2) 扶壁两端墙面板悬出端的长度,根据悬臂端的固端弯矩与中间跨固端弯矩相等的原则确定,通常采用两扶壁间净距的 0.41 倍。

二、槽型挡土墙

(一) 适用范围

槽型挡土墙适用于地下水位较高的路堑及放坡条件受到限制的路堑或路堤地段。由于槽型挡土墙能够有效阻止路基本体外地表水或地下水浸入至路基面,并且自身稳定性好,收坡、支挡、防水效果优良,广泛应用于城市地铁以及高速铁路、高速公路中。

(二) 外力和内力计算

1. 土压力

作用在槽型挡土墙边墙上的土压力可按主动土压力计算,同悬臂式挡土墙(见第六章)。当严格限制槽型挡土墙边墙墙顶水平位移时,宜按静止土压力计算。

2. 浮力

静止地下水作用在槽型挡土墙上的浮力按式(8-1)计算。

$$N_w = \gamma_w V_k \tag{8-1}$$

式中：N_w——地下水作用在槽型挡土墙上的浮力（kN）；

γ_w——地下水重度（kN/m³）；

V_k——槽型挡土墙排开地下水的体积（m³）。

3. 列车动荷载

槽型挡土墙路基面以上静荷载计算同悬臂式挡土墙，作用在路堑式槽形挡土墙底板上的列车动荷载按式(8-2)计算。

$$q_d = \beta q_2 \tag{8-2}$$

普速铁路：$\beta = 1 + \dfrac{0.32(3-h)^2}{5}$

高速铁路：$\beta = 1 + \left(\dfrac{0.5}{h+0.8} + 0.04\right)$

式中：q_d——列车动荷载（kN/m²）；

q_2——列车荷载单位荷载（kN/m²）；

β——动力系数，对于普速铁路当 $h > 3.0$m 时，取 $\beta = 1.0$，当计算 $\beta > 1.4$ 时，取 $\beta = 1.4$，对于高速铁路当 $h > 3.0$m 时，取 $\beta = 1.0$；

h——底板顶至轨底的高度（m）。

4. 墙身内力及变形

边墙上的内力及变形按悬臂梁计算，变形计算时需考虑边墙固定端随底板位移的影响。

底板的内力及变形，可根据底板上的荷载和边墙传至底板的作用按弹性地基梁计算。作用在弹性梁的荷载除自身重力、地基反力外，还包括轨道结构及附属结构重力、配重重力、列车竖向静活载及动力作用，边墙传至底板的弯矩、剪力和竖向力，以上荷载并非同时作用于底板上，应就其可能的最不利组合情况进行计算。底板上设置抗拔桩时，地下水位低时采用多支撑连续地基梁模型，地下水位高时采用桩筏模型计算。

（三）稳定性检算和构件设计

槽型挡土墙的抗浮力应包括由槽型挡土墙自重、槽内静荷载、作用在踵板上的有效配重以及抗拔措施提供的抗浮力。运营期间，抗浮设计应选择路基面上列车荷载与地下设计水位组合时的最不利的工况。

槽型挡土墙外部稳定性检算包括抗浮、抗滑动、抗倾覆稳定性检算、基底压应力检算。其中，抗滑动、抗倾覆稳定性检算同悬臂式挡土墙，基底压应力标准值按弹性地基梁计算确定，抗浮稳定性检算可按式(8-3)计算。结构构件设计同悬臂式挡墙一样，包括构件的抗弯、抗剪、墙顶水平位移和最大裂缝宽度检算。除此之外，防排水设计比其他结构要求更多，此处从略。

$$S_{d,stb} - S_{d,dst} = \gamma_R G_k - (\gamma_s N_{wk} + \gamma_I N_{vEk}) \geq 0 \tag{8-3}$$

$$N_{vEk} = \alpha_{vmax} G_{eq} \tag{8-4}$$

式中：γ_R——平衡作用（抗浮力）的综合分项系数，一般情况下可取 1.0；

G_k——抗浮力作用效应标准值（kN），抗浮力应包括结构自重、槽内静荷载以及压重等，压重在地下水位以下时，重度取浮重度；

γ_s——不平衡作用(浮力)的综合分项系数;

N_{wk}——浮力作用标准值(kN);

γ_I——地震作用重要性系数,不宜与结构重要性系数重复采用;

N_{vEk}——槽型挡土墙上向上竖向地震作用标准值(kN);

G_{eq}——结构等效总重力荷载,可取其重力荷载代表值的75%;

α_{vmax}——竖向地震影响系数最大值。

(四)构造要求

(1)槽型挡土墙可每15~20m设置沉降缝、伸缩缝,缝宽宜为20~30 mm,在沉降缝、伸缩缝处需设置传力杆。

(2)地下水位以下的路堑式槽型挡土墙进行防水设计时,结构需采用防水混凝土,其抗渗等级不小于P6。结构迎水面侧需设置防水层,在墙体转角、施工缝、伸缩缝处需设置防水加强层,防水层及防水加强层材料可选用防水卷材或防水涂料。

(3)槽型挡土墙底板底需设置素混凝土垫层,垫层厚度不宜小于50mm。

第二节 加筋支挡结构设计要点

一、加筋土挡土墙

(一)适用范围

加筋土挡土墙通常适用于地形较为平坦且宽敞的填方路段上,单级墙高不宜大于10m;对于挖方路段或地形陡峭的山坡,不易布置拉筋,一般不采用。相比于其他挡土墙,加筋土挡土墙对地基承载力的要求相对较低,且具有结构轻、面板式样多、防震性能好、施工简便、造价较低等特点。

(二)外力和内力计算

内部稳定性分析时,拉筋锚固区和非锚固区的分界可采用$0.3H$分界线,如图8-3所示。路肩墙加筋体上填土厚度应计入墙高内。

(1)填料及路基面上荷载产生的水平土压应力,按式(8-5)计算。

$$\sigma_{hi} = \sigma_{h1i} + \sigma_{h2i} \qquad (8-5)$$

式中:σ_{hi}——水平土压应力(kPa);

σ_{h1i}——墙面板后填料产生的水平土压应力(kPa),$\sigma_{h1i} = \lambda_i \gamma h_i$;

σ_{h2i}——路基面上的荷载产生的水平土压应力(kPa),同悬臂式挡土墙;

γ——加筋体填料重度(kN/m³);

h_i——墙顶(路肩挡土墙包括墙顶以上填土高度)至计算点(第i加筋层处)的高度(m);

λ_i——加筋土挡土墙内h_i深度处的土压力系数:当$h_i \leq 6$m时,$\lambda_i = \lambda_0(1 - h_i/6) + \lambda_a(h_i/6)$;当$h_i > 6$m时,$\lambda_i = \lambda_a$;

λ_0——静止土压力系数,$\lambda_0 = 1 - \sin\varphi_0$;

λ_a——主动土压力系数,$\lambda_a = \tan^2(45° - \varphi_0/2)$;

φ_0——填料综合内摩擦角。

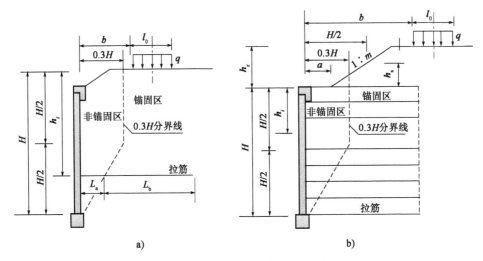

图 8-3 拉筋锚固区与非锚固区分界线

h_z-等代均布荷载高度

(2)填料及路基面上荷载作用于拉筋上的垂直压力,按式(8-6)计算。

$$\sigma_{vi} = \gamma h_i + \frac{q}{\pi}\left(\arctan X_1 - \arctan X_2 + \frac{X_1}{1+X_1^2} - \frac{X_2}{1+X_2^2}\right) \tag{8-6}$$

$$X_1 = \frac{2x + l_0}{2h_i}, X_2 = \frac{2x + l_0}{2h_i}$$

式中:σ_{vi}——筋材上计算点(第 i 加筋层处)所对应拉筋上的垂直压应力(kPa);

x——计算点至荷载中线的距离(m)。

(3)拉筋拉力。

$$T_i = K\sigma_{hi}S_x S_y \tag{8-7}$$

式中:T_i——第 i 层拉筋的计算拉力(kN);

K——拉筋拉力峰值附加系数,可采用 1.5~2.0;

S_x、S_y——拉筋之间水平及垂直间距(m),采用土工格栅拉筋时只有垂直间距 S_y,此时 $S_x = 1$。

(三)稳定性检算和构件设计

加筋土挡土墙进行内部和外部稳定性检算,一般内部稳定性检算控制设计,必要时进行工后沉降检算及水平变形检算等。内部稳定性检算应包括拉筋强度、抗拔力验算及墙面板结构设计等;外部稳定检算应包括抗滑动稳定、抗倾覆稳定、地基承载力验算等。

1. 内部稳定性检算

(1)拉筋抗拉检算

$$C_d - S_d = T_a - F_{T1}T_i \geq 0 \tag{8-8}$$

式中：T_a——拉筋强度特征值，$T_a = T_u/F_K$；

T_u——由拉伸试验测得的土工合成材料极限抗拉强度标准值或某一规定延伸率对应的抗拉强度标准值；

F_K——土工合成材料抗拉强度折减系数；

F_{T1}——拉筋强度峰值系数，取 $1.5 \sim 2.0$；

T_i——第 i 层拉筋拉力计算值。

土工合成材料抗拉强度折减系数

$$F_K = F_{iD} \times F_{cR} \times F_{cD}$$

施工期仅考虑机械破坏影响时也可采用 $F_K = F_{iD}$；使用期 F_K 不低于 $2.5 \sim 5.0$，当变形控制要求高、材料蠕变性大、施工条件差时，取大值；临时性工程可取小值。

式中：F_{iD}——铺设时机械破坏影响系数，根据施工条件、材料周边环境影响条件等，结合工程经验确定；

F_{cR}——材料蠕变系数，根据材料蠕变试验，结合实际使用条件确定；

F_{cD}——考虑化学剂、生物等破坏影响系数，根据施工条件、材料周边环境影响条件等，结合工程经验确定。

（2）拉筋抗拔检算

$$R_d - S_d = \frac{\sum 2\sigma_{vi} a L_b f}{\gamma_R} - \gamma_S \sum T_i \geq 0 \tag{8-9}$$

式中：γ_R——拉筋拔出作用分项系数，按表 8-1 取值；

γ_S——拉筋抗拔抗力分项系数，按表 8-1 取值；

a——拉筋宽度（m）；

L_b——拉筋的有效锚固长度（m）；

f——拉筋与填料间的摩擦系数，应根据现场拉拔试验确定，当无试验数据时，可采用 $0.3 \sim 0.4$。

拉筋抗拔稳定性极限状态设计分项系数 表 8-1

分项系数	组合 I	组合 IV
	永久荷载； 永久荷载 + 主可变荷载	I + 地震荷载
拉筋拔出作用分项系数 γ_R	1.10	1.05
拉筋抗拔抗力分项系数 γ_S	1.85	1.15

2. 外部稳定性分析

外部稳定性分析时可将加筋范围视为实体墙，作用于加筋土挡土墙整体假想墙背上的荷载及土压力计算同重力式挡土墙（见第六章）。

（1）抗滑动稳定性检算

$$S_{d,stb} - S_{d,dst} = \frac{(W + q l_0)f}{\gamma_G} + \frac{E_y f}{\gamma_{E2}} - (\gamma_{E1} E_x + F_{hE}) \geq 0 \tag{8-10}$$

式中：γ_{E1}——不平衡作用（水平土压力）分项系数，按表 8-2 取值；

γ_{E2}——平衡作用分项系数(竖向土压力),按表 8-2 取值;
γ_G——平衡作用分项系数(墙体自重及轨道荷载和列车),按表 8-2 取值;
q——作用在路基面上的单位荷载,运营期应考虑轨道及列车荷载(kPa);
l_0——路基面以上荷载宽度(m)。

外部稳定性极限状态设计分项系数　　　　表 8-2

分 项 系 数			组合 I 永久荷载; 永久荷载+主可变荷载	组合 IV I +地震荷载
抗滑动	不平衡作用(水平土压力)分项系数 γ_{E1}		1.10	1.10
	平衡作用	墙体重力分项系数 γ_G	1.20	1.10
		竖向土压力分项系数 γ_{E2}	1.00	1.05
抗倾覆	不平衡作用(水平土压力)分项系数 γ_{E1}		1.30	1.20
	平衡作用	墙体重力分项系数 γ_G	1.25	1.25
		竖向土压力分项系数 γ_{E2}	1.05	1.10

(2)抗倾覆稳定性检算

$$S_{d,stb} - S_{d,dst} = \frac{Wl_W + ql_0 \times l_q}{\gamma_G} + \frac{E_y l_{Ey}}{\gamma_{E2}} - (\gamma_{E1} E_x l_{Ex} + F_{hE} Z_w) \geq 0 \quad (8-11)$$

式中:l_{Ex}——墙后土压力的水平分力对墙趾的力臂(m);
l_{Ey}——墙后土压力的垂直分力对墙趾的力臂(m);
l_q——作用在路基面上的荷载对墙趾的力臂(m);
l_W——墙体自重对墙趾的力臂(m)。

(3)基底压应力检算

$$C_d - S_d = \sigma_a - \frac{\sum N}{B - 2e} \geq 0 \quad (8-12)$$

式中:σ_a——地基承载力特征值(kPa);
$\sum N$——作用于基底上的总垂直力(kN);
B——加筋体基底宽度(m);
e——基底合力的偏心距(m),不应大于 $B/6$,当 $e<0$ 时,取 $e=0$。

(四)构造要求

(1)土工格栅等平面型加筋材竖向间距不宜大于 0.6m,且不应小于 0.2m。

(2)土工格栅的拉筋长度不应小于 0.6 倍墙高,且不小于 4.0m。当采用不等长拉筋设计时,同长度拉筋的墙段高度不应小于 3.0m,且同长度拉筋的截面也应相同,相邻不等长拉筋的长度差不宜小于 1.0m。

(3)包裹式加筋土挡土墙拉筋水平回折包裹长度不宜小于 2.0m,加筋土体最上部 1~2 层拉筋的回折长度应适当加长。包裹式挡土墙墙面板宜采用在加筋体中预埋钢筋进行连接,钢筋埋入加筋体中的锚固长度不小于 3.0m,钢筋直径宜为 16~22mm。

二、土钉墙

(一)适用范围

土钉墙适用于一般地区和地震地区土质及破碎软弱岩质路堑地段,高度不宜超过10m。在腐蚀性地层、膨胀土地段、松散的土质边坡以及地下水较发育地段,不宜采用土钉墙。因其工期短、造价低、施工简便、安全可靠而得到迅速推广和应用。

(二)外力和内力计算

1. 土压力

作用于土钉墙墙背的土压应力分布如图8-4所示,土压应力根据墙背计算点至墙顶的距离按式(8-13)和式(8-14)计算。

当 $h_i \leq \frac{1}{3}H$ 时: $\sigma_i = 2\lambda_x \gamma h_i$ (8-13)

当 $h_i > \frac{1}{3}H$ 时: $\sigma_i = \frac{2}{3}\lambda_x \gamma H$ (8-14)

式中:λ_x——水平土压力系数。

2. 土钉拉力

$$E_i = \frac{\sigma_i S_x S_y}{\cos\beta}$$ (8-15)

式中:E_i——第 i 层土钉拉力(kN);
σ_i——水平土压应力标准值(kPa);
S_x、S_y——土钉之间水平间距和垂直间距(m);
β——土钉与水平面的夹角(°)。

土钉墙由于面板、土钉与边坡岩土体之间的相互作用,土压力的计算相对复杂,其影响因素包括边坡岩土体的性质、注浆压力等。

3. 潜在破裂面距墙面的距离

土钉墙潜在破裂面可采用简化滑面(图8-5),或圆弧滑面。采用简化滑面时,潜在破裂面距墙面的距离可按式(8-16)和式(8-17)计算。

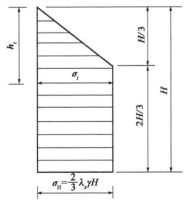

图8-4 土钉墙墙背土压应力分布图

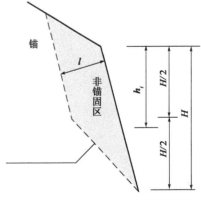

图8-5 土钉锚固区与非锚固区分界面

当 $h_i \leq \dfrac{H}{2}$：
$$l = (0.3 \sim 0.35) \times H \tag{8-16}$$

当 $h_i > \dfrac{H}{2}$：
$$l = (0.6 \sim 0.7) \times (H - h_i) \tag{8-17}$$

式中：l——潜在破裂面距墙面的距离(m)，当坡体渗水较严重、岩体风化破碎严重或节理发育时，取大值。

(三) 稳定性检算和构件设计

(1) 土钉墙抗滑动、抗倾覆稳定性检算、基底压应力检算同重力式挡土墙。

(2) 内部稳定性检算包括土钉的抗拉、抗拔和内部整体稳定性检算。

① 抗拉检算

持久设计状况：
$$R_d - S_d = A_s f_y - \gamma_s N_k \geq 0 \tag{8-18}$$

地震设计状况：
$$R_d - S_d = A_s f_{yk} - (\gamma_s N_k + \gamma_I N_{Ek}) \geq 0 \tag{8-19}$$

式中：γ_s——拉力分项系数；

N_k——拉力标准值(kN)；

γ_I——地震作用重要性系数；

N_{Ek}——由于地震产生的拉力标准值(kN)；

A_s——钢筋截面面积(m²)；

f_y、f_{yk}——钢筋抗拉强度设计值和标准值(MPa)。

② 抗拔检算

a. 锚固体与锚孔壁之间抗拔检算

持久设计状况：
$$R_d - S_d = \pi \cdot D \cdot l \cdot f_{rb} - \gamma_s N_k \geq 0 \tag{8-20}$$

地震设计状况：
$$R_d - S_d = \pi \cdot D \cdot l \cdot f_{rbk} - (\gamma_s N_k + \gamma_I N_{Ek}) \geq 0 \tag{8-21}$$

式中：D——直径(m)；

l——锚固段长度(m)；

f_{rb}、f_{rbk}——锚固体与锚孔壁之间黏结强度设计值和标准值(MPa)。

b. 锚固体与钢筋间的抗拔检算

持久设计状况：
$$R_d - S_d = \pi \cdot D \cdot l \cdot f_b - \gamma_s N_k \geq 0 \tag{8-22}$$

地震设计状况：
$$R_d - S_d = \pi \cdot D \cdot l \cdot f_{bk} - (\gamma_s N_k + \gamma_I N_{Ek}) \geq 0 \tag{8-23}$$

式中：f_b、f_{bk}——锚固体与钢筋间的黏结强度设计值和标准值(MPa)。

③ 内部整体稳定性检算

土钉内部整体稳定性检算应充分考虑两种情况，即整个施工过程中不同的开挖阶段和使用阶段，根据潜在滑动面分条分块进行稳定性检算。

(四)构造要求

(1)土钉墙面层由两层钢筋网、喷射混凝土及模筑混凝土组成,土钉必须和面层有效连接,外端设钢垫板或加强钢筋通过螺丝端杆锚具或焊接进行连接。

(2)土钉墙设计与施工均应遵循"保住中部、稳定坡脚"的原则。土钉墙分层开挖高度,土层一般为0.5~2.0m,岩层一般为1.0~4.0m。边坡中部的土钉宜适当加密、加长,坡脚用混凝土脚墙加固,并使之与土钉墙连成一个整体。

(3)土钉钉材宜采用HRB400钢筋,钢筋直径为16~32mm,钻孔直径宜为70~130mm。土钉钢筋应设定位支架。腐蚀环境下可采用钢筋表面环氧涂层等措施。成孔困难易塌孔时,土钉可采用自钻式锚杆。

第三节 锚拉支挡结构设计要点

一、锚杆挡土墙

(一)适用范围

锚杆挡土墙适用于一般地区和地震地区的岩质和土质边坡。锚杆挡土墙的结构形式可分为肋板式、板壁式、格构式、柱板式等,如图8-6所示。

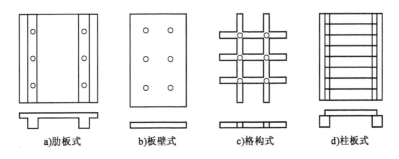

图8-6 锚杆挡土墙结构形式示意图

(二)外力和内力计算

1. 土压力

对岩质边坡以及坚硬、硬塑状黏性土和密实、中密砂土类边坡,当采用逆作法施工时,岩土压力分布可按图8-7确定。

2. 墙面系及锚杆内力

(1)肋板式和板壁式锚杆挡土墙,其挡土板和肋柱内力计算如下:

对于肋板式锚杆挡土墙,挡土板内力可按以肋为支点的连续梁计算;板壁式锚杆挡土墙,挡土板内力可按以锚杆为支点的连续梁计算;作用于肋柱上的荷载应按两肋柱中至中范围内所承担的土压力计算,竖肋的支点反力、弯矩和剪力,当锚杆为两排时按简支梁计算,超过两排时按连续梁计算。

(2)格构式锚杆挡土墙的格构和锚杆的内力按支点受锚杆约束的连续梁计算。
(3)对于柱板式锚杆挡土墙,挡土板内力可根据支承条件按简支梁或连续梁计算。
(4)锚杆内力为支点反力沿锚杆轴向的分力。

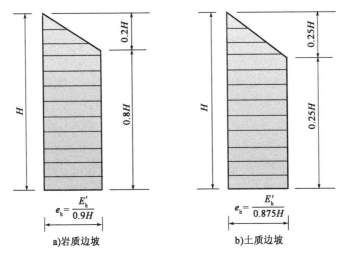

图 8-7 锚杆挡土墙侧向岩土压力分布
E'_h-主动土压力乘以土压力增大系数

(三)稳定性检算和构件设计

(1)锚杆挡土墙应进行锚杆的拉拔设计和墙面系的结构构件设计。拉拔检算公式可参考土钉墙,但分项系数与土钉墙不一样。

(2)钢筋混凝土构件的承载能力极限状态设计包括抗弯和抗剪,正常使用极限状态设计包括裂缝宽度验算和挠度验算,可参考悬臂式挡土墙(见第六章)。

(四)构造要求

(1)第一排锚杆锚固段上覆土层的厚度不宜小于4.0m,上覆岩层的厚度不宜小于2.0m。预应力锚杆的锚固段长度宜为3~8m(岩石)和6~12m(土层),锚杆的自由段穿过潜在滑裂面的长度不应小于1.5m,锚杆自由段长度不应小于5m。

(2)锚杆未锚入地层部分,须做好防锈处理。当土壤或地下水具有腐蚀性和侵蚀性时,注浆材料应采用抗侵蚀性水泥,钢筋可采用环氧涂层等措施。

(3)锚孔直径应根据锚杆直径、根数、灌浆管尺寸及钢筋支架位置确定,可采用90~150mm。单根锚杆锚孔内钢筋面积不应超过锚孔面积的20%。锚杆的水泥砂浆保护层厚度不应小于25mm;腐蚀性环境下锚杆应采取防腐蚀处理措施,且水泥砂浆保护层厚度不应小于50mm。

二、预应力锚索

1. 适用范围

预应力锚索适用于一般地区和地震地区的边坡及滑坡。预应力锚索可用于滑坡整治、边坡或危岩加固等,具有施工快、耗材少、造价低等特点。

2. 外力和内力计算

桩上预应力锚索结构上承受的侧向土压力按主动土压力计算时,需进行土压力修正,土压力修正系数可采用1.2~1.4。预应力锚索用于整治滑坡时,其设计荷载为滑坡推力在每根锚索上的分布。

预应力锚索结构应进行内力及变形计算,外锚结构可采用平面弹性支点法进行计算;锚索结构可按弹性杆结构进行计算。外锚结构与锚索结构的计算应考虑相互之间的变形协调。

3. 锚索和外锚设计

(1)预应力锚索进行锚杆的拉拔设计和墙面系的结构构件设计。拉拔检算公式可参考土钉墙,但分项系数与土钉墙不一样。

(2)常用的外锚结构除锚固桩外,有垫墩(垫块、垫板)、地梁、格子梁、柱、墙等。外锚的结构设计应满足下列要求:

①垫墩面积的大小应根据被加固边坡地基承载力特征值确定。垫墩配筋设计可按中心有支点单向受弯构件计算内力,应双向布筋,并检算垫墩与钢垫板连接处混凝土局部承压与冲切强度。

②地梁和格子梁可将锚拉点锚索预应力简化为集中荷载,按弹性地基梁进行计算。地梁、格子梁可简化为单元梁,按简支梁、连续梁进行内力计算。

③锚索桩可简化为受横向变形约束的弹性地基梁,根据变形协调原理,按锚拉点桩的位移与锚索伸长相等进行桩的内力计算。

锚索的伸长量可按式(8-24)、式(8-25)计算。

$$\Delta = \frac{P_\mathrm{t} - P_0}{K_\mathrm{r}} \quad (8\text{-}24)$$

$$K_\mathrm{r} = \frac{AE_\mathrm{s}}{l_\mathrm{f}} \quad (8\text{-}25)$$

式中:Δ——单根锚索的伸长量(mm);

P_0——锚索的初始预应力或初始拉力(N);

K_r——锚固段为岩层时的锚索刚度系数(N/mm);

A——锚索索体截面面积(mm^2);

E_s——锚索索体的弹性模量(N/mm^2);

l_f——锚索无黏结自由段长度(mm)。

(3)钢筋混凝土构件的抗弯和抗剪以及裂缝宽度验算和挠度验算,可参考悬臂式挡土墙(见第六章)。

4. 构造要求

(1)钻孔直径应根据设计锚固力、岩土层性质、锚固类型、张拉材料根数、施工机具等因素确定,一般情况下钻孔直径宜为100~150 mm。钻孔内的锚索体的面积不超过钻孔面积的15%。

(2)锚固段锚索应清污除锈,自由段锚索还应涂防腐剂,外套聚乙烯塑料套管隔离防护,张拉段锚索也应涂防腐剂。

(3)锚索孔注浆材料宜采用 M35 水泥砂浆。注浆采用孔底注浆法,注浆压力不小于 0.6~0.8MPa,砂浆灌注必须饱满密实,第一次注浆完毕,水泥砂浆凝固收缩后,孔口应进行补浆。

(4)预应力锚索张拉锁定后,锚具部分应涂防腐剂,再用混凝土或钢罩封闭,保护层厚度不宜小于 50mm。

第四节 锚固桩复合支挡结构设计要点

一、抗滑桩

1. 适用范围

抗滑桩适用于一般地区、浸水地区和地震地区,可用于加固滑坡、山体及特殊路基。侧向约束桩的桩位宜设在路基坡脚或锚固段地基强度较高的地段。自 20 世纪 60 年代开始使用以来,抗滑桩作为治理滑坡的一种主要工程措施被广泛采用,并取得了良好的整治效果。

2. 受力计算及结构设计

(1)滑坡推力。滑坡推力根据滑动面、周界等边界条件和滑带土的强度指标计算确定。滑带的强度指标,可根据试验资料、反算值以及经验数据等综合确定。

一般地区滑坡推力可采用传递系数法按式(8-26)计算。

$$T_i = KW_i\sin\alpha_i + \psi T_{i-1} - W_i\cos\alpha_i\tan\varphi_i - c_iL_i \tag{8-26}$$

$$\psi = \cos(\alpha_{i-1} - \alpha_i) - \sin(\alpha_{i-1} - \alpha_i)\tan\varphi_i \tag{8-27}$$

式中:T_i——第 i 个条块末端的滑坡推力(kN);

K——安全系数,可采用 1.10~1.25;

W_i——第 i 个条块滑体的重力(kN);

α_i——第 i 个条块所在滑动面的倾角(°);

α_{i-1}——第 $i-1$ 个条块所在滑动面的倾角(°);

φ_i——第 i 个条块所在滑动面上的内摩擦角(°);

c_i——第 i 个条块所在滑动面上的单位黏聚力(kPa);

L_i——第 i 个条块所在滑动面上的长度(m)。

(2)抗滑桩应进行承载能力极限状态设计(抗弯和抗剪等)及正常使用设计(裂缝、挠度及桩侧应力等),可参考(第六章)。当无特殊要求时,桩身可不进行裂缝宽度验算,H3(化学环境作用等级)、L3(氯盐环境作用等级)及严重腐蚀环境下且无护壁时应进行裂缝宽度验算。

3. 构造要求

(1)抗滑桩应隔桩开挖。挖孔桩井口应设置锁口,桩井位于土层和风化破碎的岩层时应设置护壁。当存在地下水时,应采取降排水措施,透水层应采用护壁及时封闭。

(2)桩纵向主筋钢筋直径不应小于 16mm。净距不宜小于 120mm,困难情况下可适当减小,但不得小于80mm。采用束筋时,每束不宜多于3根。配置单排钢筋有困难时,可设置2排或3排。受力钢筋混凝土保护层不应小于70mm。

(3)桩内不宜设置斜筋,可采用调整箍筋的直径、间距和桩身截面尺寸等措施,满足斜截面的抗剪强度。

(4)矩形截面桩的两侧和受压边,应适当配置纵向构造钢筋,其间距不应大于300mm,直径不宜小于12mm。桩的受压边两侧,应配置架立钢筋,其直径不宜小于16mm。

二、桩基托梁挡土墙

1. 适用范围

桩基托梁重力式挡土墙适用于一般地区、浸水地区和地震地区,可用于斜坡或地基承载力较低的路堤地段。桩基托梁挡土墙的出现,解决了地基承载力不足和挡墙基础加深困难等问题,扩大了挡土墙的使用范围。

2. 受力计算及结构设计

(1)桩基托梁重力式挡土墙应包括桩、托梁和重力式挡土墙的设计,重力式挡土墙的设计见第六章。

(2)托梁结构设计。墙背土压力计算同重力式挡土墙,挡土墙传递到每跨托梁上的荷载包括水平推力和竖向力,如图8-8所示。水平推力应按式(8-28)计算,竖向力应按式(8-29)计算。

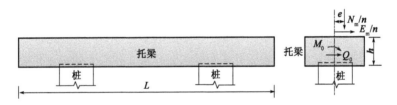

图 8-8 桩顶的荷载计算示意图

$$E_m = L \times E_x \tag{8-28}$$

$$N_m = L \times (E_y + G_q) \tag{8-29}$$

式中:E_m——单跨水平推力(kN);

　　L——每跨托梁的长度(m);

　　E_x——墙背所承受的水平土压力(kN/m);

　　N_m——单跨竖向力(kN);

　　E_y——墙背所承受的竖向土压力(kN/m);

　　G_q——挡土墙自重(kN/m)。

根据地基条件,托梁可按基底悬空的连续梁或弹性地基梁计算。每跨托梁底中心合力计算时可不计托梁底摩擦力和反力的作用。桩顶水平力和弯矩,可按一跨托梁中每根桩平均承担的原则分配。

(3)桩顶外力。

桩顶水平力可按式(8-30)计算,桩顶弯矩按式(8-31)计算。

$$Q_0 = \frac{E_m}{n} \tag{8-30}$$

$$M_0 = \frac{E_m \times h + N_m \times e}{n} \tag{8-31}$$

式中：Q_0——桩顶水平力(kN)；
　　　n——单跨托梁的桩基根数；
　　　M_0——桩顶弯矩(kN·m)；
　　　h——托梁厚度(m)；
　　　e——挡土墙合力偏心距(m)。

桩的内力计算和截面设计参照桩板墙。

3. 构造要求

(1)托梁截面尺寸宜为矩形，厚度不宜小于800mm。

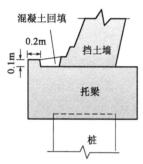

图8-9　托梁上抗滑键示意图

(2)横断面方向桩中心、托梁中心与挡墙底的几何中心宜位于同一条竖直线上，托梁宽度不应小于挡土墙底宽和桩厚度，可在托梁顶面外侧设置不小于200mm×100mm的抗滑键，抗滑键应植筋并与托梁同步浇筑(图8-9)。

(3)托梁顶面应打毛或栽植石芽后再浇筑上部挡土墙，挡土墙与托梁之间不得用钢筋固接；托梁不宜悬空，局部有悬空时，应采用混凝土或片石混凝土嵌补。

(4)桩的间距应大于2倍托梁悬出段长度，且不宜小于桩身短边长度的3倍。桩顶嵌入托梁长度不宜小于100mm。

三、组合桩

1. 适用范围

组合桩结构适用于一般地区、地震地区、浸水地区，可设置于路肩、路堤和路堑等部位。桩基悬臂式挡土墙和桩基扶壁式挡土墙可用于地基承载力不足或沉降不均匀的路堤地段；椅式桩可用于陡坡路基地段；框架桩可用于大型岩堆、滑坡体内深路堑地段。

2. 受力计算及结构设计

(1)桩基悬臂式挡土墙和桩基扶壁式挡土墙路基面以上荷载及填料产生的土压力计算同悬臂式挡土墙；椅式桩、框架桩结构的土压力计算同抗滑桩。

(2)组合桩结构上的侧向土压力采用库仑主动土压力时，需乘以修正系数1.25，当用于滑坡或不稳定斜坡上时，需选取滑坡或不稳定斜坡的推力作用与土压力作用中的最不利情况进行设计。

(3)组合桩结构可采用有限元软件进行数值模拟计算，也可简化为平面刚架模型。

(4)桩基悬臂式挡土墙和桩基扶壁式挡土墙的立臂板和扶壁板的内力同悬臂式和扶壁式挡土墙。

(5)桩基悬臂式挡土墙底板可根据下部桩基的布置情况按双向板设计，将底板划分为纵向(沿线路方向)和横向(垂直于线路方向)两个方向的板带,与桩基组成平面刚架结构进行计算,见图 8-10 和图 8-11。桩基扶壁式挡土墙的底板内力可采用有限元软件进行计算。

(6)桩基悬臂式及桩基扶壁式挡土墙桩顶荷载为底板传递至桩基中各桩顶的轴力、剪力和弯矩,可按空间刚架模型计算,计算模型见图 8-12。

(7)椅式桩和框架桩结构可按框架结构模型,可采用弹性地基梁法或结构力学位移法计算。

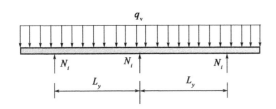
图 8-10 桩基悬臂式挡土墙底板纵向计算简图
q_v-底板竖向荷载;L_y-纵向桩间距;N_i-各桩顶轴力

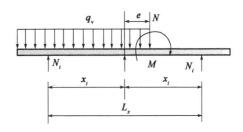
图 8-11 桩基悬臂式挡土墙底板横向计算简图
L_x-横向桩间距;e-偏心距;N-悬臂部分传递的垂直力;
M-悬臂部分传递的弯矩

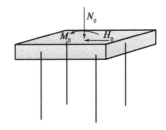
图 8-12 桩基悬臂式及桩基扶壁式挡土墙桩顶荷载计算模型
M_0-底板弯矩荷载合力;N_0-底板竖向荷载合力;H_0-底板水平荷载合力

3. 稳定性检算

组合桩结构正常使用极限状态设计包括锚固桩锚固段地基侧向压应力检算,桩顶位移检算,各构件最大裂缝宽度检算等内容。

4. 构造要求

(1)桩基应伸入悬臂式挡土墙或扶壁式挡土墙的底板不小于 100mm,桩基的受力钢筋伸入底板长度应满足最小计算锚固长度,且不小于 200mm。

(2)组合桩结构施工时,桩体混凝土浇筑应一次完成,其他部位的浇筑如有间断,应严格按施工缝进行处理,保证混凝土强度满足设计要求。

(3)组合桩结构的钢筋混凝土等级不宜低于 C35,当地下水有侵蚀性时,结构耐久性设计应满足《铁路混凝土结构耐久性设计规范》(TB 10005—2010)的有关要求。

(4)组合桩结构直接与土接触部位的混凝土保护层厚度不宜小于 70mm,保护层厚度应满足《铁路混凝土结构耐久性设计规范》(TB 10005—2010)的要求。

第三篇 Part 3

常用铁路路基支挡结构设计工程实例

理论必须联系实际。本篇结合具体的铁路工程实例,以完整展现铁路路基支挡结构极限状态设计全过程的方式进一步阐述支挡结构极限状态设计方法。内容包括刚性支挡结构——重力式挡土墙、半刚性支挡结构——悬臂式挡土墙以及路肩桩板墙及路堑桩间挡土墙两种锚固桩复合支挡结构,详细介绍了各案例的项目概况、工程环境、工程布设、材料参数、结构设计、算例分析等,可作为铁路路基支挡结构极限状态设计指南或设计手册使用。

第九章　重力式挡土墙

本章依据现行《铁路路基设计规范(极限状态法)》(Q/CR 9127—2018),详细展示了在实际工程中如何进行不同工况、不同结构形式的常用的刚性支挡结构(重力式挡土墙)极限状态设计过程。

第一节　非埋式路堤墙(一般工况)

一、项目概况及要求

根据某铁路 D2K72+490~D2K72+538 段地质平面图、横断面图及地质、水文条件综合分析,该段左侧为林地,受用地控制,线路左侧需设支挡结构,此处填方较高,若采用路肩桩板墙方案,投资较高,结合用地和造价,优先选择非埋式路堤墙更为经济。

线路的主要设计技术标准,如表9-1所示。

主要技术标准　　表9-1

项　目	内　容
线路等级	Ⅰ级重载
正线数目	单线
轨道结构形式	有砟轨道
设计活载	ZKH荷载
列车设计速度(km/h)	160

二、工程环境条件

(一)地形地貌

本段地势略有起伏,有乡道相通,沿线路两侧村庄民房分布众多,交通不便。

(二)地质情况

本段上伏上更新统冲积层(Q_3^{al})粉质黏土、细砂、软粉质黏土;侏罗系上统莲花口组(J_3^1)砂岩。主要地层分述如下:

<7-1> Q_3^{al}粉质黏土:灰、灰褐色,硬塑,土质较纯,厚0~5m。属Ⅱ级普通土,D组填料。$\gamma=19kN/m^3$、$c=30kPa$、$\varphi=22°$、$\sigma_a=180kPa$;

<7-9> Q_4^{al}卵石土(卵石弱风化):灰、灰褐、灰黄色,中密~密实,饱和,颗粒成分以石英砂

岩、花岗岩为主，φ6~20cm 卵石占 55%~70%，φ2~6cm 粗圆砾占 20%~30%，磨圆度较好，其余为中、粗砂及少量黏性土充填，全风化颗粒含量占 5%~10%，强风化颗粒含量占 10%~30%，弱风化颗粒含量占 40%~60%，厚 0~8m。属Ⅲ级硬土，B 组填料。$\gamma = 22\text{kN/m}^3$、$c = 0\text{kPa}$、$\varphi = 47°$、$\sigma_a = 350\text{kPa}$；

<13-2-2> J_3^1 砂岩：青灰、灰白色，砂质主要为石英长石质，泥钙质胶结，岩质较硬，分布于整个测段内。岩心成碎块状，岩块易击碎，差异风化明显，软硬不均，全风化带（W_4）厚约 0~8m，属Ⅲ级硬土，D 组填料；强风化带（W_3）厚度一般 0~15m，属Ⅳ级软石，C 组填料；弱风化带（W_2）厚度未揭穿，硬度较均一，属Ⅳ级软石，B 组填料。$\gamma = 22\text{kN/m}^3$、$c = 0\text{kPa}$、$\varphi = 40°$、$\sigma_a = 350\text{kPa}$。

(三) 水文地质特征及其他

地表水对混凝土结构无侵蚀，地下水在环境作用类别为化学侵蚀环境及氯盐环境时，水质类型为 CO_3^{2-}、Ca^{2+}、Mg^{2+} 型水，对混凝土结构无侵蚀性。项目区内水文地质条件较简单，地下水对支挡结构建设影响小，设计时可不考虑浸水。

三、路基工程布设

D2K72+490~D2K72+538 左侧，长 48m，设重力式路堤挡土墙，其正面布置如图 9-1 所示，工点断面示意图如图 9-2 所示，具体工程措施如下：

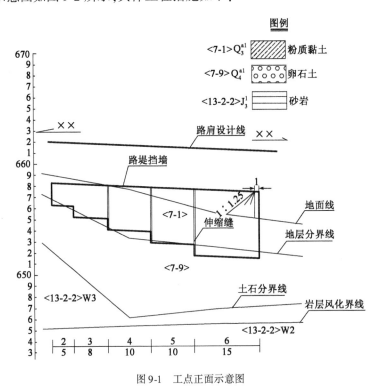

图 9-1 工点正面示意图

(1) 起点墙高 6m，终点墙高 2m，最大墙高 6m。挡墙的右侧采用填方锥体连接，坡度不应陡于 1:1.25。墙身采用 C30 混凝土浇筑，墙身沿线路方向每隔 10~15m 设置一道伸缩缝，缝宽 0.02~0.03m,缝内填塞沥青木板。

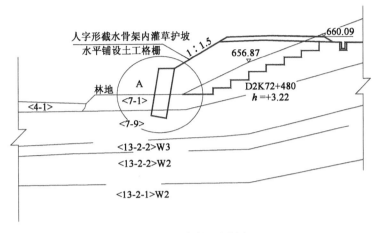

图 9-2　工点断面示意图

(2)墙顶、墙背与地面相交处设置隔水层,采用同墙体材料浇筑,墙背设置 0.3m 厚编织袋装砂夹卵石反滤层和一层复合排水网。墙身高出地面部分,沿墙长方向预埋一排泄水孔,间距 2m,其余沿墙面每隔 2~3m 上下左右交错设置泄水孔,泄水孔采用埋设直径为 100mm 的 PVC 管。

四、支挡结构设计

(一)代表性断面

单线非埋式路堤挡土墙代表性断面如图 9-3 所示。

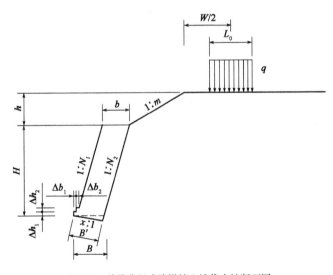

图 9-3　单线非埋式路堤挡土墙代表性断面图

(二)设计参数

挡土墙设计参数如表 9-2 所示。

(三) 设计结果

根据表9-2中的设计参数进行非埋式路堤墙结构设计,批量得到2~6m墙高的挡土墙截面尺寸,如表9-3所示。计算结果见表9-4。表中符号可参照单线非埋式路堤挡土墙代表性断面图(图9-3)。

设 计 参 数　　　　　　　　　　　　　表9-2

参 数 名 称		数 值
边界条件	路基面宽度(m)	8.1
	轨道和列车荷载(kN/m²)	61.3
	轨道和列车荷载宽度(m)	3.7
	坡率	$1:m=1:1.5$
	填方高度(m)	4
岩土参数	基底摩擦系数标准值	$f'=0.3\times1.5=0.45$(0.3为经验值,1.5为系数)
	地基承载力特征值(kPa)	$\sigma_a=300$
	综合内摩擦角(°)	$\varphi=35$
	填料重度(kN/m³)	$\gamma=21$
墙体参数	墙背摩擦角(°)	$\delta=17.5$
	墙体重度(kN/m³)	$\gamma_W=23$
	胸坡	$1:N_1=1:0.25$
	背坡	$1:N_2=1:0.25$
	倾斜基底	$1:x=1:0.2$

非埋式路堤墙尺寸　　　　　　　　　　　表9-3

墙高 H(m)	截面尺寸							面积 A(m²)
	b(m)	B(m)	B'(m)	x	h_1(m)	Δb_1(m)	Δh_1(m)	
2	0.73	0.73	0.71	0.2	0.14	0	0	1.51
3	1.05	1.05	1.02	0.2	0.2	0	0	3.26
4	1.33	1.33	1.29	0.2	0.25	0	0	5.49
5	1.58	1.58	1.53	0.2	0.3	0	0	8.14
6	1.82	1.82	1.77	0.2	0.35	0	0	11.24

注:表中符号见图9-3。

计 算 结 果　　　　　　　　　　　　　表9-4

E'_x (kN)	M_x (kN·m)	M_y (kN·m)	N' (kN)	抗倾覆			抗滑动			e (m)	σ_{1k} (kPa)	σ_{2k} (kPa)
				$S_{d,stb}$ (kPa)	$S_{d,dst}$ (kPa)	$S_{d,stb}-S_{d,dst}$ (kPa)	$S_{d,stb}$ (kPa)	$S_{d,dst}$ (kPa)	$S_{d,stb}-S_{d,dst}$ (kPa)			
16.1	9.2	22.1	38.2	17.73a	12.02a	5.71a	21.78a	21.72a	0.06a	0.019a	63a	45a
34.6	30.3	69.5	82.3	55.88a	39.45a	16.43a	46.93a	46.73a	0.20a	0.034a	97a	65a
58.4	69.6	151.7	138.7	121.90a	90.49a	31.41a	79.13a	78.81a	0.33a	0.054a	134a	80a

续上表

E'_x (kN)	M_x (kN·m)	M_y (kN·m)	N' (kN)	抗倾覆			抗滑动			e (m)	σ_{1k} (kPa)	σ_{2k} (kPa)
				$S_{d,stb}$ (kPa)	$S_{d,dst}$ (kPa)	$S_{d,stb} - S_{d,dst}$ (kPa)	$S_{d,stb}$ (kPa)	$S_{d,dst}$ (kPa)	$S_{d,stb} - S_{d,dst}$ (kPa)			
86.7	131.8	273	205.7	219.44a	171.29a	48.15a	117.35a	117.11a	0.24a	0.081a	176a	92a
119.4	221.2	442	283.9	355.27a	287.53a	67.74a	161.99a	161.25a	0.74a	0.106a	218a	103a

注:1. 表中 a 表示为有荷计算结果。

  2. 表中 E'_x 为总水平作用标准值，M_x 为倾覆力系对墙趾的总力矩，M_y 为稳定力系对墙趾的总力矩，N' 为作用于基底上的总垂直力，$S_{d,stb}$ 为抗倾覆或抗滑动平衡作用，$S_{d,dst}$ 为抗倾覆或抗滑动不平衡作用，σ_{1k} 为墙趾压应力，σ_{2k} 为墙踵压应力。

(四) 受力分析及检算

以表 9-3 中 6m 墙高的非埋式路堤墙为例，进行算例展示。

根据库仑理论破裂角取值范围($\alpha \leq \theta \leq 90° - \varphi$)确定边界。以墙踵 O 点为坐标原点，计算边界范围 $1.587\text{m} \leq x \leq 14.777\text{m}$。按一定间距(0.001m)将计算边界范围内的路堤边坡和路基面进行分段，得到分段点坐标集合 $\{A_1, A_2, \cdots, A_{15989}\}$，即 $\{(1.587, 6.347), \cdots, (7.587, 10.347), \cdots, (14.777, 10.347)\}$；连接墙踵 O 点与 A_i 点，作为假定破裂面 OA_i；采用扫描搜索土压力计算方法，依次对 $i = 1, 2, \cdots, 15989$ 共 15989 个破裂面进行扫描，并进行土压力计算，此算法执行过程需借助计算机编程实现。从扫描得到的 15989 个破裂面所产生的水平库仑主动土压力中选出最大值。经计算，在 $i = 10109$ 时水平土压力最大，下面根据第六章介绍的扫描搜索法计算该破裂面所产生的库仑主动土压力，具体步骤如下：

1. 土压力产生的力系

(1) 计算破裂棱体的自重及形心

①如图 9-4 所示，在 $i = 10109$ 时，破裂角 $\theta = 40.6897°$，破裂面 OA_i 与墙后土体形成的破裂棱体为四边形，从 O 点开始按逆时针排序，得到四个角点坐标分别为：$O(0, 0)$、$B_3(8.896, 10.347)$、$B_2(7.587, 10.347)$、$B_1(1.587, 6.347)$。

②利用式(6-1)计算破裂棱体自重 W_{soil}：

$$W_{\text{soil}} = \gamma \cdot S = 21 \times \frac{1}{2} \left\{ \begin{vmatrix} x_O & y_O \\ x_{B_3} & y_{B_3} \end{vmatrix} + \begin{vmatrix} x_{B_3} & y_{B_3} \\ x_{B_2} & y_{B_2} \end{vmatrix} + \begin{vmatrix} x_{B_2} & y_{B_2} \\ x_{B_1} & y_{B_1} \end{vmatrix} + \begin{vmatrix} x_{B_1} & y_{B_1} \\ x_O & y_O \end{vmatrix} \right\}$$

$$= 21 \times \frac{1}{2} \times \left\{ \begin{vmatrix} 0 & 0 \\ 8.896 & 10.347 \end{vmatrix} + \begin{vmatrix} 8.896 & 10.347 \\ 7.587 & 10.347 \end{vmatrix} + \begin{vmatrix} 7.587 & 10.347 \\ 1.587 & 6.347 \end{vmatrix} + \begin{vmatrix} 1.587 & 6.347 \\ 0 & 0 \end{vmatrix} \right\}$$

$$= 21 \times 22.63911 = 475.4213 \text{ (kN)}$$

③根据式(6-2)、式(6-3)计算破裂棱体的形心点坐标 (C_x, C_y)：

$$C_x = \frac{1}{6S} \sum_{k=0}^{3} (x_k + x_{k+1})(x_k y_{k+1} - x_{k+1} y_k)$$

$$= \frac{(8.896 + 7.587)(8.896 \times 10.347 - 7.587 \times 10.347) + (7.587 + 1.587)(7.587 \times 6.347 - 1.587 \times 10.347)}{6 \times 22.63911}$$

$$= 3.7868 \text{ (m)}$$

$$C_y = \frac{1}{6S}\sum_{k=0}^{3}(y_k+y_{k+1})(x_k y_{k+1}-x_{k+1}y_k)$$

$$=\frac{(10.347+10.347)(8.896\times10.347-7.587\times10.347)+(10.347+6.347)(7.587\times6.347-1.587\times10.347)}{6\times22.63911}$$

$$=5.9635(\mathrm{m})$$

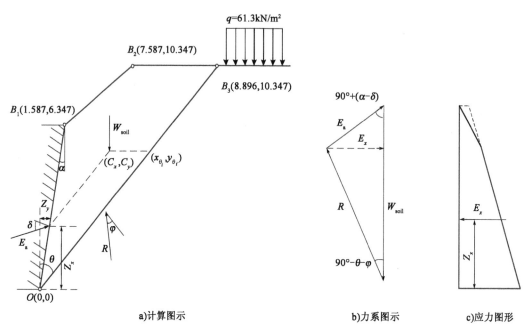

图 9-4 土压力计算示意图

(2)求取荷载重力及其在路基面上的作用点

如图 9-4 所示,破裂面未交到荷载,无须进行荷载计算,因此荷载自重 $W_{\mathrm{load}}=0\mathrm{kN}$,无需计算荷载在路基面上的投影坐标。

(3)计算土压力及作用点

①根据库仑土压力通用公式(6-8),计算破裂棱体及荷载对挡土墙墙背产生的水平及竖直向土压力 E_x、E_y:

$$E_x=\frac{W_{\mathrm{soil}}}{\tan(\theta+\varphi)+\tan(\delta-\alpha)}=\frac{475.4213}{\tan(40.6897°+35°)+\tan(17.5°-14.036°)}$$

$$=119.43028(\mathrm{kN})$$

$$E_y=E_x\tan(\delta-\alpha)=119.43028\times\tan(17.5°-14.036°)=7.22935(\mathrm{kN})$$

②计算库仑土压力的作用点;

参照图 9-4 及式(6-10),得到相较于墙趾点的水平土压力和竖直土压力的力臂 Z_x、Z_y:

$$Z_x=T_x-h_1=\frac{x_{\theta i}-C_x}{\tan\theta-\tan\alpha}-h_1=\frac{C_y\tan\theta-C_x}{\tan\theta-\tan\alpha}-h_1$$

$$=\frac{5.9635\times\tan40.6897°-3.7868}{\tan40.6897°-\tan14.0362°}-0.34667=1.85193(\mathrm{m})$$

$$Z_y = Z_x \cdot \tan\alpha + B = 1.85193 \times 0.25 + 1.82 = 2.28298(\text{m})$$

③计算所产生得水平向及竖直向弯矩 M_{tx}、M_{ty}

相较于墙趾点,土压力产生弯矩为:

$$M_{tx} = E_x \times Z_x = 119.430 \times 1.85193 = 221.177(\text{kN} \cdot \text{m})$$
$$M_{ty} = E_y \times Z_y = 7.229 \times 2.28298 = 16.504(\text{kN} \cdot \text{m})$$

2. 墙身自重产生的力系

墙体上所受力系如图9-5所示,墙体自重及作用点可根据AutoCAD绘图求取,也可利用坐标法计算求取。

(1)墙体自重 N_W

绘图求取:

$$N_W = \gamma_{坊} \cdot S = 23 \times 11.2355 = 258.416(\text{kN})$$

(2)自重对墙趾的力臂 Z_W

绘图求取:

$$Z_W = 1.64665\text{m}$$

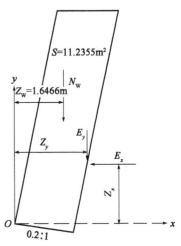

图9-5 墙体及土压力力臂示意图

(3)墙体自重对墙趾的力矩 M_W

$$M_W = N_W \times Z_W = 258.416 \times 1.64665 = 425.521(\text{kN} \cdot \text{m})$$

3. 全墙稳定检算

(1)抗滑动稳定性承载能力极限状态检算

根据附录J.01,进行挡土墙的抗滑动稳定性检算:

不平衡作用效应设计值:

$$S_{d,dst} = \gamma_{E1} E_x = 1.35 \times 119.430 = 161.231(\text{kN})$$

平衡作用效应设计值:

$$S_{d,stb} = [\gamma_G W + \gamma_{E2}(E_y + E'_x \tan\alpha_0)]f' + (\gamma_G W + \gamma_{E2} E_y)\tan\alpha_0$$
$$= [0.9 \times 258.416 + 0.7 \times (7.229 + 119.430 \times 0.2)] \times 0.45 + (0.9 \times 258.416 +$$
$$0.7 \times 7.229) \times 0.2 = 161.987(\text{kN})$$

抗滑动稳定性检算:

$\gamma_0 S_{d,dst} = 1.0 \times 161.231 = 161.231 \leqslant S_{d,stb} = 161.987$,满足要求。

(2)挡土墙的抗倾覆稳定性承载能力极限状态检算

根据附录J.03,挡土墙的抗倾覆稳定性检算:

不平衡作用效应设计值:

$$S_{d,dst} = \gamma_{E1} E_x Z_x = 1.3 \times 119.430 \times 1.85193 = 287.530(\text{kN} \cdot \text{m})$$

平衡作用效应设计值:

$$S_{d,stb} = \gamma_G N_W Z_W + \gamma_{E2} E_y Z_y = 0.8 \times 258.416 \times 1.64665 + 0.9 \times 7.229 \times 2.28298$$
$$= 355.270(\text{kN} \cdot \text{m})$$

抗倾覆稳定性检算:

$\gamma_0 S_{d,dst} = 1.0 \times 287.530 = 287.530 < S_{d,stb} = 355.270$,满足要求。

(3)基底压应力正常使用极限状态验算

根据附录 J.04,进行挡土墙基底合力偏心距检算:

①偏心距检算

作用于倾斜基底上的总垂直力 N':

$N' = (N_W + E_y) \times \cos(\alpha_0) + E_x \times \sin(\alpha_0) = (258.416 + 7.229) \times 0.9806 + 119.430 \times 0.1961$
$= 283.912(kN)$

基底合力偏心距 e:

$$e = \frac{B'}{2} - \frac{M_y - M_x}{N'} = \frac{1.7677}{2} - \frac{425.521 + 16.504 - 221.177}{283.912} = 0.105975$$

$|e| < B'/6 = 0.2946(m)$,满足要求。

②墙趾压应力检算

根据偏心距和压应力关系,确定计算墙趾、墙踵压应力计算公式:

$$|e| < \frac{B'}{6} = 0.2946(m), \sigma_{1k,2k} = \frac{N'}{B'}\left(1 \pm \frac{6e}{B'}\right)$$

墙趾压应力标准值:

$$S_d = \sigma_{1k} = \frac{N'}{B'}\left(1 + \frac{6e}{B'}\right) = \frac{283.912}{1.7677} \times \left(1 + \frac{6 \times 0.105975}{1.7677}\right) = 218.384(kPa)$$

墙趾压应力特征值:

$$C_d = \gamma_\sigma \cdot \sigma_a = 1.0 \times 300 = 300(kPa)$$

$S_d < C_d$,满足要求。

③墙踵压应力检算

墙踵压应力标准值:

$$S_d = \sigma_{2k} = \frac{N'}{B'}\left(1 - \frac{6e}{B'}\right) = \frac{283.912}{1.7677} \times \left(1 - \frac{6 \times 0.105975}{1.7677}\right) = 102.843(kPa)$$

墙踵承载力特征值:

$$C_d = \gamma_\sigma \cdot \sigma_a = 1.3 \times 300 = 390(kPa)$$

$S_d < C_d$,满足要求。

④墙底平均应力检算

墙底平均应力标准值:

$$S_d = \sigma_{pk} = \frac{\sigma_{1k} + \sigma_{2k}}{2} = 160.614(kPa)$$

墙底平均承载力特征值:

$$C_d = \gamma_\sigma \cdot \sigma_a = 1.0 \times 300 = 300(kPa)$$

$S_d < C_d$,满足要求。

4. 墙身截面强度计算

墙身截面不存在台阶突变,无须进行墙身强度检算。

5. 其他检算

无荷检算从略。

五、算例分析

(一) 工况对比

为了对比分析地震对非埋式路堤墙墙身截面的影响,下面对非埋式路堤墙的一般工况与地震工况进行对比,如表9-5所示,表中设计参数除峰值加速度及配套刷方坡率存在变化外,其他设计参数均与本工点算例一致。通过对比发现,地震工况下,非埋式路堤墙的墙踵应力受无震工况控制,且随着地震峰值加速度的增加,高墙的墙踵应力易超限;随着挡墙的高度增加,地震工况下的非埋式路堤墙较一般工况下的挡墙面积比值逐渐扩大,在1.30~1.54之间;随着挡墙的高度增加,地震工况下(0.2g)的非埋式路堤墙较一般工况下的挡墙水平土压力比值逐渐增加,在1.43~1.67之间。综上,在地震工况下的非埋式路堤墙设计时,必须验算非震工况。

非埋式路堤墙一般工况与地震工况对比　　　表9-5

墙高 H(m)	①一般工况			②有震(0.2g)			截面面积比 $A_②/A_①$	土压力比 $E_{x②}/E_{x①}$	墙踵应力比 $\sigma_{2k②}/\sigma_{2k①}$
	截面面积 $A_①$ (m²)	土压力 $E_{x①}$ (kN)	墙踵应力 $\sigma_{2k①}$ (kPa)	截面面积 $A_②$ (m²)	土压力 $E_{x②}$ (kN)	墙踵应力 $\sigma_{2k②}$ (kPa)			
2	1.51	16.1	45c	1.64	19	75c	1.54	1.67	1.67
3	3.26	34.6	65c	3.64	42.4	111c	1.39	1.52	1.71
4	5.49	58.4	80c	6.26	72.9	144c	1.32	1.45	1.80
5	8.14	86.7	92c	9.42	109.6	173c	1.31	1.43	1.88
6	11.24	119.4	103c	13.02	151.9	200c	1.33	1.46	1.94
7	14.98	159.5	139d	17.58	205.1	243c	1.33	1.46	1.75
8	19.51	207.7	183d	22.86	267	282c	1.30	1.43	1.54

注:1. 表中c表示为无荷无震的计算结果;表中d表示有荷无震的计算结果。
　　2. A为墙体截面面积,E_x为墙后水平土压力,σ_{2k}为墙踵应力。

为了分析动峰值加速度对墙身截面的影响,下面对不同动峰值加速度的非埋式路堤墙进行对比,如表9-6所示,表中设计参数除峰值加速度及配套刷方坡率存在变化外,其他设计参数均与本工点算例一致。计算结果表明,随着地震动峰值加速度的增加,挡墙截面面积、墙后土压力、墙踵应力均增加。

不同动峰值加速度非埋式路堤墙对比 表9-6

墙高 H (m)	①0.2g (配套刷方坡率1:1.75)			②0.3g (配套刷方坡率1:2)			③0.4g (配套刷方坡率1:2)			对比					
	截面面积 $A_①$ (m²)	土压力 $E_{x①}$ (kN)	墙踵应力 $\sigma_{2k①}$ (kPa)	截面面积 $A_②$ (m²)	土压力 $E_{x②}$ (kN)	墙踵应力 $\sigma_{2k②}$ (kPa)	截面面积 $A_③$ (m²)	土压力 $E_{x③}$ (kN)	墙踵应力 $\sigma_{2k③}$ (kPa)	$\dfrac{A_②}{A_①}$	$\dfrac{A_③}{A_①}$	$\dfrac{E_{x②}}{E_{x①}}$	$\dfrac{E_{x③}}{E_{x①}}$	$\dfrac{\sigma_{2k②}}{\sigma_{2k①}}$	$\dfrac{\sigma_{2k③}}{\sigma_{2k①}}$
2	1.64	19	75c	1.64	19.3	83c	2.05	24.5	89c	1.00	1.25	1.02	1.29	1.11	1.19
3	3.64	42.4	111c	3.67	43.3	124c	4.62	54.9	134c	1.01	1.27	1.02	1.29	1.12	1.21
4	6.26	72.9	144c	6.51	76.9	165c	7.99	95.1	177c	1.04	1.28	1.05	1.30	1.15	1.23
5	9.42	109.6	173c	10.06	118.4	204c	12.06	143.6	220c	1.07	1.28	1.08	1.31	1.18	1.27
6	13.02	151.9	200c	14.11	166.4	241c	16.76	199.7	261c	1.08	1.29	1.10	1.31	1.21	1.31
7	17.58	205.1	243c	18.78	221.8	282c	22.84	272.6	305c	1.07	1.30	1.08	1.33	1.16	1.26
8	22.86	267	282c	24.81	292.6	328c	29.8	355.5	352c	1.09	1.30	1.10	1.33	1.16	1.25

注:1. 带c的为有荷无震的计算结果。
　　2. 表中地震工况下的边坡坡率满足 $\tan(\varphi-\eta)>1/m$。

(二) 横断面布置对比

重力式路堤墙横断面布置主要有非埋式无平台(a类)、非埋式有平台(b类),以及埋式路堤墙(c类)三种形式,如图9-6所示。

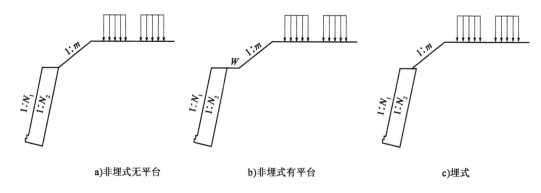

a) 非埋式无平台　　　　b) 非埋式有平台　　　　c) 埋式

图9-6　三种路堤墙横断面布置形式

为了分析三种布置形式对挡土墙的影响,对墙体截面面积及水平土压力进行了对比,如表9-7所示,表中设计参数均同本工点算例情况。通过对比发现,b类形式与a类形式相比,其墙后水平土压力和墙体截面面积均明显降低,墙后水平土压力比值在0.42~0.73倍之间,墙体截面面积比在0.66~0.72之间。由于墙顶平台的设置较大幅度地减小了非埋式路堤墙的水平土压力和墙体尺寸,节省圬工量28%~34%,但平台设置效果随着墙高增加而减小;c类形式与 a 类形式相比,其墙后水平土压力和墙体截面面积均偏大,墙高变化时,墙后水平土压力比值在 1.31~1.39 倍之间波动,墙体截面面积比在 1.40~1.47 之间波动。由此可知,埋式路堤墙的土压力约为非埋式路堤墙土压力的 1.31~1.47 倍,且圬工量增加 40%~50%。此外,从图 9-6 中,还可直观发现,c 类结构形式的收坡能力最优,其次为 a 类结构,最次为 b 类结构。

三种路堤墙横断面布置形式的对比　　　　　表 9-7

墙高	a 类 非埋式 $W=0$(m)		b 类 非埋式 $W=2$(m)		c 类 埋式		b 类与 a 类比较		c 类与 a 类比较	
	面积	土压力	面积	土压力	面积	土压力	面积比	土压力比	面积比	土压力比
H(m)	A_1(m²)	$\sum E_{x1}$(kN)	A_2(m²)	$\sum E_{x2}$(kN)	A_3(m²)	$\sum E_{x3}$(kN)	A_2/A_1	$\sum E_{x2}/\sum E_{x1}$	A_3/A_1	$\sum E_{x3}/\sum E_{x1}$
2	1.51	16.09	1.00	6.8	2.07	22.84	0.66	0.42	1.42	1.37
3	3.26	34.62	1.65	16.2	4.52	50.76	0.51	0.47	1.47	1.39
4	5.49	58.38	2.93	28.9	7.25	81.91	0.53	0.50	1.40	1.32
5	8.14	86.75	4.68	49.8	10.76	122.06	0.57	0.57	1.41	1.32
6	11.24	119.44	7.40	78.5	15.36	175.35	0.66	0.66	1.47	1.37
7	14.98	159.54	10.5	112.1	20.34	232.28	0.70	0.70	1.46	1.36
8	19.51	207.68	14.14	151.0	25.59	292.48	0.72	0.73	1.41	1.31

注:只改变横断面布置形式,荷载、岩土等其他设计参数均同本工点算例。

综上,三种横断面布置形式各有优缺点,所适用的情况也各有不同。从节省圬工角度对三者进行排序为:非埋式路堤墙(有平台) > 非埋式路堤墙(无平台) > 埋式路堤墙;从收坡能力对三者进行排序为:埋式路堤墙 > 非埋式路堤墙(无平台) > 非埋式路堤墙(有平台)。故在实际工程中,设计者需根据圬工量、边坡填挖方量、墙前空间限制等因素,按照经济合理和安全适用的原则进行综合确定路堤墙横断面形式。

(三) 极限状态法设计和总安全系数法设计对比

为了分析极限状态法与总安全系数法对非埋式路堤墙结构的影响,对两种设计方法所计算出的结果进行了对比,如表 9-8 所示。通过对比发现,所设计出的所有墙高对应的面积相对增量均值为 0%,最大值为 0%,最小值为 0%,没有偏差,均在目标控制值 5% 以内。结果表明采用极限状态法设计能够继承原总安全系数法的结构可靠度水平。

(四) 墙型对比

对于一般工况下抗滑动控制的挡土墙,通常会设置倾斜基底来节省墙体截面尺寸,为分析倾斜基底对挡土墙截面尺寸的影响,对比分析了不同倾斜基底的墙体截面面积及水平土压力,如表 9-9 所示。

非埋式路堤墙极限状态设计与总安全系数法设计对比表

表 9-8

砂类土:$\phi=35°$,$\gamma=21\mathrm{kN/m^3}$,$f'=[f]\times1.50=0.45$,$\sigma_a=300\mathrm{kPa}$,$h=4\mathrm{m}$,$1:m=1:1.50$。

墙高 H(m)	墙身尺寸						对比		计算结果									
	总安全系数法		极限状态法						总安全系数法计算结果					极限状态法计算结果				
														抗倾覆		抗滑动		
	X_r	B'_r (m)	A_r (m²)	X_j	B'_j (m)	A_j (m²)	$[B_j/B_r-1]\times100\%$	$[A_j/A_r-1]\times100\%$	K_0	K_c	σ_1 (kPa)	σ_2 (kPa)	$S_{d,stb}$ (kN·m)	$S_{d,dst}$ (kN·m)	$\dfrac{S_{d,stb}}{S_{d,dst}}$	$S_{d,dst}$ (kN)	S (kN)	$\dfrac{S_{d,stb}}{S_{d,dst}}$	σ_{1k} (kPa)	σ_{2k} (kPa)
2.00	0.2	0.71	1.51	0.20	0.71	1.51	0.00	0.00	2.39a	1.31a	63a	45a	17.73a	12.02a	5.71a	1.47a	21.78a	21.72a	0.06a	1.00a
3.00	0.2	1.02	3.26	0.20	1.02	3.26	0.00	0.00	2.29a	1.31a	97a	65a	55.88a	39.45a	16.43a	1.42a	46.93a	46.73a	0.20a	1.00a
4.00	0.2	1.29	5.49	0.20	1.29	5.49	0.00	0.00	2.18a	1.31a	134a	80a	121.90a	90.49a	31.41a	1.35a	79.13a	78.81a	0.33a	1.00a
5.00	0.2	1.53	8.14	0.20	1.53	8.14	0.00	0.00	2.07a	1.30a	176a	92a	219.44a	171.29a	48.15a	1.28a	117.35a	117.11a	0.24a	1.00a
6.00	0.2	1.77	11.24	0.20	1.77	11.24	0.00	0.00	2.00a	1.31a	218a	103a	355.27a	287.53a	67.74a	1.24a	161.99a	161.25a	0.74a	1.00a
7.00	0.2	2.11	14.98	0.20	2.11	14.98	0.00	0.00	2.06a	1.31a	226a	139b	571.19a	449.51a	121.68a	1.27a	215.98a	215.37a	0.61a	1.00a
8.00	0.2	2.48	19.51	0.20	2.48	19.51	0.00	0.00	2.15a	1.31a	226a	183b	876.49a	659.52a	216.97a	1.33a	281.30a	280.36a	0.94a	1.00a

注:1. 表中 a 表示为有荷的计算结果;表中 b 表示为无荷的计算结果。
2. B'_r 为总安全系数法下的斜底宽;B'_j 为极限状态法下的墙身截面面积。
3. A_r 为总安全系数法下的墙身截面面积;A_j 为极限状态法下的墙身截面面积。
4. X_r、X_j 为总安全系数法下的斜底、极限状态法下的斜底。
5. 本表结果分析:面积相对增量均值 0%,最小值为 0%,最大值为 0%。

不同倾斜基底对应的计算结果　　　　　　　　　　　　表9-9

	H (m)	① $x=0.2$		② $x=0.1$		③ $x=0$		对比			
		A (m²)	E_x (kN)	A (m²)	E_x (kN)	A (m²)	E_x (kN)	$\frac{A_②}{A_①}$	$\frac{A_③}{A_①}$	$\frac{E_{x②}}{E_{x①}}$	$\frac{E_{x③}}{E_{x①}}$
极限状态法	2	1.51	16.1	1.76	15.3	2.02	14.1	1.17	1.34	0.95	0.88
	3	3.26	34.6	3.76	33	4.41	30.7	1.15	1.35	0.95	0.89
	4	5.49	58.4	6.36	55.9	7.48	52.2	1.16	1.36	0.96	0.89
	5	8.14	86.7	9.52	83.3	11.2	78.1	1.17	1.38	0.96	0.90
	6	11.24	119.4	13.13	114.9	15.48	108.1	1.17	1.38	0.96	0.91
	7	14.98	159.5	17.37	152.1	20.37	142.3	1.16	1.36	0.95	0.89
	8	19.51	207.7	22.53	197.6	26.48	185.3	1.15	1.36	0.95	0.89
	H (m)	① $x=0.2$		② $x=0.1$		③ $x=0$		对比			
		A (m²)	E_x (kN)	A (m²)	E_x (kN)	A (m²)	E_x (kN)	$\frac{A_②}{A_①}$	$\frac{A_③}{A_①}$	$\frac{E_{x②}}{E_{x①}}$	$\frac{E_{x③}}{E_{x①}}$
总安全系数法	2	1.51	16.1	1.94	15.4	2.64	14.1	1.28	1.75	0.96	0.88
	3	3.26	34.6	4.20	33.3	5.73	30.7	1.29	1.76	0.96	0.89
	4	5.49	58.4	7.11	56.3	9.72	52.2	1.30	1.77	0.96	0.89
	5	8.14	86.7	10.56	83.9	14.55	78.1	1.30	1.79	0.97	0.90
	6	11.24	119.4	14.56	115.7	20.10	108.1	1.30	1.79	0.97	0.91
	7	14.76	156.9	19.11	151.5	26.39	142	1.29	1.79	0.97	0.91
	8	18.83	200.9	24.27	192.6	33.44	179.6	1.29	1.78	0.96	0.89

通过对比可知,在相同倾斜基底及墙高下,无论是极限状态法设计还是总安全系数法设计,水平土压力值基本一致。进一步分析发现,在 $X=0.2$ 时,极限状态法设计与总安全系数法设计出的截面尺寸一致,当 X 值减少时,两种方法所设计出的截面尺寸,存在一定差异。为何随着倾斜基底 X 值的减小,两种设计方法下土压力值基本一致,所设计出的截面尺寸存在一定差异。通过大量的计算分析发现,按现行规范总安全系数法进行设计,平底($X=0.0$)和倾斜基底($X=0.2$)结构的抗滑可靠指标不一致造成的,下面对此进行详细分析。

公式 $K_c = \dfrac{(N+E_x \times \tan\alpha_0)f}{E_x - N \times \tan\alpha_0}$ 中,$N \times \tan\alpha_0$ 为斜底产生的抗滑作用,在抗滑稳定性系数计算中,却被放在了分母中作为滑动作用的负值被扣除,这样导致 K_c 能够快速满足 $\geq [K_c]$ 的要求。若将 $N \times \tan\alpha_0$ 移到分子上,作为抗力,则 $K_c = \dfrac{(N+E_x \times \tan\alpha_0)f + N \times \tan\alpha_0}{E_x}$,不容易满足 $\geq [K_c]$ 的要求。将以上两个转化为下面的公式:

$$K_c E_x - K_c N \times \tan\alpha_0 = (N+E_x \times \tan\alpha_0)f \qquad (9\text{-}1)$$

$$K_c E_x = (N+E_x \times \tan\alpha_0)f + N \times \tan\alpha_0 \qquad (9\text{-}2)$$

很显然式(9-1)中的 $N \times \tan\alpha_0$ 前面有系数 K_c,而式(9-2)中 $N \times \tan\alpha_0$ 前面没有放大系数,说明总安全系数法放大了有利的作用效果,而这正是极限状态法所不允许的。斜底平衡作用被放大,是造成设计出的结构尺寸较小、可靠指标较低的原因。在无斜底时,不存在平衡作用被放大的情况,故截面尺寸较大、可靠指标较高,详见《倾斜基底作用对挡土墙可靠指标的影响》。

由于按现行规范总安全系数法进行设计,平底($X=0.0$)和倾斜基底($X=0.2$)结构的抗滑可靠指标不一致,故所对应于不同的可靠指标分解而得的分项系数也不一样。如表9-10所示,选择斜底$X=0.2$的情况计算出的分项系数作为一般工况下的分项系数,是由于一般工况下抗滑控制时,斜底基本会取$X=0.2$;选择平底($X=0.0$)的情况计算出的分项系数作为浸水工况下的分项系数,是因为浸水工况一般都是平底,这样校准结果才可能最大限度地接近于现行设计的实际情况。若选择中间值$X=0.1$的斜底求算分项系数,反而不能更好地接近校准目标。综上,在采用极限状态法设计时,应该注意倾斜基底$X\neq0.2$时的情况。

重力式挡土墙抗滑动稳定性按分项系数法与按总安全系数设计检算对比 表9-10

极限状态法			总安全系数法		
$S_{d,std}=[\gamma_G W+\gamma_{E1}(E_y+E'_x\tan\alpha_0)]f'+(\gamma_G W+\gamma_{E1}E_y)\tan\alpha_0$ $S_{d,dst}=\gamma_{E2}E_x$ 应满足:$S_{d,std}>S_{d,dst}$			$K_c=\dfrac{(\sum N+\sum E_x\cdot\tan\alpha_0)\cdot f}{\sum E_x-\sum N\cdot\tan\alpha_0}$ 应满足:$K_c\geq[K_c]$		
分项系数	永久荷载+主可变荷载		总安全系数	永久荷载+主可变荷载	
	一般地区	常水位		一般地区	常水位
竖向恒载:γ_G	0.90	0.65	抗滑稳定性系数 K_c	≥1.3	≥1.3
土压抗力:γ_{E1}	0.70	0.70			
土压作用力:γ_{E2}	1.35	1.30			

第二节 埋式路堤墙(浸水工况洪水位)

一、项目概况及要求

根据某铁路 DK272+995.256~DK273+183.759 段地质平面图、横断面图及地质、水文条件综合分析,该段线路位于河谷内,为避免挤压河道及水域,故优先选择埋式路堤挡土墙收坡。

线路主要设计技术标准,如表9-11所示。

主 要 技 术 标 准 表9-11

项　　目	内　　容
线路等级	I级
正线数目	单线
轨道结构形式	有砟轨道
设计活载	ZKH荷载
列车设计速度(km/h)	160

二、工程环境条件

(一) 地形地貌

本段为河谷地貌,线路位于河谷内,以路堤通过,地形较平缓。

(二) 地质情况

本段地层岩性自上而下为人工填土、板岩砂岩互层,填土采用某隧道中的碎石、砾石类填料填筑。填土分述如下:

<2> 粗圆粒土:$\gamma = 20 \text{kN/m}^3$、$\varphi = 40°$、$\sigma_a = 350 \text{kPa}$;

<3> 卵石土:$\gamma = 20 \text{kN/m}^3$、$\varphi = 40°$、$\sigma_a = 400 \text{kPa}$;

<5> W3 板岩、砂岩互层:$\gamma = 22 \text{kN/m}^3$、$\varphi = 40°$、$\sigma_a = 450 \text{kPa}$;

<5> W2 板岩、砂岩互层:$\gamma = 24 \text{kN/m}^3$、$\varphi = 55°$、$\sigma_a = 500 \text{kPa}$。

(三) 水文地质特征及其他

地表水主要为河水,河宽 10~20m,水深 1~4m,常年流水,水量随季节性波动,主要接受大气降水补给。枯水期为 12 月~3 月,汛期为 7 月~9 月,路堤填方受百年洪水位影响,需考虑洪水位浸水。

地下水主要为第四系土层孔隙潜水和基岩裂隙水为主,水量丰富,水质对混凝土结构无侵蚀性。

三、路基工程布设

DK272 + 995.256 ~ DK273 + 183.759,线路左侧,长 27.759m,设置埋式路堤墙,其正面图及工点断面示意图如图 9-7、图 9-8 所示,具体工程措施如下:

(1) 埋式路堤挡土墙墙高 6m,按浸水挡墙设计。挡墙墙身采用 C35 混凝土浇筑。墙身沿线路方向每隔 10~20m 及地层变化处设置一道伸缩缝,缝宽 0.02m,缝内填塞沥青木板。墙身高出地面部分,每隔 2~3m 上下左右交错设置泄水孔,泄水孔设置向外不应小于 4% 坡度,墙背连续设置复合排水网和 0.3m 厚砂卵石反滤层,砂卵石采用编织袋码砌。

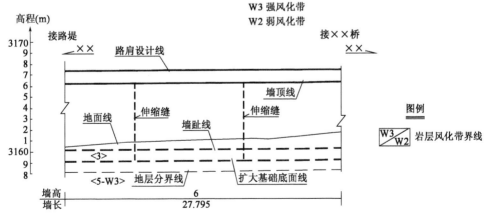

图 9-7 工点正面图

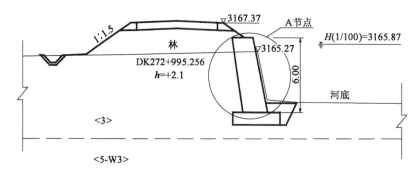

图 9-8 工点断面示意图

(2)埋式路堤挡土墙采用 C35 混凝土扩大基础,基础每隔 10~20m 设置一道伸缩缝,缝宽 0.02m,缝内填塞沥青木板。

(3)路堤填方受百年洪水位影响,填方本体采用块石码砌,填料从某隧道选取。

(4)路堤墙墙顶设置角钢立柱栏杆。

四、支挡结构设计

(一)代表性断面

双线埋式路堤挡土墙代表性断面如图 9-9 所示。

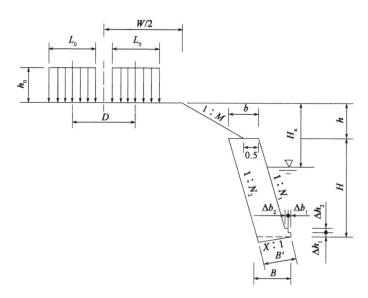

图 9-9 双线埋式路堤挡土墙代表性断面图

(二)设计参数

挡土墙设计参数如表 9-12 所示。

设 计 参 数　　　　　　　　　　　　　　　　　表9-12

	参数名称	数值
浸水	洪水位离路基面高度(m)	$H_a = 1.5$
	填料浸水后减小的重度(kN/m^3)	$\Delta\gamma = 7$
边界条件	路基面宽度(m)	$W = 8.1$
	荷载宽度(m)	$L_0 = 3.7$
	荷载极度(kN/m^2)	$q = 61.3$
	墙后填方高度(m)	$h = 1.0$
	坡率	$1:m = 1:1.5$
	墙后平台宽度(m)	$W = 0$
岩土参数	基底摩擦系数标准值	$f' = 0.4 \times 1.5 = 0.6$(0.3为经验值,1.5为系数)
	地基承载力特征值(kPa)	$\sigma_a = 400$
	综合内摩擦角(°)	$\varphi = 40$
	填土重度(kN/m^3)	$\gamma = 20$
墙体参数	墙体重度(kN/m^3)	$\gamma_W = 23$
	墙背摩擦角(°)	$\delta = 20$
	胸坡	$1:N_1 = 1:0.25$
	背坡	$1:N_2 = 1:0.25$
	倾斜基底	$1:x = 1:0$

注:浸水工况倾斜基底需设置为0。

(三)设计结果

根据表9-12中的设计参数进行埋式路堤墙结构设计,批量得到2~6m墙高的埋式重力式路堤墙截面尺寸,如表9-13所示。计算结果见表9-14。表中符号可参照双线埋式路堤挡土墙代表性断面图(图9-9)。

埋式路堤墙设计(洪水位)　　　　　　　　　　表9-13

墙高	截面尺寸							面积
H(m)	b(m)	B(m)	B'(m)	x	h_1(m)	Δb_1(m)	Δh_1(m)	A(m^2)
2	0.69	0.69	0.69	0	0	0	0	1.38
3	0.96	0.96	0.96	0	0	0	0	2.88
4	1.16	1.16	1.16	0	0	0	0	4.64
5	1.66	1.66	1.66	0	0	0	0	8.30
6	2.13	2.13	2.13	0	0	0	0	12.78

计 算 结 果　　　　　　　　　　　　　　　　表9-14

E'_x (kN)	M_0 (kN·m)	M_y (kN·m)	N' (kN)	抗倾覆			抗滑动			e (m)	σ_{1k} (kPa)	σ_{2k} (kPa)
				$S_{d,stb}$ (kPa)	$S_{d,dst}$ (kPa)	$S_{d,stb} - S_{d,dst}$ (kPa)	$S_{d,stb}$ (kPa)	$S_{d,dst}$ (kPa)	$S_{d,stb} - S_{d,dst}$ (kPa)			
7.3	5.7	14.4	22.4	12.88a	7.38a	5.51a	8.87a	8.80a	0.07	−0.076c	21a	79c
15	18.8	42.1	45.4	37.74a	24.47a	13.27a	18.07a	17.96a	0.11	−0.101c	38a	118c

续上表

E'_x (kN)	M_0 (kN·m)	M_y (kN·m)	N' (kN)	抗倾覆			抗滑动			e (m)	σ_{1k} (kPa)	σ_{2k} (kPa)
				$S_{d,stb}$ (kPa)	$S_{d,dst}$ (kPa)	$S_{d,stb}-S_{d,dst}$ (kPa)	$S_{d,stb}$ (kPa)	$S_{d,dst}$ (kPa)	$S_{d,stb}-S_{d,dst}$ (kPa)			
23.8	40.1	84.2	71.8	75.52a	52.13a	23.39a	28.70a	28.54a	0.16a	−0.131c	51a	163c
43.6	79.2	207.9	130.4	186.31a	102.99a	83.31a	52.55a	52.36a	0.19a	−0.267d	34a	243d
67.8	150.2	401.5	201.5	359.76a	195.27a	164.49a	81.54a	81.33a	0.22a	−0.393d	46a	315d

注：1. 表中 a 表示为有荷有水的计算结果；表中 c 表示为无荷无水的计算结果；表中 d 表示有荷无水的计算结果。
　　2. 表中符号参见表 9-4。

(四) 受力分析及检算

以表 9-13 中 6m 墙高的埋式路堤墙为例，进行算例展示。

埋式路堤墙在土压力计算时应分上下墙，按力多边形法计算土压力，墙顶埋入土体内的部分为折线形上墙，墙背顶部会出现第二破裂面，实际的墙背为折线形下墙。

根据库仑理论破裂角取值范围确定限界，按一定间距（0.001m），将计算限界范围内的路堤边坡和路基面进行分段（共8472段），得到分段点坐标集合 $\{A_1, A_2, \cdots, A_{8473}\}$。其中，上墙第二破裂角 α_i 计算点集为 $\{A_1, A_2, \cdots, A_{712}\}$，上墙第一破裂角 β_j 计算点集为 $\{A_{712}, A_{713}, \cdots, A_{2033}, A_{2034}\}$，下墙破裂角 θ_m 计算点集为 $\{A_{1881}, A_{1882}, \cdots, A_{8472}, A_{8473}\}$。连接 O' 点与 A_i 点，作为假定上墙第二破裂面 OA_i，连接 O' 点与 A_j 点，作为假定上墙第一破裂面 $O'A_j$，连接墙踵 O 点与 A_m 点，作为假定下墙破裂面 OA_m。

采用扫描搜索土压力计算方法，依次对破裂面进行扫描及土压力计算，并选出最大值。经计算，在 $i=475, j=1326, m=5249$ 时，水平土压力最大，下面根据第六章介绍的扫描搜索法计算该破裂面所产生的库仑主动土压力，具体步骤如下：

1. 折线形上墙土压力计算

上墙第二破裂角 $\alpha_i = 20.6608°$，上墙第一破裂角 $\beta_j = 25.842°$。上墙第一、二破裂面与边坡及路基面所围成的破裂棱体各交点坐标如图 9-10 所示。

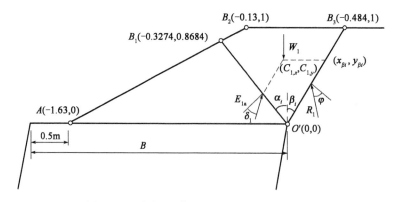

图 9-10　上墙破裂楔体坐标及土压力作用点示意图

(1) 求取破裂楔体的自重及形心

①参照图 9-10，利用坐标法计算破裂楔体自重 $W_{1,\text{soil}}$

$$W_{1,\text{soil}} = \gamma \cdot S = \frac{1}{2} \cdot \gamma \cdot \left\{ \begin{vmatrix} x_{o'} & y_{o'} \\ x_{B_3} & y_{B_3} \end{vmatrix} + \begin{vmatrix} x_{B_3} & y_{B_3} \\ x_{B_2} & y_{B_2} \end{vmatrix} + \begin{vmatrix} x_{B_2} & y_{B_2} \\ x_{B_1} & y_{B_1} \end{vmatrix} + \begin{vmatrix} x_{B_1} & y_{B_1} \\ x_{o'} & y_{o'} \end{vmatrix} \right\} = 8.284(\text{kN})$$

②利用坐标法计算破裂楔体的形心点坐标$(C_{1,x}, C_{1,y})$

$$C_{1,x} = \frac{1}{6S} \sum_{k=0}^{3} (x_k + x_{k+1})(x_k y_{k+1} - x_{k+1} y_k) = 0.047974$$

$$C_{1,y} = \frac{1}{6S} \sum_{k=0}^{3} (y_k + y_{k+1})(x_k y_{k+1} - x_{k+1} y_k) = 0.6554$$

(2)求上墙荷载重力及其在路基面上作用点

上墙破裂面未交到荷载,无须计算荷载及其在路基面上的投影点坐标。

(3)计算土压力及作用点位置

①计算破裂楔体与荷载的重力之和及总形心

总重:

$$W_1 = W_{1,\text{soil}} + W_{1,\text{load}} = 8.284(\text{kN})$$

总形心:

$$(x_c, y_c) = (C_{1,x}, C_{2,y}) = (0.04797, 0.6554)$$

②计算上墙土压力

根据库仑土压力通用公式(6-8),计算破裂楔体及荷载对墙顶假想墙背$O'A$上产生的水平土压力E_{1x}、竖直向土压力E_{1y}及上墙反力R_1:

$$E_{1x} = \frac{W_1}{\tan(\beta_j + \varphi) + \tan(\delta + \alpha_i)} = \frac{8.284}{\tan(25.842° + 40°) + \tan(40° + 20.6608°)}$$
$$= 2.06776(\text{kN})$$

$$E_{1y} = E_{1x} \tan(\alpha_i + \delta) = 2.06776 \times \tan(20.6608° + 40°) = 3.6788(\text{kN})$$

$$R_1 = \frac{E_{1x}}{\cos(\varphi + \beta_j)} = \frac{2.06776}{\cos(40° + 25.842°)} = 5.052513(\text{kN})$$

③计算上墙作用点

如图9-10所示,将破裂楔体形心坐标沿破裂面$O'B_3$方向投影在墙背上,得到基于上墙O'点的水平土压力和竖直土压力的力臂T_{1x}、T_{1y}:

$$T_{1x} = \frac{x_{\beta_j} - x_c}{\tan\beta_j + \tan\alpha_i} = \frac{0.3174 - 0.04797}{\tan 25.842° + \tan 20.6608°} = 0.3128(\text{m})$$

$$T_{1y} = T_{x1} \cdot \tan\alpha_i = -0.117957(\text{m})$$

④计算所产生的水平向弯矩及竖直向弯矩

水平土压力对上墙O'点的弯矩:

$$M_{1x} = E_{1x} \cdot T_{1x} = 2.06776 \times 0.3128 = 0.6468(\text{kN} \cdot \text{m})$$

竖直土压力对上墙O'点的弯矩:

$$M_{1y} = E_{1y} \cdot T_{1y} = 3.6788 \times -0.117957 = -0.4339(\text{kN} \cdot \text{m})$$

2.折线形下墙土压力计算

如图9-11所示,$m = 5248$时,下墙破裂角$\theta_m = 36.599°$,下墙破裂面与坡面交于点$B_4(3.6985, 1)$。下墙踵点O点坐标为$O(-1.5, -6.0)$。

(1)求取楔形体的自重和形心

参照图9-11a),将下墙破裂楔体分为两个三角形 $\Delta O'B_4B_3$、$\Delta OB_4O'$,并分别计算自重及形心点坐标。

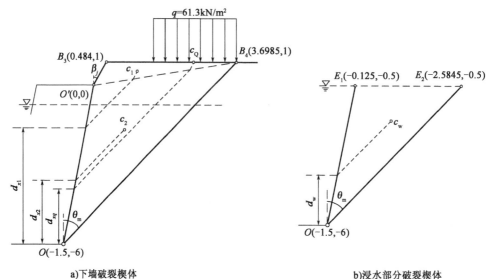

图9-11 下墙破裂楔体坐标及土压力作用点示意图

a)下墙破裂楔体   b)浸水部分破裂楔体

$\Delta O'B_4B_3$ 自重 $W_{O'B_4B_3}$: $W_{O'B_4B_3} = \frac{1}{2}\gamma \cdot \left\{ \begin{vmatrix} x_{o'} & y_{o'} \\ x_{B_4} & y_{B_4} \end{vmatrix} + \begin{vmatrix} x_{B_4} & y_{B_4} \\ x_{B_3} & y_{B_3} \end{vmatrix} + \begin{vmatrix} x_{B_3} & y_{B_3} \\ x_{O'} & y_{O'} \end{vmatrix} \right\} = 32.146 (\text{kN})$

$C_{1,x} = \frac{1}{6S}\sum_{k=0}^{2}(x_k + x_{k+1})(x_k y_{k+1} - x_{k+1} y_k) = 1.3942 (\text{m})$

$C_{1,y} = \frac{1}{6S}\sum_{k=0}^{2}(y_k + y_{k+1})(x_k y_{k+1} - x_{k+1} y_k) = 0.6667 (\text{m})$

$\Delta O'OB_4$ 自重 $W_{O'OB_4}$: $W_{O'OB_4} = \frac{1}{2}\gamma \cdot \left\{ \begin{vmatrix} x_{O'} & y_{O'} \\ x_O & y_O \end{vmatrix} + \begin{vmatrix} x_O & y_O \\ x_{B_4} & y_{B_4} \end{vmatrix} + \begin{vmatrix} x_{B_4} & y_{B_4} \\ x_{O'} & y_{O'} \end{vmatrix} \right\} = 206.906 (\text{m}^2)$

$C_{2,x} = \frac{1}{6S}\sum_{k=0}^{2}(x_k + x_{k+1})(x_k y_{k+1} - x_{k+1} y_k) = 0.7328 (\text{m})$

$C_{2,y} = \frac{1}{6S}\sum_{k=0}^{2}(y_k + y_{k+1})(x_k y_{k+1} - x_{k+1} y_k) = -1.6667 (\text{m})$

(2)填料浸水后减少的自重

参照图9-11b)所示,按式(6-12),计算填料浸水后减小的自重 $W_{\Delta\gamma}$,及形心点坐标 $c_w(c_{w,x}, c_{w,y})$。

$W_{\Delta\gamma} = \Delta\gamma \cdot S_w = 7 \times \frac{1}{2} \cdot \left\{ \begin{vmatrix} x_o & y_o \\ x_{E_2} & y_{E_2} \end{vmatrix} + \begin{vmatrix} x_{E_2} & y_{E_2} \\ x_{E_1} & y_{E_1} \end{vmatrix} + \begin{vmatrix} x_{E_1} & y_{E_1} \\ x_o & y_o \end{vmatrix} \right\}$

$= 7 \times 7.4511 = 52.1577 (\text{m}^2)$

$C_{w,x} = \frac{1}{6S}\sum_{k=0}^{2}(x_k + x_{k+1})(x_k y_{k+1} - x_{k+1} y_k) = 0.31983 (\text{m})$

$$C_{w,y} = \frac{1}{6S}\sum_{k=0}^{2}(y_k + y_{k+1})(x_k y_{k+1} - x_{k+1} y_k) = -2.3333(\text{m})$$

(3)求取破裂楔体上的荷载重力及其在路基面的投影点坐标:

参照图9-11a),计算下墙荷载自重:

$$W_{2,\text{load}} = \sum_{1}^{k}\Delta q \cdot \Delta l = 61.3 \times 1.628 = 99.7964(\text{kN})$$

参照图9-11a),计算荷载在路基面的投影点坐标 c_Q,横坐标按式(6-5)计算,纵坐标通过内插求得,经计算坐标为(2.884,1)。

(4)计算土压力及作用点位置

①计算破裂楔体扣除水浮力之后,与荷载的重力之和:

$$W_2 = W_{\Delta O'B_4B_3} + W_{\Delta OO'B_4} + W_{2,\text{load}} - W_{\Delta\gamma} = 206.906 + 32.146 + 99.7964 - 52.1577$$
$$= 286.6907(\text{kN})$$

②根据库仑土压力通用公式(6-18),计算下墙破裂楔体及荷载对下墙背产生的水平及竖直向土压力 E_{2x}、E_{2y}:

$$E_{2x} = \left(W_2 \frac{\cos(\theta_m + \varphi)}{\sin(\theta_m + \varphi + \delta_2 - \alpha_2)} - \frac{R_1 \sin(\theta_m - \beta_j)}{\sin(\theta + \varphi + \delta_2 - \alpha_2)}\right) \cdot \cos(\delta_2 - \alpha_2) = 65.7058(\text{kN})$$

$$E_{2y} = E_{2x}\tan(\delta_2 - \alpha_2) = 6.8640(\text{kN})$$

③计算库仑土压力的作用点:

如图9-11所示,沿墙顶第一破裂面 $O'B_3$ 方向,将破裂楔体 $\Delta O'B_4B_3$ 形心坐标和荷载在路基面的投影点坐标投影在直线 $O'B_4$ 上;再沿着下墙背破裂面 OB_4 方向,将投影点坐标投影到下墙背上,得到破裂楔体 $\Delta O'B_4B_3$ 和荷载的相对于墙踵点的水平土压力的力臂 d_{x1}、d_{xq},经过几何换算可以得到 $d_{x1} = 4, d_{xq} = 1.5198$;沿下墙背破裂面 OB_4 方向,将破裂楔体 $\Delta O'OB_4$ 形心坐标和浸水破裂楔体 ΔOE_2E_1 形心坐标投影到墙背上,得到破裂楔体 $\Delta O'OB_4$ 和浸水面积 ΔOE_2E_1 的重力相对于墙踵点的水平土压力的力臂 d_{x2}、d_{xw},经过几何换算可以得到 $d_{x2} = 2, d_{xw} = 1.8333$。则最终可求得下墙水平土压力相对于墙踵点 O 的力臂 T_{2x}、T_{2y}:

$$T_{2x} = \frac{W_{OB_4O'}d_{x2} + W_{OB_4B_3}d_{x1} + W_{load}d_{xq} - W_{\Delta\gamma}d_{xw}}{W_2}$$
$$= \frac{206.906 \times 2 + 32.146 \times 4 + 99.7964 \times 1.5198 - 52.1577 \times 1.8333}{286.6907} = 2.0874(\text{m})$$

$$T_{2y} = T_{2x} \cdot \tan\alpha_2 = 0.5218(\text{m})$$

④计算折线形下墙水平及竖直向弯矩:

相较于墙趾点水平向弯矩 M_{2x}:

$$M_{2x} = E_{2x} \cdot T_{2x} = 65.7058 \times 2.0874 = 137.154(\text{kN} \cdot \text{m})$$

相较于墙趾点竖直向弯矩 M_{2y}:

$$M_{2y} = (B + T_{2y}) \times E_{2y} = (2.13 + 0.5218) \times 6.8640 = 18.2016(\text{kN} \cdot \text{m})$$

3. 全墙对墙趾的力系

(1)墙顶自稳土体产生力系

墙顶自稳填土的自重及作用点可根据AutoCAD绘图求取,也可利用坐标法计算求取。本

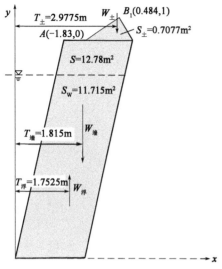

图9-12 墙体及土压力力臂示意图

节采用 AutoCAD 绘图求取填土面积 $S_\pm$、墙体自重产生的力臂 $T_\pm$，如图9-12所示。

①墙顶填土对于上墙破裂点处的竖向力 $W_\pm$：
$$W_\pm = \gamma \cdot S_\pm = 20 \times 0.7077 = 14.1544(\text{kN})$$

②墙顶填土竖向力对于墙趾点的力矩 $M_\pm$：
$$M_\pm = W_\pm \cdot T_\pm = 14.1544 \times 2.9775$$
$$= 42.1447(\text{kN} \cdot \text{m})$$

（2）全墙土压力对墙趾点的力系

全墙水平土压力 E_x：
$$E_x = E_{1x} + E_{2x} = 2.06776 + 65.7058 = 67.774(\text{kN})$$

全墙竖直土压力为 E_y：
$$E_y = E_{1y} + E_{2y} + T_y = 3.6788 + 6.8640 + 14.1544$$
$$= 24.697(\text{kN})$$

水平土压力对墙趾点的力矩为 M_{tx}：
$$M_{tx} = M_{1x} + E_{1x} \times H_2 + M_{2x}$$
$$= 0.64648 + 2.06776 \times 6 + 137.154$$
$$= 150.2074(\text{kN} \cdot \text{m})$$

竖向土压力对墙趾点的力矩为 M_{ty}：
$$M_{ty} = M_{1y} + E_{1y} \times (B + H \times N_2) + M_\pm + E_{2y} \times (T_{2x} + B)$$
$$= -0.4339 + 3.6788 \times (2.13 + 6 \times 0.25) + 42.1447 + 6.8639 \times (0.5218 + 2.13)$$
$$= 73.267(\text{kN} \cdot \text{m})$$

（3）墙身自重产生的力系

墙体自重及作用点采用 AutoCAD 绘图求取墙体面积 $S_墙$、墙体浸水面积 $S_浮$、墙体自重产生的力臂 $T_墙$、墙体浮力产生的力臂 $T_浮$，如图9-12所示。

①墙体自重 N_W：
$$N_W = \gamma_墙 \cdot S_墙 - \gamma_浮 \cdot S_浮 = 23 \times 12.78 - 10 - 11.715 = 176.79(\text{kN})$$

②自重对墙趾的力臂 T_W：
$$T_W = \frac{T_墙 \cdot \gamma_墙 \cdot S_墙 - T_浮 \cdot \gamma_浮 \cdot S_浮}{N_W}$$
$$= \frac{1.815 \times 23 \times 12.78 - 1.7525 \times 10 \times 11.715}{176.79} = 1.856(\text{m})$$

③自重对墙趾的力矩：
$$M_W = N_W \times T_W = 176.79 \times 1.856 = 328.196(\text{kN} \cdot \text{m})$$

4. 全墙稳定检算

（1）抗滑动稳定性承载能力极限状态检算

根据附录 J.01，进行挡土墙的抗滑动稳定性检算。

不平衡作用效应设计值：

$$S_{d,dst} = \gamma_{E1} E_x = 1.2 \times 66.774 = 81.3288 (\text{kN})$$

平衡作用效应设计值：
$$S_{d,stb} = (\gamma_G N_W + \gamma_{E2} E_y) \times f' = (0.65 \times 176.79 + 0.85 \times 24.697) \times 0.6 = 81.544 (\text{kN})$$

抗滑动稳定性检算：

$\gamma_0 S_{d,dst} = 1.0 \times 81.3288 = 81.3288 \leqslant S_{d,stb} = 81.544$，满足要求。

（2）挡土墙的抗倾覆稳定性承载能力极限状态检算

根据附录J.03，挡土墙的抗倾覆稳定性检算：

不平衡作用效应设计值：
$$S_{d,dst} = \gamma_{E1} E_x Z_x = \gamma_{E1} M_x = 1.3 \times 67.774 \times 2.2163 = 195.2696 (\text{kN} \cdot \text{m})$$

平衡作用效应设计值：
$$S_{d,stb} = \gamma_G N_W Z_W + \gamma_{E2} E_y Z_y = \gamma_G M_W + \gamma_{E2} M_y = 0.90 \times 328.196 + 0.85 \times 73.267 = 357.654 (\text{kN} \cdot \text{m})$$

抗倾覆稳定性检算：

$\gamma_0 S_{d,dst} = 1.0 \times 195.235 = 195.235 < S_{d,dstb} = 394.1896$，满足要求。

（3）基底压应力正常使用极限状态验算

根据附录J.04，进行挡土墙基底合力偏心距检算：

①偏心距计算

作用于基底上的总垂直力 N：
$$N = N_W + E_y = 176.79 + 24.697 = 201.487 (\text{kN})$$

偏心距计算：
$$e = \frac{B}{2} - \frac{M_W + M_y - M_x}{N} = \frac{2.13}{2} - \frac{328.196 + 73.267 - 150.2066}{201.487} = -0.182$$

$|e| < B/5 = 0.426 (\text{m})$，满足要求。

②墙趾压应力检算

根据偏心距和压应力关系，确定计算墙趾、墙踵压应力计算公式：

$$|e| < \frac{B}{6} = 0.355 (\text{m})$$

$$\sigma_{1k,2k} = \frac{N}{B} \left(1 \pm \frac{6e}{B}\right)$$

墙趾压应力标准值：
$$S_d = \sigma_{1k} = \frac{N}{B}\left(1 + \frac{6e}{B}\right) = \frac{201.487}{2.13} \times \left(1 + \frac{-6 \times 0.182}{2.13}\right) = 46.0966 (\text{kPa})$$

墙趾压应力特征值：
$$C_d = \gamma_\sigma \cdot \sigma_a = 1.0 \times 400 = 400 (\text{kPa})$$

$S_d < C_d$，满足要求。

③墙踵压应力检算

墙踵压应力标准值：
$$S_d = \sigma_{2k} = \frac{N}{B}\left(1 - \frac{6e}{B}\right) = \frac{201.487}{2.13} \times \left(1 - \frac{-6 \times 0.182}{2.13}\right) = 143.093 (\text{kPa})$$

墙踵承载力特征值：

$$C_d = \gamma_\sigma \cdot \sigma_a = 1.3 \times 400 = 520(\text{kPa})$$

$S_d < C_d$，满足要求。

④墙底平均应力检算

墙底平均应力标准值：

$$S_d = \sigma_{pk} = \frac{\sigma_{1k} + \sigma_{2k}}{2} = \frac{46.0966 + 143.093}{2} = 94.5949(\text{kPa})$$

墙底平均承载力特征值：

$$C_d = \gamma_\sigma \cdot \sigma_a = 1.0 \times 400 = 400(\text{kPa})$$

$S_d < C_d$，满足要求。

5. 墙身截面强度计算

本埋式路堤挡土墙墙身截面不存在台阶突变，无须进行墙身强度检算。

6. 其他检算

无荷无水检算、有荷无水检算、无荷有水检算从略。

五、算例分析

1. 工况对比

在洪水工况下进行设计时，设计尺寸往往较大。为分析洪水对挡土墙设计的影响，本小节采用洪水工况和一般工况进行设计，对墙体截面面积及水平土压力计算结果进行了对比，如表9-15所示。需要说明的是，本节所得到的分析结论均是假设挡墙两侧水位差相等的前提下得到的。

埋式路堤墙一般工况与洪水工况对比　　　　表9-15

墙高	①洪水工况			②一般工况			截面面积比	土压力比	墙踵应力比
	截面面积	土压力	墙踵应力	截面面积	土压力	墙踵应力			
$H(\text{m})$	$A_①(\text{m}^2)$	$E_{x①}(\text{kN})$	$\sigma_{2k①}(\text{kPa})$	$A_②(\text{m}^2)$	$E_{x②}(\text{kN})$	$\sigma_{2k②}(\text{kPa})$	$A_①/A_②$	$E_{x①}/E_{x②}$	$\sigma_{2k①}/\sigma_{2k②}$
2	1.38	7.3	79c	1	7.4	73c	1.38	0.99	1.08
3	2.88	15	118c	1.71	15.9	49c	1.68	0.94	2.41
4	4.64	23.8	163c	3.08	27.4	69c	1.51	0.87	2.36
5	8.3	43.6	243d	4.65	41.4	127c	1.78	1.05	1.91
6	12.78	67.8	315d	6.78	65	142d	1.88	1.04	2.22
7	17.64	93.2	384d	9.59	92.5	221d	1.84	1.01	1.74
8	22.8	119.8	451d	12.64	122.5	286d	1.80	0.98	1.58

注：1. 表中 c 表示为无荷无水的计算结果；表中 d 表示有荷无水的计算结果。
　　2. A 为墙体截面面积，E_x 为墙后水平土压力。

通过对比发现，随着墙高增加，埋式路堤墙的墙踵应力增大，矮墙受无荷无水工况控制，高墙受有荷无水工况控制。洪水工况下的挡墙面积是无水工况的1.38～1.88倍，水平土压力是无水工况的0.87～1.05倍。通常情况下，浸水工况下的墙后土体受浮力的作用，土压力较非浸水工况小，但对于埋式路堤墙的中高墙情况，仍然存在浸水工况下水平土压力更大的情况，这是因为埋式路堤墙通过墙背向填土方向移动来增大墙身截面，挡墙更靠近线路荷载，导致荷载作用增大。

为了分析洪水水位变化对墙身截面的影响,下面对不同水位下的埋式路堤墙进行对比,如图 9-13、图 9-14 所示,图中设计参数除设计水位存在变化外,其他设计参数均与本工点算例一致。

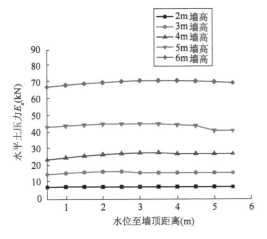

图 9-13 不同水位下挡墙水平土压力对比

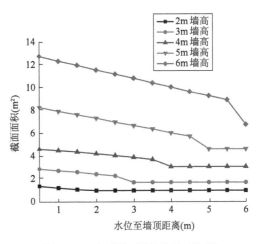

图 9-14 不同水位下挡墙截面面积对比

计算结果表明,随着水位的降低,墙后土压力略微增加,而挡墙截面面积却显著减小,直至与无水工况下的截面面积一致;由此可知,墙体浮力的减少在设计中起到了控制作用。

2. 横断面布置对比

重力式路堤墙横断面布置主要有非埋式无平台(a 类)、非埋式有平台(b 类),以及埋式路堤墙(c 类)三种形式,三种布置形式的对比详见本章第一节非埋式路堤墙算例分析内容。

3. 墙型对比

对于浸水工况下抗滑动控制的挡土墙,不宜设置倾斜基底,详见本章第一节非埋是路堤墙算例分析内容。

第三节 重力式路堑墙(地震工况)

一、项目概况及要求

根据某铁路 DK354+401~DK354+487 段线路设计技术标准及工程概况,综合判断该段中心挖深较大,左侧边坡高,地质条件较差,因此线路左侧需设置路堑预加固桩及重力式路堑挡土墙,本节展示重力式路堑墙设计过程。

线路的主要设计技术标准,如表 9-16 所示。

主要技术标准　　　　　　　　表 9-16

项 目	内 容
线路等级	Ⅰ级
正线数目	单线

续上表

项　　目	内　　容
轨道结构形式	有砟轨道
设计活载	ZKH 荷载
列车设计速度(km/h)	160

二、工程环境条件

(一)地形地貌

本段位于平缓、开阔的槽地内,属于丘陵和槽谷相间地貌,地面绝对高程约为 327～450m,相对高差为 20～120m,自然坡度为 5°～30°,平坦处多被垦为旱地、稻田,丘包植被茂密。机耕道可通往线路右侧约 600m 处县道,交通方便。

(二)地质情况

段内地表上覆上更新统冲残积(Q^{3al+el})粉质黏土,下伏基岩为下统灵地组(C_1l)石英砂(砾)岩。地层岩性分述如下:

<7-1> 粉质黏土(Q^{3al+el}):灰黄、褐黄、浅紫等杂色,含约 10% 的砂岩质碎、角砾,硬塑状,部分坚硬状,一般厚 4～30m。

<11-2> 砂岩(C_1l):灰白、灰黄、浅紫红、浅紫灰等杂色,中～厚层状,软硬不均,风化不均,差异性风化严重,呈互层状。全风化层一般厚 4～20m;强风化带一般厚 2～10m。该层一般埋深大于 10m。

(三)水文地质特征及其他

1. 水文地质特征

段内地表水主要以沟渠水、水田水、河流水。季节性较强。水质类型属 HCO_3^-—Ca^{2+} 型、HCO_3^-·Cl^-—Na^+·Ca^{2+} 型水,地表水对混凝土结构侵蚀等级为 H1。

地下水为赋存于覆盖层中的上层滞水及灰岩中的岩溶裂隙水,土层中的孔隙潜水水量小,埋藏浅。岩溶裂隙水埋深较大。水质属 HCO_3^-·SO_4^{2-}—Na^+·Ca^{2+} 型水,地下水对混凝土结构侵蚀等级为 H1。

综上所述,项目区水文地质条件较简单,地下水对支挡结构建设影响小,设计时可不考虑浸水。

2. 地震参数

根据《中国地震动参数区划图》(GB 18306—2015)和《中国地震动反应谱特征周期区划图》(1/400 万)划定,测区内地震动峰值加速度为 0.2g,地震动反应谱特征周期为 0.45s,设计时需按 8 度设防烈度考虑地震。

三、路基工程布设

DK354+411～DK354+487,线路左侧,设置路堑预加固桩及重力式路堑墙,其正面图,如

图 9-15 所示,工点断面示意图如图 9-16 所示,工程措施细节如下:

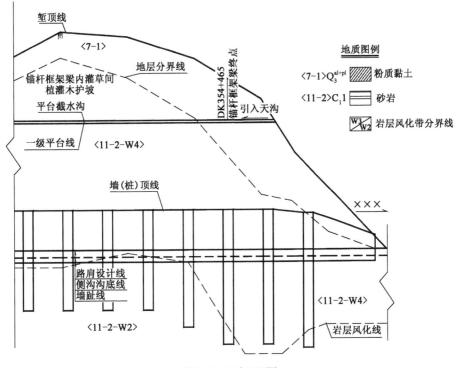

图 9-15 工点正面图

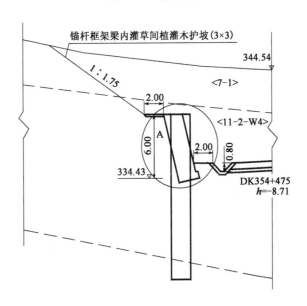

图 9-16 工点断面示意图

(1)锚固桩桩间距为(中~中)6.0m,桩截面宽度为 1.5m×2m,桩靠线路侧边缘距线路中心距离为 8.5m,桩长 11.5~15.5m,共设置 12 根锚固桩,桩身采用 C35 混凝土灌注。

(2)桩间设置重力式路堑墙,墙背反滤层设置 0.3m 厚袋装砂夹砾石,墙背反滤层、墙身泄水孔及伸缩缝设置等技术要求按《铁路路基支挡结构设计规范》(TB 10025)进行设计。挡土墙墙身采用 C35 混凝土浇筑。

(3)线路左侧,DK354 + 412.5 ~ DK354 + 485 段,墙顶设置第一级边坡;DK354 + 430 ~ DK354 + 465,墙顶设置第二级边坡;一、二级边坡均采用 3m 间距的锚杆框架梁,内灌草间植灌木护坡加固,框架梁矩形布置。

(4)挡土墙墙顶平台宽不小于 2m,DK354 + 445 处设置踏步 1 道;DK354 + 450 处设置检查梯 1 道,DK354 + 411、DK354 + 487 挡墙起讫两端设 C35 混凝土端墙。

(5)各级边坡平台设置截水沟。

四、支挡结构设计

(一)代表性断面

重力式路堑挡土墙代表性断面如图 9-17 所示。

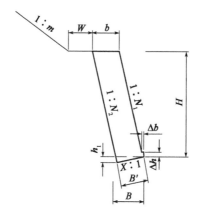

图 9-17 重力式路堑墙代表性断面图

(二)设计参数

挡土墙设计参数如表 9-17 所示。

设 计 参 数　　表 9-17

参 数 名 称		数 值
地震参数	设计地震动峰值加速度(g)	Ag = 0.2
	地震角(°)	$\eta = 3$
	水平地震修正系数	0.25
岩土参数	基底摩擦系数标准值	$f' = 0.3 \times 1.5 = 0.45$(0.3 为经验值,1.5 为系数)
	地基承载力特征值(kPa)	$\sigma_a = 300$
	综合内摩擦角(°)	$\varphi = 35$
	重度(kN/m³)	$\gamma = 19$

续上表

	参数名称	数值
墙体参数	重度(kN/m³)	$\gamma_w = 23$
	墙背摩擦角(°)	$\delta = 17.5$
	胸坡	$1:N_1 = 1:0.25$
	背坡	$1:N_2 = 1:0.25$
	倾斜基底	$1:x = 1:0.2$
边界条件	墙顶刷方坡率	$1:m = 1:1.75$
	墙后平台宽度(m)	$W = 2$

注:表中地震工况下的边坡坡率满足 $\tan(\varphi - \eta) > 1/m$。

(三)设计结果

根据表9-17中的设计参数进行重力式路堑墙结构设计,批量得到2~6m墙高的重力式路堑墙截面尺寸,如表9-18所示。计算结果见表9-19。表中符号可参照重力式路堑墙代表性断面图(图9-17)。

重力式路堑墙尺寸　　　　　　　　　　　　　　　　表9-18

H(m)	b(m)	B(m)	B'(m)	x	h_1(m)	Δb(m)	Δh(m)	面积A(m²)
2	0.5	0.5	0.49	0.1	0.05	0	0	1.01
3	0.54	0.64	0.62	0.2	0.12	0.1	0.6	1.72
4	0.72	0.82	0.8	0.2	0.16	0.1	0.6	3.00
5	1.01	1.11	1.08	0.2	0.21	0.1	0.6	5.23
6	1.32	1.42	1.38	0.2	0.27	0.1	0.6	8.17

注:表中符号见图9-17。

计算结果　　　　　　　　　　　　　　　　　　　　表9-19

E'_x (kN)	M_x (kN·m)	M_y (kN·m)	N' (kN)	抗倾覆			抗滑动			e (m)	σ_{1k} (kPa)	σ_{2k} (kPa)
				$S_{d,stb}$ (kPa)	$S_{d,dst}$ (kPa)	$S_{d,stb} - S_{d,dst}$ (kPa)	$S_{d,stb}$ (kPa)	$S_{d,dst}$ (kPa)	$S_{d,stb} - S_{d,dst}$ (kPa)			
8.6	5.9	11.9	24.5	11.86a	7.53a	4.33a	12.13a	10.85a	1.28a	-0.077b	49a	96b
19.3	18.7	29.2	43.6	29.12a	24.27a	4.86a	25.42a	24.47a	0.96a	0.070a	117a	102b
34.9	42.6	66.7	76.5	66.44a	55.25a	11.20a	44.58a	44.34a	0.24a	0.084a	157a	134b
60.6	86.2	149.7	133	149.27a	111.29a	37.98a	77.56a	77.01a	0.55a	-0.135b	166a	209b
95.1	159.9	288.7	208	287.75a	206.37a	81.39a	121.29a	120.83a	0.46a	-0.191b	197a	267b

注:1. 表中a表示为有震的计算结果;表中b表示为无震的计算结果。
　　2. 表中符号参见表9-4。

(四)受力分析及检算

以表9-18中6m墙高的重力式路堑墙为例,进行算例展示。

1. 地震条件参数修正

地震动峰值加速度为0.2g,根据《铁路工程抗震设计规范》(GB 50111—2006)第6.1.4条规定,其所对应的地震角 $\eta = 3°$。

根据第六章(地震工况下直线形墙背土压力计算)可知,在地震工况下,土的内摩擦角 φ 或土的综合内摩擦角 φ_0、墙背摩擦角 δ、土的重度 γ。受地震作用的影响,均应根据地震角 η 进行参数修正,得到修正后的内摩擦角 φ_E、墙背摩擦角 δ_E、土的重度 γ_E,分别按下式计算:

$$\varphi_E = \varphi - \eta = 35° - 3° = 32°$$

$$\delta_E = \delta + \eta = 17.5° + 3° = 20.5°$$

$$\gamma_E = \frac{\gamma}{\cos\eta} = \frac{19}{\cos 3°} = 19.026(\text{kN/m}^3)$$

2. 土压力产生的力系

根据库仑理论破裂角取值范围($\alpha \leq \theta \leq 90° - \varphi$)确定边界。以墙踵 O 点为坐标原点,计算边界范围 $1.568\text{m} \leq x \leq 32.862\text{m}$。按一定间距(0.001m)将计算边界范围内的路堤边坡和路基面进行分段,得到分段点坐标集合 $\{A_1, A_2, \cdots, A_{35740}\}$,即 $\{(1.568, 6.2705), \cdots, (32.862, 23.010)\}$,连接墙踵 O 点与 A_i 点,作为假定破裂面 OA_i。采用扫描搜索土压力计算方法,依次对 $i=1, 2, \cdots, 35740$ 共 35740 个破裂面进行扫描,并进行土压力计算,此算法执行过程需借助计算机编程实现。从扫描得到的 35740 个破裂面所产生的水平库仑主动土压力中选出最大值。经计算,在 $i=12986$ 时水平土压力最大,下面根据第六章介绍的扫描搜索法计算该破裂面所产生的库仑主动土压力,具体步骤如下所示:

(1)计算破裂楔体的自重及形心

①如图 9-18 所示,$i=12986$ 时,破裂角 $\theta = 48.192°$,破裂面 OA_{i-1} 与墙后土体形成的破裂楔体为四边形,从 O 点开始按逆时针排序,得到四个角点坐标分别为:$O(0,0)$、$B_3(13.105, 11.720)$、$B_2(3.5676, 6.2705)$、$B_1(1.5676, 6.2705)$。

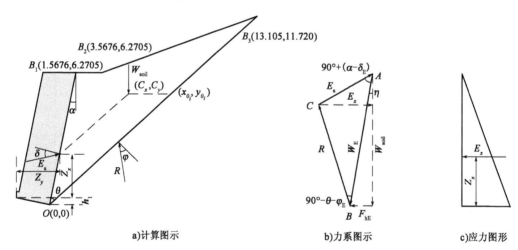

图 9-18 土压力计算示意图

②根据式(6-1)计算破裂楔体自重 W_{soil}:

$$W_{\text{soil}} = \gamma_E \cdot S = \frac{1}{2}\gamma_E \cdot \left\{ \begin{vmatrix} x_0 & y_0 \\ x_{B_3} & y_{B_3} \end{vmatrix} + \begin{vmatrix} x_{B_3} & y_{B_3} \\ x_{B_2} & y_{B_2} \end{vmatrix} + \begin{vmatrix} x_{B_2} & y_{B_2} \\ x_{B_1} & y_{B_1} \end{vmatrix} + \begin{vmatrix} x_{B_1} & y_{B_1} \\ x_0 & y_0 \end{vmatrix} \right\}$$

$$= \frac{1}{2} \times 19.026 \times \left\{ \begin{vmatrix} 0 & 0 \\ 13.105 & 11.720 \end{vmatrix} + \begin{vmatrix} 13.105 & 11.720 \\ 3.5676 & 6.2705 \end{vmatrix} + \begin{vmatrix} 3.5676 & 6.2705 \\ 1.5676 & 6.2705 \end{vmatrix} + \begin{vmatrix} 1.5676 & 6.2705 \\ 0 & 0 \end{vmatrix} \right\}$$

$$= 19.026 \times 26.4518 = 503.2722(\mathrm{kN})$$

③根据式(6-2)、式(6-3)计算破裂楔体的形心点坐标(C_x, C_y):

$$C_x = \frac{1}{6S}\sum_{k=0}^{3}(x_k + x_{k+1})(x_k y_{k+1} - x_{k+1} y_k)$$

$$= \frac{(13.105 + 3.5676)(13.105 \times 6.2705 - 3.5676 \times 11.720) + (3.5676 + 1.5676)(3.5676 \times 6.2705 - 1.5676 \times 6.2705)}{6 \times 26.4518}$$

$$= 4.64587$$

$$C_y = \frac{1}{6S}\sum_{k=0}^{3}(y_k + y_{k+1})(x_k y_{k+1} - x_{k+1} y_k)$$

$$= \frac{(11.720 + 6.2705)(13.105 \times 6.2705 - 3.5676 \times 11.720) + (6.2705 + 6.2705)(3.5676 \times 6.2705 - 1.5676 \times 6.2705)}{6 \times 26.4518}$$

$$= 5.56623$$

(2)计算直线形墙背土压力及作用点位置

①根据式(6-11)、式(6-9),分别计算破裂楔体对挡土墙墙背产生的水平及竖直向土压力 E_x、E_y:

$$E_x = \frac{W_{\mathrm{soil}}}{\tan(\theta_E + \varphi_E) + \tan(\delta_E - \alpha)} \times \frac{\cos(\delta - \alpha)}{\cos(\delta_E - \alpha)}$$

$$= \frac{503.2722}{\tan(48.192° + 32°) + \tan(20.5° - 14.036°)} \times \frac{\cos(17.5° - 14.036°)}{\cos(20.5° - 14.036°)}$$

$$= 85.720(\mathrm{kN})$$

$$E_y = E_x \tan(\delta - \alpha) = 85.72 \times \tan(17.5° - 14.036°) = 5.189(\mathrm{kN})$$

②计算库仑土压力的作用点:

参照图9-18及式(6-10),得到相较于墙趾点的水平土压力和竖直土压力的力臂 Z_x、Z_y:

$$Z_x = T_x - \Delta h = \frac{x_{\theta_i} - C_x}{\tan\theta_i - \tan\alpha} - \Delta h = \frac{5.56623 \times \tan 48.192° - 4.64587}{\tan 48.192° - \tan 14.0362°} - 0.2705 = 1.54706(\mathrm{m})$$

$$Z_y = T_y + B + \Delta b_1 = 1.54706 \times 0.25 + 1.32 + 0.1 = 1.8068(\mathrm{m})$$

(3)计算所产生得水平向及竖直向弯矩 M_{tx}、M_{ty}

对墙趾点,土压力产生弯矩为:

$$M_{tx} = E_x \cdot Z_x = 85.720 \times 1.54706 = 132.614(\mathrm{kN \cdot m})$$

$$M_{ty} = E_y \cdot Z_y = 5.189 \times 1.8068 = 9.375(\mathrm{kN \cdot m})$$

3.墙身自重产生的力系

墙体上所受力系如图9-19所示,墙体自重及作用点可根据 AutoCAD 绘图求取,也可利用坐标法计算求取。

(1)墙体自重 N_W

绘图求取:

$$N_W = \gamma_{圬} \cdot S = 23 \times 8.1721 = 187.957(\mathrm{kN})$$

(2)自重对墙趾的力臂 Z_W

绘图求取:

$$Z_W = 1.48606(\mathrm{m})$$

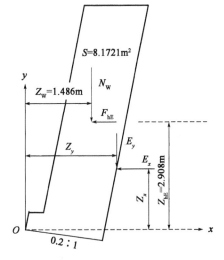

图9-19 墙体及土压力力臂示意图

(3) 自重对墙趾的力矩 M_W

$$M_W = N_W \times Z_W = 187.957 \times 1.486 = 279.315 (\text{kN} \cdot \text{m})$$

4. 水平地震作用力系计算

(1) 墙身地震作用 F_{hE}

根据《铁路工程抗震设计规范》(GB 50111)中的公式(6.1.3-1)求取墙身地震作用：

$$F_{hE} = \eta \cdot A_g \cdot m_i = 0.25 \times 0.2g \times \frac{187.957}{g} = 9.39785 (\text{kN})$$

(2) 墙身地震作用臂 Z_{hE}

绘图求取：

$$Z_{hE} = 2.90756 (\text{m})$$

(3) 墙身地震力矩 M_{hE}

$$M_{hE} = F_{hE} \cdot Z_{hE} = 9.39785 \times 2.90756 = 27.3248 (\text{kN} \cdot \text{m})$$

5. 全墙稳定检算

(1) 抗滑动稳定性检算

根据附录 J.01，进行挡土墙的抗滑动稳定性承载能力极限状态检算：

不平衡作用效应设计值：

$$S_{d,dst} = \gamma_{E1} E_x + F_{hE} = 1.3 \times 85.720 + 9.39785 = 120.834 (\text{kN})$$

平衡作用效应设计值：

$$\begin{aligned} S_{d,stb} &= [\gamma_G N_w + \gamma_{E2}(E_y + E'_x \tan\alpha_0)]f' + (\gamma_G W + \gamma_{E2} E_y)\tan\alpha_0 \\ &= \{0.9 \times 187.957 + 0.95 \times [5.189 + (85.720 + 9.39785) \times 0.2]\} \times 0.45 + (0.9 \times \\ &\quad 187.957 + 0.95 \times 5.189) \times 0.2 \\ &= 121.292 (\text{kN}) \end{aligned}$$

抗滑动稳定性检算：

$\gamma_0 S_{d,dst} = 1.0 \times 120.834 = 120.834 \leqslant S_{d,stb} = 121.292$，满足要求。

(2) 挡土墙的抗倾覆稳定性

根据附录 J.03，挡土墙的抗倾覆稳定性承载能力极限状态检算：

不平衡作用效应设计值：

$$S_{d,dst} = \gamma_{E1} E_x Z_x + F_{hE} Z_{hE} = 1.35 \times 85.720 \times 1.54706 + 9.39785 \times 2.90756 = 206.354 (\text{kN} \cdot \text{m})$$

平衡作用效应设计值：

$$S_{d,stb} = \gamma_G N_W Z_W + \gamma_{E2} E_y Z_y = 1.0 \times 187.957 \times 1.48606 + 0.9 \times 5.189 \times 1.8068 = 287.753 (\text{kN} \cdot \text{m})$$

抗倾覆稳定性检算：

$\gamma_0 S_{d,dst} = 1.0 \times 206.354 = 206.354 < S_{d,stb} = 287.753$，满足要求。

(3) 基底压应力按正常使用极限状态验算

根据附录 J.04，进行挡土墙基底合力偏心距检算：

① 偏心距检算

作用于倾斜基底上的总垂直力 N'：

$$\begin{aligned} N' &= N \times \cos\alpha_0 + E'_x \times \sin\alpha_0 \\ &= (N_W + E_y) \times \cos(\arctan 0.2) + (F_{hE} + E_x) \times \sin(\arctan 0.2) \end{aligned}$$

$$= (187.957 + 5.189) \times 0.9806 + (9.3979 + 85.720) \times 0.1961$$
$$= 208.0516 (\mathrm{kN})$$

基底合力偏心距 e：

$$e = \frac{B'}{2} - \frac{\sum M_y - \sum M_x}{N'} = \frac{B'}{2} - \frac{(M_w + M_{ty}) - (M_{tx} + M_{hE})}{N'} = \frac{1.38}{2} -$$
$$\frac{279.3154 + 9.375 - (132.614 + 27.3248)}{208.0516} = 0.071155(\mathrm{m})$$

$|e| < \dfrac{B'}{5} = 0.276(\mathrm{m})$，满足要求。

②墙趾压应力检算

根据偏心距和压应力关系，确定计算墙趾、墙踵压应力计算公式：

$$|e| < \frac{B'}{5} = 0.276(\mathrm{m})$$

$$\sigma_{1k,2k} = \frac{N'}{B'}\left(1 \pm \frac{6e}{B'}\right)$$

墙趾压应力标准值：

$$S_d = \sigma_{1k} = \frac{N'}{B'}\left(1 + \frac{6e}{B'}\right) = 197.403(\mathrm{kPa})$$

墙趾压应力特征值：

$$C_d = \gamma_\sigma \cdot \sigma_a = 1.5 \times 300 = 450(\mathrm{kPa})$$

$S_d < C_d$，满足要求。

③墙踵压应力检算

墙踵压应力标准值：

$$S_d = \sigma_{2k} = \frac{N'}{B'}\left(1 - \frac{6e}{B'}\right) = 104.121(\mathrm{kPa})$$

墙踵承载力特征值：

$$C_d = \gamma_\sigma \cdot \sigma_a = 1.95 \times 200 = 585(\mathrm{kPa})$$

$S_d < C_d$，满足要求。

④墙底平均应力检算

墙底平均应力标准值：

$$S_d = \sigma_{pk} = \frac{\sigma_{1k} + \sigma_{2k}}{2} = 150.762(\mathrm{kPa})$$

墙底平均承载力特征值：

$$C_d = \gamma_\sigma \cdot \sigma_a = 1.5 \times 200 = 450(\mathrm{kPa})$$

$S_d < C_d$，满足要求。

6. **墙身截面强度计算**

如图 9-20 所示，挡土墙墙身截面存在台阶突变，需选取该 I-I 截面进行墙身强度检算。

(1) I-I 截面合力偏心距 e' 检算

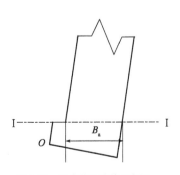

图 9-20 墙身截面检算示意图

① Ⅰ-Ⅰ截面土压力产生力系

Ⅰ-Ⅰ截面土压力计算方法参考第六章(土压力计算),计算过程从略。

水平土压力:
$$E_{x\text{Ⅰ-Ⅰ}} = \frac{W_{\text{Ⅰ-Ⅰ}}}{\tan(\theta_i + \varphi_E) + \tan(\delta_E - \alpha)} \times \frac{\cos(\delta - \alpha)}{\cos(\delta_E - \alpha)} = 59.543(\text{kN})$$

竖直土压力:
$$E_{y\text{Ⅰ-Ⅰ}} = E_{x\text{Ⅰ-Ⅰ}} \tan(\delta - \alpha) = 59.543 \times \tan(17.5° - 14.0362°) = 3.604(\text{kN})$$

水平土压力对Ⅰ-Ⅰ截面的墙趾力矩:
$$M_{x\text{Ⅰ-Ⅰ}} = 59.543 \times 1.5612 = 92.9574(\text{kN}\cdot\text{m})$$

竖直土压力对Ⅰ-Ⅰ截面的墙趾力矩:
$$M_{y\text{Ⅰ-Ⅰ}} = \left(B_a + M_{x\text{Ⅰ-Ⅰ}} \cdot \frac{\tan\alpha}{E_{x\text{Ⅰ-Ⅰ}}}\right) \times E_{y\text{Ⅰ-Ⅰ}} = \left(1.32 + 92.9574 \times \frac{0.25}{59.543}\right) \times 3.604 = 6.1639(\text{kN}\cdot\text{m})$$

② Ⅰ-Ⅰ截面以上墙身自重产生的力系

Ⅰ-Ⅰ截面以上面积:
$$A_{\text{Ⅰ-Ⅰ}} = 7.128\text{m}^2$$

Ⅰ-Ⅰ截面以上自重:
$$N_{\text{WⅠ-Ⅰ}} = \gamma_{圬\text{Ⅰ-Ⅰ}} \times A_{\text{Ⅰ-Ⅰ}} = 23 \times 7.128 = 163.944(\text{kN})$$

自重对Ⅰ-Ⅰ截面的墙趾的力臂:
$$Z_{\text{WⅠ-Ⅰ}} = 1.32/2 + 5.4/2 \times 0.25 = 1.335(\text{m})$$

自重对Ⅰ-Ⅰ截面的墙趾的力矩:
$$M_{\text{WⅠ-Ⅰ}} = N_{\text{WⅠ-Ⅰ}} \times Z_{\text{WⅠ-Ⅰ}} = 163.944 \times 1.335 = 218.865(\text{kN}\cdot\text{m})$$

③ Ⅰ-Ⅰ截面以上水平地震作用力系计算

Ⅰ-Ⅰ截面以上地震作用:
$$F_{\text{hEⅠ-Ⅰ}} = 0.25 \times 0.2 \times 23 \times 7.128 = 8.1972(\text{kN})$$

墙身地震力臂:
$$Z_{\text{hEⅠ-Ⅰ}} = 2.7(\text{m})$$

墙身地震力矩:
$$M_{\text{hEⅠ-Ⅰ}} = F_{\text{hEⅠ-Ⅰ}} \cdot Z_{\text{hEⅠ-Ⅰ}} = 22.132(\text{kN}\cdot\text{m})$$

④ Ⅰ-Ⅰ截面合力偏心距计算
$$e' = \frac{B_a}{2} - \frac{\sum M_{y\text{Ⅰ-Ⅰ}} - \sum M_{x\text{Ⅰ-Ⅰ}}}{N_{\text{Ⅰ-Ⅰ}}} = \frac{1.32}{2} - \frac{218.865 + 6.164 - 92.9574 - 22.132}{3.604 + 163.944} = 0.0038(\text{m})$$

⑤ Ⅰ-Ⅰ截面合力偏心距检算

$|e'| = 0.0038 < 0.35B_a = 0.462$,满足要求。

(2) Ⅰ-Ⅰ截面剪应力检算
$$S_d = \gamma_{sd}\gamma_s(S_{Gk} + S_{Qk}) = E_{x\text{Ⅰ-Ⅰ}} = 1.0 \times 1.35 \times 59.543 = 80.383(\text{kN})$$

$$R_d = \frac{\gamma f_{ct}bh^2}{6} = \frac{1.226 \times 863.5 \times 1.0 \times 1.32^2}{6} = 307.432(\text{kN})$$

$S_d < R_d$,满足要求。

7. 其他检算

无震工况检算从略。

五、算例分析

(一) 工况对比

本算例在计算有震工况时,无震工况作为验算工况,为了对比分析地震对重力式路堑墙墙身截面的影响,下面对重力式路堑墙的有震与无震工况进行对比,两种工况下的计算结果如表9-20所示。随着挡墙高度的增加,地震工况下的重力路堑墙较非震工况下的挡墙面积比值逐渐扩大,在1.01~1.38之间;随着挡墙的高度增加,地震工况下(0.2g)的挡土墙较非震工况下的挡墙水平土压力比值逐渐增加,在1.22~1.36之间。综上,在地震工况下的重力式路堑墙设计时,需验算非震工况。

重力式路堑墙非震工况与地震工况对比　　　表9-20

墙高 H(m)	①有震(0.2g)			②无震			截面面积比 $A_①/A_②$	土压力比 $E_{x①}/E_{x②}$	墙踵应力比 $\sigma_{2k①}/\sigma_{2k②}$
	截面面积 $A_①$(m²)	土压力 $E_{x①}$(kN)	墙踵应力 $\sigma_{2k①}$(kPa)	截面面积 $A_②$(m²)	土压力 $E_{x②}$(kN)	墙踵应力 $\sigma_{2k②}$(kPa)			
2	1.01	7.4	96b	1	6.1	91b	1.01	1.22	1.05
3	1.72	17.3	102b	1.55	14.6	71b	1.11	1.19	1.44
4	3	31.5	134b	2.72	26	88b	1.10	1.21	1.52
5	5.23	54.6	209b	4.22	42.2	115b	1.24	1.29	1.82
6	8.17	85.7	267b	6.16	64.4	132b	1.33	1.33	2.02
7	11.83	124.5	315b	8.68	92.2	154b	1.36	1.35	2.05
8	16.38	171.4	361b	11.8	125.7	179b	1.38	1.36	2.02
9	—	—	—	15.48	165.3	225b			
10	—	—	—	19.65	209.9	246b			

注:1. 表中b表示为无震的计算结果。
　　2. A为墙体截面面积,E_x为墙后水平土压力,σ_{2k}为墙踵应力。

为了分析动峰值加速度对墙身截面的影响,下面对不同动峰值加速度的重力式路堑墙进行对比,如表9-21所示,表中设计参数除峰值加速度及配套刷方坡率存在变化外,其他设计参数均与本工点算例一致。计算结果表明,随着地震动峰值加速度的增加,挡墙截面面积、墙后土压力及墙踵应力均增加。

不同动峰值加速度重力式路堑墙对比　　　表9-21

墙高 H(m)	①0.2g (配套刷方坡率1:1.75)			②0.3g (配套刷方坡率1:2)			③0.4g (配套刷方坡率1:2)			对比					
	截面面积 $A_①$(m²)	土压力 $E_{x①}$(kN)	墙踵应力 $\sigma_{2k①}$(kPa)	截面面积 $A_②$(m²)	土压力 $E_{x②}$(kN)	墙踵应力 $\sigma_{2k②}$(kPa)	截面面积 $A_③$(m²)	土压力 $E_{x③}$(kN)	墙踵应力 $\sigma_{2k③}$(kPa)	$\frac{A_②}{A_①}$	$\frac{A_③}{A_①}$	$\frac{E_{x②}}{E_{x①}}$	$\frac{E_{x③}}{E_{x①}}$	$\frac{\sigma_{2k②}}{\sigma_{2k①}}$	$\frac{\sigma_{2k③}}{\sigma_{2k①}}$
2	1.01	7.4	96b	1.01	8.1	96b	1.02	9.1	99b	1.00	1.01	1.08	1.22	1.00	1.03
3	1.72	17.3	102b	1.88	18.8	118b	2.13	20.3	135b	1.09	1.24	1.08	1.17	1.16	1.32

续上表

墙高	①0.2g (配套刷方坡率1:1.75)			②0.3g (配套刷方坡率1:2)			③0.4g (配套刷方坡率1:2)			对 比					
	截面面积	土压力	墙踵应力	截面面积	土压力	墙踵应力	截面面积	土压力	墙踵应力						
H (m)	$A_①$ (m^2)	$E_{x①}$ (kN)	$\sigma_{2k①}$ (kPa)	$A_②$ (m^2)	$E_{x②}$ (kN)	$\sigma_{2k②}$ (kPa)	$A_③$ (m^2)	$E_{x③}$ (kN)	$\sigma_{2k③}$ (kPa)	$\frac{A_②}{A_①}$	$\frac{A_③}{A_①}$	$\frac{E_{x②}}{E_{x①}}$	$\frac{E_{x③}}{E_{x①}}$	$\frac{\sigma_{2k②}}{\sigma_{2k①}}$	$\frac{\sigma_{2k③}}{\sigma_{2k①}}$
4	3	31.5	134b	3.42	34.4	166b	4.05	39.0	193b	1.14	1.35	1.09	1.24	1.24	1.44
5	5.23	54.6	209b	5.8	58.3	230b	7.01	67.6	258b	1.11	1.34	1.07	1.24	1.10	1.23
6	8.17	85.7	267b	8.93	89.7	287b	10.95	105.1	316b	1.09	1.34	1.05	1.23	1.07	1.18
7	11.83	124.5	315b	12.83	129.0	338b	15.74	151.1	367b	1.08	1.34	1.04	1.22	1.07	1.17
8	16.38	171.3	361b	17.42	175.6	385b	—	—	—	1.06	—	1.03	—	1.07	—
9	—	—	—	—	—	—	—	—	—	—	—	—	—	—	—
10	—	—	—	—	—	—	—	—	—	—	—	—	—	—	—

注：1. 表中 b 表示为无震的计算结果。
2. 表中地震工况下的边坡坡率满足 $\tan(\varphi-\eta)>1/m$。

（二）横断面布置对比

在进行重力式路堑墙横断面布置时，可以选择是否在墙顶设置平台。在其他设计参数均同本工点算例情况下，表9-22 对墙顶是否设有平台进行了墙体截面面积和水平土压力对比，通过对比发现不设墙顶平台与设置墙顶平台（$W=1.0m,W=2.0m$）的墙后水平土压力比值在 1.2~2.0 倍之间，墙体截面面积比在 1.20~1.96 之间。设有墙顶平台的重力式路堑墙无论在水平土压力还是墙体尺寸上均较不设有平台的挡墙大幅度降低，节省圬工量 30%~50%。但是需要注意的是，设置墙顶平台的同时，会使得边坡开挖方量增加，因此，在自然山坡与刷方边坡接近时，最好不设平台，甚至挡墙可做成封顶式，以免边坡刷方并造成墙顶边坡的不稳定。

墙顶是否设有平台对比 表9-22

墙高	①$W=0m$		②$W=1m$		③$W=2m$		对 比			
	面积	土压力	面积	土压力	面积	土压力	面积比	土压力比	面积比	土压力比
H(m)	$A_①$(m^2)	$E_{x①}$(kN)	$A_②$(m^2)	$E_{x②}$(kN)	$A_③$(m^2)	$E_{x③}$(kN)	$A_①/A_②$	$E_{x①}/E_{x②}$	$A_①/A_③$	$E_{x①}/E_{x③}$
2	1.48	15.5	1.01	7.6	1.01	7.4	1.47	2.03	1.47	2.08
3	3.3	34.7	2.06	21.5	1.72	17.3	1.6	1.61	1.92	2.00
4	5.87	61.5	4.09	42.9	3	31.5	1.44	1.43	1.96	1.96
5	9.14	96.0	6.85	72.0	5.23	54.6	1.33	1.33	1.75	1.76
6	13.12	138.0	10.32	108.6	8.17	85.7	1.27	1.27	1.61	1.61
7	17.83	187.7	14.6	153.4	11.88	124.8	1.22	1.22	1.5	1.50
8	23.38	246.1	19.54	205.7	16.38	172.3	1.2	1.20	1.43	1.43

（三）墙型对比

重力式路堑墙结构形式简单，一般通过调整墙体的背坡坡率中的 N_2 来调整土压力大小和墙身稳定,通过调整胸坡坡率中的 N_1 来调整墙身稳定。

由表9-23可知,随着 N_1、N_2 的增加,墙背所受的水平土压力 E_x 及墙体截面面积 A 逐渐减小,墙踵应力 σ_{2k} 逐渐增大。因此,墙体背坡坡率在一定范围内越缓,土压力及墙体截面面积越小,对挡墙设计更有利,而超过一定范围时,挡墙墙踵应力显著增大,容易超限,墙体自身也不容易稳定。墙背过缓时,挡墙躺在边坡上成为护坡起不到支挡作用,故工程上所选择的最佳墙背坡率不能缓于1:0.3,背坡坡率 N_2 的变化范围有限。

胸坡和背坡相同时对应的计算结果 表9-23

背坡坡率 N_2	胸坡坡率 N_1	面积 $A(m^2)$	土压力 $E_x(kN)$	墙踵应力 $\sigma_{2k}(kPa)$	背坡坡率 N_2	胸坡坡率 N_1	面积 $A(m^2)$	土压力 $E_x(kN)$	墙踵应力 $\sigma_{2k}(kPa)$
0	0	10.07	84.3	32b	0.2	0.2	5.65	60.5	137b
0.05	0.05	8.57	76.7	43b	0.25	0.25	5.23	54.6	209b
0.1	0.1	7.39	74.7	61b	0.3	0.3	4.73	48.7	317b
0.15	0.15	6.17	67.0	80b	—				

注:墙高为5m,表中b表示为无震的计算结果。

为方便对比,将表9-24绘制成图,由图9-21~图9-23可知,当 N_2 一定时,墙体面积 A 随着 N_1 的增大会先显著减小再缓慢增大,存在最优截面,如图9-21所示;当 N_2 一定时,墙踵应力 σ_{2k} 随着 N_1 的增大逐渐增大,如图9-22所示;当 N_2 一定时,墙背水平土压力 E_x 随着 N_1 的增大缓慢增大,如图9-23所示,这是由于墙体设有倾斜基底,随着胸坡坡率的增加,墙背高度缓慢增加,进而造成所计算的墙背水平土压力缓慢增大。

胸坡和背坡不同时对应的计算结果 表9-24

背坡坡率 N_2	胸坡坡率 N_1	面积 $A(m^2)$	土压力 $E_x(kN)$	墙踵应力 $\sigma_{2k}(kPa)$	背坡坡率 N_2	胸坡坡率 N_1	面积 $A(m^2)$	土压力 $E_x(kN)$	墙踵应力 $\sigma_{2k}(kPa)$
0	0	10.07	84.3	32b	0.1	0.15	6.66	74.5	56b
0	0.05	8.93	83.8	31b	0.1	0.2	6.61	75.3	72b
0	0.1	8.17	91.3	32b	0.1	0.25	6.68	76.2	85b
0	0.15	7.55	91.3	34b	0.1	0.3	6.75	77.1	93b
0	0.2	7.62	92.3	51b	0.15	0.15	6.17	67	80b
0	0.25	7.7	93.4	64b	0.15	0.2	6.13	67.7	95b
0	0.3	7.73	93.8	65b	0.15	0.25	6.19	68.5	100.3b
0.05	0.05	8.57	76.7	43b	0.2	0.15	6.25	69.2	113b
0.05	0.1	7.83	82.8	44b	0.2	0.2	5.65	60.5	137b
0.05	0.15	7.04	82.6	40b	0.2	0.25	5.7	61.2	144b
0.05	0.2	7.11	83.5	58b	0.2	0.3	5.76	62	146b
0.05	0.25	7.19	84.5	71b	0.25	0.25	5.23	54.6	209b
0.05	0.3	7.22	84.8	72b	0.25	0.3	5.28	55.2	199b
0.1	0.1	7.39	74.7	61b	0.3	0.3	4.73	48.7	317b

注:墙高为5m,表中b表示为无震的计算结果。

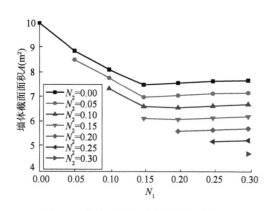
图9-21 胸坡和背坡不同时对应的墙体面积

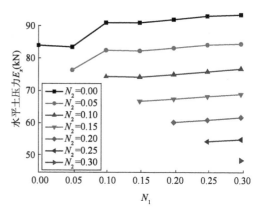
图9-22 胸坡和背坡不同时对应的水平土压力

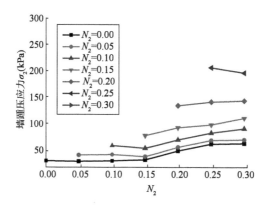
图9-23 胸坡和背坡不同时对应的墙踵压应力

综上,在墙体背坡坡率一定时,胸坡坡率在 $N_2 \leq N_1 \leq 0.3$ 变化时,会存在最佳胸坡坡率,所计算出的墙体面积最经济。

此外,需要注意的是进行墙型对比时,胸坡坡率与背坡坡率要协调,根据岩、土的物理力学性质、地基地质、地面横坡情况以及基础设计综合考虑,工程中常用的胸坡坡率及背坡坡率如表9-25所示。在同一地段,挡墙的胸坡及背坡坡率形式应尽量一致,以方便施工,并使外表美观。

工程中常用到的组合坡率　　　　表9-25

组合坡率	组合1	组合2	组合3	组合4	组合5	组合6	组合7	组合8
$1:N_1$	1:0.3	1:0.3	1:0.3	1:0.25	1:0.25	1:0.2	1:0.2	1:0.15
$1:N_2$	1:0.3	1:0.25	1:0.2	1:0.25	1:0.2	1:0.2	1:0.15	1:0.15

根据表9-23、表9-24并结合工程常用组合坡率,得到一个针对不同情况的胸坡及背坡坡率集合,供设计者参考选择。

(四)截面检算对比

在不同的荷载组合下,铁路、公路挡土墙墙身截面合力偏心控制不一样,会导致不同的计算结果,对比如表 9-26 所示。

铁路和公路重力式挡土墙墙身截面合力偏心距检算规定　　　表 9-26

荷载组合	偏　心　距	
	《铁路路基支挡结构设计规范》(TB 10025)	《公路路基设计规范》(JTG D30)
Ⅰ	$|e|\leq 0.3B'$	$|e|\leq 0.25B'$
Ⅲ、Ⅳ	$|e|\leq 0.35B'$	$|e|\leq 0.3B'$
Ⅱ	$|e|\leq 0.35B'$	$|e|\leq 0.33B'$

注:荷载组合参见附录 N。

由表 9-26 可知,公路工程的挡土墙墙身截面合力偏心距较铁路工程更加严格,在以往铁路工程中的重力式挡土墙的墙身截面合力偏心距检算均不控制设计,而在公路工程的挡土墙设计中,存在挡墙全身检算均能通过,而墙身截面合力偏心距却通不过的情况。因此在公路挡土墙设计时应当注意。

在挡土墙设计程序中,重力式路堑墙和路堤墙的合力偏心距不满足要求时,所采取处理方式是不一样的,如当挡墙偏心距检算不通过时,重力式路堑墙一般优先增加墙趾台阶,而重力式路堤墙则是直接通过增加墙身宽度来满足偏心距检算。这是因为重力式路堑墙主要承受永久荷载作用,优先增加斜底或墙趾台阶来增大挡墙偏心距,可尽量控制墙体尺寸,减少墙体尺寸及超挖;而重力式路堤墙在承受永久荷载作用外,还需承受主可变荷载作用(列车荷载),通过增加墙体宽度来满足偏心距检算,还可进一步增大稳定性检算安全储备,增加结构可靠性,减小风险。

第四节　重力式路肩墙(一般工况)

一、项目概况及要求

根据某铁路 DK140+882.5～DK140+901.45 段地质平面图、横断面图及地质、水文条件综合分析右侧路堤坡脚位于陡坎附近,右侧路肩附近填高较小,不大于 4.5m,填方体范围无不良地质,地基稳定性较好,综合判断该段线路右侧需设置重力式路肩挡土墙。

线路的主要设计技术标准,如表 9-27 所示。

主　要　技　术　标　准　　　表 9-27

项　　目	内　　容
线路等级	Ⅰ级特重型
正线数目	双线
轨道结构形式	有砟轨道
设计活载	ZKH 荷载
列车设计速度(km/h)	160

二、工程环境条件

(一) 地形地貌

本段属丘陵地貌,地面高程 306～317m,最大高差 9m,最大挖方 5m,自然坡度 5～27°,植被茂密,多为沟槽水田及旱地,少量为林地。

(二) 地质情况

本段上覆第四系全新统坡残积层(Q_4^{dl+pl})粉质黏土,下伏侏罗系中统上沙溪庙组(J_{2s})泥岩、砂岩。地层岩性分述如下:

<6-4>粉质黏土(Q_4^{dl+pl}):黄褐色、硬塑,土质分布不均,黏性差,不可搓条,岩芯多呈土柱状,手搓有砂感。分布于斜坡表层,厚度 0～2m,局部稍厚,属Ⅱ级普通土。

<12-1>砂岩(J_{2s}):灰黄、灰褐色,薄层-中厚层状构造,细粒-中粗粒砂质结构,泥钙质胶结,全风化带(W4)厚 0～2m,风化严重,岩体风化呈砂土状,局部含植物根系,属Ⅲ级硬土;强风化带(W3)厚 0～8m,节理裂隙较发育,质较软;弱风化带(W2),属Ⅳ级软石,可见微层理。节理裂隙较发育,裂隙中充填有少量泥质风化物,节理面上有水锈褐斑。浸水后易软化或崩解,脱水易开裂。强风化带(W3)厚 0～5m,节理裂隙较发育,质较软,属Ⅳ级软石,以下为弱风化带(W2),属Ⅳ级软石。

<12-2>泥岩(J_{2s}):棕红色,泥质结构,层状构造,原岩结构、构造清晰,局部可见微层理。节理裂隙分割间距 20～30cm,裂隙中充填有少量泥质风化物,节理面上有水锈褐斑。浸水后易软化或崩解,脱水易开裂。强风化带(W3)厚 0～3m,节理裂隙较发育,质较软,属Ⅳ级软石;以下为弱风化带(W2),属Ⅳ级软石。

(三) 水文地质特征及其他

段内水文地质条件较简单,地表及地下水不发育,按《铁路混凝土结构耐久性设计规范》(TB 10005-2010),地表水、地下水对混凝土结构无侵蚀作用。该段路基为非浸水路基。

三、路基工程布设

DK140+882.5～DK140+901.45 右侧,长 18.95m,设置重力式路肩挡土墙,其正面布置如图 9-24 所示,工点断面示意图如图 9-25 所示,具体工程措施如下:

(1) 墙身采用 C30 混凝土浇筑,沿线路方向每隔 10～20m 设置一道伸缩缝,缝宽 2cm,缝内填塞沥青木板。墙背铺设一层复合排水网垫作为反滤层。墙顶、墙背与地面相交处设置隔水层,采用同墙体材料浇筑。墙身高出地面部分,从地面开始,沿墙高每隔 2～3m 交错布置向墙外坡度不小于 4% 的泄水孔,泄水孔采用埋设直径为 100mm 的 PVC 管。

(2) 墙顶设置立柱栏杆。

四、支挡结构设计

(一) 代表性断面

双线重力式路肩墙代表性断面如图 9-26 所示。

第九章 重力式挡土墙

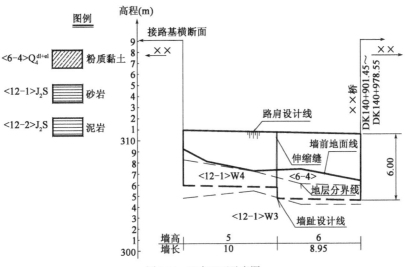

图 9-24 工点正面示意图

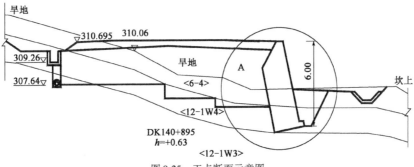

图 9-25 工点断面示意图

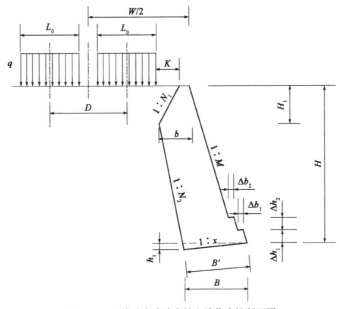

图 9-26 双线重力式路肩挡土墙代表性断面图

(二)设计参数

挡土墙设计参数如表9-28所示:

设 计 参 数　　　　　表9-28

	参 数 名 称	数 值
边界条件	路基面宽度(m)	12.5
	轨道和列车荷载(kN/m^2)	61.6
	轨道和列车荷载宽度(m)	3.3
	线间距(m)	4.4
岩土参数	基底摩擦系数标准值	$f' = 0.3 \times 1.5 = 0.45$(0.3为经验值,1.5为系数)
	地基承载力特征值(kPa)	$\sigma_a = 180$
	综合内摩擦角(°)	$\varphi = 35$
	填料重度(kN/m^3)	$\gamma = 20$
墙体参数	墙背摩擦角(°)	$\delta = 17.5$
	墙体重度(kN/m^3)	$\gamma_W = 23$
	胸坡	$1:M = 1:0.25$
	上墙背坡	$1:N_1 = 1:0.55$
	下墙背坡	$1:N_2 = 1:0.25$
	倾斜基底	$1:x = 1:0.2$

(三)设计结果

根据表9-28中的设计参数进行重力式路肩墙结构设计,得到2~6m墙高的墙身截面尺寸和计算结果,如表9-29及表9-30所示。表中符号可参照双线重力式路肩挡土墙代表性断面图(图9-26)。

重力式路肩墙尺寸表　　　　　表9-29

墙高	截面尺寸								面积
H(m)	H_1(m)	b(m)	B(m)	B'(m)	x	h_1(m)	Δb(m)	Δh(m)	A(m^2)
2	0.00	0.50	0.50	0.50	0.00	0.00	0.00	0.00	0.74
3	0.06	0.53	0.54	0.53	0.20	0.10	0.00	0.00	1.39
4	0.82	0.95	1.15	1.12	0.20	0.22	0.00	0.00	4.21
5	1.49	1.32	1.84	1.79	0.20	0.35	0.15	0.40	7.69
※6	1.89	1.54	2.31	2.25	0.20	0.44	0.30	0.70	11.10

注:表中符号见图9-26。

计 算 结 果 表　　　　　表9-30

E'_x (kN)	M_x (kN·m)	M_y (kN·m)	N' (kN)	抗倾覆			抗滑动			e (m)	σ_{1k} (kPa)	σ_{2k} (kPa)
				$S_{d,stb}$ (kPa)	$S_{d,dst}$ (kPa)	$S_{d,stb} - S_{d,dst}$ (kPa)	$S_{d,stb}$ (kPa)	$S_{d,dst}$ (kPa)	$S_{d,stb} - S_{d,dst}$ (kPa)			
6.4	4.3	11.8	23.4	9.43a	5.57a	3.86a	9.44a	8.68a	0.76a	−0.070a	8a	86a
17.7	12.8	25.2	41.9	20.23b	18.76b	1.47b	23.91a	23.86a	0.05a	−0.032a	82b	109a

续上表

E'_x (kN)	M_0 (kN·m)	M_y (kN·m)	N' (kN)	抗倾覆			抗滑动			e (m)	σ_{1k} (kPa)	σ_{2k} (kPa)
				$S_{d,stb}$ (kPa)	$S_{d,dst}$ (kPa)	$S_{d,stb} - S_{d,dst}$ (kPa)	$S_{d,stb}$ (kPa)	$S_{d,dst}$ (kPa)	$S_{d,stb} - S_{d,dst}$ (kPa)			
48.6	51.6	113.6	115.8	91.77a	67.12a	24.65a	65.75a	65.61a	0.15a	-0.098b	117a	151b
87.8	142.4	306.5	210.7	248.63a	185.07a	63.56a	119.09a	118.60a	0.49a	-0.171b	163a	176b
125.5	258.1	567.8	307.6	462.43a	335.51a	126.92a	173.20a	169.48a	3.72a	-0.222b	179a	204b

注：1. 表中 a 表示为有荷的计算结果；表中 b 表示为无荷的计算结果。
2. 表中符号参见 9-4。

（四）受力分析及检算

以表 9-29 中 6m 墙高的重力式路肩墙为例，进行算例展示。

参照图 9-27、图 9-28，建立坐标系，按一定间距（0.001m）将计算界限内的路基表面进行分段，其中，上墙第二破裂角 α_i 计算点集为 $\{A_1,A_2,\cdots,A_{1040},A_{1041}\}$，上墙第一破裂角 β_j 计算点集为 $\{A_{1041},A_{1042},\cdots,A_{3739},A_{3740}\}$，下墙破裂角 θ_m 计算点集为 $\{A_{2551},A_{2552},\cdots,A_{10239}\}$。连接 O' 点与 A_i 点，作为假定上墙第二破裂面 $O'A_i$；连接 O' 点与 A_j 点，作为假定上墙第一破裂面 $O'A_j$；连接墙踵 O 点与 A_m 点，作为假定下墙破裂面 OA_m。

采用扫描搜索土压力计算方法，依次对破裂面进行扫描及土压力计算，并选出最大值。经计算，在 $i=1,j=2540,m=4776$ 时，水平土压力最大，计算该破裂面所产生的库仑主动土压力，具体步骤如下：

1. 上墙土压力计算

如图 9-27 所示，在 $i=1,j=2540$ 时，此时上墙第二破裂角 $\alpha_i=\alpha=28.811°$，上墙第一破裂角 $\beta_j=38.611°$。上墙第二破裂面与坡面交于点 $A(-1.040,1.891)$，上墙第一破裂面与坡面交于点 $B(1.510,1.891)$，荷载起点坐标为 $Q(0.86,1.891)$。

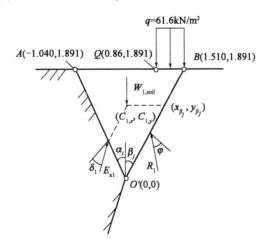

图 9-27 折线形墙背上墙破裂楔体坐标及土压力作用点示意图

（1）求取破裂楔体的自重及形心
①参照图 9-27，利用坐标法计算破裂楔体自重 $W_{1,soil}$：

$$W_{1,\text{soil}} = \gamma \cdot S = \frac{1}{2}\gamma \cdot \left\{ \begin{vmatrix} x_{O'} & y_{O'} \\ x_B & y_B \end{vmatrix} + \begin{vmatrix} x_B & y_B \\ x_A & y_A \end{vmatrix} + \begin{vmatrix} x_A & y_A \\ x_{O'} & y_{O'} \end{vmatrix} \right\}$$

$$= \frac{1}{2} \times 20 \times \left\{ \begin{vmatrix} 0 & 0 \\ 1.5102 & 1.891 \end{vmatrix} + \begin{vmatrix} 1.5102 & 1.891 \\ -1.0401 & 1.891 \end{vmatrix} + \begin{vmatrix} -1.0401 & 1.891 \\ 0 & 0 \end{vmatrix} \right\}$$

$$= 48.2235 (\text{kN})$$

②利用坐标法计算破裂楔体的形心点坐标($C_{1,x}, C_{1,y}$):

$$C_{1,x} = \frac{1}{6S} \sum_{k=0}^{i} (x_k + x_{k+1})(x_k y_{k+1} - x_{k+1} y_k)$$

$$= \frac{0 + (1.5102 - 1.0401)(1.5102 \times 1.891 + 1.0401 \times 1.891) + 0}{6 \times 2.411025}$$

$$= 0.15667 (\text{m})$$

$$C_{1,y} = \frac{1}{6S} \sum_{k=0}^{i} (y_k + y_{k+1})(x_k y_{k+1} - x_{k+1} y_k)$$

$$= \frac{0 + (1.891 + 1.891)(1.5102 \times 1.891 + 1.0401 \times 1.891) + 0}{6 \times 2.411175}$$

$$= 1.26 (\text{m})$$

(2) 求取荷载重力及其在路基面上的作用点

参照图9-27,计算荷载自重,$W_{1,\text{load}} = \sum_{1}^{k} \Delta q \cdot \Delta l = 61.6 \times (1.5102 - 0.86) = 40.0523 (\text{kN})$;

参照图9-27,计算荷载在路基面的投影点坐标($Q_{1,x}, Q_{1,y}$),横坐标按公式(6-5)计算,纵坐标通过内插求得,经计算荷载坐标为(1.185,1.891)。

(3) 计算土压力及作用点位置

①计算破裂楔体与荷载的重力之和及总形心

$$W_1 = W_{1,\text{soil}} + W_{1,\text{load}} = 48.2235 + 40.0523 = 88.2758 (\text{kN})$$

$$x_c = \frac{W_{1,\text{soil}} C_{1,x} + W_{1,\text{load}} Q_{1,x}}{W_1} = \frac{48.2235 \times 0.15667 + 40.0523 \times 1.185}{88.2758} = 0.6232 (\text{m})$$

$$y_c = \frac{W_{1,\text{soil}} C_{1,y} + W_{1,\text{load}} Q_{1,y}}{W_1} = \frac{48.2235 \times 1.260 + 40.0523 \times 1.891}{88.2758} = 1.5463 (\text{m})$$

②计算上墙土压力

根据库仑土压力通用公式(6-8),计算破裂楔体及荷载对挡土墙上墙背产生的水平向土压力 E_{1x}、竖直向土压力 E_{1y} 及上墙反力 R_1:

$$E_{1x} = \frac{W_1}{\tan(\beta_j + \varphi) + \tan(\delta_1 + \alpha)} = \frac{88.2758}{\tan(38.611° + 35°) + \tan(17.5° + 28.811°)}$$

$$= 19.850 (\text{kN})$$

$$E_{1y} = E_{1x} \tan(\delta_1 + \alpha) = 19.850 \times \tan(17.5° + 28.811°) = 20.780 (\text{kN})$$

$$R_1 = \frac{E_{1x}}{\cos(\varphi + \beta_j)} = \frac{19.850}{\cos(35° + 38.611°)} = 70.351 (\text{kN})$$

③计算上墙作用点

参照图9-27,根据式(6-10),计算上墙破裂楔体形心(x_c, y_c)的投影点坐标(T_{x1}, T_{y1}):

$$T_{x1} = \frac{x_\theta - x_c}{\tan\beta_j + \tan\alpha_i} = \frac{1.2349 - 0.6232}{\tan 38.611° + \tan 28.811°} = 0.4537(\text{m})$$

$$T_{1y} = T_{1x} \cdot \tan\alpha = 0.4537 \times \tan 28.811° = -0.2495(\text{m})$$

④计算所产生得水平向及竖直向弯矩 M_{1x}、M_{1y}

相较于点 $O'(0,0)$,土压力产生弯矩为:

$$M_{1x} = E_{1x} \cdot T_{1x} = 19.850 \times 0.4537 = 9.006(\text{kN} \cdot \text{m})$$

$$M_{1y} = E_{1y} \cdot Z_{1y} = 20.780 \times (-0.2495) = -5.185(\text{kN} \cdot \text{m})$$

2. 下墙土压力计算

如图 9-27 所示,在 $m = 4776$ 时,下墙破裂面 $\theta_m = 36.551°$,下墙破裂面与坡面交于点 C (3.637,1.891),下墙墙踵 O 点坐标为 $O(-1.1374, -4.5495)$。由于存在斜底,故下墙背高度 $H_3 = H_2 + h_1 = 4.109 + 0.4405 = 4.5495(\text{m})$。

(1)求取破裂楔体的自重及形心

如图 9-28 所示,按照三角形 $\Delta OCO'$、$\Delta O'CB$ 分别计算自重及形心。

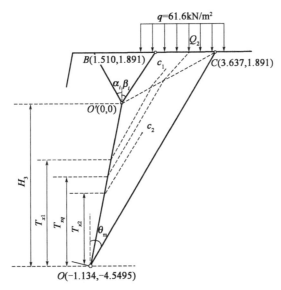

图 9-28 折线形墙背下墙破裂楔体坐标及土压力作用点示意图

①自重 $W_{O'CB}$ 及形心点 c_1 坐标$(c_{1,x}, c_{1,y})$

$$W_{O'CB} = \frac{1}{2}\gamma \cdot \left\{ \begin{vmatrix} x_O' & y_O' \\ x_C & y_C \end{vmatrix} + \begin{vmatrix} x_C & y_C \\ x_B & y_B \end{vmatrix} + \begin{vmatrix} x_B & y_B \\ x_O' & y_O' \end{vmatrix} \right\}$$

$$= \frac{1}{2} \times 20 \times \left\{ \begin{vmatrix} 0 & 0 \\ 3.637 & 1.891 \end{vmatrix} + \begin{vmatrix} 3.637 & 1.891 \\ 1.510 & 1.891 \end{vmatrix} + \begin{vmatrix} 1.510 & 1.891 \\ 0 & 0 \end{vmatrix} \right\}$$

$$= 40.222(\text{kN})$$

$$c_{1,x} = \frac{1}{6S}\sum_{k=0}^{i}(x_k + x_{k+1})(x_k y_{k+1} - x_{k+1} y_k) = 1.7157(\text{m})$$

$$c_{1,y} = \frac{1}{6S}\sum_{k=0}^{i}(y_k + y_{k+1})(x_k y_{k+1} - x_{k+1} y_k) = 1.2607(\text{m})$$

②$\Delta OCO'$自重$W_{O'CO'}$及形心点c_2坐标$(c_{2,x}, c_{2,y})$

$$W_{OCO'} = \frac{1}{2}\gamma \cdot \left\{ \begin{vmatrix} x_O & y_O \\ x_C & y_C \end{vmatrix} + \begin{vmatrix} x_C & y_C \\ x_{O'} & y_{O'} \end{vmatrix} + \begin{vmatrix} x_{O'} & y_{O'} \\ x_O & y_O \end{vmatrix} \right\}$$

$$= \frac{1}{2} \times 20 \times \left\{ \begin{vmatrix} -1.1374 & -4.5495 \\ 3.637 & 1.891 \end{vmatrix} + \begin{vmatrix} 3.637 & 1.891 \\ 0 & 0 \end{vmatrix} + \begin{vmatrix} 0 & 0 \\ -1.1374 & -4.5495 \end{vmatrix} \right\}$$

$$= 143.968 \text{(kN)}$$

$$c_{2,x} = \frac{1}{6S}\sum_{k=0}^{i}(x_k + x_{k+1})(x_k y_{k+1} - x_{k+1} y_k) = 0.8333 \text{(m)}$$

$$c_{2,y} = \frac{1}{6S}\sum_{k=0}^{i}(y_k + y_{k+1})(x_k y_{k+1} - x_{k+1} y_k) = -0.8862 \text{(m)}$$

(2)求取破裂楔体上的荷载重力及形心投影坐标

参照图9-28,计算下墙荷载自重,$W_{2,\text{load}} = \sum_{1}^{k}\Delta q \cdot \Delta l = 61.6 \times (3.637 - 1.510) = 131.0232 \text{(kN)}$;

参照图9-28,计算荷载在路基面的投影点坐标$(Q_{2,x}, Q_{2,y})$,横坐标按公式(6-5)计算,纵坐标通过内插求得,经计算坐标为$(2.5737, 1.891)$。

(3)计算土压力及作用点位置

①计算破裂楔体与荷载的重力之和:

$$W_2 = W_{\Delta O'CB} + W_{\Delta OCO'} + W_{2,\text{load}} = 40.222 + 143.968 + 131.0232 = 315.2132 \text{(kN)};$$

②根据式(6-18)及式(6-19),计算下墙水平及竖直向土压力:

$$E_{2x} = \left[W_2 \frac{\cos(\theta + \varphi)}{\sin(\theta + \varphi + \delta_2 - \alpha_2)} - \frac{R_i \sin(\theta - \beta_j)}{\sin(\theta + \varphi + \delta_2 - \alpha_2)} \right] \cdot \cos(\delta_2 - \alpha_2)$$

$$= \left[315.2132 \cdot \frac{\cos(36.551° + 35°)}{\sin(36.551° + 35° + 17.5° - 14.036°)} - \frac{70.351 \times \sin(36.551° - 38.811°)}{\sin(36.551° + 35° + 17.5° - 14.036°)} \right]$$

$$\cdot \cos(17.5° - 14.036°) = 105.682 \text{(kN)}$$

$$E_{2y} = E_{2x}\tan(\delta_2 - \alpha_2) = 105.682 \times \tan(17.5° - 14.0362°) = 6.397 \text{(kN)}$$

③计算库仑土压力的作用点:

如图9-28所示,$\Delta OCO'$的形心投影高度为$H_3/3 = 1.5165 \text{(m)}$;路基面$BC$为直线时,$\Delta O'CB$的形心投影高度为$2H_3/3 = 3.033 \text{(m)}$;荷载在$BC$段满铺,荷载形心投影高度为$H_3/2 = 2.27475 \text{(m)}$;最终可求得如图9-28所示的水平土压力和竖向土压力相对于墙踵点的力臂:

$$T_{2x} = \frac{W_{O'CB}T_{x1} + W_{OCO'}T_{x2} + W_{\text{load}}T_{xq}}{W_2}$$

$$= \frac{40.222 \times 3.033 + 143.968 \times 1.5165 + 131.0232 \times 2.2747}{315.2132} = 2.0252 \text{(m)}$$

$$T_{2y} = T_{2x} \cdot \tan\alpha_2 = 0.5063 \text{(m)}$$

④计算折线形下墙水平土压力对于墙趾处的力矩:

$$M_{2x} = E_{2x} \cdot (T_{2x} - h_1) = 105.682 \times (2.0252 - 0.4405) = 167.47 \text{(kN)}$$

竖直土压力对于墙趾处的力矩:

$$M_{2y} = E_{2y} \cdot T_{2y} + E_{2y} \times (B \times \Delta b - h_1 \times \tan\alpha)$$
$$= 6.397 \times 0.5063 + 6.397 \times (2.3127 - 0.4405 \times 0.25) = 17.3287(\text{kN})$$

3. 全墙力系计算

(1) 全墙土压力对墙趾点的力系

计算全墙水平土压力 E_x：
$$E_x = E_{1x} + E_{2x} = 19.850 + 105.682 = 125.532(\text{kN})$$

计算全墙竖直土压力：
$$E_y = E_{1y} + E_{2y} = 20.780 + 6.397 = 27.177(\text{kN})$$

计算全墙水平土压力对墙趾点的力矩 M_x：
$$M_x = M_{1x} + E_{1x} \times H_2 + M_{2x} = 9.006 + 19.850 \times 4.109 + 167.47 = 258.04(\text{kN})$$

计算全墙竖直土压力对墙趾点的力矩 $M_{y,\pm}$：
$$M_{y,\pm} = M_{1y} + E_{1y} \times (H_2 \times \tan\alpha + B + \Delta b) + M_{2y}$$
$$= -5.185 + 20.780 \times (4.109 \times 0.25 + 2.3127) + 17.3287 = 81.548(\text{kN})$$

(2) 墙身自重产生的力系

墙体上所受力系如图 9-29 所示，墙体自重及作用点可根据 AutoCAD 绘图求取，也可利用坐标法计算求取。

① 墙体自重 N_W

绘图求取：
$$N_W = \gamma_{圬} \cdot S = 23 \times 11.3655 = 261.41(\text{kN})$$

② 自重对墙趾的力臂 Z_W

绘图求取：
$$Z_W = 1.8603(\text{m})$$

③ 自重对墙趾的力矩
$$M_W = N_W \times Z_W = 261.41 \times 1.8603 = 486.30(\text{kN} \cdot \text{m})$$

4. 全墙稳定检算

(1) 抗滑动稳定性检算

根据附录 J.01，进行抗滑动稳定性检算：

不平衡作用效应设计值：
$$S_{d,dst} = \gamma_{E1} E_x = 1.35 \times 125.532 = 169.468(\text{kN})$$

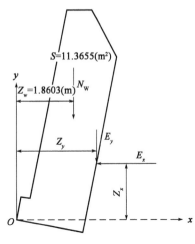

图 9-29 墙体及土压力力臂示意图

平衡作用效应设计值：
$$S_{d,stb} = [\gamma_G \times N_W + \gamma_{E2}(E_y + E_x \times \tan\alpha_0)] \times f' +$$
$$(\gamma_G \times N_W + \gamma_{E2} \times E_y) \times \tan\alpha_0$$
$$= [0.9 \times 261.41 + 0.7 \times (27.177 + 125.532 \times 0.2)] \times 0.45 +$$
$$(0.9 \times 261.41 + 0.7 \times 27.177) \times 0.2$$
$$= 173.199(\text{kN})$$

抗滑动稳定性检算：
$$\gamma_0 S_{d,dst} = 1.0 \times 169.468 = 169.468 \leqslant S_{d,stb} = 173.199，满足要求。$$

(2)抗倾覆稳定性检算

根据附录 J.03,进行抗倾覆稳定性检算：

不平衡作用效应设计值：

$$S_{d,dst} = \gamma_{E1} E_x Z_x = 1.3 \times M_x = 1.3 \times 258.04 = 335.452 (kN \cdot m)$$

平衡作用效应设计值：

$$\begin{aligned} S_{d,stb} &= \gamma_G N_W Z_W + \gamma_{E2} E_y Z_y = \gamma_G M_W + \gamma_{E2} M_{y,\pm} \\ &= 0.8 \times 486.3 + 0.9 \times 81.548 = 462.433 (kN \cdot m) \end{aligned}$$

抗倾覆稳定性检算：

$\gamma_0 S_{d,dst} = 1.0 \times 335.452 = 335.452 \leqslant S_{d,stb} = 462.433$,满足要求。

(3)基底承载力按正常使用极限状态设计

①偏心距计算

作用于倾斜基底上的总垂直力 N'：

$$\begin{aligned} N' &= (N_W + E_y) \times \cos\alpha_0 + E'_x \times \sin\alpha_0 = (261.41 + 27.177) \times 0.9806 + 125.532 \times 0.1961 \\ &= 307.605 (kN) \end{aligned}$$

基底合力偏心距 e：

$$e = \frac{B'}{2} - \frac{M_y - M_x}{N'} = \frac{B'}{2} - \frac{M_W + M_{y,\pm} - M_x}{N'} = \frac{2.2462}{2} - \frac{486.30 + 81.548 - 257.960}{307.605} = 0.11568$$

$|e| < \dfrac{B'}{6} = 0.3744(m)$,满足要求。

②墙趾压应力检算

根据偏心距和压应力关系,确定计算墙趾、墙踵压应力计算公式：

$$|e| < \frac{B'}{6} = 0.3744(m)$$

$$\sigma_{1k,2k} = \frac{N'}{B'}\left(1 \pm \frac{6e}{B'}\right)$$

墙趾压应力标准值：

$$S_d = \sigma_{1k} = \frac{N'}{B'}\left(1 + \frac{6e}{B'}\right) = \frac{307.605}{2.2462} \times \left(1 + \frac{6 \times 0.11568}{2.2462}\right) = 179.261(kPa)$$

墙趾压应力特征值：

$$C_d = \gamma_\sigma \cdot \sigma_a = 1.0 \times 180 = 180(kPa)$$

$S_d < C_d$,满足要求。

③墙踵压应力检算

墙踵压应力标准值：

$$S_d = \sigma_{2k} = \frac{N'}{B'}\left(1 - \frac{6e}{B'}\right) = \frac{307.605}{2.2462} \times \left(1 - \frac{6 \times 0.11568}{2.2462}\right) = 94.628(kPa)$$

墙踵承载力特征值：

$$C_d = \gamma_\sigma \cdot \sigma_a = 1.3 \times 180 = 234(kPa)$$

$S_d < C_d$,满足要求。

④墙底平均应力检算

墙底平均应力标准值：

$$S_d = \sigma_{pk} = \frac{\sigma_{1k} + \sigma_{2k}}{2} = \frac{179.261 + 94.628}{2} = 136.945 (\text{kPa})$$

墙底平均承载力特征值：

$$C_d = \gamma_\sigma \cdot \sigma_a = 1.0 \times 180 = 180 (\text{kPa})$$

$S_d < C_d$ 满足要求。

5. 墙身截面强度计算

挡土墙上下墙连接处存在墙身截面突变，需分别对Ⅰ-Ⅰ、Ⅱ-Ⅱ截面进行墙身强度检算，如图9-30、图9-31所示。

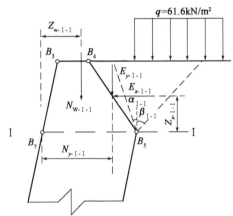
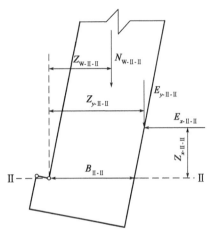

图9-30　Ⅰ-Ⅰ墙身截面检算示意图　　　　图9-31　Ⅱ-Ⅱ墙身截面检算示意图

（1）Ⅰ-Ⅰ截面检算

①Ⅰ-Ⅰ截面土压力产生力系

Ⅰ-Ⅰ截面土压力即为上墙土压力，计算过程从略。

水平土压力：

$$E_{x\text{Ⅰ-Ⅰ}} = E_{1x} = 19.85 (\text{kN})$$

竖直土压力：

$$E_{y\text{Ⅰ-Ⅰ}} = E_{1y} = 20.78 (\text{kN})$$

水平土压力对Ⅰ-Ⅰ截面的墙趾力矩：

$$M_{x\text{Ⅰ-Ⅰ}} = M_{1x} = 9.006 (\text{kN}\cdot\text{m})$$

竖直土压力对Ⅰ-Ⅰ截面的墙趾力矩：

$$M_{y\text{Ⅰ-Ⅰ}} = E_{y\text{Ⅰ-Ⅰ}} \cdot Z_{y\text{Ⅰ-Ⅰ}} = E_{1y} \cdot (b + T_{1y}) = 20.78 \times (1.54 - 0.2495) = 26.8166 (\text{kN}\cdot\text{m})$$

②Ⅰ-Ⅰ截面以上墙身自重产生的力系

Ⅰ-Ⅰ截面以上墙身截面面积：

$$A_{\text{Ⅰ-Ⅰ}} = 1.92882 \text{m}^2$$

Ⅰ-Ⅰ截面以上墙身自重力：

$$N_{w\text{Ⅰ-Ⅰ}} = A_{\text{Ⅰ-Ⅰ}} \times \gamma_{w\text{Ⅰ-Ⅰ}} = 1.92882 \times 23 = 44.3629 (\text{kN})$$

Ⅰ-Ⅰ截面以上墙身自重对Ⅰ-Ⅰ截面的墙趾的力臂：

$$Z_{W\,I-I} = 0.7504(\text{m})$$

自重对 I-I 截面的墙趾的竖向力矩：

$$M_{W\,I-I} = N_{W\,I-I} \times Z_{W\,I-I} = 44.3629 \times 0.7504 = 33.2899(\text{kN}\cdot\text{m})$$

③ I-I 截面合力偏心距计算

$$e' = \frac{B_a}{2} - \frac{\sum M_{y\,I-I} - \sum M_{x\,I-I}}{N_{I-I}} = \frac{1.54}{2} - \frac{33.2899 + 26.8166 - 9.006}{44.3629 + 20.78} = 0.0144$$

④ I-I 截面合力偏心距检算

$$|e'| = 0.0144 < 0.35B_a = 0.539,满足要求$$

(2) I-I 截面剪应力检算

$$S_d = \gamma_{sd}\gamma_s(S_{Gk} + S_{Qk}) = E_{x\,I-I} = 1.0 \times 1.35 \times 19.85 = 26.7975(\text{kN})$$

$$R_d = \frac{\gamma f_{ct} b h^2}{6} = \frac{1.226 \times 863.5 \times 1.0 \times 1.54^2}{6} = 418.449(\text{kN})$$

$S_d < R_d$ 满足要求。

(3) II-II 截面检算方法同 I-I 截面，计算过程从略。

6. 路基面无荷载检算

过程从略。

五、算例分析

(一) 工况对比

一般工况与地震工况对比如下：

为了对比分析地震工况对重力式路肩墙墙身截面的影响，下面对重力式路肩墙的一般工况与地震工况进行对比，如表 9-31 所示，表中设计参数除峰值加速度存在变化外，其他设计参数均与本工点算例一致。地震工况下的重力式路肩墙较一般工况下的挡墙面积比值大，在 1.0~1.91 之间；地震工况下(0.2g)的重力式路肩墙较一般工况下的挡墙水平土压力大，在 1.23~1.95 之间。综上，在地震工况下的重力式路肩墙设计时，须验算非震工况。

重力式路肩墙一般工况与地震工况对比　　表 9-31

墙高	①一般工况			②有震(0.2g)			截面面积比	土压力比	墙踵应力比
	截面面积	土压力	墙踵应力	截面面积	土压力	墙踵应力			
$H(\text{m})$	$A_①$ (m^2)	$E_{x①}$ (kN)	$\sigma_{2k①}$ (kPa)	$A_②$ (m^2)	$E_{x②}$ (kN)	$\sigma_{2k②}$ (kPa)	$A_①/A_②$	$E_{x①}/E_{x②}$	$\sigma_{2k①}/\sigma_{2k②}$
2	0.74	6.4	86c	0.75	9	90c	1.01	1.41	1.05
3	1.39	17.7	109c	2.65	34.6	129c	1.91	1.95	1.18
4	4.21	48.6	151d	6.21	83.2	134c	1.48	1.71	0.89
5	7.69	87.8	176d	9.28	126.1	160c	1.21	1.44	0.91
6	11.1	125.5	204d	12.69	171.8	193c	1.14	1.37	0.95
7	18.38	183.3	207d	18.38	226	207c	1.00	1.23	1.00

注：1. 表中 c 表示为无荷无震的计算结果；表中 d 表示有荷无震的计算结果。
　　2. A 为墙体截面面积，E_x 为墙后水平土压力，σ_{2k} 为墙踵应力。

为了分析动峰值加速度对墙身截面及基底应力的影响,下面对不同动峰值加速度的重力式路肩墙进行对比,如表9-32所示,表中设计参数除峰值加速度存在变化外,其他设计参数均与本工点算例一致。计算结果表明,随着地震动峰值加速度的增加,挡墙截面面积、墙后土压力均增加,比值先增大后减小。

不同动峰值加速度重力式路肩墙对比　　　　　　　　　　　　表9-32

墙高	① 0.2g		② 0.3g		③ 0.4g		对比			
	截面面积	土压力	截面面积	土压力	截面面积	土压力				
H(m)	$A_①$(m²)	$E_{x①}$(kN)	$A_②$(m²)	$E_{x②}$(kN)	$A_③$(m²)	$E_{x③}$(kN)	$A_②/A_①$	$A_③/A_①$	$E_{x②}/E_{x①}$	$E_{x③}/E_{x①}$
2	0.75	9.00	0.76	10.60	0.81	12.50	1.01	1.08	1.18	1.39
3	2.65	34.60	4.28	60.00	5.08	82.40	1.62	1.92	1.73	2.38
4	6.21	83.20	7.29	106.60	8.42	138.50	1.17	1.36	1.28	1.66
5	9.28	126.10	10.66	156.40	11.95	190.70	1.15	1.29	1.24	1.51
6	12.69	171.80	14.06	202.30	15.19	230.90	1.11	1.20	1.18	1.34
7	18.38	226.00	18.38	247.10	20.63	294.50	1.00	1.12	1.09	1.30

(二) 横断面布置对比

重力式路肩墙横断面布置主要有重力式路肩墙(a类、b类)、衡重式路肩墙(c类)三种形式,如图9-32所示。

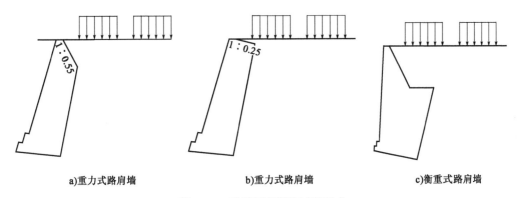

a)重力式路肩墙　　　　b)重力式路肩墙　　　　c)衡重式路肩墙

图 9-32　三种路肩墙横断面布置形式

为了分析三种布置形式对挡土墙的影响,对墙体截面面积及水平土压力进行了对比,如表9-33所示,表中设计参数均同本工点算例情况。

三种路肩墙横断面布置形式的对比　　　　　　　　　　　　表9-33

墙高	①重力式路肩墙(a类)		②重力式路肩墙(b类)		③衡重式路肩墙(c类)		对比			
	截面面积	土压力	截面面积	土压力	截面面积	土压力				
H(m)	$A_①$(m²)	$E_{x①}$(kN)	$A_②$(m²)	$E_{x②}$(kN)	$A_③$(m²)	$E_{x③}$(kN)	$A_②/A_①$	$A_③/A_①$	$E_{x②}/E_{x①}$	$E_{x③}/E_{x①}$
2	0.74	6.4	0.76	6.4	1.26	7.6	1.03	1.70	1.00	1.19
3	1.39	17.7	1.47	17.9	2.5	29.9	1.06	1.80	1.01	1.69
4	4.21	48.6	4.97	58.4	5.38	66.7	1.18	1.28	1.20	1.37

续上表

墙高 $H(\text{m})$	①重力式路肩墙(a类) 截面面积 $A_①(\text{m}^2)$	①重力式路肩墙(a类) 土压力 $E_{x①}(\text{kN})$	②重力式路肩墙(b类) 截面面积 $A_②(\text{m}^2)$	②重力式路肩墙(b类) 土压力 $E_{x②}(\text{kN})$	③衡重式路肩墙(c类) 截面面积 $A_③(\text{m}^2)$	③衡重式路肩墙(c类) 土压力 $E_{x③}(\text{kN})$	对比 $A_②/A_①$	对比 $A_③/A_①$	对比 $E_{x②}/E_{x①}$	对比 $E_{x③}/E_{x①}$
5	7.69	87.8	9.67	125.1	7.57	88.9	1.26	0.98	1.42	1.01
6	11.1	125.5	—	—	—	—	—	—	—	—
7	18.38	183.3	—	—	—	—	—	—	—	—

注:a类重力式路肩墙设计参数同本算例;b类重力式路肩墙上墙背坡为1:0.25,其余参数同本算例;c类衡重式路肩墙,胸坡为1:0.05,上墙与全墙之比为0.4,其余参数同本算例。

通过对比发现,重力式路肩墙的b类形式与a类相比,其墙后水平土压力和墙体截面面积均有所增加,且随墙高增加而增大,墙后水平土压力比值在1.00~1.42倍之间,墙体截面面积比在1.03~1.26之间,圬工量增加3%~26%;衡重式路肩墙(c类)与重力式路肩墙(a类)相比,随墙高增加,其墙后水平土压力和墙体截面面积先大后小,矮墙时,重力式路肩墙截面面积更经济,高墙时,衡重式路肩墙的优势更大。此外,从图9-32中,还可直观发现,衡重式路肩墙(c类)结构形式的收坡能力最优,其次为重力式路肩墙(a、b类)结构。因此,在同一地质断面条件下分别设置重力式路肩墙(a类)和衡重式路肩墙(c类)时,所设置的墙高是不一样的,重力式路肩墙(a类)要高于衡重式路肩墙(c类),因此不能简单对同一墙高的重力式路肩墙(a类)和衡重式路肩墙(c类)进行经济性对比,在实际应用中选择衡重式路肩墙(c类)更为经济。

综上,三种横断面布置形式各有优缺点,所适用的情况也各有不同。故在实际工程中,需根据圬工量、边坡填挖方量等因素,按照经济合理和安全适用的原则进行综合确定路肩墙横断面形式。

(三) 墙型对比

重力式路肩墙结构形式一般通过调整墙体的上、下墙背坡坡率中的 N_1、N_2 来调整土压力大小和墙身稳定,通过调整胸坡坡率中的 M 来调整墙身稳定。挡墙的胸坡坡率应等于或缓于下墙背坡坡率。

由表9-34可知,随着 M、N_2 的增加,墙背所受的水平土压力 E_x 及墙体截面面积 A 逐渐减小,墙踵应力 σ_{2k} 逐渐增大。因此,墙体背坡坡率在一定范围内越缓,土压力及墙体截面面积越小,对挡墙设计更有利,而超过一定范围时,挡墙墙踵应力显著增大,容易超限,墙体自身也不容易稳定。墙背过缓时,挡墙躺在边坡上成为护坡起不到支挡作用,故工程上所选择的最佳墙背坡率不能缓于1:0.3,背坡坡率 N_2 的变化范围有限。

胸坡和下墙背坡相同时对应的计算结果 表9-34

N_2	N_1	面积 $A(\text{m}^2)$	土压力 $E_x(\text{kN})$	墙踵应力 $\sigma_{2k}(\text{kPa})$	N_2	N_1	面积 $A(\text{m}^2)$	土压力 $E_x(\text{kN})$	墙踵应力 $\sigma_{2k}(\text{kPa})$
	0	7.08	107.2	23c		0.2	5.35	63.2	107d
	0.05	7.58	107.2	41c		0.25	4.21	48.6	151d
	0.1	6.86	93.5	53d		0.3	3.43	39.1	225d
	0.15	6.17	77.2	80d					—

注:墙高为4m,带 c 的为有荷计算结果,带 d 的为无荷计算结果。

为了进一步对比上墙背坡坡率中的 N_1 变化对挡土墙的影响,对墙身截面面积进行了对比,如图 9-33 所示。图中设计参数除上墙背坡坡率存在变化外,其他设计参数均与本工点算例一致。由图 9-33 可知,当 M 及 N_2 一定时,随着 N_1 的增大高墙($>3m$)的墙体面积 A 会先显著减小再缓慢增大,当上墙坡率为 0.55 时存在最优截面;而对于矮墙($\leq 3m$)的墙体面积 A 基本不受 N_1 的影响。

综上,在上墙背坡坡率一定时($N_1 = 0.55$),胸坡坡率在 $M \leq N_2 \leq 0.3$ 变化时,会存在最佳胸坡坡率,所计算出的墙体面积最经济。

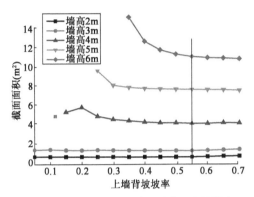

图 9-33　上墙背坡坡率增加对墙体面积的影响

第五节　衡重式路肩墙(浸水工况)

一、项目概况及要求

根据某铁路 TDK0 + 248.2 ~ TDK0 + 286.5 段地质平面图、横断面图及地质、水文条件综合分析,该段路基沿河岸陡坡行进,河宽 10 ~ 40m,水深 1 ~ 4m,常年流水,线路左侧路肩附近填高较小,基岩埋深较浅。为避免挤压河道及水域,综合考虑,该段线路宜优先选择设置衡重式路肩墙。

线路的主要设计技术标准,如表 9-35 所示。

主 要 技 术 标 准　　　　　表 9-35

项　　目	内　　容
线路等级	Ⅰ级
正线数目	单线
轨道结构形式	有砟轨道
设计活载	ZKH 荷载
列车设计速度(km/h)	160

二、工程环境条件

(一)地形地貌

本段线路位于河谷内,以路基通过,地形较平缓。

(二) 地质情况

本段地层岩性自上而下为人工填筑素填土、全新统冲洪积粉质黏土、更新统冲洪积粗砂、侏罗系砂岩,覆盖层厚一般为 5~12m,风化层厚度变化较大,断层 F3-1 破碎带附近中等风化埋深超过 55m。地下水对混凝土结构具有弱腐蚀,为分解类腐蚀中的酸性腐蚀,工程地质条件一般。

<1-1> 素填土: $\gamma = 18\mathrm{kN/m^3}$、$\varphi = 10°$、$c = 18\mathrm{kPa}$、$\sigma_a = 120\mathrm{kPa}$。

<3-3> 粗砂: $\gamma = 19.2\mathrm{kN/m^3}$、$\varphi = 32°$、$\sigma_a = 150\mathrm{kPa}$。

<8-1> 全风化砂岩: $\gamma = 19.1\mathrm{kN/m^3}$、$\varphi = 35°$、$\sigma_a = 200\mathrm{kPa}$。

<8-2> 强风化砂岩: $\gamma = 19.7\mathrm{kN/m^3}$、$\varphi = 37°$、$\sigma_a = 350\mathrm{kPa}$。

(三) 水文地质特征及其他

地表水主要为河水,地下水发育。根据《铁路混凝土结构耐久性设计规范》(TB 10005—2010),判定地表水、地下水对混凝土结构侵蚀作用等级为 H1。

三、路基工程布设

TDK0 + 248.2 ~ TDK0 + 286.5 左侧,长 38.3m。沿河设置浸水衡重式路肩挡土墙,其正面图,如图 9-34 所示,工点断面示意图如图 9-35 所示,具体工程措施如下:

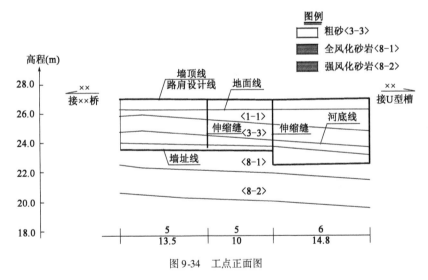

图 9-34 工点正面图

(1) 衡重式路肩挡土墙墙高 5~6m,按浸水挡墙设计。挡墙墙身采用 C35 混凝土浇筑。墙身沿线路方向每隔 10~20m 及地层变化处设置一道伸缩缝,缝宽 0.02m,缝内填塞沥青木板。墙身高出地面部分,每隔 2~3m 上下左右交错设置泄水孔,泄水孔应设置向外不应小于 4% 坡度,墙背连续设置反滤层。

(2) 本工点为浸水路基,墙后填料须采用渗水性较好的粗粒土进行填筑,不可采用细粒土填筑,以尽量减少墙后渗透压力,确保挡墙安全。

(3) 墙顶设置立柱栏杆。

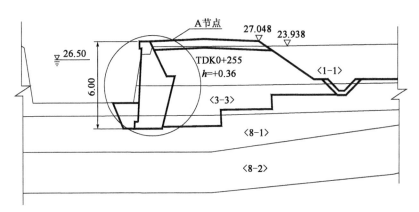

图 9-35 工点断面示意图

四、支挡结构设计

(一) 代表性断面

单线衡重式路肩挡土墙代表性断面如图 9-36 所示。

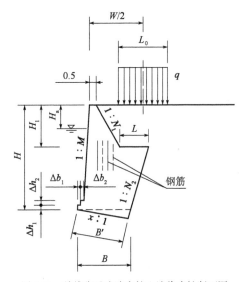

图 9-36 单线衡重式路肩挡土墙代表性断面图

(二) 设计参数

挡土墙设计参数如表 9-36 所示。

设计参数 表 9-36

	参数名称	数值
浸水	常水位离墙顶高度(m)	0.5
	填料浸水后减小的重度(kN/m³)	$\Delta\gamma=7$
边界条件	路基面宽度(m)	$W=8.1$
	轨道和列车荷载(kN/m²)	$q=61.26$
	轨道和列车荷载宽度(m)	$L_0=3.3$

续上表

	参 数 名 称	数 值
岩土参数	基底摩擦系数标准值	$f' = 0.3 \times 1.5 = 0.45$(0.3 为经验值,1.5 为系数)
	地基承载力特征值(kPa)	$\sigma_a = 200$
	综合内摩擦角(°)	$\varphi = 35$
	填料重度(kN/m³)	$\gamma = 19$
墙体参数	墙背摩擦角(°)	$\delta = 17.5$
	墙体重度(kN/m³)	$\gamma_W = 23$
	胸坡	$1:M = 1:0.05$
	上墙背坡	$1:N_1 = 1:0.45$
	下墙背坡	$1:N_2 = 1:0.25$
	倾斜基底	$1:x = 1:0$

(三) 设计结果

根据表 9-36 中的设计参数进行衡重式路肩墙结构设计,得到 2~6m 墙高的墙身截面尺寸和计算结果,见表 9-37、表 9-38。表中符号可参照单线衡重式路肩挡土墙代表性断面图(图 9-36)。

衡重式路肩墙极限状态法设计(常水位)   表 9-37

墙高	截面尺寸							面积
H(m)	H_1(m)	L(m)	B(m)	B'	h_1(m)	Δb(m)	Δh(m)	A(m²)
2.00	0.80	2.19	2.85	2.85	0.00	0	0	3.88
3.00	1.20	2.40	3.14	3.14	0.00	0	0	6.70
4.00	1.60	2.59	3.41	3.41	0.00	0	0	9.96
5.00	2.00	2.59	3.49	3.49	0.00	0	0	13.13
6.00	2.40	2.59	3.57	3.57	0.00	0	0	16.55

计 算 结 果   表 9-38

E'_x(kN)	M_x(kN·m)	M_y(kN·m)	N'(kN)	抗倾覆			抗滑动			e(m)	σ_{1k}(kPa)	σ_{2k}(kPa)
				$S_{d,stb}$(kPa)	$S_{d,dst}$(kPa)	$S_{d,stb} - S_{d,dst}$(kPa)	$S_{d,stb}$(kPa)	$S_{d,dst}$(kPa)	$S_{d,stb} - S_{d,dst}$(kPa)			
29.80	32.40	251.10	128.80	265.37a	48.53a	216.84a	38.94a	38.75a	0.20a	-0.274a	39c	89d
48.00	76.80	449.40	206.80	478.06a	115.13a	362.93a	62.60a	62.36a	0.24a	-0.232a	57c	125d
67.90	142.70	692.20	292.10	731.39a	214.07a	517.33a	88.49a	88.31a	0.18a	-0.176a	87d	156d
82.50	220.90	885.80	361.60	906.31a	331.40a	574.91a	109.76a	107.30a	2.45a	-0.116c	121d	179d
89.80	302.20	1102.00	434.80	1102.07a	453.23a	648.83a	132.15a	116.74a	15.40a	-0.110c	156d	202d

注:1. 表中 a 表示为有荷有水的计算结果;表中 c 表示为无荷无水的计算结果;表中 d 表示有荷无水的计算结果。
    2. 表中符号参见表 9-4。

(四) 受力分析及检算

以表 9-37 中 6m 墙高的衡重式路肩墙为例,进行展示。土压力计算时应分别计算衡重式上墙土压力和下墙土压力。在计算上墙土压力时,应考虑第二破裂面,具体步骤如下所示:

根据库仑理论破裂角取值范围确定限界,按一定间距(0.001m)将计算界限内的路基面宽度进行分段,依次得到坐标点集合$\{A_1,A_2,\cdots,A_{6856}\}$,其中,上墙第二破裂角$\alpha_i$计算点集为$\{A_1,A_2,\cdots,A_{3428},A_{3429}\}$,上墙第一破裂角$\beta_j$计算点集为$\{A_{3429},A_{3430},\cdots,A_{6855},A_{6856}\}$,下墙破裂角$\theta_m$计算点集为$\{A_{4678},A_{4679},\cdots,A_{11097}\}$。连接$O'$点与$A_i$点,作为假定上墙第二破裂面;连接$O'$点与$A_j$点,作为假定上墙第一破裂面;连接墙踵$O$点与$A_m$点,作为假定下墙破裂面。

采用扫描搜索土压力计算方法,依次对破裂面进行扫描及土压力计算,并选出最大值。经计算,在$i=2180,j=4678,m=4914$时,水平压力最大,下面计算该破裂面所产生的库仑主动土压力,具体步骤如下:

1. 上墙土压力计算

上墙第二破裂角$\alpha_i=27.5°$,第一破裂角$\beta_j=27.5°$。上墙第一、二破裂面与路基面所围成的破裂棱体各交点坐标如图9-37所示。

(1) 求取破裂楔体的自重及形心

①参照图9-37a),利用坐标法计算破裂楔体自重$W_{1,\text{soil}}$:

$$W_{1,\text{soil}}=\gamma\cdot S=\gamma\times\frac{1}{2}\times\left\{\begin{vmatrix}x_{o'}&y_{o'}\\x_{B_2}&y_{B_2}\end{vmatrix}+\begin{vmatrix}x_{B_2}&y_{B_2}\\x_{B_1}&y_{B_1}\end{vmatrix}+\begin{vmatrix}x_{B_1}&y_{B_1}\\x_{o'}&y_{o'}\end{vmatrix}\right\}=56.9715(\text{kN})$$

②利用坐标法计算破裂楔体的形心点坐标$(C_{1,x},C_{1,y})$:

$$C_{1,x}=\frac{1}{6S}\sum_{k=0}^{2}(x_k+x_{k+1})(x_ky_{k+1}-x_{k+1}y_k)=0.00$$

$$C_{1,y}=\frac{1}{6S}\sum_{k=0}^{2}(y_k+y_{k+1})(x_ky_{k+1}-x_{k+1}y_k)=1.6$$

(2) 填料浸水后减少的自重及形心

①参照图9-37b),按公式(6-12),计算填料浸水后减小的自重$W_{1,\Delta\gamma}$:

$$W_{1,\Delta\gamma}=\Delta\gamma\cdot S_w=7\times\frac{1}{2}\cdot\left\{\begin{vmatrix}x_{O'}&y_{O'}\\x_{E_2}&y_{E_2}\end{vmatrix}+\begin{vmatrix}x_{E_2}&y_{E_2}\\x_{E_1}&y_{E_1}\end{vmatrix}+\begin{vmatrix}x_{E_1}&y_{E_1}\\x_{O'}&y_{O'}\end{vmatrix}\right\}=13.1550(\text{kN})$$

②利用坐标法计算上墙浸水破裂楔体的形心点坐标$(c_{w1,x},c_{w1,y})$:

$$c_{w1,x}=\frac{1}{6S}\sum_{k=0}^{2}(x_k+x_{k+1})(x_ky_{k+1}-x_{k+1}y_k)=0.00$$

$$c_{w1,y}=\frac{1}{6S}\sum_{k=0}^{2}(y_k+y_{k+1})(x_ky_{k+1}-x_{k+1}y_k)=1.26667$$

(3) 求取破裂楔体上的荷载重力及其路基面的投影点坐标

参照图9-37a),计算上墙荷载自重:

$$W_{1,\text{load}}=\sum_{1}^{k}\Delta q\cdot\Delta l=2.4988\times 61.26=153.0765(\text{kN})$$

参照图9-37a),计算荷载在路基面的投影点c_Q,横坐标按公式(6-5)计算,纵坐标通过内插求得,经计算荷载坐标为(0,2.4)。

(4) 计算土压力及作用点位置

①考虑浸水状态下,计算破裂楔体与荷载的重力之和及总形心:

$$W_1=W_{1,\text{soil}}+W_{1,\text{load}}-W_{1,\Delta\gamma}=56.9715+153.0765-13.1550=196.8929(\text{kN})$$

$$x_c = \frac{W_{1,\text{soil}} C_{1,x} + W_{1,\text{load}} Q_{1,x} - W_{\Delta\gamma} w_{1,x}}{W_1} = 0$$

$$y_c = \frac{W_{1,\text{soil}} C_{1,y} + W_{1,\text{load}} Q_{1,y} - W_{\Delta\gamma} w_{1,x}}{W_1} = 2.2442$$

②计算上墙土压力：

根据库仑土压力通用公式(6-8)，计算破裂楔体及荷载对挡土墙上墙背产生的水平向土压力 E_{1x}、竖直向土压力 E_{1y} 及上墙反力 R_1：

$$E_{1x} = \frac{W_1}{\tan(\beta_j + \varphi) + \tan(\delta + \alpha)} = \frac{196.8929}{\tan(27.5° + 35°) + \tan(35° + 27.5°)} = 51.2465(\text{kN})$$

$$E_{1y} = E_{1x} \tan(\alpha_i + \delta) = 51.2465 \times \tan(27.5° + 35°) = 98.4436(\text{kN})$$

$$R_1 = \frac{E_{1x}}{\cos(\varphi + \beta_i)} = \frac{51.2465}{\cos(35° + 27.5°)} = 110.9835(\text{kN})$$

③计算上墙作用点：

参照图9-37，根据公式(6-10)，计算上墙破裂楔体形心(x_c, y_c)的投影点坐标(T_{1x}, T_{1y})：

$$T_{1x} = \frac{x_\theta - x_c}{\tan\beta_i + \tan\alpha_i} = \frac{1.1683}{\tan 27.5° + \tan 27.5°} = 1.1221(\text{m})$$

$$T_{1y} = T_{1x} \cdot \tan\alpha_i = -0.5841(\text{m})$$

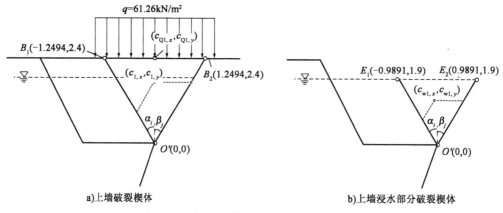

图9-37 上墙破裂楔体坐标及土压力作用点示意图

④计算上墙土压力产生的弯矩：

相较于O'点，上墙土压力所产生的水平向及竖直向弯矩M_{1x}、M_{1y}：

$$M_{1x} = E_{1x} \cdot T_{1x} = 51.2465 \times 1.1221 = 57.5046(\text{kN} \cdot \text{m})$$

$$M_{1y} = E_{1y} \cdot T_{1y} = 98.4436 \times (-0.5841) = -57.5046(\text{kN} \cdot \text{m})$$

2. 折线形下墙土压力计算

如图9-38所示，在 $m = 4913$ 时，下墙破裂面 $\theta_m = 22.048°$，下墙破裂面与坡面交于点 B_3 (1.530, 2.4)，下墙踵点 O 坐标为 $O(-0.9, -3.6)$。

(1) 求取破裂楔体的自重及形心

参照图9-38，将下墙破裂楔体分为两个三角形 $\triangle O'B_3B_2$、$\triangle O'OB_3$，并分别计算自重及形心点坐标。

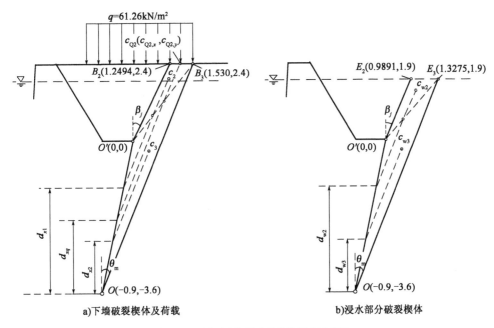

图 9-38 下墙破裂楔体分块及作用点示意图

$\Delta O'B_3B_2$ 自重 $W_{O'B_3B_2}$ 及形心点 c_2 坐标 $(c_{2,x}, c_{2,y})$：

$$W_{O'B_3B_2} = \frac{1}{2} \cdot \gamma \cdot \left\{ \begin{vmatrix} x_{O'} & y_{O'} \\ x_{B_3} & y_{B_3} \end{vmatrix} + \begin{vmatrix} x_{B_3} & y_{B_3} \\ x_{B_2} & y_{B_2} \end{vmatrix} + \begin{vmatrix} x_{B_2} & y_{B_2} \\ x_{O'} & y_{O'} \end{vmatrix} \right\} = 6.3992 \text{ (kN)}$$

$$c_{2,x} = \frac{1}{6S} \sum_{k=0}^{2} (x_k + x_{k+1})(x_k y_{k+1} - x_{k+1} y_k) = 0.9265$$

$$c_{2,y} = \frac{1}{6S} \sum_{k=0}^{2} (y_k + y_{k+1})(x_k y_{k+1} - x_{k+1} y_k) = 1.6$$

$\Delta O'OB_3$ 自重 $W_{O'OB_3}$ 及形心点 c_2 坐标 $(c_{2,x}, c_{2,y})$：

$$W_{O'OB_3} = \frac{1}{2} \cdot \gamma \cdot \left\{ \begin{vmatrix} x_{O'} & y_{O'} \\ x_{O} & y_{O} \end{vmatrix} + \begin{vmatrix} x_{O} & y_{O} \\ x_{B_3} & y_{B_3} \end{vmatrix} + \begin{vmatrix} x_{B_3} & y_{B_3} \\ x_{O'} & y_{O'} \end{vmatrix} \right\} = 31.8060 \text{ (kN)}$$

$$c_{2x} = \frac{1}{6S} \sum_{k=0}^{2} (x_k + x_{k+1})(x_k y_{k+1} - x_{k+1} y_k) = 0.21$$

$$c_{2y} = \frac{1}{6S} \sum_{k=0}^{2} (y_k + y_{k+1})(x_k y_{k+1} - x_{k+1} y_k) = -0.4$$

(2) 填料浸水后减少的自重及形心

参照图 9-38b) 所示，将下墙浸水部分的破裂楔体分为两个三角形 $\Delta O'E_3E_2$ 和 $\Delta O'OE_3$ 并分别计算填料浸水后减小的自重及形心点坐标。

$\Delta O'E_3E_2$ 浸水减小的自重 $W_{O'E_3E_2,\Delta\gamma}$：

$$W_{O'E_3E_2,\Delta\gamma} = \frac{1}{2} \cdot \Delta\gamma \cdot \left\{ \begin{vmatrix} x_{O'} & y_{O'} \\ x_{E_3} & y_{E_3} \end{vmatrix} + \begin{vmatrix} x_{E_3} & y_{E_3} \\ x_{E_2} & y_{E_2} \end{vmatrix} + \begin{vmatrix} x_{E_2} & y_{E_2} \\ x_{O'} & y_{O'} \end{vmatrix} \right\} = 2.25036 \text{ (kN)}$$

$\Delta O'E_3E_2$ 形心点坐标 c_{u2}:

$$c_{u2,x} = \frac{1}{6S}\sum_{k=0}^{2}(x_k + x_{k+1})(x_k y_{k+1} - x_{k+1} y_k) = 0.7722(\text{m})$$

$$c_{u2,y} = \frac{1}{6S}\sum_{k=0}^{2}(y_k + y_{k+1})(x_k y_{k+1} - x_{k+1} y_k) = 1.2667(\text{m})$$

$\Delta O'OE_3$ 浸水减小的自重 $W_{O'OE_3,\Delta\gamma}$:

$$W_{O'OE_3,\Delta\gamma} = \frac{1}{2} \cdot \Delta\gamma \cdot \left\{ \begin{vmatrix} x_{O'} & y_{O'} \\ x_O & y_O \end{vmatrix} + \begin{vmatrix} x_O & y_O \\ x_{E_3} & y_{E_3} \end{vmatrix} + \begin{vmatrix} x_{E_3} & y_{E_3} \\ x_{O'} & y_{O'} \end{vmatrix} \right\} = 10.7415(\text{kN})$$

$\Delta O'OE_3$ 形心点坐标 c_{w3}:

$$c_{w3,x} = \frac{1}{6S}\sum_{k=0}^{2}(x_k + x_{k+1})(x_k y_{k+1} - x_{k+1} y_k) = 0.1425(\text{m})$$

$$c_{w3,y} = \frac{1}{6S}\sum_{k=0}^{2}(y_k + y_{k+1})(x_k y_{k+1} - x_{k+1} y_k) = -0.5667(\text{m})$$

(3) 求解破裂楔体上的荷载重力及形心投影坐标

参照图 9-38a),计算下墙荷载自重, $W_{2,\text{load}} = \sum_{1}^{k}\Delta q \cdot \Delta l = 61.26 \times 0.2806 = 17.1896(\text{kN})$。

参照图 9-38a),计算荷载在路基面的投影点坐标 c_{Q2},横坐标按公式(6-5)计算,纵坐标通过内插求得,经计算坐标为 $c_{Q2}(1.3897, 2.4)$。

(4) 计算土压力及作用点位置

①计算下墙破裂楔体浸水之后,与荷载的重力之和 W_2:

$$W_2 = W_{O'B_3B_2} + W_{O'OB_3} + W_{2,\text{load}} - W_{O'E_3E_2,\Delta\gamma} - W_{O'OE_3,\Delta\gamma} = 42.4028(\text{kN})$$

②根据库仑土压力通用公式(6-18),计算下墙破裂棱体及荷载对挡土墙墙背产生的水平及竖直向土压力 E_{2x}、E_{2y}:

$$E_{2x} = \left[W_2 \frac{\cos(\theta_m + \varphi)}{\sin(\theta_m + \varphi + \delta_2 - \alpha_2)} - \frac{R_1 \sin(\theta_m - \beta_j)}{\sin(\theta_m + \varphi + \delta_2 - \alpha_2)} \right] \cdot \cos(\delta_2 - \alpha_2) = 38.5412(\text{kN})$$

$$E_{2y} = E_{2x}\tan(\delta_2 - \alpha_2) = 2.333(\text{kN})$$

③计算库仑土压力的作用点:

参照图 9-38a),将破裂楔体 ΔOB_3B_2 形心坐标和荷载形心坐标沿上墙第二破裂面 $O'B_2$ 方向投影在直线 $O'B_2$ 上,再将投影点坐标沿着下墙破裂面 OB_3 方向投影到下墙背上,得到破裂楔体 $\Delta O'B_3B_2$ 和荷载相对于墙踵点的水平土压力的力臂 d_{x1}、d_{xq},经过几何换算得到 $d_{x1} = 2.4\text{m}$,$d_{xq} = 1.8\text{m}$;将破裂楔体 $\Delta O'OB_3$ 形心坐标沿下墙破裂面 OB_3 方向投影到墙背上,得到破裂楔体 $\Delta O'OB_3$ 的重力相对于墙踵点的水平土压力力臂 d_{x2},经过几何换算得到 $d_{x2} = 1.2\text{m}$。

类似的,参照图 9-38b),将浸水面积的 $\Delta O'E_3E_2$ 形心坐标沿上墙第二破裂面 $O'E_2$ 投影到直线 $O'E_3$ 上,再将该点沿着下墙破裂面 OE_3 方向投影到下墙背上,求出其相对于墙踵点的水平土压力力臂 d_{w2};再将浸水面积 $\Delta OC'O$ 形心坐标沿着下墙破裂面 OC' 方向投影到墙背上,作为力的作用点,则可求出其相对于墙踵点的水平土压力力臂 d_{w3},经过几何换算可以得到,$d_{w2} = 2.4\text{m}$,$d_{w3} = 1.2\text{m}$。

最终可求得下墙水平土压力相对于墙踵点 O 的力臂 T_{2x}、T_{2y}:

$$T_{2x} = \frac{W_{O'B_3B_2}d_{x1} + W_{O'OB_3}d_{x2} + W_{2,\text{load}}d_{xq} - W_{O'E_3E_2,\Delta\gamma}d_{b1} - W_{O'OE_3,\Delta\gamma}d_{b2}}{W_2}$$

$$= \frac{6.3992 \times 2.4 + 31.8060 \times 1.2 + 17.1896 \times 1.8 - 2.25036 \times 2.4 - 10.7415 \times 1.2}{42.4028}$$

$$= 1.5606(\text{m});$$

$$T_{2y} = Z_{2x} \cdot \tan\alpha_2 = 0.39015(\text{m})$$

④计算折线形下墙水平及竖直向弯矩：

相较于墙趾点水平向弯矩 M_{2x}：

$$M_{2x} = E_{2x} \cdot T_{2x} = 38.5412 \times 1.5606 = 60.146(\text{kN} \cdot \text{m})$$

相较于墙趾点竖直向弯矩 M_{2y}：

$$M_{2y} = (B + T_{2y}) \times E_{2y} = (3.57 + 0.39015) \times 2.333 = 9.239(\text{kN})$$

3. 全墙对墙趾的力系

(1) 衡重台上自稳土体产生力系

衡重台上自稳填土的自重及作用点可根据 AutoCAD 绘图求取，也可利用坐标法计算求取。本节采用 AutoCAD 绘图求取填土面积 $S_\pm$、浸水部分填土面积 S_w、墙体自重产生的力臂 $T_\pm$ 及浸水部分土体力臂 $T_{\pm,\Delta\gamma}$，如图 9-39 所示。

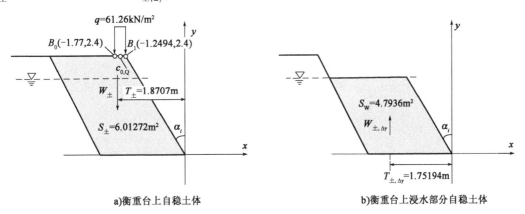

a) 衡重台上自稳土体　　　　　　b) 衡重台上浸水部分自稳土体

图 9-39　衡重台上自稳土体竖向土压力计算示意图

①参照图 9-39a)，计算衡重台自稳土体的竖向力 $W_\pm$ 及对上墙破裂点 O' 处力矩 $M_\pm$：

$$W_\pm = \gamma S_\pm = 19 \times 6.01272 = 114.2417(\text{kN})$$

$$M_\pm = W_\pm \cdot T_\pm = 114.2417 \times 1.870779 = 213.720973(\text{kN} \cdot \text{m})$$

②参照图 9-39b)，计算衡重台填土浸水减小的竖向力 $W_{\pm,\Delta\gamma}$ 及弯矩 $M_{\pm,\Delta\gamma}$：

$$W_{\pm,\Delta\gamma} = \Delta\gamma S_w = 7 \times 4.7936 = 33.5552(\text{kN})$$

$$M_{\pm,\Delta\gamma} = W_{0,\Delta\gamma} \cdot T_{0,\Delta\gamma} = 33.5552 \times 1.751937 = 58.7878(\text{kN} \cdot \text{m})$$

③衡重台上荷载 $W_{\pm,\text{load}}$ 及对于上墙破裂点 O' 处的力矩 $W_{\pm,\text{load}}$：

参照图 9-39a)，计算荷载作用在衡重台上自稳土体上荷载自重 $W_{\pm,\text{load}}$：

$$W_{\pm,\text{load}} = \sum_{1}^{k} \Delta q \cdot \Delta l = 61.3 \times 0.5206 = 31.9128(\text{kN})$$

参照图 9-39a)，计算荷载在路基面的投影点坐标 $c_{0,q}$，横坐标按公式(6-5)计算，纵坐标通过内插求得,经计算坐标为(−1.50968,2.4)。

④衡重台上土体及荷载的竖向土压力合力 $E_{土,y}$:
$$E_{土,y} = W_土 - W_{土,\Delta\gamma} + W_{土,load} = 114.2417 - 33.5552 + 31.9128 = 112.582(kN)$$

竖直土压力对于上墙破裂点 O' 处的力矩 $M_{土,y}$:
$$M_{土,y} = M_土 - M_{土,\Delta\gamma} + W_{土,load} \cdot T_{0,load} = 213.720973 - 58.7878 + 31.9128 \times 1.50968$$
$$= 203.0861(kN)$$

(2)全墙土压力对墙趾点的力系

全墙水平土压力 E_x:
$$E_x = E_{1x} + E_{2x} = 51.2465 + 38.5412 = 89.788(kN)$$

全墙竖直土压力 E_y:
$$E_y = E_{1y} + E_{2y} + E_{土,y} = 98.4436 + 2.3328 + 112.582 = 213.358(kN)$$

水平土压力对墙趾点的力矩 M_{tx}:
$$M_{tx} = M_{1x} + E_{1x} \times H_2 + M_{2x} = 57.5046 + 51.2465 \times 3.6 + 60.164 = 302.156(kN)$$

竖向土压力对墙趾点的力矩 M_{ty}:
$$M_{ty} = M_{1y} + E_{1y} \times (H_2 \times \tan\alpha_2 + B) + M_{2y} + E_{2y} \times B - M_{土,y} + E_{土,y} \times (H_2 \times \tan\alpha_2 + B)$$
$$= -57.5046 + 98.4436 \times (3.6 \times 0.25 + 3.57) + 0.9101 + 2.333 \times$$
$$3.57 - 203.0861 + 112.582 \times (3.6 \times 0.25 + 3.57)$$
$$= 691.933(kN)$$

(3)墙身自重产生的力系

墙体自重及作用点采用 AutoCAD 绘图求取墙体面积 $S_墙$、墙体浸水面积 $S_{墙,w}$、墙体自重产生的力臂 $T_墙$、墙体浮力产生的力臂 $T_{墙,浮}$,如图9-40所示。

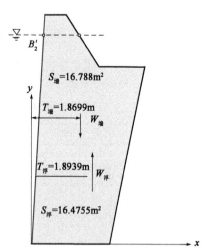

图9-40 墙体及土压力力臂示意图

①墙体自重 N_W:
$$N_W = \gamma_墙 \cdot S_墙 - \gamma_浮 \cdot S_{墙,浮}$$
$$= 23 \times 16.788 - 10 \times 16.4755 = 221.369(kN)$$

②自重对墙趾的力臂 T_W:
$$T_W = \frac{T_墙 \cdot \gamma_墙 \cdot S_墙 - T_浮 \cdot \gamma_浮 \cdot S_浮}{N_W}$$
$$= \frac{1.8699 \times 23 \times 16.788 - 1.8939 \times 10 \times 16.4755}{221.369}$$
$$= 1.852(m)$$

扣除浸水浮力后,自重对墙趾的力矩:
$$M_W = N_W \times T_W = 221.369 \times 1.852 = 409.975(kN \cdot m)$$

4. 全墙稳定检算

(1)抗滑动稳定性承载能力极限状态检算

根据附录 J.01,进行挡土墙的抗滑动稳定性检算。

不平衡作用效应设计值:
$$S_{d,dst} = \gamma_{EI} E_x = 1.3 \times 89.788 = 116.724(kN)$$

平衡作用效应设计值：
$$S_{\mathrm{d,stb}} = (\gamma_{\mathrm{G}} N_{\mathrm{W}} + \gamma_{\mathrm{E2}} E_y) \times f = (0.7 \times 221.369 + 0.65 \times 213.358) \times 0.45 = 132.138(\mathrm{kN})$$
抗滑动稳定性检算：

$\gamma_0 S_{\mathrm{d,dst}} = 1.0 \times 116.724 = 116.724 \leqslant S_{\mathrm{d,stb}} = 132.138$，满足要求。

（2）挡土墙的抗倾覆稳定性承载能力极限状态检算

不平衡作用效应设计值：
$$S_{\mathrm{d,dst}} = \gamma_{\mathrm{E1}} E_x Z_x = \gamma_{\mathrm{E1}} M_x = 1.5 \times 302.156 = 453.234 (\mathrm{kN \cdot m})$$
平衡作用效应设计值：
$$\begin{aligned} S_{\mathrm{d,stb}} &= \gamma_{\mathrm{G}} N_{\mathrm{W}} T_{\mathrm{W}} + \gamma_{\mathrm{E2}} E_y Z_y = \gamma_{\mathrm{G}} M_{\mathrm{W}} + \gamma_{\mathrm{E2}} M_{ty} \\ &= 0.95 \times 409.975 + 0.9 \times 691.933 = 1012.216 (\mathrm{kN \cdot m}) \end{aligned}$$

抗倾覆稳定性检算：

$\gamma_0 S_{\mathrm{d,dst}} = 1.0 \times 453.234 = 453.234 < S_{\mathrm{d,stb}} = 1012.216$，满足要求。

（3）基底承载力按正常使用极限状态设计

①偏心距计算

作用于基底上的总垂直力 N：
$$N = N_{\mathrm{W}} + E_y = 221.369 + 213.358 = 434.727 (\mathrm{kN})$$
偏心距计算：
$$e = \frac{B}{2} - \frac{M_y - M_x}{N'} = \frac{B}{2} - \frac{M_{\mathrm{W}} + M_{ty} - M_{tx}}{N'} = \frac{3.57}{2} - \frac{409.975 + 691.933 - 302.156}{434.727} = -0.0547 (\mathrm{m})$$

根据偏心距和压应力关系，确定计算墙趾、墙踵压应力计算公式：
$$|e| < \frac{B}{6} = 0.595 (\mathrm{m})$$

②墙趾压应力检算

根据偏心距和压应力的关系，确定计算墙趾、墙踵压应力计算公式：
$$|e| < \frac{B}{6} = 0.595 (\mathrm{m}), \sigma_{1k,2k} = \frac{N}{B} \left(1 \pm \frac{6e}{B} \right)$$

墙趾压应力标准值：
$$S_{\mathrm{d}} = \sigma_{1k} = \frac{N}{B} \left(1 + \frac{6e}{B} \right) = \frac{434.727}{3.57} \times \left(1 + \frac{-6 \times 0.0547}{3.57} \right) = 110.585 (\mathrm{kPa})$$

墙趾压应力特征值：
$$C_{\mathrm{d}} = \gamma_\sigma \cdot \sigma_\mathrm{a} = 1.0 \times 200 = 200 (\mathrm{kPa})$$

$S_{\mathrm{d}} < C_{\mathrm{d}}$，满足要求。

③墙踵压应力检算

墙踵压应力标准值：
$$S_{\mathrm{d}} = \sigma_{2k} = \frac{N}{B} \left(1 - \frac{6e}{B} \right) = \frac{434.727}{3.57} \times \left(1 - \frac{-6 \times 0.0547}{3.57} \right) = 132.96 (\mathrm{kPa})$$

墙踵承载力特征值：
$$C_d = \gamma_\sigma \cdot \sigma_a = 1.3 \times 200 = 260 (\text{kPa})$$

$S_d < C_d$，满足要求。

④墙底平均应力检算

墙底平均应力标准值：
$$S_d = \sigma_{pk} = \frac{\sigma_{1k} + \sigma_{2k}}{2} = \frac{110.585 + 132.960}{2} = 121.773 (\text{kPa})$$

墙底平均承载力特征值：
$$C_d = \gamma_\sigma \cdot \sigma_a = 1.0 \times 200 = 200 (\text{kPa})$$

$S_d < C_d$，满足要求。

5. 墙身截面强度计算

衡重式挡土墙墙身截面在上下墙连接处存在突变，需选取该Ⅰ-Ⅰ截面进行墙身强度检算，如图9-41所示；还需对斜截面Ⅱ-Ⅱ进行墙身强度检算，如图9-42所示。

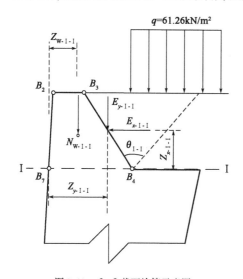
图9-41　Ⅰ-Ⅰ截面检算示意图

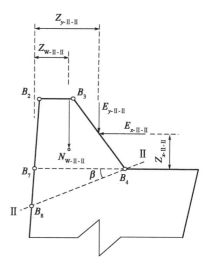
图9-42　Ⅱ-Ⅱ截面检算示意图

（1）Ⅰ-Ⅰ截面合力偏心距 e' 及剪力检算

①Ⅰ-Ⅰ截面土压力产生力系

Ⅰ-Ⅰ截面土压力计算方法参见第六章，计算过程从略。

水平土压力：
$$E_{xⅠ-Ⅰ} = \frac{W_{Ⅰ-Ⅰ}}{\tan(\beta_{Ⅰ-Ⅰ} + \varphi) + \tan(\delta - \alpha_{Ⅰ-Ⅰ})} = 24.472 (\text{kN})$$

竖直土压力为作用在第二破裂面上的竖向土压力和上墙背上的自稳土体的自重力之和：
$$E_{yⅠ-Ⅰ} = E_{xⅠ-Ⅰ} \tan(\delta - \alpha) = 24.472 \times \tan(17.5° + 24.228°) = 21.825 (\text{kN})$$

水平土压力对Ⅰ-Ⅰ截面的墙趾力矩：
$$M_{xⅠ-Ⅰ} = E_{xⅠ-Ⅰ} \cdot Z_{xⅠ-Ⅰ} = 24.472 \times 0.602 = 14.728 (\text{kN} \cdot \text{m})$$

竖直土压力对 I - I 截面的墙趾力矩：
$$M_{yI\text{-}I} = \left(B_{I\text{-}I} + M_{xI\text{-}I} \cdot \frac{\tan\alpha}{E_{xI\text{-}I}}\right) \times E_{yI\text{-}I} = \left(1.7 - 14.728 \times \frac{\tan 24.228°}{24.472}\right) \times 21.825 = 31.188(\text{kN} \cdot \text{m})$$

② I - I 截面以上墙身自重产生的力系

I - I 截面以上墙身截面面积： $A_{I\text{-}I} = 2.64\text{m}^2$

I - I 截面以上墙身自重力： $N_{wI\text{-}I} = A_{I\text{-}I} \times \gamma_{wI\text{-}I} = 2.64 \times 23 = 60.72(\text{kN})$

I - I 截面以上墙身自重对 I - I 截面的墙趾的力臂：

$$Z_{wI\text{-}I} = \frac{(0.5/2 + 2.4 \times 0.05) \times 0.5 \times 2.4 + (0.5 + 0.5 + 2.4 \times 0.05 + 1.7) \times 2.4 \times (1.7 - 0.5)/6}{2.64}$$

$= 0.9567(\text{m})$

自重对 I - I 截面的墙趾的力矩：
$$M_{wI\text{-}I} = N_{wI\text{-}I} \times Z_{wI\text{-}I} = 60.72 \times 0.9567 = 58.091(\text{kN} \cdot \text{m})$$

③ I - I 截面合力偏心距计算
$$e' = \frac{B_{I\text{-}I}}{2} - \frac{\sum M_{yI\text{-}I} - \sum M_{xI\text{-}I}}{N_{I\text{-}I}} = \frac{1.7}{2} - \frac{31.188 + 58.091 - 14.728}{60.72 + 21.825} = -0.053$$

④ I - I 截面合力偏心距检算
$$|e'| = 0.1371 < 0.35 B_{I\text{-}I} = 0.595$$

满足要求。

⑤ I - I 截面剪应力检算
$$S_d = \gamma_{sd}\gamma_s(S_{Gk} + S_{Qk}) = \gamma_{sd}\gamma_s E_{xI\text{-}I} = 1.0 \times 1.35 \times 24.472 = 33.0372(\text{kN});$$
$$R_d = \frac{\gamma f_{ct} b h^2}{6} = \frac{1.20125 \times 500.5 \times 1 \times 1.7^2}{6} = 289.59(\text{kN})$$

$S_d < R_d$，满足要求。

（2）II - II 截面合力偏心距 e' 及剪力检算

① II - II 截面土压力产生力系

II - II 截面土压力计算同 I - I 截面土压力，计算过程从略。

水平土压力： $E_{xII\text{-}II} = E_{xI\text{-}I} = 24.472(\text{kN})$

竖直土压力： $E_{yII\text{-}II} = E_{yI\text{-}I} = 21.825(\text{kN})$

参考第六章，计算水平土压力对 II - II 截面的墙趾力矩：
$$M_{xII\text{-}II} = 154.872(\text{kN} \cdot \text{m})$$

竖直土压力对 II - II 截面的墙趾力矩：
$$M_{yI\text{-}II} = 119.2053(\text{kN} \cdot \text{m})$$

② II - II 截面以上墙身自重产生的力系

墙身截面面积： $A_{II\text{-}II} = 4.255\text{m}^2, \tan\beta = 1.0586; \beta = 46.63°$

自重力： $N_{wII\text{-}II} = A_{II\text{-}II} \times \gamma_{wII\text{-}II} = 4.255 \times 23 = 97.865(\text{kN})$

自重对Ⅱ-Ⅱ截面的墙趾的力臂(通过CAD画图求取):
$$Z_{WⅡ-Ⅱ} = 0.7036(m)$$

自重对Ⅱ-Ⅱ截面的墙趾的力矩:
$$M_{WⅡ-Ⅱ} = N_{WⅡ-Ⅱ} \times Z_{WⅡ-Ⅱ} = 97.865 \times 0.7036 = 68.8578(kN \cdot m)$$

③Ⅱ-Ⅱ截面合力偏心距计算

$$e' = \frac{B_{Ⅱ-Ⅱ}}{2} - \frac{\sum M_{yⅡ-Ⅱ} - \sum M_{xⅡ-Ⅱ}}{N_{Ⅰ-Ⅰ}} = \frac{2.6138}{2} - \frac{119.2053 + 68.8578 - 154.872}{21.825 + 97.865} = 0.2773$$

④Ⅱ-Ⅱ截面合力偏心距检算

$|e'| = 0.2773 < 0.35 B_{Ⅱ-Ⅱ} = 0.91483$,满足要求。

⑤Ⅱ-Ⅱ截面剪应力检算

$$S_d = \gamma_{sd}\gamma_s(S_{Gk} + S_{Qk}) = \gamma_{sd}\gamma_s(E_{xⅡ-Ⅱ}\cos\beta + E_{yⅡ-Ⅱ}\sin\beta + N_{WⅡ-Ⅱ}\sin\beta)$$
$$= 1.0 \times 1.35 \times (24.472 \times \cos 46.63° + 21.825 \times \sin 46.63° + 97.865 \times \sin 46.63°)$$
$$= 140.146(kN)$$

$$R_d = \frac{\gamma f_{ct} b h^2}{6} = \frac{1.20125 \times 500.5 \times 1 \times 2.6138^2}{6} = 684.59(kN)$$

$S_d < R_d$ 满足要求。

6. 其他检算

无水无荷检算、有水无荷检算、有荷无水检算从略。

五、算例分析

(一)工况对比

本算例在计算浸水(常水位)工况时,一般工况作为验算工况。两种工况下的设计结果如表9-39所示。通过对比发现,在浸水(常水位)工况下进行设计时,设计尺寸往往较大,2m墙高时前者是后者的3.08倍,其余墙高为1.66~1.88倍。

一般工况与常水位工况设计对比   表9-39

墙高	①常水位工况			②一般工况			截面面积比	衡重台宽差值	墙踵应力比
	截面面积	衡重台宽	墙踵应力	截面面积	衡重台宽	墙踵应力			
$H(m)$	$A_①$ (m^2)	$L_①$ (m)	$\sigma_{k①}$ (kPa)	$A_②$ (m^2)	$L_②$ (m)	$\sigma_{k②}$ (kPa)	$A_①/A_②$	$L_①/L_②$	$\sigma_{k①}/\sigma_{k②}$
2	3.88	2.19	89d	1.26	0	47a	3.08	2.19	1.89
3	6.70	2.40	125d	3.91	0.83	147a	1.71	1.57	0.85
4	9.96	2.59	156d	5.78	0.83	157a	1.72	1.76	0.99
5	13.13	2.59	179d	7.92	1.62	150a	1.66	0.97	1.19
6	16.55	2.59	202d	13.21	1.90	193b	1.88	0.69	1.05

注:A为墙体截面面积,L为衡重台宽度。

为分析浸水(常水位)工况,造成挡土墙尺寸显著增大的原因,对常水位工况设计尺寸分别在有荷有水和有荷无水工况进行检算,检算结果如表9-40所示。

有荷有水和有荷无水工况检算对比 表9-40

设计尺寸			有荷有水工况				有荷无水工况				对比	
墙高(m)	截面面积(m^2)	衡重台宽(m)	E'_x(kN)	抗滑动			E'_x(kN)	抗滑动			水平土压力比	墙身自重比
				$S_{d,stb}$(kPa)	$S_{d,dst}$(kPa)	$S_{d,stb}-S_{d,dst}$(kPa)		$S_{d,stb}$(kPa)	$S_{d,dst}$(kPa)	$S_{d,stb}-S_{d,dst}$(kPa)		
2	3.88	2.19	29.80	38.9a	38.8a	0.20a	31.1	61.4a	38.9a	22.55a	0.96	0.60
3	6.70	2.40	48.00	62.6a	62.4a	0.24a	51.6	102.1a	64.5a	37.62a	0.93	0.58
4	9.96	2.59	67.90	88.4a	88.3a	0.18a	75.0	147.5a	93.8a	53.69a	0.91	0.58
5	13.13	2.59	82.50	109.8a	107.3a	2.45a	92.8	186.4a	116.0a	70.39a	0.89	0.58

浸水对挡土墙稳定性的检算,同时存在有利及不利作用,如浸水的浮力作用会使得墙后水平土压力减小,对结构有利,而浸水的浮力会使墙体自重的减小,对结构不利。通过对比发现,对于同一墙高尺寸,浸水浮力对水平土压力影响有限,有水土压力为无水土压力的0.89~0.96倍;浸水浮力对墙身自重影响较大,有水墙重为无水的0.58~0.6倍。由此可知,挡土墙墙身浸水所产生的浮力是造成墙体尺寸显著增大的主要原因。需要说明的是,本节所得到的分析结论均是假设挡墙两侧水位差相等的前提条件下得到的。

(二) 横断面布置对比

铁路路肩墙的横断面布置类型主要有重力式路肩墙(a类、b类)、衡重式路肩墙(c类)三种形式,如图9-32所示。

为了分析浸水工况下,三种布置形式对挡土墙的影响,对比分析了墙体截面面积及水平土压力,如表9-41所示。发现若不调整墙体参数,重力路肩墙(a类、b类)仅可进行矮墙(2m)设计,无法进行高墙设计,而衡重式路肩墙(c类)可以进行高墙设计,但截面尺寸较大。

三种路肩墙横断面布置形式的对比 表9-41

墙高 H(m)	①衡重式路肩墙(c类)		②重力式路肩墙(a类)		③重力式路肩墙(b类)		对比			
	截面面积 $A_①$(m^2)	土压力 $E_{x①}$(kN)	截面面积 $A_②$(m^2)	土压力 $E_{x②}$(kN)	截面面积 $A_③$(m^2)	土压力 $E_{x③}$(kN)	$A_②/A_①$	$A_③/A_①$	$E_{x②}/E_{x①}$	$E_{x③}/E_{x①}$
2	3.88	29.80	1.14	4.9	1.24	5.2	0.29	0.32	0.16	0.17
3	6.70	48.00	—	—	—	—				
4	9.96	67.90	—	—	—	—				
5	13.13	82.50	—	—	—	—				
6	16.55	89.80	—	—	—	—				

注:a类重力式路肩墙上墙背坡为1:0.55;b类重力式路肩墙上墙背坡为1:0.25;c类衡重式路肩墙上墙背坡为1:0.45,胸坡为1:0.05,上墙与全墙之比为0.4。其余参数同本算例。

(三) 墙型对比

为了分析上墙与全墙比例对衡重式挡土墙的影响,对墙身截面面积进行了对比,如图9-43所示。随着上墙与全墙比例的增加,高墙(>3m)的墙体面积 A 逐渐减小,表明上墙增大对挡墙截面有利。但需要注意的是,上墙的增加也会导致衡重台上下墙连接薄弱处的土压力显著增加,因此,选择上墙与全墙的比例时,应进行综合考虑。

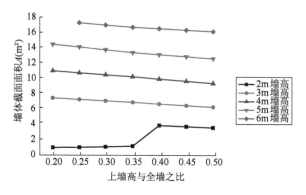

图 9-43　不同上比例的墙身截面面积对比

第十章 悬臂式挡土墙

现行《铁路路基设计规范(极限状态法)》(Q/CR 9127—2018)中暂未纳入半刚性支挡结构(悬臂式挡土墙),但是半刚性支挡结构(悬臂式挡土墙)是设计中常用的结构类型,为此本章结合已有课题创新成果及实际铁路工程案例,详细展示不同工况、不同结构形式的常用的半刚性支挡结构(悬臂式挡土墙)极限状态设计过程。

第一节 悬臂式路肩挡土墙(一般工况)

一、项目概况及要求

根据某铁路 D2K0+790~D2K0+884.734 段地质平面图、横断面图及地质、水文条件综合分析,该段为填方段,新建线路与原有线路存在高差,为满足线路设置需求,避免侵占既有线,故于两线间设置悬臂式路肩挡土墙。

线路的主要设计技术标准,如表 10-1 所示。

主要技术标准　　　　表 10-1

项　目	内　容
线路等级	Ⅰ级
正线数目	双线
轨道结构形式	有砟轨道
设计活载	ZKH 荷载
列车设计速度(km/h)	160

二、工程环境条件

(一)地形地貌

本段内属剥蚀构造低中山区,枝状沟谷发育,沟槽平缓开阔,丘坡圆滑,地形起伏较小。地面高程 1954~2000m,相对高差约 45m,自然横坡 5°~10°。坡面多覆土覆盖,辟为旱地,坡面上多杂草、灌木。

(二)地质情况

本段上覆第四系坡残积(Q^{4dl+el})、上第三系(N_2)土层;下伏石炭系中上统(C_{2-3})灰岩。地层由新到老分述如下:

<0-2>溶洞(Q^{4ca}):全充填或半充填软塑状黏性土。

<1-2>人工填土(粉质黏土)(Q^{4ml}):呈棕红色夹褐灰色,硬塑,土质不均,夹 15%~40%

的灰岩质角砾,石质成分以灰岩为主。零星分布于梁王大道内,厚 0~8m 不等。属Ⅱ级普通土,D 组填料。

<12-3> 膨胀土(N_2):主要为黏土,褐红,褐黄色,具中~强膨胀性,硬塑,黏性强,含少量灰岩角砾,厚 10~30m。广布于段内坡面及沟槽,属Ⅱ级普通土。E 组填料。

<44-1> 灰岩($C_{2.3}$):灰色,质坚性脆,隐晶质结构,薄~中厚层构造,溶隙溶孔发育,岩体破碎,局部夹薄层页岩及煤线;溶蚀破碎带(R_3)属Ⅴ级次坚石,C 组填料。弱风化带(W_2)属Ⅴ级次坚石,A 组填料。

(三)水文地质特征及其他

1. 水文地质特征

地表水以山间沟水为主,主要以季节性水流为主。地下水类型主要为第四系及上第三系松散土层孔隙水、基岩裂隙水、岩溶水。在环境作用类别为化学侵蚀环境、氯盐环境时,水中 SO_4^{2-} 对混凝土侵蚀作用等级为 H1。综上所述,项目区水文地质条件较简单,地下水对支挡结构建设影响小,设计时可不考虑浸水。

2. 地震参数

地震动峰值加速度为 0.05g,地震动反应谱特征周期为 0.35s,不考虑地震。

三、路基工程布设

(1)D2K0+790~D2K0+884.734 右侧,长 94.734m,设置悬臂式路肩挡土墙,起点墙高 2m,终点墙高 6m,最大墙高 6m;墙身采用 C35 混凝土,整平层采用 C15 素混凝土,碎石垫层最大粒径不大于 5cm。

(2)悬臂式挡墙大里程端与桥台之间设端墙,墙高为 6m。墙身采用 C35 混凝土浇筑,墙背设置 0.3m 厚编织袋装砂夹卵石及复合排水网反滤层。

(3)挡土墙基底埋深不小于 1.0m。墙身沿线路方向每隔 10~15m 设置一道伸缩缝,在墙高变化处及基底地质变化明显处设沉降缝,两者可合并设置,缝宽 0.02~0.03m。缝内沿墙内、外两边填塞沥青麻筋,填入深度不小于 15cm。

(4)沿墙长和墙高按上下左右交错布置泄水孔,间距 2~3m,最底排泄水孔位于墙前地面线以上 20cm 处,泄水孔采用直径 5cm 的 PVC 管,进水口采用反滤土工布扎口,泄水孔的设置应满足钢筋净保护层的要求。墙后满铺 0.3m 厚的袋装砂砾石反滤层,为阻隔地面水的渗入,在反滤层顶部以上设置隔水层,为使墙背积水不渗入基础,在反滤层以下设置隔水层,隔水层采用与挡墙同标号混凝土。

(5)悬臂式路肩挡土墙墙背设置复合排水网。

(6)悬臂式路肩挡土墙墙顶设置角钢立柱栏杆。

工点正面及断面图如图10-1、图10-2所示。

四、支挡结构设计

(一)代表性断面

双线悬臂式路肩挡土墙代表性断面如图10-3所示。

第十章 悬臂式挡土墙

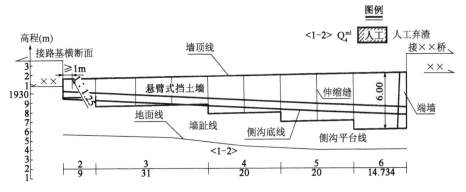

图 10-1 工点正面图

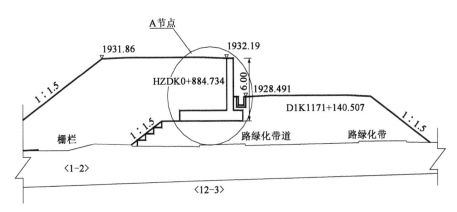

图 10-2 工点断面示意图

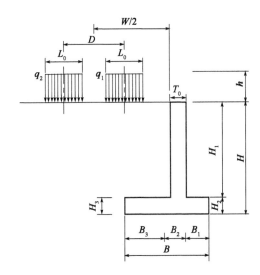

图 10-3 双线悬臂式路肩挡土墙代表性断面图

(二) 设计参数

悬臂式路肩挡土墙设计参数如表 10-2 所示。

设 计 参 数　　　　　　　　　　　　　表 10-2

参 数 名 称		数　　值
边界条件	路基面宽度(m)	12.5
	轨道和列车荷载(kN/m²)	61.6
	轨道和列车荷载宽度(m)	3.3
	线间距(m)	4.4
岩土参数	基底摩擦系数标准值	$f' = 0.3 \times 1.5 = 0.45$（0.3 为经验值，1.5 为系数）
	地基承载力特征值(kPa)	$\sigma_a = 150$
	综合内摩擦角(°)	$\varphi = 35$
	填料重度(kN/m³)	$\gamma = 19$
墙体参数	墙背摩擦角(°)	$\delta = 17.5$
	墙体重度(kN/m³)	$\gamma_W = 25$
	立臂板胸坡	直立
	立臂板背坡	直立

(三)设计结果

根据表 10-2 中的设计参数进行悬臂式路肩挡土墙极限状态设计，批量得到 2~6m 墙高的悬臂式路肩挡土墙极限状态法设计尺寸，如表 10-3 所示。计算结果见表 10-4。表中符号可参照悬臂式路肩墙横断面布置示意图（图 10-3）。

悬臂式路肩墙极限状态法设计表　　　　　表 10-3

墙高	墙体尺寸								面积
H(m)	H_1(m)	H_2(m)	H_3(m)	T_0(m)	B(m)	B_1(m)	B_2(m)	B_3(m)	A(m²)
2	1.7	0.3	0.3	0.3	2.64	0.2	0.3	2.14	1.3
3	2.7	0.3	0.3	0.3	3.44	0.3	0.3	2.84	1.84
4	3.6	0.4	0.4	0.4	4.14	0.4	0.4	3.34	3.1
5	4.5	0.5	0.5	0.5	4.8	0.5	0.5	3.8	4.65
6	5.4	0.6	0.6	0.6	5.61	0.81	0.6	4.2	6.61

注：表中符号见图 10-3。

计 算 结 果 表　　　　　　　　　　　表 10-4

α	β	抗 倾 覆			抗 滑 动			e (m)	σ_{1k} (kPa)	σ_{2k} (kPa)
		$S_{d,stb}$ (kPa)	$S_{d,dst}$ (kPa)	$S_{d,stb} - S_{d,dst}$ (kPa)	$S_{d,stb}$ (kPa)	$S_{d,dst}$ (kPa)	$S_{d,stb} - S_{d,dst}$ (kPa)			
27.5	27.5	174.00a	28.00a	146.00a	37.00a	37.00a	0.00a	0.019b	49a	51a
27.5	27.5	435.00a	84.00a	351.00a	69.00a	68.00a	0.00a	0.034a	78a	69a
27.5	27.5	789.00a	178.00a	610.00a	105.00a	105.00a	0.00a	0.113a	108a	77a
27.5	27.5	1264.00a	321.00a	943.00a	148.00a	148.00a	0.00a	0.195a	138a	84a
27.5	27.5	1975.00a	514.00a	1461.00a	196.00a	194.00a	1.00a	0.183a	149a	103b

注：1. 表中 a 表示为有荷的计算结果；表中 b 表示为无荷的计算结果。
　　2. 表中符号参见图 10-4。

(四)受力分析及检算

以表10-3中6m墙高的悬臂式路肩墙为例,进行展示。计算土压力时,填料产生土压力按库仑理论进行计算,路基面荷载产生土压力采用弹性理论进行计算。

1. 按弹性理论计算路基面荷载的作用

(1)对立臂板墙背侧向作用

参照图10-4,根据公式(6-35)计算立臂板背侧产生的侧向压应力。

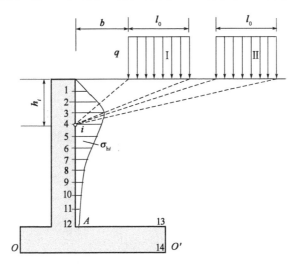

图10-4 弹性理论侧向应力计算示意图

① I 线荷载在立臂板背侧产生的侧向压应力计算过程如表10-5所示。

I 线荷载产生的侧向土压应力 表10-5

序号	h_i	q/π	$\dfrac{bh_i}{b^2+h_i^2}$	$\dfrac{h_i(b+L_0)}{h_i^2+(b+L_0)^2}$	$\tan^{-1}\left(\dfrac{b+L_0}{h_i}\right)$	$\tan^{-1}(b/h_i)$	σ_{1hi}
1	0	19.608	0.000	0.000	0.000	0.000	0.000
2	0.5	19.608	0.258	0.097	1.473	1.300	6.549
3	1	19.608	0.425	0.189	1.377	1.064	10.768
4	1.5	19.608	0.492	0.271	1.285	0.876	12.349
5	2	19.608	0.497	0.340	1.197	0.733	12.188
6	2.5	19.608	0.474	0.395	1.115	0.624	11.176
7	3	19.608	0.441	0.437	1.039	0.540	9.859
8	3.5	19.608	0.407	0.467	0.969	0.475	8.520
9	4	19.608	0.374	0.486	0.906	0.423	7.284
10	4.5	19.608	0.345	0.496	0.848	0.381	6.197
11	5	19.608	0.319	0.500	0.795	0.346	5.265
12	5.4	19.608	0.300	0.499	0.757	0.322	4.626
13	5.4	19.608	−0.371	0.162	0.165	−0.418	0.982
14	6	19.608	−0.345	0.147	0.149	−0.381	0.743

②Ⅱ线荷载在立臂板背侧产生的侧向压应力计算过程如表10-6所示。

Ⅱ线荷载产生的侧向土压应力　　　　　表10-6

序号	h_i	q/π	$\dfrac{bh_i}{(b^2+h_i^2)}$	$\dfrac{h_i(b+L_0)}{h_i^2+(b+L_0)^2}$	$\tan^{-1}\left(\dfrac{b+L_0}{h_i}\right)$	$\tan^{-1}(b/h_i)$	σ_{2hi}
1	0	19.608	0.000	0.000	0.000	0.000	0.000
2	0.5	19.608	0.080	0.052	1.518	1.490	1.089
3	1	19.608	0.157	0.104	1.466	1.411	2.120
4	1.5	19.608	0.229	0.154	1.414	1.333	3.045
5	2	19.608	0.292	0.202	1.363	1.259	3.826
6	2.5	19.608	0.347	0.246	1.313	1.188	4.445
7	3	19.608	0.392	0.287	1.265	1.120	4.896
8	3.5	19.608	0.428	0.324	1.218	1.057	5.189
9	4	19.608	0.456	0.358	1.172	0.998	5.340
10	4.5	19.608	0.475	0.387	1.128	0.943	5.372
11	5	19.608	0.489	0.412	1.086	0.892	5.308
12	5.4	19.608	0.495	0.430	1.054	0.854	5.202
13	5.4	19.608	0.326	0.500	0.776	0.355	4.846
14	6	19.608	0.300	0.496	0.724	0.322	4.031

③根据Ⅰ线荷载和Ⅱ线荷载所产生的侧向土压应力,计算立臂板及墙踵板端部的内力,计算过程见表10-7。

路基面荷载在立臂板产生的弯矩和剪力　　　　　表10-7

序号	h_i(m)	荷载Ⅰ作用			荷载Ⅱ作用			荷载总作用		备注
		σ_{hi}(kPa)	Q_{hi}(kN)	M_{hi}(kN·m)	σ_{hi}(kPa)	Q_{hi}(kN)	M_{hi}(kN·m)	Q_{hi}(kN)	M_{hi}(kN·m)	
1	0	0	0	0	0	0	0	0	0	
2	0.5	6.549	1.637	0.273	1.089	0.272	0.045	1.909	0.318	
3	1	10.768	5.967	2.086	2.120	1.074	0.361	7.041	2.446	
4	1.5	12.349	11.746	6.481	3.045	2.366	1.201	14.111	7.682	
5	2	12.188	17.880	13.891	3.826	4.083	2.797	21.963	16.688	
6	2.5	11.176	23.721	24.312	4.445	6.151	5.343	29.872*	29.655*	立臂板中点
7	3	9.859	28.980	37.515	4.896	8.486	8.993	37.466	46.508	
8	3.5	8.520	33.575	53.182	5.189	11.007	13.860	44.582	67.042	
9	4	7.284	37.525	70.982	5.340	13.640	20.019	51.165	91.001	
10	4.5	6.197	40.895	90.610	5.372	16.318	27.507	57.213	118.118	
11	5	5.265	43.761	111.794	5.308	18.988	36.335	62.749	148.129	

续上表

序号	h_i(m)	荷载Ⅰ作用			荷载Ⅱ作用			荷载总作用		备注
		σ_{hi} (kPa)	Q_{hi} (kN)	M_{hi} (kN·m)	σ_{hi} (kPa)	Q_{hi} (kN)	M_{hi} (kN·m)	Q_{hi} (kN)	M_{hi} (kN·m)	
12	5.4	4.626	45.739	129.702	5.202	21.090	44.352	66.829*	174.054*	A 点
13	5.4	0.982	45.739	129.702	4.846	21.090	44.352	66.829	174.054	
14	6	0.743	46.256	157.308	4.031	23.753	57.829	70.009*	215.137*	墙踵点

注:Q_{hi}为立臂板或踵板端部深度 h_i 处的剪力,M_{hi}为立臂板或踵板端部深度 h_i 处的弯矩。

Ⅰ线荷载和Ⅱ线荷载对于墙趾 O 点的总剪力和总弯矩为:

$$E_{x,\text{move}} = 70.009 \text{kN}; M_{y,\text{move}} = 215.137 \text{kN} \cdot \text{m}$$

Ⅰ线荷载和Ⅱ线荷载对于立臂板根部 A 点的总剪力和总弯矩为:

$$E_{xA,\text{move}} = 66.829 \text{kN}; M_{yA,\text{move}} = 174.054 \text{kN} \cdot \text{m}$$

(2)对墙踵板顶部的竖向作用

参照图10-5,根据式(6-36)、式(6-37)计算墙踵板上荷载产生的竖向压应力。如图10-5所示,x 为墙踵板顶部各计算点至荷载中心的距离,一般取墙踵板两个端点以及中点,分别以 i、j、k 表示。

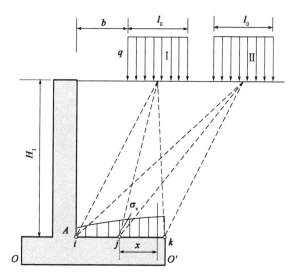

图 10-5 弹性理论竖向应力计算示意图

① Ⅰ线荷载在墙踵板顶部产生的竖向压应力计算过程如表10-8所示。

荷载Ⅰ产生竖向土压应力计算表　　　　表 10-8

序号	x (m)	X_1	X_2	$\tan^{-1}X_1$ (rad)	$\tan^{-1}X_1$ (rad)	$\dfrac{X_1}{1+X_1^2}$	$\dfrac{X_2}{1+X_2^2}$	σ_{v1i} (kPa)
1	3.45	0.944	0.333	0.757	0.322	0.499	0.300	12.437
2	1.35	0.556	-0.056	0.507	-0.055	0.425	-0.055	20.441
3	-0.75	0.167	-0.444	0.165	-0.418	0.162	-0.371	21.896

②Ⅱ线荷载在墙踵板顶部产生的竖向压应力计算过程如表10-9 所示。

荷载Ⅱ产生土压应力计算表　　　　　　　　表10-9

序号	x（m）	X_1	X_2	$\tan^{-1}X_1$（rad）	$\tan^{-1}X_2$（rad）	$\dfrac{X_1}{1+X_1^2}$	$\dfrac{X_2}{1+X_2^2}$	σ_{v2i}（kPa）
1	7.85	1.759	1.148	1.054	0.854	0.430	0.495	2.628
2	5.75	1.370	0.759	0.940	0.649	0.476	0.482	5.599
3	3.65	0.981	0.370	0.776	0.355	0.500	0.326	11.678

③根据Ⅰ线荷载和Ⅱ线荷载所产生的竖向土压应力,计算墙踵板端部的内力,计算结果,如表10-10 所示。

路基面以上荷载在墙踵板顶部产生的弯矩和剪力　　　　　　　　表10-10

序号	$\sigma_{vi}=\sigma_{v1i}+\sigma_{v2i}$（kPa）	$Q_i=\sum\limits_{k=i}^{2}\dfrac{(\sigma_{vk}+\sigma_{vk+1})}{2}$（kN）	M_i（kN·m）
1	15.065	103.984	249.292
2	26.040	62.595	68.493
3	33.574	0.000	0.000

Ⅰ线荷载和Ⅱ线荷载对于墙趾 O 点的竖向土压力 $E_{yO,\text{move}}$ 及弯矩 $M_{yO,\text{move}}$：

$$E_{yO,\text{move}}=Q_1\times L=103.984(\text{kN})$$

$$M_{yO,\text{move}}=M_1\times L+M_1\times L\times(B_1+B_2)=249.292+249.292\times1.41=395.909(\text{kN·m})$$

2. 按扫描搜索库仑土压力理论计算填料产生的土压力

参照图10-6,建立坐标系,按一定间距(0.001m)将计算界限内的路基面宽度进行分段。采用扫描搜索土压力计算方法,依次对破裂面进行扫描及土压力计算,并选出最大值。经计算,在 $i=2811, j=9200$ 时,水平土压力最大,下面根据第六章介绍的扫描搜索法计算该破裂面所产生的库仑主动土压力,具体步骤如下:

(1)求取破裂楔体的自重及形心

如图10-6a)所示,在 $i=2811, j=9200$ 时,第二破裂角为 $\alpha_i=-27.50°$,第一破裂角为 $\beta_j=27.50°$。破裂棱体为四边形,从 O 点开始按逆时针排序,得到三个交点坐标,分别为:$O'(0,0)$、$B_2(3.123,6.00)$、$B_1(-3.123,6.00)$;

(2)求取破裂楔体的自重。

①参照图10-6,利用坐标法计算破裂楔体自重 W_{soil}：

$$W_{\text{soil}}=\gamma\cdot S=\dfrac{1}{2}\gamma\cdot\left\{\begin{vmatrix}x_{O'}&y_{O'}\\x_{B_2}&y_{B_2}\end{vmatrix}+\begin{vmatrix}x_{B_2}&y_{B_2}\\x_{B_1}&y_{B_1}\end{vmatrix}+\begin{vmatrix}x_{B_1}&y_{B_1}\\x_{O'}&y_{O'}\end{vmatrix}\right\}=356.069(\text{kN})$$

②计算土压力:

根据库仑土压力通用公式(6-8),计算破裂楔体对挡土墙墙背产生的水平及竖直向土压力 $E_{x,\text{soil}}$、$E_{y,\text{soil}}$：

$$E_{x,\text{soil}}=\dfrac{W_{\text{soil}}}{\tan(\beta_j+\varphi)+\tan(\delta+\alpha)}=92.679(\text{kN})$$

$$E_{y,\text{soil}} = E_{x,\text{soil}} \tan(\delta + \alpha_i) = 178.011(\text{kN})$$

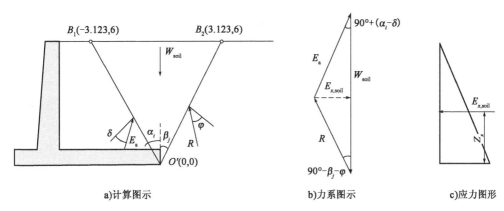

a) 计算图示　　　　b) 力系图示　　　　c) 应力图形

图 10-6　土压力计算示意图

③计算库仑土压力的作用点：

如图 10-6c) 所示，填料产生的土压力应力图形为三角形，则其水平土压力力臂 $Z_{x,\text{soil}} = \frac{1}{3}H = 2(\text{m})$，竖直土压力的力臂 $Z_{y,\text{soil}} = Z_{x,\text{soil}} \cdot \tan\alpha_i = -1.041(\text{m})$。

④计算填料所产生得水平向及竖直向弯矩：

相较于墙踵 O' 点，填料产生的弯矩 $M_{x,O'}$、$M_{y,O'}$：

$$M_{x,O'} = E_{x,\text{soil}} \cdot Z_{x,\text{soil}} = 92.679 \times 2 = 185.357(\text{kN} \cdot \text{m})$$

$$M_{y,O'} = -\left(M_{x,O'} \times \frac{\tan\alpha_i}{E_{x,\text{soil}}}\right) \times E_{y,\text{soil}} = -\left(185.357 \times \frac{\tan 27.50°}{92.679}\right) \times 178.011$$
$$= -185.309(\text{kN} \cdot \text{m})$$

相较于墙趾 O 点，填料产生的弯矩 $M_{x,O}$、$M_{y,O}$：

$$M_{x,O} = M_{x,O'} = 185.357(\text{kN} \cdot \text{m})$$

$$M_{y,O} = M_{y,O'} + B \times E_{y,\text{soil}} = -185.309 + (0.81 + 0.6 + 4.2) \times 178.011$$
$$= 813.333(\text{kN} \cdot \text{m})$$

3. 计算第二破裂面与墙背之间填土产生的土压力

第二破裂面与墙背之间的填土产生的竖向力 T_y：

$$T_y = \frac{1}{2}(B_3 + B_3 - H \cdot \tan\alpha_i)H\gamma = 0.5 \times (4.2 \times 2 - 6 \times \tan 27.5°) \times 6 \times 19 = 300.766(\text{kN})$$

第二破裂面与墙背之间的填土对墙趾 O 点的力矩 M_{T_y}：

$$M_{T_y} = T_y \times Z_{T_y} = 300.766 \times (1.47322 + 0.81 + 0.6) = 867.175(\text{kN} \cdot \text{m})$$

扣除与墙踵板重叠部分，墙后填土产生的竖向土压力 $E_{y,\text{filler}}$：

$$E_{y,\text{filler}} = E_{y,\text{soil}} + T_y - B_3 \times H_3 \times \gamma = 178.011 + 300.766 - 4.2 \times 0.6 \times 19 = 430.897(\text{kN})$$

墙后填土产生的竖向土压力对墙趾 O 点的力矩 $M_{y,\text{soil}}$：

$$M_{y,\text{soil}} = M_{y,O} + M_{T_y} - B_3 H_3 \gamma (B_3/2 + B_2 + B_1)$$
$$= 813.333 + 867.175 - 4.2 \times 0.6 \times 19 \times (4.2/2 + 0.6 + 0.81)$$
$$= 1512.449(\text{kN} \cdot \text{m})$$

4. 墙身自重产生的力系

墙体上所受力系如图 10-7 所示,墙体自重及作用点可根据 AutoCAD 绘图求取,也可利用坐标法计算求取。

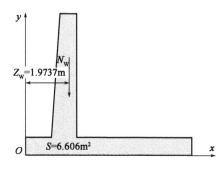

图 10-7 墙体及土压力力臂示意图

(1) 墙体自重 N_W

绘图求取 $N_W = \gamma_{混} \cdot S = 25 \times 6.606 = 165.15(\mathrm{kN})$

(2) 自重对墙趾的力臂 Z_W

绘图求取: $Z_W = 1.9737(\mathrm{m})$

(3) 自重对墙趾的力矩 M_W

$$M_W = N_W \times Z_W = 165.15 \times 1.9737 = 325.957(\mathrm{kN} \times \mathrm{m})$$

5. 所有力系向墙趾 O 简化

挡墙总水平土压力 $E_{x,\text{total}}$:

$$E_{x,\text{total}} = E_{x,\text{move}} + E_{x,\text{filler}} = 70.009 + 92.679 = 162.688(\mathrm{kN})$$

挡墙总竖向土压力 $E_{y,\text{total}}$:

$$E_{y,\text{total}} = E_{y,\text{move}} + E_{y,\text{filler}} = 103.984 + 430.897 = 534.881(\mathrm{kN})$$

挡墙总倾覆力矩 $M_{x,\text{total}}$:

$$M_{x,\text{total}} = M_{x,\text{move}} + M_{x,\text{filler}} = 215.137 + 185.357 = 400.494(\mathrm{kN} \cdot \mathrm{m})$$

挡墙总竖向力 N_{total}:

$$N_{\text{total}} = E_{y,\text{total}} + N_{\text{wall}} = 534.881 + 165.15 = 700.031(\mathrm{kN})$$

挡墙总稳定力矩 $M_{y,\text{total}}$:

$$M_{y,\text{total}} = M_{y,\text{move}} + M_{y,\text{filler}} = 395.909 + 1512.449 = 1908.358(\mathrm{kN} \cdot \mathrm{m})$$

6. 稳定性检算

(1) 挡土墙的抗滑动稳定性承载能力极限状态检算

根据附录 J.02,进行挡土墙的抗滑动稳定性检算:

不平衡作用效应设计值:

$$S_{d,\text{dst}} = \gamma_{E1} \times E_{x,\text{total}} = 1.2 \times 162.688 = 195.226(\mathrm{kN})$$

平衡作用效应设计值:

$$S_{d,\text{stb}} = (\gamma_G N_W + \gamma_{E2} E_{y,\text{total}}) f' = (0.85 \times 165.15 + 0.55 \times 536.651) \times 0.45 = 195.991(\mathrm{kN})$$

$\gamma_0 S_{d,\text{dst}} = 1.0 \times 195.226 = 195.226 \leqslant S_{d,\text{stb}} = 195.991$,满足要求。

(2)挡土墙的抗倾覆稳定性承载能力极限状态检算

根据附录 J.03,进行挡土墙的抗倾覆稳定性检算:

不平衡作用效应设计值:
$$S_{\text{d,dst}} = \gamma_{E1} \times E_x \times Z_x = \gamma_{E1} \times M_{x,\text{total}} = 1.3 \times 400.494 = 520.642(\text{kN} \cdot \text{m})$$

平衡作用效应设计值:
$$S_{\text{d,stb}} = \gamma_G N_W Z_W + \gamma_{E2} E_y Z_y = \gamma_G M_W + \gamma_{E2} M_{y,\text{total}} = 0.8 \times 325.957 + 0.9 \times 1908.358$$
$$= 1978.288(\text{kN} \cdot \text{m})$$

抗倾覆稳定性检算:

$\gamma_0 S_{\text{d,dst}} = 1.0 \times 520.642 = 520.642 < S_{\text{d,stb}} = 1978.288$,满足要求。

(3)基底压应力按正常使用极限状态验算

根据表 7-1,进行挡土墙基底合力偏心距检算:

①偏心距计算

基底合力偏心距 e:
$$e = \frac{B}{2} - \frac{M_{y-\text{total}} - M_{x-\text{total}}}{N_{-\text{total}}} = \frac{5.61}{2} - \frac{1908.358 + 325.957 - 400.494}{700.031} = 0.18537$$

$|e| < B/6 = 0.935(\text{m})$,满足要求。

②墙趾压应力检算

根据偏心距和压应力关系,确定计算墙趾、墙踵压应力计算公式:
$$|e| < \frac{B}{6} = 0.935(\text{m}), \sigma_{1k,2k} = \frac{N}{B}\left(1 \pm \frac{6e}{B}\right)。$$

墙趾压应力标准值:
$$S_d = \sigma_{1k} = \frac{N_{\text{total}}}{B}\left(1 + \frac{6e}{B}\right) = \frac{700.031}{5.61} \times \left(1 + \frac{6 \times 0.18537}{5.61}\right) = 149.522(\text{kPa})$$

墙趾压应力特征值:
$$C_d = \gamma_\sigma \cdot \sigma_a = 1.0 \times 150 = 150(\text{kPa})$$

$S_d < C_d$ 满足要求。

③墙踵压应力检算

墙踵压应力标准值:
$$S_d = \sigma_{2k} = \frac{N_{\text{total}}}{B}\left(1 - \frac{6e}{B}\right) = \frac{700.031}{5.61} \times \left(1 - \frac{6 \times 0.18537}{5.61}\right) = 100.043(\text{kPa})$$

墙踵承载力特征值:
$$C_d = \gamma_\sigma \cdot \sigma_a = 1.3 \times 150 = 195(\text{kPa})$$

④墙底平均应力检算

墙底平均应力标准值:
$$S_d = \sigma_{pk} = \frac{\sigma_{1k} + \sigma_{2k}}{2} = 124.783(\text{kPa})$$

墙底平均承载力特征值:
$$C_d = \gamma_\sigma \cdot \sigma_a = 1.0 \times 150 = 150(\text{kPa})$$

$S_d < C_d$ 满足要求。

7. 各构件检算点处的作用

(1) 立臂板

① 永久作用

参照图 10-8b),采用库仑理论计算立臂板后填料产生的土压力,经计算破裂角 $\theta = 27.5°$,A 点水平土压力 $E_{A,\text{soil}} = 75.07(\text{kN})$,水平力臂 $Z_{x,A} = 1.8(\text{m})$;

考虑 1.25 土压力修正系数后,立臂板根部 A 点的剪力 $Q_{A,\text{lasting}}$ 和弯矩 $M_{A,\text{lasting}}$ 为:

$$Q_{A,\text{lasting}} = 1.25 \times E_{A,\text{soil}} = 1.25 \times 75.07 = 93.8375(\text{kN})$$

$$M_{A,\text{lasting}} = 1.25 \times E_x \times Z_x = 1.25 \times 75.07 \times 5.4/3 = 168.9075(\text{kN} \cdot \text{m})$$

② 主可变作用

参照图 10-8(c),通过查表 10-7,得到采用弹性理论计算路基面荷载对于 A 点的弯矩 $M_{A,\text{move}}$ 和剪力 $Q_{A,\text{move}}$:

$$Q_{A,\text{move}} = 66.829(\text{kN}); M_{A,\text{move}} = 174.054(\text{kN} \cdot \text{m})$$

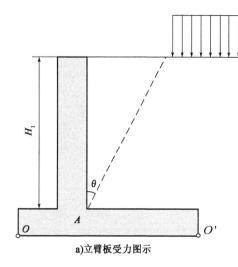
a) 立臂板受力图示

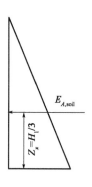
b) 填料应力图形

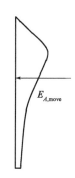
c) 路基面荷载应力图形

图 10-8 立臂板受力计算示意图

图 10-9 趾板及踵板根部应力计算示意图

(2) 墙趾板

由于永久效应和主可变作用难以分开,因此计算时统一按永久效应考虑。如图 10-9 所示,墙趾板根部的基底应力为:

$$\sigma_3 = \sigma_2 + \frac{B_2 + B_3}{B_1 + B_2 + B_3} \times (\sigma_1 - \sigma_2)$$

$$= 100.43 + \frac{0.6 + 4.2}{0.81 + 0.6 + 4.2} \times$$

$$(149.522 - 100.43) = 142.434(\text{kPa})$$

不考虑趾板上填土时,墙趾板的最大弯矩 $M_{\text{max,lasting}}$、剪

力 $Q_{\max,\text{lasting}}$：

$$M_{\max,\text{lasting}} = \sigma_3 \times \frac{B_1^2}{2} + (\sigma_1 - \sigma_3) \times \frac{B_1}{2} \times \frac{2B_1}{3}$$

$$= 142.434 \times \frac{0.81^2}{2} + (149.522 - 142.434) \times \frac{0.81^2}{3} = 48.276(\text{kN} \cdot \text{m})$$

$$Q_{\max,\text{lasting}} = (\sigma_1 + \sigma_3) \times \frac{B_1}{2} = (149.522 + 142.434) \times \frac{0.81}{2}$$

$$= 118.242(\text{kN})$$

墙趾板底部的最大反弯矩 $M_{\max,\text{lasting},\text{fan}}$ 和反力 $Q_{\max,\text{lasting},\text{fan}}$：

$$M_{\max,\text{lasting},\text{fan}} = B_1 \times H_3 \times \gamma_G \times \frac{B_1}{2} = 0.81 \times 0.6 \times 25 \times \frac{0.81}{2} = 4.92(\text{kN} \cdot \text{m})$$

$$Q_{\max,\text{lasting},\text{fan}} = B_1 \times H_3 \times \gamma_G = 0.81 \times 0.6 \times 25 = 12.15(\text{kN})$$

(3) 墙踵板

①荷载产生的内力

见表 10-9 和表 10-10，荷载Ⅰ和Ⅱ对于 A 点的总弯矩和总剪力为：

$$M_A = 179.754 + 69.538 = 249.292(\text{kN} \cdot \text{m})$$

$$Q_A = 78.306 + 25.678 = 103.984(\text{kN})$$

②填料产生的内力和反力

如图 10-9 所示，墙踵板根部应力 σ_4：

$$\sigma_4 = \sigma_2 + \frac{B_3}{B_1 + B_2 + B_3} \times (\sigma_1 - \sigma_2) = 100.43 + \frac{4.2}{0.81 + 0.6 + 4.2} \times (149.522 - 100.43)$$

$$= 137.183(\text{kPa})$$

由填料永久荷载产生的最大剪力和反力为：

$$Q_{\max,\text{lasting}} = E_{y,\text{filler}} + B_3 H_3 \gamma_{\text{混}} = 430.897 + 4.2 \times 0.6 \times 25 = 493.897(\text{kN})$$

$$Q_{\max,\text{lasting},\text{fan}} = (\sigma_4 + \sigma_2)\frac{B_3}{2} = (137.183 + 100.43) \times 4.2 \times 0.5 = 498.987(\text{kN})$$

由填料永久荷载产生的最大弯矩和反弯矩为：

$$M_{\max,\text{lasting}} = M_{y,\text{filler}-O'} + B_3 H_3 \frac{B_3}{2} \times (\gamma_{\text{混}} - \gamma) = (-185.309 + 178.011 \times 4.2 +$$

$$300.766 \times 1.47322) + 4.2 \times 0.6 \times \frac{4.2}{2} \times 6 = 1037.194(\text{kN} \cdot \text{m})$$

$$M_{\max-\text{lasting}-\text{fan}} = \sigma_2 \times B_3 \times \frac{B_3}{2} + (\sigma_4 - \sigma_2) \times \frac{B_3}{2} \times \frac{B_3}{3}$$

$$= 100.43 \times \frac{4.2^2}{2} + (137.183 - 100.43) \times \frac{4.2^2}{6} = 993.8464(\text{kN} \cdot \text{m})$$

(五) 结构检算

悬臂式挡土墙包括立臂板、墙踵板和墙趾板结构构件，设计时应进行承载能力检算。

1. 悬臂式挡土墙各构件作用效应

各构件作用效应计算结果，如表 10-11 所示。

立臂板作用组合　　　　　　　　　　　　　　　　表 10-11

项目	项　目	永久荷载 S_{Gk}	主可变荷载 S_{Qk}	反力	基本组合 $S_d = \gamma_G S_{Gk} + \gamma_Q S_{Qk}$	准永久组合 $S_d = S_{Gk} + \psi S_{Qk}$
立臂板	剪力(kN)	93.8375	66.829	—	$Q = 220.241$	$Q_k = 133.935$
	弯矩(kN·m)	168.9075	174.054	—	$M = 471.701$	$M_k = 273.340$
墙趾板	剪力(kN)	118.242	0	12.15	$Q = 143.224$	$Q_k = 106.092$
	弯矩(kN·m)	48.276	0	4.92	$M = 58.531$	$M_k = 43.356$
墙踵板	剪力(kN)	493.897	103.984	498.987	$Q = 138.706$	$Q_k = 57.300$
	弯矩(kN·m)	1037.184	249.292	993.846	$M = 407.515$	$M_k = 192.913$

注：表中分项系数取值，参见表 7-3。

2. 结构抗力

由于结构的立臂板、踵板和趾板构件结构抗力计算过程类似，故以立臂板结构抗力计算为例进行详细说明，墙趾板及墙踵板抗力计算过程从略。

(1) 材料参数

悬臂式挡土墙采用 C35 混凝土，主筋采用 HRB400，箍筋采用 HRB335，主筋混凝土保护层厚度 $c = 40\,mm$。$\alpha_1 = 1.0$，$\beta_1 = 0.8$，混凝土和钢筋材料参数如表 10-12 所示。

钢筋及混凝土材料参数　　　　　　　　　　　　　　　表 10-12

材　料	设计强度(kN/m²)		弹性模量
混凝土	轴心抗压强度设计值 f_c	16700	$E_c = 3 \times 10^7\,kN/m^2$
	抗拉强度设计值 f_t	1570	
	轴心抗压强度标准值 f_{ck}	23400	
	抗拉强度标准值 f_{tk}	2200	
HRB400 级钢筋	拉压强度设计值 f_y	360000	$E_s = 2 \times 10^8\,kN/m^2$
	拉压强度标准值 f_{yk}	400000	

(2) 立臂板 A 点正截面抗弯设计检算

正截面极限压应变 ε_{cu}：

$$\varepsilon_{cu} = 0.0033 - (f_{cu,k} - 50) \times 10^{-5} = 0.0035 > 0.0033,\ 取\ \varepsilon_{cu} = 0.0033$$

相对界限受压区高度：

$$\xi_b = \frac{\beta_1}{1 + \dfrac{f_{yk}}{E_s \varepsilon_{cu}}} = \frac{0.8}{1 + \dfrac{400000}{2 \times 10^8 \times 0.0033}} = 0.4981132075$$

初步估算有效高度：

$$h_0 = 0.9 B_2 = 0.9 \times 0.6 = 0.54\,(m)$$

相对受压区高度：

$$\xi = 1 - \sqrt{1 - \frac{2M}{\alpha_1 f_c b h_0^2}} = 1 - \sqrt{1 - \frac{2 \times 471.071}{16700 \times 0.54^2}} = 0.10193$$

受压区高度：

$$x = \xi h_0 = 0.10193 \times 0.54 = 0.055042 (\text{m})$$

所需钢筋面积：
$$A_s = \frac{\alpha_1 f_c b x}{f_y} = \frac{1.0 \times 16700 \times 1.0 \times 0.055042}{360000} = 0.0025533 (\text{m}^2)$$

选择钢筋直径 $D = 20\text{mm}$，则钢筋根数：
$$n = \frac{A_s}{\frac{\pi}{4}D^2} = \frac{0.0025533 \times 10^6}{\frac{\pi}{4} \times 20^2} = 8.13$$

取 $n = 9$，则每根间距为 111mm；

实际钢筋面积：
$$A_g = n \times \frac{\pi D^2}{4} = 9 \times \frac{\pi}{4} \times 20^2 = 2827 (\text{mm}^2)$$

主筋保护层厚度 $c = 40\text{mm}$，则实际的有效高度：
$$h_0 = h - c - \frac{D}{2} = 0.6 - 0.04 - \frac{0.020}{2} = 0.55 (\text{m})$$

配筋率验算：$\rho = \dfrac{A_g}{bh_0} = \dfrac{0.002827}{1.0 \times 0.55} = 0.514\% > 0.2\%$，满足要求。

实际受压高度：
$$x = \frac{A_g f_y}{\alpha_1 f_c b} = \frac{0.002827 \times 360000}{1.0 \times 16700 \times 1.0} = 0.06095 (\text{m})$$

实际抗弯能力：
$$R_d = M_s = A_g f_y \left(h_0 - \frac{x}{2}\right) = 0.002827 \times 360000 \times \left(0.55 - \frac{0.06095}{2}\right) = 528.73 (\text{kN} \cdot \text{m})$$

$S_d = 471.701 (\text{kN} \cdot \text{m}) \leq R_d = 528.73 (\text{kN} \cdot \text{m})$，满足要求。

(3) 立臂板 A 点斜截面抗剪设计检算

当 $h_w/b = h_0/b = 0.54/1 = 0.54 < 4$ 时，$0.25\beta_c f_c bh_0 = 2254.5 (\text{kN}) > V = 220.241 (\text{kN})$，满足要求。

混凝土抗剪强度：
$$R_d = V_c = 0.7 f_t bh_0 = 0.7 \times 1570 \times 1 \times 0.54 = 593.46 (\text{kN})$$

$S_d = 220.241 (\text{kN}) < R_d = 593.46 (\text{kN})$，满足要求。

混凝土抗剪强度即可满足抗剪要求，则立臂板箍筋可按构造配筋。

采用双肢 $\phi 20$，取箍筋间距为 350mm。

箍筋配筋率：$\rho = A/bS = 2 \times \pi \times 0.01^2 / 1.0 \times 0.35 = 0.0018 > 0.24 f_t / f_{yv}$，满足要求。

(4) 立臂板 A 点最大裂缝宽度验算

根据表 10-11，荷载效应按准永久组合考虑：
$$M_k = 273.34 \text{kN} \cdot \text{m}$$

等效应力：
$$\sigma_{sk} = \frac{M_k}{0.87 h_0 A_g} = \frac{273.34}{0.87 \times 0.55 \times 0.002827} = 202036 (\text{Pa})$$

有效受拉混凝土面积：
$$A_{te} = 0.5bh = 0.5 \times 1.0 \times 0.6 = 0.3(m^2)$$

有效受拉区纵向钢筋配筋率：
$$\rho_{te} = \frac{A_g}{A_{te}} = \frac{0.002827}{0.3} = 0.0094 < 0.01，取 \rho_{te} = 0.01$$

纵向受拉钢筋应变不均匀系数：
$$\psi = 1.1 - 0.65 \times \frac{f_{tk}}{\rho_{te}\sigma_{sk}} = 1.1 - 0.65 \times \frac{2200}{0.01 \times 202036} = 0.39221$$

受力特征系数 $\alpha_{cr} = 1.9$，取 $c = 40mm$，则：
$$S_d = w_{max} = \alpha_{cr}\psi\frac{\sigma_{sk}}{E_s}\left(1.9c + 0.08\frac{d_{eq}}{\rho_{te}}\right) = 1.9 \times 0.39221 \times \frac{202036}{200000000}$$
$$\left(1.9 \times 40 + 0.08 \times \frac{20}{0.01}\right) = 0.178(mm)$$

$S_d \leq C_d = 0.2mm$，满足要求。

(5) 立臂板顶点挠度检算

根据《铁路路基支挡结构设计规范》(TB 10025—2019)的规定，悬臂式挡土墙的最大高度不宜超过 6.0m，悬臂式挡土墙顶端的位移一般没有变形控制的要求。经验算一般小于悬臂的1/10。如果对变形有特殊的要求，如在高速铁路上使用，应对墙顶位移进行验算。计算时可将立臂当作固结于底板的悬臂，采用积分的方式计算变形量。

3. 构件配筋结果

立臂板、墙踵板及墙趾板配筋结果见表10-13，其中，立臂板、墙踵板配筋时均为裂缝宽度控制，立臂板配筋结果为 9φ20，墙踵板配筋结果为 7φ20，墙趾板为构造配筋，配筋结果为 4φ20。

构件主筋配筋结果　　　　　　　　　　　　　　　　　　　　　表10-13

位置	永久作用 (kN·m)	主可变作用 (kN·m)	基底反弯矩	基本组合	准永久组合	配筋结果	裂缝宽度 (mm)
立臂板	168.908	174.054	—	471.701	273.340	9φ20	0.178
墙踵板	1037.184	249.292	993.846	407.515	192.913	7φ20	0.132
墙趾板	48.276	—	4.92	58.531	43.356	4φ20	0.032

此外，在最终钢筋配置时，需将立臂板、墙踵板及墙趾板三者钢筋进行综合考虑，最终配筋结果取三者最大值 9φ20。

五、算例分析

(一) 荷载采用弹性理论与库仑理论对比

为了分析荷载采用库仑理论和弹性理论两种方法对结构稳定性、结构内力以及配筋的影响，以本算例6m墙高悬臂式路肩墙进行对比分析，尺寸见表10-14。

某悬臂式路肩墙尺寸　　表10-14

墙高 $H(m)$	墙体尺寸								$A(m^2)$
	$H_1(m)$	$H_2(m)$	$H_3(m)$	$T_0(m)$	$B(m)$	$B_1(m)$	$B_2(m)$	$B_3(m)$	
6	5.4	0.6	0.6	0.6	5.61	0.81	0.6	4.2	6.61

荷载分别按弹性理论和库仑理论进行土压力及外部稳定性检算的对比如表10-15所示。

土压力及外部稳定性检算结果对比　　表10-15

项目	对比项	弹性理论	库仑理论	对比
土压力	抗滑不稳定力之和 E_x	162.69	170.92	弹性理论土压力计算结果偏小
	倾覆力矩之和 M_x	400.49	439.38	
	总竖向力 N	701.82	720.47	
	稳定力矩之和 M_y	2236.89	2377.23	
抗滑检算	$R_{d,dst} = \gamma_G Wf' + \gamma_{E1} E_y f'$	196	201	弹性理论抗滑稳定性满足，而库仑理论不满足
	$S_{d,dst} = \gamma_{E2} \times E_x$	195	205	
	$R_{d,dst}/S_{d,dst}$	1.01	0.98	
抗倾覆检算	$R_{d,dst} = \gamma_G W Z_w + \gamma_{E1} E_y Z_y$	1981	2107	弹性理论抗倾覆稳定性富余量更大
	$S_{d,dst} = \gamma_{E2} E_x Z_x$	521	571	
	$R_{d,dst}/S_{d,dst}$	3.80	3.69	
基底应力检算	$e = \dfrac{B}{2} - \dfrac{\sum M_y - \sum M_x}{\sum N}$	0.188a	0.115a	弹性理论平均基底应力小，偏心距更大
	$\sigma_{\text{趾}} = \dfrac{\sum N}{B}\left(1 + \dfrac{6e}{B}\right)$	150a	144a	
	$\sigma_{\text{踵}} = \dfrac{\sum N}{B}\left(1 - \dfrac{6e}{B}\right)$	103b	113a	

注：表中 a 表示为有荷计算结果；表中 b 表示为无荷计算结果。

该算例结果表明，对于相同设计尺寸及设计参数的悬臂式挡土墙，按弹性理论所计算出的土压力及力矩均小于库仑理论，抗滑和抗倾覆稳定性计算结果相比库仑理论有所富余。

根据弹性理论和库仑理论土压力计算结果，计算悬臂式挡土墙的构件内力，如表10-16所示。

构件内力计算结果对比表　　表10-16

系列	项目	弹性理论	库仑理论	对比
立臂板最大弯矩	填料产生的弯矩 $M_{\text{悬}G}$	168.88	158.3	列车荷载产生的弯矩具有较大差异。弹性理论计算出的水平力较大
	荷载产生的弯矩 $M_{\text{悬}Q}$	174.1	32.6	
	基本组合	471.72	259.35	
	准永久组合	273.34	177.86	
墙踵板最大弯矩	填料产生的弯矩 $M_{\text{趾}G}$	1037	1037	列车荷载产生的弯矩具有较大差异。弹性理论计算出的竖向力较小
	荷载产生的弯矩 $M_{\text{趾}Q}$	249.3	355.4	
	反弯矩	992	1063	
	基本组合	409.77	462.46	
	准永久组合	194.58	187.24	

续上表

系列	项 目	弹性理论	库仑理论	对 比
墙趾板最大弯矩	填料产生的弯矩 $M_{踵G}$	48.51	46.83	两种方法差异性不大
	荷载产生的弯矩 $M_{踵Q}$	0	0.00	
	反弯矩	4.921	4.921	
	基本组合	58.85	56.58	
	准永久组合	43.59	41.91	

对于相同设计尺寸及设计参数的悬臂式挡土墙,构件内力计算结果表明:计算立臂板内力时,填料产生的弯矩差异不大,而弹性理论计算荷载产生弯矩则远大于库仑理论。因此,弹性理论所计算出的准永久组合值较库仑理论大,进而造成立臂板配筋量较库仑理论大,如表10-17所示。

构件配筋对比表　　　　　表10-17

构件	计算方法	抗 弯 设 计		裂缝宽度计算				配筋率	设计控制
		基本组合 (kN·m)	抗弯钢筋配筋	准永久组合 (kN·m)	配筋结果	实际钢筋面积(mm²)	裂缝宽度 (mm)		
立臂板	弹性理论	471.72	7φ22	273.34	9φ20	2827.4	0.178	0.514%	裂缝控制
	库仑理论	259.35	5φ20	177.86	6φ20	1885.0	0.166	0.343%	裂缝控制
墙踵板	弹性理论	409.77	7φ20	194.58	7φ20	2513.3	0.126	0.400%	抗弯控制
	库仑理论	462.46	8φ20	187.24	8φ20	2827.4	0.066	0.457%	抗弯控制
墙趾板	弹性理论	58.85	4φ20	43.59	4φ20	1256.6	0.031	0.229%	ρ_{min}控制
	库仑理论	56.58	4φ20	41.91	4φ20	1256.6	0.030	0.229%	

对于墙踵板内力,两种方法计算填料产生的弯矩差距较小,库仑理论计算荷载、基底反力产生的弯矩均大于弹性理论。因此,库仑理论所计算出的准永久组合值均较弹性理论大,进而造成墙踵板配筋量较库仑理论大,如表10-17所示。

对墙趾板内力,两种方法差异性不大,配筋时为最小配筋率控制,如表10-17所示。

由表10-17所知,采用弹性理论计算时,由于计算列车荷载产生的水平力和弯矩较大,配筋时为立臂板控制,每延米配筋量为9φ20;采用库仑理论计算时,由于土压力计算结果较大,导致墙踵板内力较立臂板大,配筋时为墙踵板控制,每延米配筋量为8φ20。最终进行构件综合配筋考虑后,弹性理论计算配筋大于库仑理论。

综上所述,相较于库仑理论荷载采用弹性理论计算的土压力及外部稳定性检算较小;荷载采用弹性理论计算的立臂板内力及配筋较大。

(二) 墙型对比

悬臂式挡土墙外部稳定性多受抗滑动或基底压应力控制设计,对于抗滑控制的悬臂式挡土墙,主要通过改变底板形状,如增加踵板长度、底板下部设置倾斜基底或凸榫,来提高其抗滑稳定性。底板的结构形式如图10-10a)、b)、c)所示,其中对设置凸榫结构形式的挡墙的计算方式,理论与实际之间存在差异,如在铁路行业中多将凸榫置于通过墙趾与水平成 $45°-\varphi/2$

角线和通过墙踵与水平成 φ 角线所包围的三角形包络线范围内;但在实际数值模拟及室内试验中均发现当凸榫越接近墙踵时,抗滑动稳定性效果更优,并且在其他行业也有将凸榫按照倾斜基底考虑的情况,如图10-10c)所示。为此,本节对图10-10所示的三种结构形式受力计算进行对比,表中设计参数基底斜率及凸榫存在变化外,其他设计参数均与本工点算例一致,计算结果如表10-18所示。

对比结果如下:
(1)水平土压力:b类 = c类 > a类;
(2)混凝土用量:b类 > a类 > c类;
(3)抗滑动稳定性:b类 > c类 > a类;
(4)墙趾应力:b类 > c类 > a类;
(5)墙踵应力:b类 > a类 > c类。

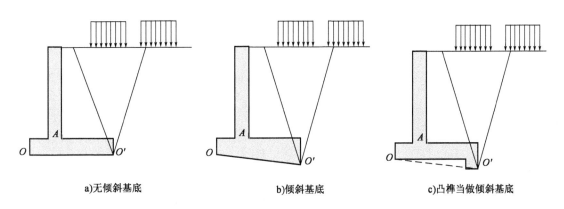

a)无倾斜基底　　　　　b)倾斜基底　　　　　c)凸榫当做倾斜基底

图10-10　不同悬臂式挡土墙墙型

三种结构形式的悬臂式挡土墙计算　　　　表10-18

项　目	对　比　项	a	b	c
弹性理论 (对墙趾点)	荷载水平土压力 $E_{x,\text{move}}$	70.009	70.009	70.009
	荷载竖直土压力 $E_{y,\text{move}}$	103.984	103.984	103.984
	荷载对墙趾水平力矩 $M_{x,\text{move}}$	215.137	215.137	215.137
	荷载对墙趾竖直力矩 $M_{y,\text{move}}$	395.909	395.909	395.909
填料土压力 (对破裂点)	填土水平土压力 E_x	92.679	110.820	110.820
	填土竖直土压力 E_y	178.011	212.910	212.855
	水平土压力对墙趾力矩 M_x	185.357	242.363	242.363
	竖直土压力对墙趾力矩 M_y	813.333	952.032	951.786
	踵板自稳土体 T_y	252.886	224.677	224.677
	踵板自稳土体力矩 M_{ty}	704.035	596.517	596.517
墙身力系	墙身自重力 W	*165.150	*204.490	*172.150
	墙身自重对墙趾力矩 M_W	325.957	472.985	363.409

续上表

项目	对比项	a	b	c
总土压力系（对墙趾）	$E_{x,\text{total}}$	162.688	180.829	180.829
	$E_{y,\text{total}}$	534.881	541.571	541.516
	$M_{x,\text{total}}$	400.494	457.500	457.500
	$M_{y,\text{total}}$	1914.277	1944.458	1944.212
	N_{total}	700.031	746.061	713.666
抗滑检算	$S_{d,dst} = \gamma_{E2} \times E_x$	195.226	216.995	216.995
	$S_{d,stb} = (\gamma_G W + \gamma_{E1} E_y) f'$	195.553	261.795	246.673
	$S_{d,stb}/S_{d,dst}$	*1.002	*1.206	*1.137
抗倾覆检算	$S_{d,dst} = \gamma_{E2} E_x Z_x$	520.642	594.750	594.750
	$S_{d,stb} = \gamma_G W Z_w + \gamma_{E1} E_y Z_y$	1982.715	2128.400	2040.518
	$S_{d,stb}/S_{d,dst}$	3.808	3.579	3.431
基底应力检算	$e = \dfrac{B}{2} - \dfrac{\sum M_y - \sum M_x}{\sum N}$	0.178	0.178	0.213
	$\sigma_{\text{趾}} = \dfrac{\sum N}{B}\left(1+\dfrac{6e}{B}\right)$	148.584	158.297	156.136
	$\sigma_{\text{踵}} = \dfrac{\sum N}{B}\left(1-\dfrac{6e}{B}\right)$	100.981	107.678	98.290

注：a 类挡墙无倾斜基底 $1:X=1:0$；b 类挡墙倾斜基底 $1:X=1:0.2$；c 类挡墙凸榫高 0.56m，宽 0.5m。

计算结果表明，采用倾斜基底结构形式（b 类）的抗滑动效果最好，但是混凝土用量增加较多；将凸榫当作倾斜基底的结构形式（c 类）性价比最优，其抗滑动效果较好，介于无倾斜基底（a 类）与采用倾斜基底（b 类）两种结构之间，混凝土用量增量较少，节省造价。

（三）不同控制因素的配筋量对比

悬臂式挡土墙结构配筋设计时通常使用库仑主动土压力理论计算内力，由于立臂板位移较小，其土压力值应介于主动土压力和静止土压力之间，因此由墙后土体产生的立臂板结构内力通常考虑计算模型不确定系数。此外，在进行悬臂式挡土墙结构配筋时，除截面配筋率要求外，需要考虑抗弯承载能力、抗剪承载能力以及裂缝宽度限制检算。诸多因素对配筋量均有影响，如计算模型不确定系数取值、计算裂缝时选用的标准组合或准永久组合，裂缝宽度限值取值大小等。

(1) 荷载组合

《混凝土结构设计规范》（GB 50010—2010）第 7.1 条规定，混凝土结构计算裂缝宽度时可按标准组合或准永久组合按长期作用进行计算。《铁路路基支挡结构设计规范》（TB 10025—2019）规定，悬臂式挡土墙采用准永久组合计算裂缝宽度。为对比采用不同荷载组合对配筋量影响，分别采用准永久组合和标准组合进行配筋计算，结果见表 10-19 所示。

构件主筋配筋结果　　　　　　　　　　　　　　　　表10-19

构件	抗弯设计			裂缝宽度计算					设计控制
	基本组合 (kN·m)	抗弯钢筋面积(mm²)	抗弯钢筋配筋	裂缝计算组合类型	弯矩值 (kN·m)	配筋结果	钢筋面积 (mm²)	裂缝宽度 (mm)	
立臂板	471.701	2513.3	8φ20	标准组合	342.962	12φ20	3769.9	0.184	裂缝控制
				准永久组合	273.340	9φ20	2827.4	0.178	裂缝控制
墙踵板	407.515	2199.1	7φ20	标准组合	292.630	10φ20	3141.6	0.169	裂缝控制
				准永久组合	192.913	7φ20	2199.1	0.132	抗弯控制
墙趾板	58.531	1256.6	4φ20	标准组合	43.356	4φ20	1256.6	0.032	ρ_{min}控制
				准永久组合	43.356	4φ20	1256.6	0.032	ρ_{min}控制

注：截面高度为0.6m，按最小配筋率$\rho_{min}=0.2\%$控制时所需配筋为4φ20。

如表10-19所示，采用标准组合时，立臂板和墙踵板为裂缝控制；采用准永久组合时，此时结构配筋量要减小25%～30%。墙趾板配筋量常为最小配筋率控制。

(2) 裂缝宽度限值

为防止钢筋腐蚀对裂缝宽度进行控制，而立臂板构件抗弯配筋多受裂缝宽度控制，通过查阅国内外相关标准，发现国外(欧洲)裂缝宽度限定值要求较我国宽松，因此，为了研究不同裂缝宽度限定值对立臂板构件主筋配筋的影响，对不同裂缝宽度限定值下的立臂板构件进行了配筋对比。为说明裂缝宽度限制的影响，对比计算采用标准组合，计算结果如表10-20所示。

构件主筋配筋结果　　　　　　　　　　　　　　　　表10-20

构件	抗弯设计			裂缝宽度计算					设计控制
	基本组合 (kN·m)	抗弯钢筋面积(mm²)	抗弯钢筋配筋	标准组合 (kN·m)	裂缝宽度限值(mm)	配筋结果	钢筋面积 (mm²)	裂缝宽度 (mm)	
立臂板	471.701	2513.3	8φ20	342.962	0.2	12φ20	3769.9	0.184	裂缝控制
					0.3	10φ20	3141.6	0.249	裂缝控制
墙踵板	407.515	2199.1	7φ20	292.630	0.2	10φ20	3141.6	0.169	裂缝控制
					0.3	8φ20	2513.3	0.279	裂缝控制

结果表明：裂缝宽度限定值对构件配筋设计均起控制作用，但将裂缝宽度限定值由0.2mm放宽到0.3mm时，结构配筋量会节省11%～33%。

(3) 土压力计算模型不确定系数

为了研究土压力计算模型不确定系数对立臂板构件主筋配筋的影响，对不同土压力计算模型不确定系数下的立臂板构件进行了配筋对比，如表10-21所示。在不考虑裂缝控制的情况下，随着土压力计算模型不确定系数的增加，悬臂式挡土墙的配筋用量没有显著变化，影响有限；在考虑裂缝(0.2mm)的情况下，所有情况均受裂缝宽度(0.2mm)控制，且随着土压力计算模型不确定系数的增加，悬臂式挡土墙的配筋用量逐渐增加，差距在0～17%之间；当放宽裂缝(0.3mm)的情况下，所有情况虽仍然受裂缝宽度(0.3mm)控制，但配筋量有所减少，随着土压力计算模型不确定系数的增加，悬臂式挡土墙的配筋用量逐渐增加，差距在0～10%之间。

不同土压力计算模型不确定系数的立臂板构件主筋配筋结果　　表 10-21

计算模型不确定系数	作　　用		抗弯配筋		裂缝配筋(0.2mm)			裂缝配筋(0.3mm)	
	填料(kN·m)	荷载(kN·m)	基本组合(kN·m)	抗弯配筋	标准组合(kN·m)	裂缝配筋	裂缝宽度(mm)	裂缝配筋	裂缝宽度(mm)
1.00	135.126	174.054	426.096	8φ20	309.180	10φ20	0.195	9φ20	0.248
1.10	148.639		444.338	8φ20	322.693	11φ20	0.185	9φ20	0.268
1.20	162.151		462.579	8φ20	336.205	12φ20	0.176	9φ20	0.292
1.25	168.908		471.701	9φ20	342.962	12φ20	0.184	10φ20	0.249

注：本表裂缝配筋按标准组合计算。

(四) 最不利水位对比

为了对比分析浸水工况设计水位对悬臂式挡土墙外部稳定性的影响，下面对浸水工况下不同水位下的计算结果进行对比。表 10-22 及表 10-23 中设计参数除工况及水位存在变化外，其他设计参数均与本工点算例一致。

外部稳定性检算结果对比(常水位)　　表 10-22

项　目	对　比　项	一般	0.5m 水位	0.75m 水位	1.0m 水位	2.0m 水位	3.0m 水位
抗滑检算	$S_{d,dst}$	196.0	132.0	134.0	137.0	146.0	156.0
	$S_{d,dst}$	195.0	161.0	164.0	167.0	177.0	185.0
	$S_{d,dst}/S_{d,dst}$	1.001	0.820	0.817	0.820	0.827	0.843
抗倾覆检算	$S_{d,dst}$	1981.0	1274.0	1296.0	1318.0	1407.0	1497.0
	$S_{d,dst}$	521.0	504.0	514.0	523.0	551.0	568.0
	$S_{d,dst}/S_{d,dst}$	3.8	2.52	2.52	2.52	2.55	2.63
基底应力检算	e	0.188a	0.301	0.305	0.306	0.302	0.285
	$\sigma_{趾}$	150a	150d	150d	150d	150d	150d
	$\sigma_{踵}$	103b	103c	103c	103c	103c	103c

外部稳定性检算结果对比(洪水位)　　表 10-23

项　目	对　比　项	一般	0.5m 水位	0.75m 水位	1.0m 水位	1.1m 水位	2.0m 水位
抗滑检算	$S_{d,dst}$	196	136	138	141	142	151
	$S_{d,dst}$	195	161	163	167	168	177
	$S_{d,dst}/S_{d,dst}$	1.001	0.8447	0.8446	0.8443	0.845	0.853
抗倾覆检算	$S_{d,dst}$	1981	1321	1340	1368	1377	1461
	$S_{d,dst}$	521	452	459	469	472	494
	$S_{d,dst}/S_{d,dst}$	3.8	2.923	2.919	2.917	2.917	2.957
基底应力检算	e	0.188a	0.301a	0.305a	0.306a	0.307a	0.302a
	$\sigma_{趾}$	150a	150d	150d	150d	150d	150d
	$\sigma_{踵}$	103b	103c	103c	103c	103c	103c

(1)浸水工况(常水位)最不利水位

计算结果表明:在常水位工况下,设计存在最不利水位(本算例为0.75m),抗滑动稳定性最低。因此,在浸水工况设计时,除按地勘报告所提供的水位进行设计时,还需对不同水位下的挡土墙进行检算。

(2)浸水工况(洪水位)最不利水位

计算结果表明:在洪水位工况下,设计存在最不利水位(本算例为1.00m),抗滑动稳定性最低。因此,在浸水工况设计时,除按地勘报告所提供的水位进行设计时,还需对不同水位下的挡土墙进行检算。

第二节　悬臂式路堤挡土墙(地震工况)

一、项目概况及要求

根据某铁路 NDK8+360～NDK8+882 段线路地质平面图、横断面图及地质、水文条件综合分析,本段为填方段,且位于既有高铁车站旁侧,为了减小填方荷载对既有高铁的附加应力,同时为了节省用地,经综合判断该段线路左侧需设置悬臂式路堤挡土墙,本节展示悬臂式路堤挡土墙设计过程。

线路的主要设计技术标准,如表10-24所示。

主要技术标准　　　　　　　　表10-24

项　目	内　容
线路等级	Ⅰ级
正线数目	双线
轨道结构形式	有砟轨道
设计活载	ZKH 荷载
列车设计速度(km/h)	160

二、工程环境条件

(一)地形地貌

本段属冲洪积平原地貌,地势平坦。第四系上覆土层厚度较大。线路右侧为村庄,有道路相通,交通较便利。

(二)地质情况

本段内覆盖层主要为第四系全新统冲洪积(Q^{4al+pl})粉质黏土、砂类土;下伏下第三系古新统固城组(E1gg)泥质砂岩。详述如下:

<3-3>松软土(Q^{4al+pl}):黄褐色,软塑,以粉质黏土为主,局部夹黏土、粉土薄层。广泛分布。

<3-4-2> 粉质黏土(Q^{4al+pl}):黄褐色,硬塑,夹砂土薄层,局部夹粉土薄层。分布广泛。

<3-6-2> 细砂(Q^{4al+pl}):黄褐色,稍密,稍湿～潮湿,矿物成分以石英、长石为主,含少量黏粒,局部分布。

<3-9-2> 砾砂(Q^{4al+pl}):黄褐色,中密,潮湿,矿物成分以石英、长石为主,含少量黏粒,局部广泛。

<9-3> 泥质砂岩(E1gg):棕红色,全风化层,节理发育,仅大里程方向揭示;强风化,泥质结构、层状构造,节理发育。

(三)水文地质特征及其他

1. 水文地质特征

该段无明显地表水,仅在雨季时沟渠内形成季节性水流。

地下水类型为第四系孔隙潜水及基岩风化裂隙水,地下水位埋深 11.2～13.5m,受大气降水补给,水位变化幅度 1～2m。

大气降水是地下水的主要补给来源。地下水主要赋存于砂类土内,排泄途径主要为地面蒸发及人工开采。地下水对混凝土结构化学侵蚀性等级为 H1。

2. 地震参数

地震烈度为 7 度,地震动峰值加速度为 0.20g,地震动反应谱特征周期为 0.35s。

三、路基工程布设

工点正面局部示意图、断面示意图如图 10-11、图 10-12 所示。

(1)某股道左侧,对应正线里程 NDK8+360～NDK8+882,长 522m,设置悬臂式路堤挡土墙,起点墙高 2m,终点墙高 6m,最大墙高 6m;墙身采用 C30 混凝土浇筑。

(2)悬臂式挡土墙回填地面以上 0.2m 处设置一排泄水孔,墙顶以下 0.6m 处设置一排泄水孔,之间垂直距离每隔 2m 设置一排泄水孔,交错布置,间距 2m,泄水孔直径 Φ50mm,坡度不小于 4%。

(3)悬臂式挡土墙墙背设置 0.3m 厚袋装砂夹卵石反滤层和一层复合排水网,上、下均设置与墙身同等级混凝土隔水层,上部隔水层厚 0.5m,高 0.3m;下部隔水层厚 0.5m,高度不小于 0.3m,且不小于墙底泄水孔至底板距离。复合排水网由具有高孔隙率和高耐压强度的三维土工网芯双面复合滤水无纺土工布组成。

(4)沿悬臂式挡土墙方向每隔 10～12m 及与桥涵结构物相连处设置伸缩缝,在基底的地层变化处设置沉降缝,两者可合并设置,缝宽 0.02m,缝内全断面填塞沥青木板。

(5)悬臂式挡土墙墙底设置一层 C25 素混凝土找平,厚 0.1m。

(6)挡土墙两端与填方相接处设置锥体,锥坡沿着线路方向采用 1:1.25 放坡,垂直线路方向与站场填方边坡坡率一致,锥体应平顺过渡,锥坡的边坡防护措施同相邻填方边坡。

(7)墙顶设置立柱栏杆。

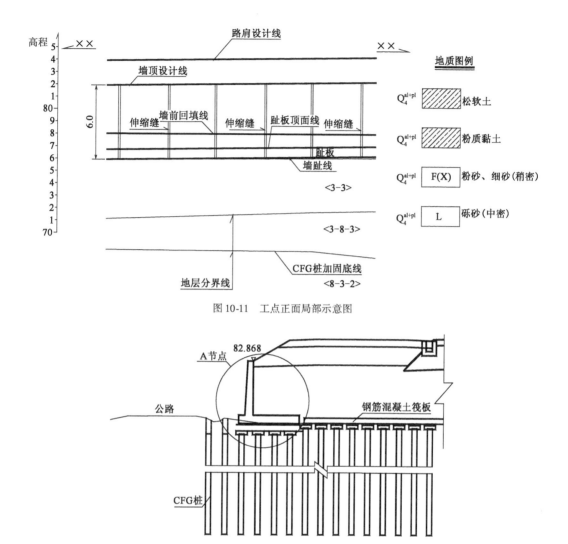

图 10-11　工点正面局部示意图

图 10-12　工点断面示意图

四、支挡结构设计

(一) 代表性断面

双线悬臂式路肩挡土墙代表性断面如图 10-13 所示。

(二) 设计参数

挡土墙设计参数如表 10-25 所示。

(三) 设计结果

根据表 10-25 中的设计参数进行悬臂式路堤墙结构设计,得到 2~6m 墙高的悬臂式路堤墙截面尺寸(表 10-26)。计算结果见表 10-27。表中符号释义可参照双线悬臂式路堤挡土墙代表性断面图(图 10-13)。

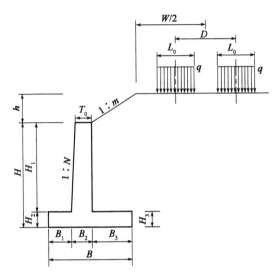

图 10-13　双线悬臂式路堤挡土墙代表性断面图

设 计 参 数　　　　　　　　　　　　　　　　　表 10-25

参　数　名　称		数　　　值
地震参数	设计地震动峰值加速度(g)	$A_g = 0.2$
	地震角(°)	$\eta = 3$
	水平地震修正系数	0.25
边界条件	路基面宽度(m)	12.5
	轨道和列车荷载(kN/m^2)	61.6
	轨道和列车荷载宽度(m)	3.3
	线间距(m)	4.4
	填方高度(m)	$h = 2.0$
	填方坡率	$1:m = 1:1.75$
	墙后平台宽度(m)	$W = 0$
岩土参数	基底摩擦系数标准值	$f' = 0.3 \times 1.5 = 0.45$(0.3 为经验值,1.5 为系数)
	地基承载力特征值(kPa)	$\sigma_a = 200$
	综合内摩擦角(°)	$\varphi = 35$
	重度(kN/m^3)	$\gamma = 20$
墙体参数	重度(kN/m^3)	$\gamma_W = 25$
	墙背摩擦角(°)	$\delta = 17.5$
	立壁板胸坡	$1:N = 1:0.05$
	立壁板背坡	直立

注:表中地震工况下的边坡坡率满足 $\tan(\varphi - \eta) > 1/m$。

第十章 悬臂式挡土墙

悬臂式路堤墙极限状态法设计表　　　　　　表 10-26

墙高	截面尺寸								面积
H(m)	H_1(m)	H_2(m)	H_3(m)	T_0(m)	B(m)	B_1(m)	B_2(m)	B_3(m)	A(m²)
2	1.7	0.3	0.3	0.3	2.76	0.2	0.39	2.18	1.41
3	2.4	0.6	0.6	0.48	5.48	0.3	0.6	4.58	4.58
4	3.3	0.7	0.7	0.54	5.87	0.4	0.7	4.77	6.15
5	4.15	0.85	0.85	0.64	6.54	0.5	0.85	5.19	8.66
※6	5.15	0.85	0.85	0.64	6.81	0.6	0.9	5.31	9.75

注：表中符号见图 10-15。

计 算 结 果 表　　　　　　表 10-27

E'_x (kN)	M_x (kN·m)	M_y (kN·m)	N' (kN)	抗 倾 覆			抗 滑 动			e (m)	σ_{1k} (kPa)	σ_{2k} (kPa)
				$S_{d,stb}$ (kPa)	$S_{d,dst}$ (kPa)	$S_{d,stb} - S_{d,dst}$ (kPa)	$S_{d,stb}$ (kPa)	$S_{d,dst}$ (kPa)	$S_{d,stb} - S_{d,dst}$ (kPa)			
42.0	44.0	262.0	156.0	240.00a	57.00a	182.00a	46.00a	46.00a	0.00a	-0.055c	54a	61c
130.0	203.0	1721.0	512.0	1573.00a	262.00a	1312.00a	151.00a	140.00a	10.00a	-0.267d	76b	117d
181.0	352.0	2438.0	680.0	2228.00a	455.00a	1774.00a	201.00a	197.00a	4.00a	-0.197d	103b	134d
239.0	545.0	3559.0	899.0	3256.00a	704.00a	2552.00a	267.00a	259.00a	8.00a	-0.157d	129b	153d
289.0	747.0	4358.0	1061.0	3982.00a	967.00a	3016.00a	314.00a	314.00a	0.00a	0.110b	157b	164d

注：1. 表中 a 表示为有荷有震的计算结果；表中 c 表示为无荷无震的计算结果；表中 d 表示有荷无震的计算结果；
　　2. 表中符号参见表 10-4。

(四) 受力分析及检算

以表 10-26 中 6m 墙高的悬臂式路堤墙为例，进行展示。

1. 地震条件参数选取

地震动峰值加速度为 0.2g，根据《铁路工程抗震设计规范》(GB 50111—2006) 第 6.1.4 条规定，其所对应的地震角 $\eta = 3°$。

根据第六章介绍的地震工况下折线形墙背上墙土压力计算可知，在地震工况下，土的内摩擦角 φ 或土的综合内摩擦角 φ_0、墙背摩擦角 δ、土的重度 γ，均应根据地震角 η 进行参数修正，得到修正后的内摩擦角 φ_E、墙背摩擦角 δ_E、土的重度 γ_E，分别按下式计算：

$$\varphi_E = \varphi - \eta = 35° - 3° = 32°$$
$$\delta_E = \delta + \eta = 17.5° + 3° = 20.5°$$
$$\gamma_E = \gamma/\cos\eta = 20/\cos 3° = 20.0274 \text{ (kN/m}^3)$$

2. 土压力产生的力系

参照图 10-16，建立坐标系，按一定间距(0.001m)将计算界限内的路基面宽度进行分段。采用扫描搜索土压力计算方法，依次对破裂面进行扫描及土压力计算，并选出最大值。经计算，在 $i = 2811$，$j = 9200$ 时，水平土压力最大，下面根据第六章介绍的扫描搜索法计算该破裂面所产生的库仑主动土压力，具体步骤如下：

(1) 求取破裂楔体的自重及形心

如图10-16a)所示,在 $i=2811$,$j=9200$ 时,第二破裂角 $\alpha_i=18.188°$,第一破裂角 $\beta_j=25.931°$。破裂棱体为四边形,从 O 点开始按逆时针排序,得到四个交点坐标,分别为:$O'(0,0)$、$B_3(3.89,8.00)$、$B_2(-1.81,8.00)$、$B_1(-2.499,7.606)$;

① 参照图10-16,利用坐标法计算破裂楔体自重 W_{soil}:

$$W_{\text{soil}} = \gamma_E \cdot S = \frac{1}{2}\gamma_E \cdot \left\{ \begin{vmatrix} x_o & y_o \\ x_{B_3} & y_{B_3} \end{vmatrix} + \begin{vmatrix} x_{B_3} & y_{B_3} \\ x_{B_2} & y_{B_2} \end{vmatrix} + \begin{vmatrix} x_{B_2} & y_{B_2} \\ x_{B_1} & y_{B_1} \end{vmatrix} + \begin{vmatrix} x_{B_1} & y_{B_1} \\ x_o & y_o \end{vmatrix} \right\} = 518.956(\text{kN})$$

② 利用坐标法计算破裂楔体的形心点坐标 (C_x, C_y):

$$C_x = \frac{1}{6S}\sum_{k=0}^{3}(x_k + x_{k+1})(x_k y_{k+1} - x_{k+1} y_k) = 0.4375(\text{m})$$

$$C_y = \frac{1}{6S}\sum_{k=0}^{3}(y_k + y_{k+1})(x_k y_{k+1} - x_{k+1} y_k) = 5.3176(\text{m})$$

(2) 求取荷载重力及其在路基面上的作用点

参照图10-14,计算荷载自重:

$$W_{1,\text{load}} = \sum_{1}^{k}\Delta q \cdot \Delta l = 61.6 \times (5.65 - 2.35) = 203.558(\text{kN})$$

参照图10-14,计算荷载在路基面的投影点坐标 (Q_x, Q_y),横坐标按公式(6-5)计算,纵坐标通过内插求得,经计算坐标为 $(2.24, 8)$。

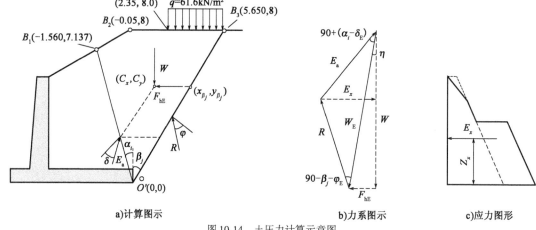

图10-14 土压力计算示意图

a) 计算图示　　b) 力系图示　　c) 应力图形

(3) 计算土压力及作用点位置

① 计算破裂楔体与荷载的重力之和及总形心:

$$W = W_{\text{soil}} + W_{\text{load}} = 518.956 + 203.558 = 722.514(\text{kN})$$

$$x_c = \frac{W_{\text{soil}} C_x + W_{\text{load}} Q_x}{W} = \frac{518.956 \times 0.14375 + 203.558 \times 2.24}{722.514} = 0.9453(\text{m})$$

$$y_c = \frac{W_{\text{soil}} C_y + W_{\text{load}} Q_y}{W} = \frac{518.956 \times 5.3176 + 203.558 \times 8}{722.514} = 6.0733(\text{m})$$

② 根据式(6-11)、式(6-9),分别计算破裂楔体对挡土墙墙背产生的水平及竖直向土压力 E_{x1}:

$$E_{x1} = \frac{W}{\tan(\beta_j + \varphi_E) + \tan(\delta_E + \alpha_i)} \times \frac{\cos(\delta - \alpha_i)}{\cos(\delta_E - \alpha_i)}$$

$$= \frac{722.514}{\tan(25.931° + 32°) + \tan(38° + 18.188°)} \times \frac{\cos(35° + 18.188°)}{\cos(38° + 18.188°)} = 251.843 (\text{kN})$$

③计算库仑土压力的作用点：

参照图10-16及式(6-10)，得到相较于墙趾点的水平土压力和竖直土压力的力臂 Z_x、Z_y：

$$Z_x = \frac{x_{\theta_i} - C_x}{\tan\beta_j - \tan\alpha_i} = \frac{C_y \cdot \tan\beta_j - C_x}{\tan\beta_j - \tan\alpha_i} = \frac{6.0733 \times \tan 25.931° - 0.9453}{\tan 25.931° + \tan 18.188°} = 2.4642 (\text{m})$$

$$Z_y = Z_x \cdot \tan\alpha_i = -2.4642 \times \tan 18.188° = -0.8096 (\text{m})$$

④填土和荷载产生的土压力及对墙踵点的弯矩：

$$W_x = B_3 \times H_3 \times \gamma \times 0.25 \times a_E = 5.31 \times 0.85 \times 20 \times 0.25 \times 0.2 = 4.5135 (\text{kN})$$

$$E_x = E_{x1} - W_x = 251.843 - 4.5135 = 247.330 (\text{kN})$$

$$M_x = E_{x1} \cdot Z_x - \frac{W_x H_3}{2} = 251.843 \times 2.4642 - \frac{4.5135 \times 0.85}{2} = 618.673 (\text{kN} \cdot \text{m})$$

(4) 计算破裂楔体填土产生的土压力系

与悬臂式路肩挡土墙土压力计算方式有所不同，计算填料产生的土压力，及荷载产生的土压力时，均采用库仑主动土压力理论，在地震工况下时，填料及荷载均产生水平地震作用。

$$E_{x,\text{soil}} = \frac{W_{\text{soil}}}{\tan(\beta_j + \varphi_E) + \tan(\delta_E + \alpha_i)} \times \frac{\cos(\delta - \alpha_i)}{\cos(\delta_E - \alpha_i)} = 180.890 (\text{kN})$$

$$Z_{x,\text{soil}} = \frac{x_{\beta_j,\text{soil}} - C_{x,\text{soil}}}{\tan\beta_j - \tan\alpha_i} = \frac{\tan\beta_j \cdot C_{y,\text{soil}} - C_{x,\text{soil}}}{\tan\beta_j - \tan\alpha_i} = \frac{5.3176 \times \tan 25.931° - 0.4375}{\tan 25.931° + \tan 18.188°} = 2.6364 (\text{m})$$

$$M_{x,\text{soil}} = E_{x,\text{soil}} \cdot Z_{x,\text{soil}} = 180.890 \times 2.6364 = 476.903 (\text{m})$$

由第二破裂面和第一破裂面之间的填土产生的竖向土压力 $E_{y,\text{soil}}$，及对 O' 点的力矩 $M_{y,\text{soil}}$：

$$E_{y,\text{soil}} = E_{x,\text{soil}} \tan(\delta + \alpha_i) = 180.890 \times \tan(35° + 18.188°) = 241.695 (\text{kN})$$

$$M_{y,\text{soil}} = \left(B_3 - M_{x,\text{soil}} \cdot \frac{\tan\alpha_i}{E_{x,\text{soil}}}\right) \times E_{y,\text{soil}} = [5.31 - 476.903 \times \tan(18.188°)/180.890] \times 241.695$$

$$= 1074.044 (\text{kN} \cdot \text{m})$$

(5) 荷载产生的土压力，及对 O' 点的力矩

与悬臂式路肩挡土墙土压力计算方式有所不同，计算荷载产生的土压力，仍采用库仑主动土压力理论，并且在地震工况下，荷载会产生水平地震作用：

$$E_{x,\text{move}} = E_x - E_{x,\text{soil}} = 251.843 - 180.890 = 70.953 (\text{kN})$$

$$E_{y,\text{move}} = E_{x,\text{move}} \cdot \tan(\varphi + \alpha_i) = 70.953 \times \tan(35° + 18.188°) = 94.803 (\text{kN})$$

$$M_{x,\text{move}} = E_x \cdot Z_x - M_{x,\text{soil}} = 251.843 \times 2.4642 - 476.903 = 143.688 (\text{kN} \cdot \text{m})$$

$$M_{y,\text{move}} = E_{y,\text{move}} \times \left(B_3 - M_{x,\text{move}} \times \frac{\tan\alpha_i}{E_{x,\text{move}}}\right)$$

$$= 94.803 \times \left(5.31 - 143.688 \times \frac{\tan 18.188°}{70.953}\right) = 440.326 (\text{kN} \cdot \text{m})$$

(6) 第二破裂面和墙背之间的填土产生的竖向力和水平地震力系(对 O' 点)

$$T_y = \gamma \cdot S_{T_y} = 20 \times 28.6275 = 572.55 (\text{kN})$$

二裂面和墙背之间的填土产生的水平地震作用:
$$T_x = T_y \cdot 0.25 \cdot a_E = 572.55 \times 0.25 \times 0.2 = 28.628(\text{kN})$$
$$Z_{tx} = 3.1245(\text{m}), Z_{ty} = 2.1856(\text{m})$$
$$M_{Tx} = T_x \cdot Z_{tx} = 28.628 \times 3.1245 = 89.448(\text{kN} \cdot \text{m})$$
$$M_{Ty} = T_y \cdot Z_{ty} = 572.55 \times 2.1856 = 1251.365(\text{kN} \cdot \text{m})$$

3. 墙身自重产生的力系

墙体上所受力系如图 10-15 所示,墙体自重及作用点可根据 AutoCAD 绘图求取,也可利用坐标法计算求取。

(1) 墙体自重 N_W

绘图求取: $N_W = \gamma_{混} \cdot S = 25 \times 9.754 = 243.85(\text{kN})$

(2) 自重对墙趾的力臂 Z_W

绘图求取: $Z_W = 2.4717\text{m}$

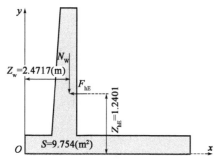

图 10-15 墙体及土压力力臂示意图

(3) 自重对墙趾的力矩 M_W
$$M_W = N_W \times Z_W = 243.85 \times 2.4717 = 602.724(\text{kN} \cdot \text{m})$$

4. 水平地震作用力系计算

(1) 墙身地震作用 F_{hE}

根据《铁路工程抗震设计规范》(GB 50111—2006)中的式(6.1.3-1)求取墙身地震力:
$$F_{hE} = \eta \cdot A_g \cdot m_i = 0.25 \times 0.2g \times \frac{243.85}{g} = 12.1925(\text{kN})$$

(2) 墙身地震力臂 Z_{hE}

绘图计算得: $Z_{hE} = 1.2401\text{m}$

(3) 墙身地震力矩 M_{hE}
$$M_{hE} = F_{hE} \cdot Z_{hE} = 12.1925 \times 1.2401 = 15.1203(\text{kN} \cdot \text{m})$$

(4) 墙身及二裂面和墙背之间总的水平地震力矩
$$M_{hE} = M_{wall,E} + M_{Tx} = 15.1203 + 89.448 = 104.568(\text{kN} \cdot \text{m})$$

5. 全墙对墙趾点的力系
$$E_{x,\text{total}} = E_x + F_{hE} = 247.330 + 40.820 = 288.150(\text{kN})$$
$$M_{x,\text{total}} = M_{x,\text{move}} + M_{x,\text{filler}} + M_{hE} - B_3 \times H_3 \times \gamma \times 0.25 \times 0.2 \times \frac{H_3}{2}$$
$$= 143.688 + 476.903 + 104.568 - 4.5135 \times 0.85/2 = 723.241(\text{kN} \cdot \text{m})$$
$$E_{y,\text{total}} = E_{y,\text{soil}} + T_y + E_{y,\text{move}} - B_3 H_3 \gamma = 241.695 + 572.55 + 94.803 - 5.31 \times 0.85 \times 20$$
$$= 818.778(\text{kN})$$
$$N_{\text{total}} = E_{y,\text{total}} + N_{\text{wall}} = 818.778 + 243.85 = 1062.628(\text{kN})$$
$$M_{y,\text{total}} = M_{y,\text{move}} + E_{y-\text{move}} \times (B_1 + B_2) + M_{y,\text{soil}} + M_{Ty} + (E_{y,\text{soil}} + T_y) \times$$
$$(B_2 + B_1) + M_{\text{wall}} - (B_3 H_3 \gamma) \times (B_3/2 + B_1 + B_2)$$
$$= 440.326 + 94.803 \times (0.6 + 0.9) + 1074.044 + 1251.365 + (241.695 + 572.55) \times$$

$$(0.9+0.6)+602.724-(5.31\times0.85\times20)\times(5.31/2+1.5)$$
$$=4356.959(\text{kN}\cdot\text{m})$$
$$M_{y,s}=M_{y,\text{total}}-M_{\text{wall}}=4356.959-602.724=3754.235(\text{kN}\cdot\text{m})$$

6. 全墙稳定性检算

本算例按照地震工况下计算的结果进行全墙稳定性检算。

(1) 抗滑动稳定性承载能力极限状态检算

根据附录 J.0.2，进行挡土墙的抗滑动稳定性检算：

不平衡作用效应设计值：
$$S_{d,\text{dst}}=\gamma_{E1}\times E_x+F_{hE}=1.1\times247.33+40.820=312.883(\text{kN})$$

平衡作用效应设计值：
$$S_{d,\text{stb}}=(\gamma_G W+\gamma_{E2}E_y)f'=(\gamma_G N_W+\gamma_{E2}E_{y-\text{total}})f'$$
$$=(0.85\times243.85+0.6\times818.778)\times0.3\times1.5=314.343(\text{kN})$$

$\gamma_0 S_{d,\text{dst}}=1.0\times312.883=312.883\leqslant R_{d,\text{dst}}=314.343$，满足要求。

(2) 抗倾覆稳定性承载能力极限状态检算

根据附录 J.0.3，进行挡土墙的抗倾覆稳定性检算：

不平衡作用效应设计值：
$$S_{d,\text{dst}}=\gamma_{E1}\times E_{x-\text{total}}Z_{x-\text{total}}+F_{hE}Z_{hE}=\gamma_{E1}\times M_{x-\text{total}}+M_{hE}=1.35\times723.241+104.568$$
$$=1080.943(\text{kN}\cdot\text{m})$$

平衡作用效应设计值：
$$S_{d,\text{stb}}=\gamma_G N_{-\text{Wall}}Z_{-\text{Wall}}+\gamma_{E2}E_{y-\text{soil}}Z_{y-\text{soil}}=1.0\times243.85\times2.4717+0.9\times3754.235$$
$$=3981.536(\text{kN}\cdot\text{m})$$

$\gamma_0 S_{d,\text{dst}}=1.0\times1080.943=1080.943\leqslant R_{d,\text{dst}}=3981.536$，满足要求。

(3) 基底承载力按正常使用极限状态验算

根据表 6-1，进行挡土墙基底合力偏心距验算：

① 偏心距计算
$$e=\frac{B}{2}-\frac{M_y-M_x}{N'}=\frac{B}{2}-\frac{M_{y-\text{total}}-M_{x-\text{total}}}{N_{-\text{total}}}=\frac{6.81}{2}-\frac{4356.959-723.241}{1062.628}=-0.01456(\text{m})$$

根据偏心距和压应力关系，确定计算墙趾、墙踵压应力计算公式：
$$|e|<\frac{B}{6}=1.135(\text{m}),\sigma_{1k,2k}=\frac{N}{B}\left(1\pm\frac{6e}{B}\right)$$

② 墙趾压应力检算

墙趾压应力标准值：
$$S_d=\sigma_{1k}=\frac{N_{\text{total}}}{B}\left(1+\frac{6e}{B}\right)=\frac{1062.628}{6.81}\times\left(1+\frac{6\times-0.01456}{6.81}\right)=154.038(\text{kPa})$$

墙趾压应力特征值：
$$C_d=\gamma_\sigma\cdot\sigma_a=1.0\times200=200(\text{kPa})$$

$S_d<C_d$ 满足要求。

③ 墙踵压应力检算

墙踵压应力标准值：
$$S_\mathrm{d}=\sigma_{2\mathrm{k}}=\frac{N_\mathrm{total}}{B}\left(1+\frac{6e}{B}\right)=\frac{1062.628}{6.81}\times\left(1-\frac{6\times-0.01456}{6.81}\right)=158.041(\mathrm{kPa})$$

墙踵承载力特征值：
$$C_\mathrm{d}=\gamma_\sigma\cdot\sigma_\mathrm{a}=1.69\times200=338(\mathrm{kPa})$$

$S_\mathrm{d}<C_\mathrm{d}$ 满足要求。

④墙底平均应力检算

墙底平均应力标准值：
$$S_\mathrm{d}=\sigma_\mathrm{pk}=\frac{\sigma_{1\mathrm{k}}+\sigma_{2\mathrm{k}}}{2}=156.039(\mathrm{kPa})$$

墙底平均承载力特征值：
$$C_\mathrm{d}=\gamma_\sigma\cdot\sigma_\mathrm{a}=1.3\times200=260(\mathrm{kPa})$$

$S_\mathrm{d}<C_\mathrm{d}$ 满足要求。

7. 内力计算

（1）立臂板内力计算

①计算填土和荷载分别产生内力

计算立臂板根部 A 点内力时，计算高度为：
$$H_1=H-H_3=6-0.85=5.15(\mathrm{m})$$

在一般有荷条件下，计算高度5.15m时的土压力。将墙背摩擦角设置为0°，经计算，填料和荷载产生的水平土压力及弯矩之和为：
$$E_{x,\mathrm{M}}=1.25\times105.910=132.388(\mathrm{kN})$$
$$M_{x,\mathrm{M}}=1.25\times186.519=233.149(\mathrm{kN\cdot m})$$

为将荷载作用与填料永久作用相分离，仅计算填料产生的水平土压力及弯矩为：
$$E_{x0}=1.25\times105.910=132.388(\mathrm{kN})$$
$$M_{x0}=1.25\times186.519=233.149(\mathrm{kN\cdot m})$$
$$Q_\mathrm{soil}=E_{x0}=132.388(\mathrm{kN})$$
$$M_\mathrm{soil}=M_{x0}=233.149(\mathrm{kN\cdot m})$$

则，荷载对于 A 点的剪力和弯矩：
$$Q_{-\mathrm{load}}=E_{x-\mathrm{M}}-E_{x0}=0(\mathrm{kN})$$
$$M_{-\mathrm{load}}=M_{x-\mathrm{M}}-M_{x0}=0(\mathrm{kN\cdot m})$$

②计算地震产生内力

在地震有荷条件下，计算高度5.15m时的土压力。将墙背摩擦角设置为0°，经计算：
$$E_{x-\mathrm{E}}=120.296(\mathrm{kN})$$
$$M_{x-\mathrm{E}}=209.276(\mathrm{kN\cdot m})$$

填料地震作用对于 A 点的剪力和弯矩：
$$Q_\mathrm{hE-filler}=E_{x-\mathrm{E}}-E_{x0}=120.296-105.910=14.386(\mathrm{kN})$$
$$M_\mathrm{hE-filler}=M_{x-\mathrm{E}}-M_{x0}=209.276-186.519=22.757(\mathrm{kN\cdot m})$$

墙体地震作用对于 A 点的剪力和弯矩：

$$Q_{\text{hE-wall}} = (0.64 + 0.9)/2 \times 5.15 \times 25 \times 0.25 \times 0.2 = 4.957(\text{kN})$$

$$M_{\text{hE-wall}} = Q_{\text{hE-wall}} \cdot Z_{\text{hE-wall}} = 4.957 \times \frac{(0.9 - 0.64) \times 5.15^2/6 + 0.64 \times 5.15^2/2}{(0.64 + 0.9) \times 5.15/2}$$

$$= 12.046(\text{kN} \cdot \text{m})$$

因此,地震产生的对 A 点的弯矩和剪力为:

$$Q_{\text{hE}} = Q_{\text{hE-filler}} + Q_{\text{hE-wall}} = 14.386 + 4.957 = 19.343(\text{kN})$$

$$M_{\text{hE}} = M_{\text{hE-filler}} + M_{\text{hE-wall}} = 22.757 + 12.046 = 34.803(\text{kN} \cdot \text{m})$$

(2)墙趾板内力计算

①计算填土产生内力

在一般有荷工况时,墙趾板根部的基底应力为:

$$\sigma'_1 = 139.6(\text{kPa}), \sigma'_2 = 164.2(\text{kPa})$$

$$\sigma'_3 = \sigma'_2 + \frac{B_2 + B_3}{B_1 + B_2 + B_3} \times (\sigma'_1 - \sigma'_2) = 164.2 + \frac{0.9 + 5.31}{0.6 + 0.9 + 5.31} \times (139.6 - 164.2)$$

$$= 141.767(\text{kPa})$$

$$\sigma'_4 = \sigma'_2 + \frac{B_2 + B_3}{B_1 + B_2 + B_3} \times (\sigma'_1 - \sigma'_2) = 164.2 + \frac{5.31}{0.6 + 0.9 + 5.31} \times (139.6 - 164.2)$$

$$= 145.019(\text{kPa})$$

不考虑趾板上的填土,则墙趾板的最大弯矩和剪力:

$$M_{\text{-filler}} = \sigma'_3 \times \frac{B_1^2}{2} + (\sigma'_1 - \sigma'_3) \times \frac{B_1^2}{3}$$

$$= 141.767 \times \frac{0.6^2}{2} + (139.6 - 141.767) \times \frac{0.6^2}{3} = 25.258(\text{kN} \cdot \text{m})$$

$$Q_{\text{-filler}} = (\sigma'_1 + \sigma'_3) \times \frac{B_1}{2} = (139.6 + 141.767) \times \frac{0.6}{2} = 84.410(\text{kN})$$

②计算地震产生内力

在地震有荷工况时,墙趾板根部的基底应力为:

$$\sigma_1 = 154.038(\text{kPa}), \sigma_2 = 158.041(\text{kPa})$$

$$\sigma_3 = \sigma_2 + \frac{B_2 + B_3}{B_1 + B_2 + B_3} \times (\sigma_1 - \sigma_2) = 158.041 + \frac{0.9 + 5.31}{0.6 + 0.9 + 5.31} \times (154.038 - 158.041) = 154.391(\text{kPa})$$

$$\sigma_4 = \sigma_2 + \frac{B_3}{B_1 + B_2 + B_3} \times (\sigma_1 - \sigma_2) = 158.041 + \frac{5.31}{0.6 + 0.9 + 5.31} \times (154.038 - 158.041) = 154.920(\text{kPa})$$

不考虑趾板上的填土,则墙趾板地震工况下的最大弯矩和剪力:

$$M_{\text{max-E}} = \sigma_3 \times \frac{B_1^2}{2} + (\sigma_1 - \sigma_3) \times \frac{B_1^2}{3} = 154.391 \times \frac{0.6^2}{2} + (154.038 - 154.391) \times \frac{0.6^2}{3}$$

$$= 27.748(\text{kN} \cdot \text{m})$$

$$Q_{\text{max-E}} = (\sigma_1 + \sigma_3) \times \frac{B_1}{2} = (154.038 + 154.391) \times \frac{0.6}{2} = 92.529(\text{kN})$$

因此,地震产生的最大弯矩和剪力:
$$M_{-hE} = M_{max-E} - M_{max-filler} = 27.748 - 25.258 = 2.49(\text{kN}\cdot\text{m})$$
$$Q_{-hE} = Q_{max-E} - Q_{max-filler} = 92.529 - 84.410 = 8.119(\text{kN})$$

③计算基底产生的反力
$$M_{max-fan} = B_1 \times H_3 \times \gamma_G \times \frac{B_1}{2} = 0.6 \times 0.85 \times 25 \times \frac{0.6}{2} = 3.825(\text{kN}\cdot\text{m})$$
$$Q_{max-fan} = B_1 \times H_3 \times \gamma_G = 0.6 \times 0.85 \times 25 = 12.750(\text{kN})$$

(3)墙踵板内力计算

①填料和荷载分别产生的内力

由一般有荷工况计算,并将填料永久荷载和列车可变荷载作用进行分离,则由填料永久荷载产生的最大剪力和最大弯矩为:
$$Q_{max-filler} = 815.99(\text{kN})$$
$$M_{max-filler} = 2292.794(\text{kN}\cdot\text{m})$$

由列车可变荷载产生的最大剪力和最大弯矩为:
$$Q_{max-move} = E'_{y-move} = 86.635(\text{kN})$$
$$M_{max-move} = M'_{y-move} = 402.391(\text{kN}\cdot\text{m})$$

②地震产生的弯矩和内力

由地震产生的最大剪力和最大弯矩需先由地震有荷工况计算总的剪力和弯矩。

由地震、填料总产生的最大剪力和最大弯矩为:
$$Q_{max-E} = E_{y-filler} + T_y + B_3 H_3 \times (25-20)$$
$$= 241.695 + 572.55 + 5.31 \times 0.85 \times (25-20) = 836.812(\text{kN})$$

$$M_{max-E} = M_{y-filler} + M_{Ty} + B_3 H_3 \frac{B_3}{2} \times \gamma_G$$
$$= 1074.044 + 1251.365 + 5.31 \times 0.85 \times \frac{5.31}{2} \times (25-20) = 2385.326(\text{kN}\cdot\text{m})$$

由地震产生的最大剪力和弯矩为:
$$Q_{hE} = Q_{max-E} - Q_{-filler} = 836.812 - 815.99 = 20.822(\text{kN})$$
$$M_{hE} = M_{max-E} - M_{-fille} = 2385.326 - 2292.794 = 92.532(\text{kN}\cdot\text{m})$$

③基底产生的反力
$$M_{max-lasting-fan} = \sigma_2 \times B_3 \times \frac{B_3}{2} + (\sigma_4 - \sigma_2) \times \frac{B_3}{2} \times \frac{B_3}{3}$$
$$= 158.041 \times \frac{5.31^2}{2} + (154.92 - 158.041) \times \frac{5.31^2}{6} = 2213.403(\text{kN}\cdot\text{m})$$

$$Q_{max-lasting-fan} = (\sigma_4 + \sigma_2)\frac{B_3}{2} = (154.92 + 158.041) \times 5.31 \times 0.5 = 830.911(\text{kN})$$

(五)结构检算

结构的立臂、踵板和趾板配筋根据附录K,并且符合《铁路路基支挡结构设计规范》(TB 10025)和《混凝土结构设计规范》(GB 50010—2010)的有关规定。以下以立臂板配筋结果进行详细说明,墙趾板及墙踵板配筋过程从略。

1. 立臂板配筋

(1)受力及荷载组合

填料对于 A 点的剪力和弯矩:
$$Q_{-\text{filler}} = E_{x0} = 132.388(\text{kN})$$
$$M_{-\text{filler}} = M_{x0} = 233.149(\text{kN} \cdot \text{m})$$

荷载对于 A 点的剪力和弯矩:
$$Q_{-\text{load}} = 0\text{kN}, M_{-\text{load}} = 0\text{kN} \cdot \text{m}$$

地震产生的对 A 点的剪力和弯矩为:
$$Q_{hE} = 14.386\text{kN}, M_{hE} = 34.803\text{kN} \cdot \text{m}$$

进行主筋抗弯配筋和箍筋抗剪配筋时,采用地震组合,永久荷载分项系数取 1.35,主变荷载分项系数取 1.4,地震荷载系数取 1.0,则立臂板主筋配筋设计的弯矩地震组合为:
$$M = 1.35 M_{-\text{filler}} + 1.4 M_{-\text{load}} + 1.0 M_{hE} = 1.35 \times 233.149 + 1.4 \times 0 + 1.0 \times 34.803$$
$$= 349.554(\text{kN} \cdot \text{m})$$

此处立臂板裂缝计算弯矩采用准永久组合:
$$M_k = M_{A-\text{lasting}} + 0.6 M_{A-\text{move}} + M_{hE} = 233.149 + 0.6 \times 0 + 34.803$$
$$= 267.952(\text{kN} \cdot \text{m})$$

立臂板箍筋配筋设计的剪力地震组合为:
$$Q = 1.35 Q_{-\text{filler}} + 1.4 Q_{-\text{load}} + 1.0 Q_{hE} = 1.35 \times 132.388 + 1.4 \times 0 + 1.0 \times 14.386$$
$$= 193.11(\text{kN})$$

(2)基本参数

采用 C35 混凝土,主筋混凝土保护层厚度 $c = 40\text{mm}$,主筋采用 HRB400,箍筋采用 HRB335。$\alpha_1 = 1.0, \beta_1 = 0.8$,混凝土和钢筋材料参数如表 10-28 所示。

钢筋及混凝土材料参数 表 10-28

材 料	设计强度(kN/m^3)		弹 性 模 量
混凝土	轴心抗压强度设计值 f_c	16700	$E_c = 3.15 \times 10^7 \text{kN/m}^2$
	抗拉强度设计值 f_t	1570	
	轴心抗压强度标准值 f_{ck}	23400	
	抗拉强度标准值 f_{tk}	2200	
HRB400 级钢筋	拉压强度设计值 f_y	360000	$E_s = 2 \times 10^8 \text{kN/m}^2$
	拉压强度标准值 f_{yk}	400000	

(3)正截面设计

正截面极限压应变:
$$\varepsilon_{cu} = 0.0033 - (f_{cu,k} - 50) \times 10^{-5} = 0.0033 - (30 - 50) \times 10^{-5}$$
$$= 0.0035 > 0.0033$$

取 $\varepsilon_{cu} = 0.0033$,则

相对界限受压区高度：

$$\xi_b = \frac{\beta_1}{1+\dfrac{f_{yk}}{E_s \varepsilon_{cu}}} = \frac{0.8}{1+\dfrac{400000}{2\times 10^8 \times 0.0033}} = 0.4981132075$$

初步估算有效高度：

$$h_0 = 0.9 B_2 = 0.9 \times 0.9 = 0.81(\mathrm{m})$$

相对受压区高度：

$$\xi = 1 - \sqrt{1 - \frac{2M}{\alpha_1 f_{ck} b h_0^2}} = 1 - \sqrt{1 - \frac{2\times 349.554}{23400 \times 0.81^2}} = 0.0230335$$

受压区高度：

$$x = \xi h_0 = 0.0230335 \times 0.81 = 0.018657$$

所需钢筋面积：

$$A_s = \frac{\alpha_1 f_{ck} b x}{f_{yk}} = \frac{1.0 \times 23400 \times 1.0 \times 0.018657}{400000} = 0.00109144(\mathrm{m}^2)$$

选择钢筋直径 $D=22\mathrm{mm}$ 则钢筋根数：

$$n = \frac{A_s}{\dfrac{\pi}{4}D^2} = \frac{0.00109144 \times 10^6}{\dfrac{\pi}{4}\times 22^2} = 2.871$$

根据后续计算，为最小配筋率控制，取 $6\phi 22$。

实际钢筋面积：

$$A_g = n \times \frac{\pi D^2}{4} = 6 \times \frac{\pi}{4} \times 22^2 = 2280.8(\mathrm{mm}^2)$$

主筋保护层厚度 $c=40\mathrm{mm}$，则实际的有效高度：

$$h_0 = h - c - \frac{D}{2} = 0.9 - 0.04 - 0.022 \times 0.5 = 0.849(\mathrm{m})$$

地震工况下的最小配筋率：

$$\rho_{min} = 45 \frac{f_{tk}}{f_{yk}} \times 100\% = 45 \times \frac{2.2}{400} \times 100\% = 0.2475\%$$

配筋率验算：

$$\rho = \frac{A_g}{b h_0} = \frac{0.0022808}{1.0 \times 0.849} = 0.269\% > \rho_{min} = 0.2475\%，结构处于适筋状态，满足要求。$$

实际受压高度：

$$x = \frac{A_g f_y}{\alpha_1 f_{ck} b} = \frac{0.0022808 \times 400000}{1.0 \times 23400 \times 1.0} = 0.03899(\mathrm{m})$$

实际抗弯能力：

$$R_{\rm d} = A_{\rm g}f_{\rm yk}\left(h_0 - \frac{x}{2}\right) = 0.0022808 \times 400000 \times \left(0.85 - \frac{0.03899}{2}\right) = 757.7({\rm kN \cdot m})$$

$S_{\rm d} = 349.554{\rm kN \cdot m} < R_{\rm d} = 757.7{\rm kN \cdot m}$，满足要求。

(4) 悬臂板 A 点斜截面抗剪设计检算

当 $\dfrac{h_{\rm w}}{b} = \dfrac{h_0}{b} = \dfrac{0.81}{1} = 0.81 < 4$ 时，$0.25\beta_{\rm a}f_{\rm ck}bh_0 = 4738.5({\rm kN}) > V = 193.11({\rm kN})$，满足要求。

混凝土抗剪强度：

$$R_{\rm d} = V_{\rm c} = 0.7f_{\rm t}bh_0 = 0.7 \times 2200 \times 1 \times 0.849 = 1307.46({\rm kN})$$

$S_{\rm d} = 193.11({\rm kN}) < R_{\rm d} = 1307.46({\rm kN})$，满足要求。

混凝土抗剪强度即可满足抗剪要求，则立臂板箍筋可按构造配筋。

(5) 最大裂缝宽度验算

荷载按准永久组合考虑：

$$M_{\rm k} = M_{\rm A-filler} + 0.6M_{\rm A-move} = 233.149({\rm kN \cdot m})$$

等效应力：

$$\sigma_{\rm sk} = \frac{M_{\rm k}}{0.87h_0 A_{\rm g}} = \frac{233.149}{0.87 \times 0.849 \times 0.0022808} = 138394.9({\rm Pa})$$

有效受拉混凝土面积：

$$A_{\rm te} = 0.5bh = 0.5 \times 1.0 \times 0.9 = 0.45({\rm m}^2)$$

有效受拉区纵向钢筋配筋率：

$$\rho_{\rm te} = \frac{A_{\rm g}}{A_{\rm te}} = \frac{0.0022808}{0.45} = 0.005068 < 0.01$$

取 $\rho_{\rm te} = 0.01$，纵向受拉钢筋应变不均匀系数：

$$\psi = 1.1 - 0.65 \times \frac{f_{\rm tk}}{\rho_{\rm te}\sigma_{\rm sk}} = 1.1 - 0.65 \times \frac{2200}{0.01 \times 138394.9} = 0.0667 < 0.2,\text{取}\,\psi = 0.2_{\circ}$$

受力特征系数 $\alpha_{\rm cr} = 1.9$，取 $c = 40{\rm mm}$ 则：

$$\begin{aligned}S_{\rm d} &= \alpha_{\rm cr}\psi\frac{\sigma_{\rm sk}}{E_{\rm s}}\left(1.9c + 0.08\frac{d_{\rm eq}}{\rho_{\rm te}}\right)\\ &= 1.9 \times 0.2 \times \frac{138394.9}{200000000} \times \left(1.9 \times 40 + 0.08 \times \frac{20}{0.01}\right)\\ &= 0.066({\rm mm})\end{aligned}$$

$S_{\rm d} = 0.066{\rm mm} < C_{\rm d} = 0.2{\rm mm}$，满足要求。

2. 构件配筋结果

立臂板、墙踵板及墙趾板配筋结果见表 10-29，其中，立壁板、墙踵板配筋时均为裂缝宽度控制，立臂板配筋结果为 $6\phi22$，墙踵板配筋结果为 $7\phi22$，墙趾板配筋时由于外荷载较小，为构造配筋，配筋结果为 $6\phi22$。

构件主筋配筋结果 表10-29

位置	填料作用 (kN·m)	路基面荷载作用(kN·m)	地震作用 (kN·m)	基底反弯矩 (kN·m)	地震组合 (kN·m)	准永久组合 (kN·m)	配筋结果	裂缝宽度 (mm)	配筋控制
立臂板	233.149	0	34.803	—	349.554	233.149	6ϕ22	0.066	ρ_{min}
墙踵板	2292.794	402.391	92.532	2213.403	763.057	320.826	7ϕ22	0.114	裂缝控制
墙趾板	25.258	0	8.119	3.825	37.054	21.433	6ϕ22	0.006	ρ_{min}

五、算例分析

(一) 工况对比

本算例在计算有震工况时,将无震工况作为验算工况,为了对比分析地震对悬臂式路堤墙墙身截面的影响,下面对悬臂式路堤墙的有震与无震工况进行对比,两种工况下的计算结果如表10-30所示,表中设计参数除峰值加速度及配套刷方坡率存在变化外,其他设计参数均与本工点算例一致。

悬臂式路堤墙无震工况与地震工况对比 表10-30

墙高	①无震			②有震(0.2g)			截面面积比	土压力比	墙踵应力比
	截面面积	土压力	墙踵应力	截面面积	土压力	墙踵应力			
$H(m)$	$A_①$ (m^2)	$E_{x①}$ (kN)	$\sigma_{2k①}$ (kPa)	$A_②$ (m^2)	$E_{x②}$ (kN)	$\sigma_{2k②}$ (kPa)	$A_①/A_②$	$E_{x①}/E_{x②}$	$\sigma_{2k①}/\sigma_{2k②}$
2	1.3	30.0	57a	1.41	36.0	61c	1.08	1.20	1.07
3	2.6	75.0	99a	4.98	107.0	117d	1.92	1.43	1.18
4	5.56	134.0	132a	6.01	150.0	132d	1.08	1.12	1.00
5	7.27	180.0	147a	8.66	201.0	153d	1.19	1.12	1.04
6	8.78	229.0	162a	9.75	246.0	164d	1.11	1.07	1.01

注:1. 表中 a 表示为有荷有震的计算结果;表中 c 表示为无荷无震的计算结果;表中 d 表示有荷无震的计算结果。
2. A 为墙体截面面积, E_x 为墙后水平土压力, σ_{2k} 为墙踵应力。

通过对比发现,地震工况下,悬臂式路堤墙的墙踵应力受无震工况控制;去除 3m 特殊墙高,随着挡墙的高度增加,悬臂式路堤墙在地震工况下与无震工况下的面积比逐渐增加,在 1.08~1.19 之间;去除 3m 特殊墙高,随着挡墙的高度增加,地震工况下与非震工况下的土压力比值逐渐降低,从 1.20 减小到 1.07。此外,在地震工况下(0.2g)的 3m 墙高处,挡墙截面尺寸存在突变,这是由于墙背破裂面与路基面以上荷载相交,存在突变,造成土压力值出现了较大波动。

(二) 公式法与扫描搜索法对比

在采用公式法对采用扫描搜索法进行土压力计算校核时,发现在一般工况下计算结果一致,但在地震工况下,采用扫描搜索法计算值略大。为查明原因对两种方法进行了详细对比。图 10-16 为通过扫描搜索法得到的各破裂面的水平土压力图,通过对比发现,两种方法在计算的第一破裂角 β 一致,但第二破裂角 α 存在微小差异,当 $\alpha = 18.188°$ 时,扫描搜索法与采用理论公式法计算的最大水平土压力值相同,均为250.971kN,但该点并不是最大值,土压力最大值为251.844kN。

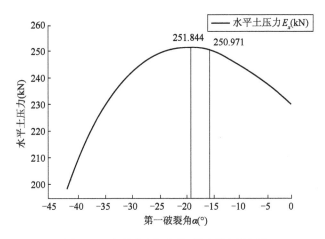

图10-16 扫描搜索各破裂面的水平土压力图

综上,尽管两种土压力计算结果略有差别,但比值相差很小,可忽略。

第十一章 锚固桩复合支挡结构

本章依据现行《铁路路基设计规范(极限状态法)》(Q/CR 9127—2018),结合实际铁路工程案例,详细展示了不同工况、不同结构形式的常用的锚固桩支挡结构(桩板式挡土墙)极限状态设计过程。

第一节 路肩桩板墙(一般工况)

一、项目概况及要求

根据某铁路 K204+198.75~K204+314.25 段线路地质平面图、横断面图及地质、水文条件综合分析,该段填方路基位于沟槽内,上覆素填土及淤泥质粉质黏土,地基自身稳定性较差,且承载力较低,墙高 8m,不适合设置重力式挡土墙,最终确定设计方案为该段线路左侧设置路肩桩板墙。

线路的主要设计技术标准,如表 11-1 所示。

主要技术标准　　　　　　　　　　　　　　表 11-1

项　目	内　容
线路等级	Ⅰ级特重型
正线数目	双线
轨道结构形式	有砟轨道
设计活载	ZKH 荷载
列车设计速度(km/h)	160

二、工程环境条件

(一)地形地貌

本段属低山丘陵地貌,地形起伏不大。平坦沟谷内多被垦为农田,斜坡丘陵地段以灌木植物为主。附近有多条水泥道路相通,交通条件较好。

(二)地质情况

上覆第四系全新统人工填土(Q^{4ml})、冲洪积(Q^{4al+pl})淤泥质粉质黏土、中粗砂、圆砾土,坡残积(Q^{4dl+el})粉质黏土,下伏燕山早期第二阶段($\eta\gamma^{52-2}$)花岗岩。各地层岩性分述如下:

<1>素填土(Q^{4ml}):黄褐色、紫红色,硬塑,经压实稍密,含少量角砾,分布于既有线路肩地段。

<4-4> 淤泥质粉质黏土(Q_4^{al+pl}):浅灰、灰色,流塑状。分布于沟槽内。

<4-12> 中粗砂(Q_4^{al+pl}):浅灰、浅黄色,稍密,饱和。呈透镜体状分布于沟槽内。

<4-15> 粗圆砾土(Q_4^{al+pl}):灰黄色,稍密~中密,饱和。呈透镜体状分布于沟槽内。

<6-3> 粉质黏土(Q_4^{dl+el}):褐红色、褐黄色,硬塑状,一般含量5%~10%。分布于斜坡坡面。

<15> 花岗岩($\eta\gamma^{52-2}$):灰褐色、灰黄色,中厚~厚层状,中细晶结构。全风化层呈砂土状,含较多的石英颗粒;强风化带为肉红色、灰黄色,岩石破碎,岩芯呈碎块状,部分为短柱状,颜色不新鲜;弱风化带为肉红色、青灰色,岩石完整,岩心为柱状,颜色新鲜。

(三) 水文地质特征及其他

区内地表水、地下水不发育,对混凝土无侵蚀性。

三、路基工程布设

K204+198.75~K204+314.25段,线路左侧,长115.5m,设置路肩桩板墙,其正面图,如图11-1所示,工点断面示意图如图11-2所示,具体工程措施如下:

(1)桩间距(中~中)6m,桩截面采用1.5×2~1.5×2.5m,桩长12m~20m,共设置20根锚固桩,桩个别设计。

(2)桩身采用C35混凝土灌注。锁口、护壁采用C20混凝土浇筑。桩顶设置角钢立柱栏杆。

(3)挡土板为C35混凝土浇筑槽形板,挂板高度2m~7.5m,严格按相应设计高度挂板。

(4)板后设置0.3m厚编织袋袋装砂夹卵石反滤层,砂砾石采用编织袋码砌,反滤层底部设C25混凝土隔水层及混凝土基础。

(5)墙顶设置立柱栏杆。

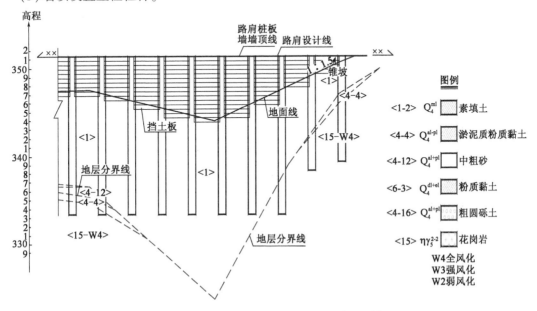

图11-1 K204+198.75~K204+314.25工点正面图

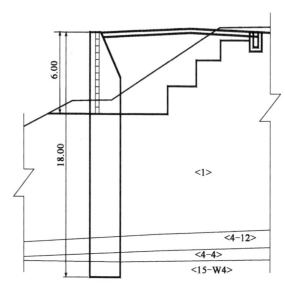

图 11-2 DK207+275 代表性断面图

四、支挡结构设计

(一) 桩结构设计

1. 设计参数

路肩桩板墙设计参数如表 11-2 所示。

设计参数　　　　　　　　　　　　表 11-2

	参 数 名 称	数 值
荷载参数	路基面宽度(m)	12.3
	线间距(m)	4.2
	荷载宽度(m)	3.7
	单位荷载合计(kN/m^2)	61.06
	荷载离挡土板距离 K(m)	$K=12.3/2-0.5/2-3.7-0.9=1.3$
墙后填料	综合内摩擦角(°)	35
	重度 γ(kN/m^3)	$\gamma=20$
墙体参数	重度 γ_W(kN/m^3)	$\gamma_W=25$
	墙背倾角 α(°)	0
	墙背摩擦角(°)	$\delta=17.5$
悬臂段参数	挡土板高度(m)	6
	悬臂段桩长(m)	8
	桩间距(中~中)	6

续上表

	参 数 名 称	数　　值
桩尺寸及锚固条件	桩截面宽(m)	1.5
	桩截面长(m)	2.0
	锚固段土层厚度(m)	50
	混凝土弹性模量(GPa)	31.5
	混凝土强度等级	C35
锚固段土层数据	锚固段土层顶面地基系数(kN/m^3)	20000
	锚固段土层地基系数的比例系数(kN/m^4)	10000
	锚固段以上桩前覆盖层厚度(m)	0
	锚固段以上桩后覆盖层厚度(m)	8
	锚固段土层容重(kN/m^3)	19

2. 受力分析及检算

对于路肩桩板墙,采用弹性理论计算荷载产生土压力,采用扫描搜索法计算填料产生土压力。

(1)荷载在抗滑桩墙背产生的土压力

抗滑桩墙背应力采用弹性理论计算公式(6-35)计算。

对应墙背不同位置,按公式(6-35)计算的Ⅰ线荷载产生的土压力计算结果如表11-3所示。

Ⅰ线荷载产生的土压应力计算表　　　　　　表11-3

序号	h_i	$\dfrac{\gamma h_0}{\pi}$	$\dfrac{bh_i}{(b^2+h_i^2)}$	$\dfrac{h_i(b+L_0)}{h_i^2+(b+L_0)^2}$	$\tan^{-1}\left(\dfrac{b+L_0}{h_i}\right)$	$\tan^{-1}\left(\dfrac{b}{h_i}\right)$	σ_{H1}
1	0	19.44	0.00	0.00	0.00	0.00	0.00
2	0.5	19.44	0.34	0.10	1.47	1.20	9.79
3	1	19.44	0.48	0.19	1.37	0.92	14.56
4	1.5	19.44	0.49	0.28	1.28	0.71	15.26
5	2	19.44	0.46	0.34	1.19	0.58	14.11
6	2.5	19.44	0.41	0.40	1.11	0.48	12.38
7	3	19.44	0.36	0.44	1.03	0.41	10.59
8	3.5	19.44	0.33	0.47	0.96	0.36	8.96
9	4	19.44	0.29	0.49	0.90	0.31	7.54
10	4.5	19.44	0.27	0.50	0.84	0.28	6.34
11	5	19.44	0.24	0.50	0.79	0.25	5.34
12	5.5	19.44	0.22	0.50	0.74	0.23	4.51
13	6	19.44	0.21	0.49	0.69	0.21	3.82

按公式(6-35)计算Ⅱ线荷载产生的土压力计算结果如表11-4所示。

Ⅱ线荷载产生的土压应力计算表　　　　　　表11-4

序号	h_i	$\dfrac{\gamma h_0}{\pi}$	$\dfrac{bh_i}{(b^2+h_i^2)}$	$\dfrac{h_i(b+L_0)}{h_i^2+(b+L_0)^2}$	$\tan^{-1}\left(\dfrac{b+L_0}{h_i}\right)$	$\tan^{-1}\left(\dfrac{b}{h_i}\right)$	σ_{H1}
1	0	19.44	0.00	0.00	0.00	0.00	0.00
2	0.5	19.44	0.09	0.05	1.52	1.48	1.41
3	1	19.44	0.18	0.11	1.46	1.39	2.72
4	1.5	19.44	0.25	0.16	1.41	1.30	3.88
5	2	19.44	0.32	0.21	1.36	1.22	4.83
6	2.5	19.44	0.38	0.25	1.31	1.14	5.54
7	3	19.44	0.42	0.29	1.26	1.07	6.02
8	3.5	19.44	0.45	0.33	1.21	1.00	6.29
9	4	19.44	0.48	0.37	1.16	0.94	6.39
10	4.5	19.44	0.49	0.39	1.12	0.89	6.34
11	5	19.44	0.50	0.42	1.07	0.83	6.18
12	5.5	19.44	0.50	0.44	1.03	0.79	5.95
13	6	19.44	0.50	0.46	0.99	0.74	5.67

根据Ⅰ线荷载和Ⅱ线荷载所产生的侧向土压应力,计算挡土板的弯矩和剪力,计算结果如表11-5所示。

抗滑桩桩身弯矩和剪力计算表　　　　　　表11-5

序号	h_i (m)	Ⅰ线作用			Ⅱ线作用			荷载总作用	
		σ_{hi} (kPa)	Q_{hi} (kN)	M_i (kN·m)	σ_{hi} (kPa)	Q_{hi} (kN)	M_i (kN·m)	Q_{hi} (kN)	M_i (kN·m)
1	0	0	0	0	0	0	0	0	0
2	0.5	9.79	0.15	0.03	1.41	0.35	0.06	2.80	0.47
3	1	14.56	0.60	0.20	2.72	1.39	0.47	10.14	3.57
4	1.5	15.26	1.34	0.67	3.88	3.05	1.55	19.36	10.91
5	2	14.11	2.34	1.58	4.83	5.23	3.60	28.93	22.99
6	2.5	12.38	3.59	3.06	5.54	7.83	6.85	38.16	39.78
7	3	10.59	5.06	5.21	6.02	10.73	11.49	46.80	61.05
8	3.5	8.96	6.71	8.14	6.29	13.82	17.62	54.77	86.47
9	4	7.54	8.51	11.94	6.39	17.00	25.32	62.06	115.70
10	4.5	6.34	10.43	16.67	6.34	20.18	34.62	68.71	148.42
11	5	5.34	12.44	22.39	6.18	23.32	45.49	74.76	184.31
12	5.5	4.51	14.52	29.12	5.95	26.35	57.92	80.25	223.09
13	6	3.82	16.62	36.91	5.67	29.44	71.83	85.41	265.32

Ⅰ线荷载和Ⅱ线荷载对挡土板底部 A 点的剪力及弯矩:

$$E_{A-load} = Q_{A-load} = 85.41(\text{kN}), M_{A-load} = 265.32(\text{kN}\cdot\text{m})$$

Ⅰ线荷载和Ⅱ线荷载对锚固点 O 点的剪力及弯矩为:

$$E_{O-\text{load}} = E_{A-\text{load}} = 85.41(\text{kN})$$

$$M_{O-\text{load}} = E_{A-\text{load}} \times (8-6) + M_{A-\text{load}} = 85.41 \times 2 + 265.32 = 436.14(\text{kN} \cdot \text{m})$$

荷载产生推力的比例系数 $\beta_{t-\text{load}}$ 为:

$$\beta_{t-\text{load}} = \frac{\left(\dfrac{M_{A-\text{load}}}{E_{A-\text{load}}}\right)}{6} = \frac{(265.32 \div 85.41)}{6} = 0.5177$$

(2)填料产生的推力计算

填料作用于桩身的主动土压力,应按库仑理论公式计算,采用扫描搜索法计算挡土板高度 6m 范围内的土压力。

参照图 11-3,建立坐标系,按一定间距(0.001m)将计算界限内的路基面宽度进行分段,依次得到坐标点集合 $\{A_1, A_2, \cdots, A_{8570}\}$,连接墙踵 O' 点与 A_i 点,作为假定破裂面 $O'A_i$。采用扫描搜索法,依此对破裂面进行扫描及土压力计算,并选出最大值。经计算,在 $i=3501$ 时,水平压力最大,此时破裂角 $\theta = 30.262°$,破裂面与坡面交于点 $A_{3501}(3.501, 6)$,以下记作点 B_2。下面根据第六章介绍的扫描搜索法计算该破裂面所产生的库仑主动土压力,具体步骤如下:

①求取破裂棱体的自重及重心。

a. 参照图 11-3 利用坐标法计算破裂棱体自重 W_{soil}:

$$W_{\text{soil}} = \gamma S = 20 \times \frac{1}{2}\left\{\begin{vmatrix} x_A & y_A \\ x_P & y_P \end{vmatrix} + \begin{vmatrix} x_P & y_P \\ x_B & y_B \end{vmatrix} + \begin{vmatrix} x_B & y_B \\ x_A & y_A \end{vmatrix}\right\} = 210.06(\text{kN})$$

b. 利用坐标法计算破裂棱体的重心点坐标 (C_x, C_y):

$$C_x = \frac{1}{6S}\sum_{k=0}^{n-1}(x_k + x_{k+1})(x_k y_{k+1} - x_{k+1} y_k) = 1.167$$

$$C_y = \frac{1}{6S}\sum_{k=0}^{n-1}(y_k + y_{k+1})(x_k y_{k+1} - x_{k+1} y_k) = \frac{0 + (6+6)(3.501 \times 6 - 0) + 0}{6 \times 10.503} = 4.0(\text{m})$$

②计算土压力及作用点。

a. 根据库仑土压力通用公式,计算破裂棱体桩身产生的水平土压力推力 $E_{A-\text{soil}}$:

$$E_{A-\text{soil}} = E_x = \frac{W_{\text{soil}}}{\tan(\theta+\varphi) + \tan(\delta-\alpha)} = \frac{210.06}{\tan(30.262°+35°) + \tan(17.5°-0°)} = 84.509(\text{kN})$$

b. 计算库仑土压力推力的作用点。

如图 11-3 所示,将破裂棱体重心坐标沿破裂面 $O'P$ 方向投影在墙背上,得到相较于 A 点的土压力推力的力臂 $Z_{A-\text{soil}}$:

$$Z_{A-\text{soil}} = Z_x = \frac{x_{\theta i} - C_x}{\tan\theta - \tan\alpha} = \frac{C_y \tan\theta - C_x}{\tan\theta - \tan\alpha} = \frac{4 \times \tan 30.262° - 1.167}{\tan 30.262° - \tan 0°} = 2.0(\text{m})$$

③寻找土压力最大值。

a. 重复步骤①~③,依次对 $i=0,1,2,\cdots,8569$ 共 8570 个破裂面进行扫描计算,此算法执行过程需借助计算机编程实现。

b. 从扫描得到的 8570 个破裂面所产生的水平土压力推力中,选出最大值,$E_x = 84.509$(kN),此时 $\theta = 30.262°$。

c. 计算填料产生的推力对 A 点所产生的弯矩 $M_{A-\text{soil}}$：
$$M_{A-\text{soil}} = E_{A-\text{soil}} \times Z_{A-\text{soil}} = 84.509 \times 2 = 169.018(\text{kN} \cdot \text{m})$$
d. 考虑计算模型不确定系数 1.2，计算填料对 O 点所产生的推力的弯矩：
$$E_{O-\text{soil}} = 1.2 E_{A-\text{soil}} = 1.2 \times 84.509 = 101.411(\text{kN})$$
$$M_{O-\text{soil}} = E_{A-\text{soil}} \times (8-6) + M_{A-\text{soil}} = 84.509 \times 2 + 169.018 = 338.036(\text{kN} \cdot \text{m})$$
填料产生推力的比例系数 $\beta_{t-\text{soil}}$ 为：
$$\beta_{t-\text{soil}} = \frac{\dfrac{M_{A-\text{soil}}}{E_{A-\text{soil}}}}{6} = \frac{169.018 \div 84.509}{6} = 0.3333$$

则桩身推力及比例系数如表 11-6 所示。

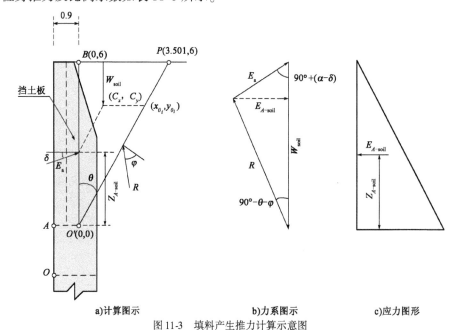

a) 计算图示　　　　b) 力系图示　　　　c) 应力图形
图 11-3　填料产生推力计算示意图

荷载及填料分别产生的推力及比例系数　　表 11-6

影响因素	项目	数值
荷载影响	荷载产生推力 $E_{O-\text{load}}$	85.411kN
	荷载比例系数 $\beta_{t-\text{load}}$	0.5181
填料影响	填料产生推力 $E_{O-\text{soil}}$	101.404kN
	填料比例系数 $\beta_{t-\text{soil}}$	0.3333

(3) 计算桩的锚固段长度及桩身内力

假定锚固段的长度为 H_2，按普通"m"法计算桩身的变位及内力，检查锚固点及其以下深度为 $H_2/3$ 处的侧向应力是否满足土层的侧向压应力特征值。当桩侧地基应力超过岩层的侧向应力特征值时，应增加锚固段的长度，直至满足岩层的侧向压应力特征值为止。

假设 $H_2 = 12.5\text{m}$，桩的截面惯性矩：
$$I = \frac{bh^3}{12} = \frac{1.5 \times 2^3}{12} = 1.0(\text{m}^4)$$

式中：b——桩截面尺寸宽度(m)；

　　　h——桩截面尺寸长度(m)。

桩的变形系数：

$$\alpha = \sqrt[5]{\frac{m_H B_P}{EI}} = \sqrt[5]{\frac{10000 \times (1.5+1)}{31500000 \times 1}} = 0.2398$$

式中：m_H——水平方向地基系数的比例系数(kPa/m)；

　　　E——桩身混凝土弹性模量(kPa)；

　　　B_P——桩的计算宽度(m)，等于桩的实际宽度加1m。

当桩底为自由端时，桩身内力和变位的计算公式如下（按桩底为自由端时的无量纲系数法计算）：

$$x_y = \frac{Q_0}{\alpha^3 EI} a_x + \frac{M_0}{\alpha^2 EI} b_x$$

$$\varphi_y = \frac{Q_0}{\alpha^2 EI} a_\varphi + \frac{M_0}{\alpha EI} b_\varphi$$

$$M_y = \frac{Q_0}{\alpha} a_m + M_0 b_m$$

$$Q_y = Q_0 a_Q + M_0 \alpha b_Q$$

$$\sigma_y = m_H \cdot y \cdot x_y$$

式中：x_y、φ_y、M_y、Q_y、σ_y——滑动面以下桩身距锚固段顶面为 y 的截面的位移、转角、弯矩、剪力、桩侧应力；

　　　a_x、a_φ、a_m、a_Q 和 b_x、b_φ、b_m、b_Q——$Q_0=1$ 和 $M_0=1$ 时引起桩身各截面变位和内力的无量纲系数。

将锚固段分为十等分，计算各截面的位移、转角、弯矩、剪力和侧壁应力，如表11-7所示。

桩身位移和侧壁应力　　　　　　表11-7

截面位置(m)	桩身变位(cm)	桩身转角(°)	地基侧向应力	地基侧向应力特征值
0	2.865	2.561	—	—
0.8	2.66	2.56	—	—
1.6	2.455	2.554	—	—
2.4	2.251	2.544	—	—
3.2	2.048	2.53	—	—
4	1.847	2.508	—	—
4.8	1.647	2.474	—	—
5.6	1.452	2.423	—	—
6.4	1.26	2.351	—	—
7.2	1.076	2.257	—	—
8	0.9	2.14	180	−41.2
9	0.697	1.921	209	23.8

续上表

截面位置(m)	桩身变位(cm)	桩身转角(°)	地基侧向应力	地基侧向应力特征值
10	0.517	1.677	206.6	88.7
11	0.361	1.428	180.7	153.7
12	0.23	1.195	138.2	218.7
13	0.121	0.993	84.9	283.6
14	0.03	0.833	24.3	348.6
15	-0.047	0.72	-42.1	413.6
16	-0.115	0.653	-115.1	478.5
17	-0.179	0.626	-196.7	543.5
18	-0.241	0.621	-289.2	608.5

各组合下的内力计算结果如表 11-8 所示。

桩身内力及荷载组合计算结果　　　　　表 11-8

桩深(m)	永久作用		可变作用		标准组合		准永久组合		基本组合	
	弯矩	剪力	弯矩	剪力	弯矩	剪力	弯矩	剪力	弯矩	剪力
0	0	0	0	0	0	0	0	0	0	0
0.8	2.9	10.8	30	74.8	32.9	85.6	20.9	55.7	45.9	119.2
1.6	23.1	43.2	119.1	147.5	142.1	190.8	94.5	131.8	197.8	264.9
2.4	77.8	97.3	265.6	218.3	343.4	315.7	237.2	228.3	476.9	437.1
3.2	184.5	173	467.9	287.2	652.4	460.2	465.3	345.3	904.2	635.6
4	360.5	270.4	724.5	354	1085	624.4	795.2	482.8	1500.9	860.6
4.8	622.9	389.4	1033.8	418.9	1656.7	808.2	1243.2	640.7	2288.3	1112.1
5.6	989.2	530	1394.2	481.8	2383.4	1011.8	1825.7	819.1	3287.3	1390
6.4	1460.1	608.4	1798	512.5	3258.1	1120.9	2538.9	915.9	4488.4	1538.8
7.2	1946.8	608.4	2208	512.5	4154.8	1120.9	3271.6	915.9	5719.4	1538.8
8	2433.6	608.4	2618	512.5	5051.6	1120.9	4004.4	915.9	6950.5	1538.8
9	2916.7	353.4	3012.9	273.6	5929.6	626.9	4724.5	517.5	8155.6	860
10	3132.9	80.9	3158.9	20.5	6291.8	101.3	5028.3	93.1	8651.9	137.8
10.33	3144.9	-7.5	3151.9	-61	6296.8	-68.5	5036	-44.1	8658.2	-95.5
10.67	3127.9	-92.6	3118.2	-139.3	6246.2	-232	4998.9	-176.2	8588.2	-320.1
11	3083.3	-173.7	3059.1	-213.6	6142.4	-387.3	4918.8	-301.8	8445.2	-533.5
12	2799.3	-384.4	2745.4	-404.5	5544.7	-789	4446.6	-627.1	7622.7	-1085.3
13	2334.4	-533.5	2269.3	-536.4	4603.8	-1069.9	3696.1	-855.3	6328.6	-1471.2
14	1756.5	-609.2	1695.6	-598.7	3452.1	-1207.9	2773.9	-968.4	4745.1	-1660.6
14.33	1552	-616.5	1495.1	-602.8	3047	-1219.3	2449	-978.2	4188.3	-1676.2

续上表

桩深(m)	永久作用		可变作用		标准组合		准永久组合		基本组合	
	弯矩	剪力	弯矩	剪力	弯矩	剪力	弯矩	剪力	弯矩	剪力
14.67	1346.5	-614.5	1294.7	-598	2641.2	-1212.5	2123.4	-973.3	3630.4	-1666.8
15	1143.4	-602.8	1097.4	-584.3	2240.8	-1187	1801.8	-953.3	3080	-1631.7
16	581.1	-506.2	555.1	-486	1136.2	-992.2	914.2	-797.8	1561.6	-1363.7
17	164.6	-309.6	156.6	-295.1	321.1	-604.7	258.5	-486.7	441.4	-831.1
18	0	0	0	0	0	0	0	0	0	0

(4) 桩身配筋计算

材料的设计强度和弹性模量如表 11-9 所示,永久荷载分项系数取 1.35,可变荷载分项系数取 1.4。

混凝土和钢筋的设计强度及弹性模量   表 11-9

材　料		设计强度(kPa)	弹性模量(kPa)
C35 混凝土	轴心抗压	$f_c = 16700$	$E_c = 31500000$
	抗拉强度	$f_t = 1570$	
HRB400 普通钢筋	抗拉强度	$f_y = 360000$	$E_s = 200000000$

① 纵向受力筋的配筋计算(图 11-4)

基本组合最大弯矩:
$$M_{\max} = 1.35 \times 3144.9 + 1.4 \times 3151.9 = 8658.2(\mathrm{kN \cdot m})$$

初步估算截面有效高度: $h_0 = 0.9h = 1.8\mathrm{m}$

相对受压区高度:

$$\xi = 1 - \sqrt{1 - \frac{2M_{\max}}{\alpha_1 f_c b h_0^2}} = 1 - \sqrt{1 - \frac{2 \times 8658.2}{1.0 \times 16700 \times 1.5 \times 1.8^2}} = 0.113$$

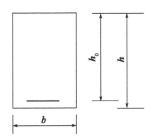

图 11-4 最大弯矩处正截面

钢筋直径采用 $\phi 25$,计算强度为 360000kPa;

钢筋面积:
$$A_g = \frac{\xi b h_0 f_c}{f_y} = \frac{0.113 \times 1.5 \times 1.8 \times 16700}{360000} = 0.01415(\mathrm{m}^2)$$

根数:
$$n = \frac{0.01415 \times 4}{\pi \times 0.025^2} = 28.83, 取 n = 29$$

纵向受力筋的排间净距采用 10cm,束间净距采用 10cm,主筋保护层厚度为 10cm,钢筋需布置 2 排,每排可布置钢筋 9 束,最里排钢筋 1 根。最终截面有效高度 $h_0 = 1.886\mathrm{m}$,钢筋实用面积为 $A_g = 0.01374\mathrm{m}^2$,钢筋根数为 28 根。

配筋率验算:
$$\rho = \frac{A_g}{b h_0} = \frac{0.01374}{1.5 \times 1.886} = 0.486\% > 0.2\%,满足要求。$$

实际受压高度:
$$x = \frac{A_g f_y}{\alpha_1 f_c b} = \frac{0.01374 \times 360000}{1.0 \times 16700 \times 1.5} = 0.19746(\mathrm{m})$$

实际抗弯能力：

$$R_d = A_g f_y \left(h_0 - \frac{x}{2}\right) = 0.01374 \times 360000 \times \left(1.886 - \frac{0.19746}{2}\right) = 8840.6(\text{kN} \cdot \text{m})$$

$S_d = M_{\max} = 8658.2 \text{kN} \cdot \text{m} < R_d = 8840.6 \text{kN} \cdot \text{m}$，满足要求。

②裂缝检算

根据《铁路路基支挡结构设计规范》(TB 10025—2019)规定，当无特殊要求时，桩身可不进行裂缝宽度验算，H3、Y3 及严重腐蚀环境下且无护臂是应进行裂缝宽度验算。本工点为非腐蚀环境故可不进行裂缝检算。

③箍筋计算

最大剪力截面距桩顶 14.67m，剪力大小：

$$S_d = V_{\max} = 1.35 \times 616.5 + 1.4 \times 602.8 = 1676.2(\text{kN})$$

当 $h_0/b = 1.886/1.5 = 1.257 < 4.0$ 时，$V = 0.25 f_c b h_0 = 0.25 \times 16700 \times 1.5 \times 1.886 = 11811.0 \text{kN} > V_{\max} = 1676.2 \text{kN}$，满足要求。

混凝土抗剪强度：

$$R_d = V_{cs} = 0.7 f_t b h_0 = 0.7 \times 1570 \times 1.5 \times 1.886 = 3109.1(\text{kN})$$

$S_d = 1676.2(\text{kN}) < R_d = 3109.1(\text{kN})$，满足要求，只需构造配筋。

采用双肢 $\phi 20$，取箍筋间距为 400mm。

箍筋配筋率 $\rho = A/bS = 2 \times \pi \times 0.01^2/1.5 \times 0.4 = 0.001047 > 0.24 f_t/f_{yv}$，满足要求。

所以最大剪力截面处箍筋配筋率满足要求。

(二)挡土板结构设计

1. 设计参数

挡土板及槽形截面示意图如图 11-5 所示。本例取桩顶以下 6m 处的墙背水平土压力作为挡土板承受的均布荷载。土压力修正系数 $K_z = 1.2$。永久荷载分项系数为 1.35 和可变荷载分项系数为 1.4，综合荷载分项系数采用 1.4。其他设计参数，如表 11-10 所示。

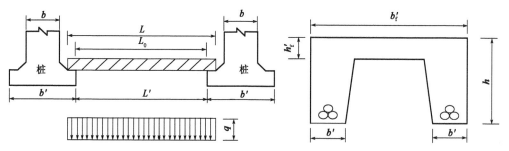

图 11-5 挡土板及槽形板截面示意图

挡土板设计参数　　　　表 11-10

	参数名称	数值
挡土板尺寸参数	翼缘板宽(m)	0.5
	板与桩搭接长(m)	0.3
	净跨 L'(m)	3.5

续上表

	参数名称	数值
挡土板尺寸参数	计算跨度 L_0(m)	$L_0 = 3.5 + 0.3 = 3.8\text{m}$
	板长 L(m)	$L = 3.5 + 0.3 + 0.3 = 4.1\text{m}$
	厚度 h(m)	0.36
	肋板宽 b'	0.11
	翼板长 b'_f(m)	0.5
	翼板厚 h'_f(m)	0.08
混凝土材料参数	混凝土强度等级	C30
	混凝土弹性模量(GPa)	30
	轴心抗压强度设计值 f_c(kPa)	14300
	抗拉强度标准值 f_{tk}(kPa)	2010
	抗拉强度设计值 f_t(kPa)	1430
钢筋材料参数	纵向受拉钢筋标号	HRB400
	受拉钢筋抗拉强度设计值 f_y(kPa)	360000
	箍筋标号	HRB400
	箍筋抗拉强度设计值(kPa)	360000
	弹性模量 E_s(GPa)	20

注：荷载及板后填料参数参见表11-2。

2. 受力分析

$$\psi = \varphi + \delta - \alpha = 35° + 17.5° - 0° = 52.5°$$

$$\tan\theta = -\tan\psi \pm \sqrt{(\tan\psi + \cot\varphi)(\tan\psi + \tan\alpha)}$$

$$= -\tan 52.5° \pm \sqrt{(\tan 52.5° + \cot 35°)(\tan 52.5° + 0)} = 0.58346$$

破裂角： $\theta = \arctan 0.58346 = 30.262°$

$$\lambda_a = (\tan\theta - \tan\alpha)\frac{\cos(\theta+\varphi)}{\sin(\theta+\psi)} = (0.58346 - 0)\frac{\cos(30.262° + 35°)}{\sin(30.262° + 52.5°)} = 0.2461$$

$$\lambda_x = \lambda_a \times \cos\delta = 0.2461 \times \cos 17.5° = 0.2347$$

土压应力： $\sigma = \gamma(h_0 + H)\lambda_x = 20 \times (3.1 + 6) \times 0.2347 = 42.72(\text{kPa/m})$

分布荷载： $q = K_z b'_f \sigma = 1.2 \times 0.5 \times 42.72 = 25.632(\text{kN/m})$

3. 结构检算

(1) 正截面检算

① 跨中弯矩： $M = \dfrac{qL_0^2}{8} = \dfrac{25.632 \times 3.8^2}{8} = 46.266(\text{kN}\cdot\text{m})$

② 设计弯矩： $M_{\max} = 1.4M = 64.772(\text{kN}\cdot\text{m})$

令截面有效高度：

$$h_0 = 36 - 5 = 31\text{cm}$$

③辨别截面类型：

$\alpha_1 f_c b'_f h'_f (h_0 - h'_f/2) = 1 \times 14300 \times 0.5 \times 0.08 \times (0.31 - 0.08/2) = 154.44 \text{kN} \cdot \text{m} > M_{\max}$

按矩形截面设计：

$$\xi = 1 - \sqrt{1 - \frac{2M}{\alpha_1 f_c b'_f h_0^2}} = 1 - \sqrt{1 - \frac{2 \times 64.772}{1.0 \times 14300 \times 0.5 \times 0.31^2}} = 0.099186$$

钢筋面积：

$$A_s = \frac{\xi b'_f h_0 f_c}{f_y} = \frac{0.099186 \times 0.5 \times 0.31 \times 14300}{360000} = 0.0006107 (\text{m}^2)$$

直径采用 4φ18 和 2φ16：

$$A_g = 4 \times \frac{\pi}{4} \times 0.018^2 + 2 \times \frac{\pi}{4} \times 0.016^2 = 0.00142 \text{m}^2 > 0.0006107 \text{m}^2$$

$$\xi_b = \frac{\beta_1}{1 + \frac{f_y}{\varepsilon_{cu} E_s}} = \frac{0.8}{1 + \frac{360000}{0.0033 \times 200000000}} = 0.5176, \xi_b > \xi = 0.099186$$

$$\rho = \frac{A_g}{2bh_0} = \frac{0.00142}{2 \times 0.11 \times 0.31} = 2.08\% > \rho_{\min} = 0.2\%$$

配筋率满足要求。

实际受压高度：

$$x = \frac{A_s f_y}{\alpha_1 f_c b} = \frac{0.00142 \times 360000}{1.0 \times 14300 \times 0.11} = 0.3250 (\text{m})$$

$$x = \frac{A_g f_y}{\alpha_1 f_c b} = \frac{0.01374 \times 360000}{1.0 \times 16700 \times 1.5} = 0.19746 (\text{m})$$

实际抗弯能力：

$$R_d = A_s f_y \left(h_0 - \frac{x}{2}\right) = 0.00142 \times 360000 \times \left(0.31 - \frac{0.3250}{2}\right) = 75.402 (\text{kN} \cdot \text{m})$$

$S_d = 64.772 (\text{kN} \cdot \text{m}) < R_d = 75.402 (\text{kN} \cdot \text{m})$，满足要求。

(2) 斜截面检算

混凝土承受的最大剪应力位于板净跨端点：

$$V = 0.5qL' = 0.5 \times 25.632 \times 3.5 = 44.856 (\text{kN})$$

$$V_{\max} = 1.4V = 1.4 \times 44.856 = 62.798 (\text{kN})$$

截面尺寸检算：

$$\frac{h_0 - h'_f}{2b} = \frac{0.31 - 0.08}{2 \times 0.11} = 1.0445 < 3.5$$

$0.25 f_c 2bh_0 = 0.25 \times 14300 \times 2 \times 0.11 \times 0.31 = 243.815 (\text{kN}) > V = 62.798 (\text{kN})$

截面尺寸满足要求。

(3) 混凝土抗剪承载力

$$R_d = 0.7 f_t 2bh_0 = 0.7 \times 1430 \times 2 \times 0.11 \times 0.31 = 68.268 (\text{kN})$$

$S_\mathrm{d} = 62.798\mathrm{kN} < R_\mathrm{d} = 68.268\mathrm{kN}$，满足要求，可按构造配置箍筋。

(4) 挠度及裂缝宽度检算

① 挠度检算

挠度及裂缝开展宽度检算采用荷载的标准组合并考虑长期作用的影响。

可变荷载（列车）引起的水平土压力：

$$q_1 = K_z b'_\mathrm{f} h_0 \gamma \lambda_x = 1.2 \times 0.5 \times 3.1 \times 20 \times 0.2347 = 8.731 (\mathrm{kN/m})$$

恒载（填料）引起的水平土压力：

$$q_2 = K_z b'_\mathrm{f} \gamma \lambda_x H = 1.2 \times 0.5 \times 20 \times 0.2347 \times 6 = 16.898 (\mathrm{kN/m})$$

参照《铁路路基支挡结构设计规范》（TB 10025—2019），采用准永久组合计算，准永久系数取 0.6。

$$q_\mathrm{q} = q_2 + \psi_\mathrm{q} q_1 = 16.898 + 0.6 \times 8.731 = 22.137 (\mathrm{kN/m})$$

弯矩准永久值：

$$M_\mathrm{q} = \frac{q_\mathrm{q} \times L_0^2}{8} = \frac{22.137 \times 3.8^2}{8} = 39.957 (\mathrm{kN \cdot m})$$

标准组合：

$$q_\mathrm{k} = q_2 + q_1 = 16.898 + 8.731 = 25.629 (\mathrm{kN/m})$$

弯矩标准值：

$$M_\mathrm{k} = \frac{q_\mathrm{k} \times L_0^2}{8} = \frac{25.629 \times 3.8^2}{8} = 46.260 (\mathrm{kN \cdot m})$$

受拉钢筋不均匀系数 ψ：

$$\sigma_\mathrm{s} = \frac{M_\mathrm{k}}{0.87 h_0 A_\mathrm{g}} = \frac{46.260}{0.87 \times 0.31 \times 0.00142} = 120792.4 (\mathrm{Pa})$$

$$A_\mathrm{te} = 0.5 \times 2bh = 0.5 \times 2 \times 0.11 \times 0.36 = 0.0396 (\mathrm{m}^2)$$

$$\rho_\mathrm{te} = \frac{A_\mathrm{s}}{A_\mathrm{te}} = \frac{0.00142}{0.0396} = 0.03586$$

$$\psi = 1.1 - 0.65 \times \frac{f_\mathrm{tk}}{\rho_\mathrm{te} \sigma_\mathrm{s}} = 1.1 - 0.65 \times \frac{2010}{0.03586 \times 120792.4} = 0.79838$$

混凝土构件刚度：

$$\alpha_\mathrm{E} = \frac{E_\mathrm{s}}{E_\mathrm{c}} = \frac{200000000}{30000000} = 6.667$$

$$\gamma'_\mathrm{f} = \frac{h'_\mathrm{f}(b'_\mathrm{f} - 2b)}{2b \times h_0} = \frac{0.08 \times (0.5 - 2 \times 0.11)}{2 \times 0.11 \times 0.31} = 0.3284$$

短期刚度：

$$B_\mathrm{s} = \frac{E_\mathrm{s} \times A_\mathrm{s} \times h_0^2}{1.15\psi + 0.2 + \frac{6\alpha_\mathrm{E} \times \rho}{1 + 3.5\gamma'_\mathrm{f}}} = \frac{200000000 \times 0.00142 \times 0.31^2}{1.15 \times 0.79838 + 0.2 + \frac{6 \times 6.667 \times 0.0208}{1 + 3.5 \times 0.3284}}$$

$$= 18131.78 (\mathrm{kN \cdot m}^2)$$

长期刚度：

$$B = \frac{M_k \times B_s}{M_q(\theta-1)+M_k} = \frac{46.260 \times 18131.78}{39.957(2-1)+46.260} = 9728.67(\mathrm{kN \cdot m})^2$$

挠度计算：

$$S_d = \frac{5q_k \times L_0^4}{384B} = \frac{5 \times 25.629 \times 3.8^4}{384 \times 9728.67} = 0.00715(\mathrm{m})$$

$S_d = 0.00715(\mathrm{m}) < C = \dfrac{L_0}{200} = \dfrac{3.8}{200} = 0.019(\mathrm{m})$，满足要求。

②裂缝宽度验算

构件受力特征系数：$\alpha_{cr} = 1.9$；

主筋保护层厚度：$c = 35\mathrm{mm}$；

纵向受力钢筋换算直径：

$$d_{eq} = \frac{4d_1^2 + 2d_2^2}{(4d_1 + 2d_2)\nu} = \frac{4 \times 18^2 + 2 \times 16^2}{(4 \times 18 + 2 \times 16) \times 1.0} = 17.3846(\mathrm{mm})$$

最大裂缝开展宽度：

$$S_d = \alpha_{cr}\psi \frac{\sigma_s}{E_s}\left(1.9c_s + 0.08\frac{d_{eq}}{\rho_{te}}\right) = 1.9 \times 0.79838 \times \frac{120792.4}{200000000}$$

$$\left(1.9 \times 35 + 0.08 \times \frac{17.3846}{0.03586}\right) = 0.0965(\mathrm{mm})$$

$S_d = 0.0965\mathrm{mm} < C_d = 0.2\mathrm{m}$，满足要求。

五、对比分析

（一）地震工况下弹性理论与库仑理论对比

对于地震工况，列车荷载采用弹性理论不能计算地震作用，土压力取值与一般工况下一致；而采用库仑方法计算地震工况下的土压力时，是否计入列车荷载的水平地震作用，与破裂面交到荷载的位置有关，当破裂面交到荷载时，则列车荷载会产生水平地震作用。因此，有必要分析地震工况下，荷载采用弹性理论与库仑理论的对桩板式挡土墙的影响。表11-11为地震工况下，荷载分别采用弹性理论及库仑理论设计的计算结果，表中其他设计参数均与本工点算例一致。

单位面积土压力计算对比表　　　　　　　　　表11-11

项目	对比项	弹性理论	库仑理论	对比
土压力	填料产生的水平土压力	101.404	100.224	弹性理论土压力系计算结果偏大
	荷载产生的水平土压力	85.411	57.124	
	地震作用	13.464	23.202	
	总水平力	200.279	180.550	

外力计算结果表明：在地震工况下，对于相同设计尺寸及设计参数的桩板式挡土墙的单位面积土压力，荷载采用弹性理论所计算出的墙后地震作用小于荷载采用库仑理论所计算出的土压力，但是荷载采用弹性理论所计算出的水平土压力显著大于库仑理论，进而导致荷载采用

弹性理论所计算的总水平土压力仍大于库仑理论,如表 11-11 所示。

内力计算及配筋结果表明:在一般及地震工况下,荷载采用弹性理论相较于库仑理论所计算出的桩身内力及配筋偏大,如表 11-12 所示。

不同计算理论下的桩身弯矩剪力及用钢量　　　　表 11-12

设计工况	荷载作用	荷载组合	桩身内力		单桩主筋重量(t)	单桩箍筋重量(t)
			弯矩 (kN·m)	剪力 (kN)		
弹性理论	一般工况	永久作用	3144.9	-616.5	1.416	0.760
		可变作用	3151.9	-602.8		
	地震工况	永久作用	3144.9	-616.5	1.405	0.760
		可变作用	3151.9	-602.8		
		地震作用	421.6	-82.5		
库仑理论	一般工况	永久作用	3108	-609.3	1.15	0.760
		可变作用	1776.9	-348.2		
	地震工况	永久作用	3108	-609.3	1.238	0.760
		可变作用	1776.9	-348.2		
		地震作用	730	-142.8		

注:计算抗弯所需主筋时,未考虑裂缝。

综上,虽然荷载采用弹性理论时不能计算地震作用,但是荷载产生的土压力仍明显大于库仑理论,进而导致所计算的桩身内力及用钢量仍大于库仑理论。

(二)地基比例系数 m 值选择及锚固段长度对比

1.《铁路路基支挡结构设计规范》(TB 10025—2019)关于地基比例系数 m 值的修订

(1)新规范[《铁路路基支挡结构设计规范》(TB 10025—2019)]正文中删除了原规范[《铁路路基支挡结构设计规范》(TB 10025—2006)]第 11.2.6 条中关于"地面处水平位移不宜大于 10mm"的规定。

(2)新规范提供了土层锚固点位移限制在 6~10mm(规范附录表 L.0.2-1)和 6mm(规范表 L.0.2-2)之下两套地基比例系数,供设计者选用。

2.设计中如何选用地基比例系数 m 值

(1)原规范条文中"地面处水平位移不宜大于 10mm"中的"10mm"并非是锚固点的位移控制的正常使用要求,而是地基系数的选用条件,当计算出的锚固点水平位移超过 10mm 时,原规范附录表 B.03 中的 m 值不再适用。

(2)新规范虽然删除了"地面处水平位移不宜大于 10mm"的规定,但是仍然是一种隐含的计算条件。当选择表 L.0.2-1(锚固点水平位移 6~10mm 的 m 值)时,需要保证锚固点的水平位移不超过 10mm,否则锚固点处应采取适当的加固措施,或增加桩的埋深和加大桩的截面积;当选择表 L.0.2-2(锚固点水平位移≤6mm 的 m 值)时,需要保证锚固点的水平位移不超过 6mm,否则锚固点处应采取适当的加固措施,或增加桩的埋深和加大桩的截面积。

(3)由于近年来对地基系数的研究有限,建议分别采用表 L.0.2-1 及表 L.0.2-2 计算锚固段长度,并选取安全储备大的锚固段桩长。

3. 不同地基比例系数 m 值下的锚固段桩长对比

根据现有计算资料,当不考虑桩侧应力时,针对密实的大漂石类土,选择表 L.0.2-2(锚固点水平位移≤6mm 的 m 值)所计算出的锚固段长度安全储备更大;针对除密实的大漂石类土,采用 L.0.2-1(锚固点水平位移 6~10mm 的 m 值)所计算出的锚固段长度安全储备更大。

下面通过本章算例加以验证,依据《铁路路基支挡结构设计规范》(TB 10025—2019)附录 L.0.2-1 及附录 L.0.2-2,分别采用相同土类下的高、中、低限 m 值计算锚固段长度。对比结果如表 11-13 所示,表中设计参数除地基比例系数 m 值存在变化外,其他设计参数均与本工点算例一致。根据表 11-13 绘制图 11-6,对比结果表明:对于本算例,采用附录 L.0.2-1 所计算出的锚固段长度较附录 L.0.2-2 略长,安全储备略大。

砾石及碎石土类的锚固段长度对比　　　　表 11-13

《铁路路基支挡结构设计规范》(TB 10025—2019)附录 L.0.2-1	锚固点水平位移 6~10mm	m 值 (kN·m^{-4})	10000	15000	20000
		锚固段长度(m)	9.5	7	6
《铁路路基支挡结构设计规范》(TB 10025—2019)附录 L.0.2-2	锚固点水平位移 ≤6mm	m 值 (kN·m^{-4})	30000	55000	80000
		锚固段长度(m)	6.5	5	4

注:为对比 m 值与锚固段桩长的规律,计算时忽略桩侧应力的影响。

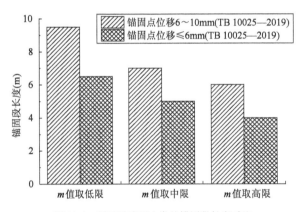

图 11-6　砾石及碎石土类的锚固段长度对比

第二节　路堑桩间挡土墙(地震工况)

一、项目概况及要求

根据某铁路 DK252+844.75~DK252+894.25 段线路地质平面图、横断面图及地质、水文条件综合分析,该段线路左侧路堑挖方边坡较高,单独设置重力式挡土墙风险较大,最终确定设计方案为设置路堑桩间挡土墙,其中重力式挡土墙设计方法参见第九章,本节着重展示路堑桩间挡土墙中桩的设计过程。

线路的主要设计技术标准,如表 11-14 所示。

主要技术标准　　　　　表 11-14

项　目	内　容
线路等级	Ⅰ级特重型
正线数目	双线
轨道结构形式	有砟轨道
设计活载	ZKH 荷载
列车设计速度(km/h)	160

二、工程环境条件

(一)地形地貌

本段左侧以挖方高边坡通过,最大边坡高度 14m,地面横坡较缓。

(二)地质情况

地表上覆第四系全新统滑坡堆积层粉质黏土,冲洪积层粗圆砾土,坡洪积层粗角砾土。下伏基岩为三叠系上统新都桥组(T3X)炭质板岩夹板岩、砂岩。

(三)水文地质特征及其他

1. 水文地质特征

段内地表水、地下水对混凝土结构无侵蚀。

2. 地震参数

根据《中国地震动参数区划图》(GB 18306—2015)和《中国地震动反应谱特征周期区划图》(1/400万)划定,本段地震动峰值加速度为 0.3g。地震动反应谱特征周期 0.45s。

三、路基工程布设

DK252 + 844.75 ~ DK252 + 894.25,线路左侧,设置路堑预加固桩,其正面图,如图 11-7 所示,工点断面示意图如图 11-8 所示,墙顶设置锚杆框架梁,工程措施细节如下:

(1)DK252 + 844.75 ~ DK252 + 894.25,长 49.5m,左侧路堑坡脚设抗滑桩,共 9 根,桩截面为 1.5m×2.0m,桩间距(中-中)7m,桩长 14m,桩短边沿线路方向布置,采用 C35 混凝土浇筑,桩结构设计均采用个别设计。

(2)DK252 + 844.75 ~ DK252 + 900.0,长 55.25m,左侧路堑坡脚桩间设置重力式路堑挡土墙。挡墙起点墙高 6m,终点墙高 3m,最大墙高 6m。挡墙墙身采用 C35 混凝土浇筑。墙身高出侧沟平台部分,每隔 2~3m 上下左右交错设置泄水孔,泄水孔应设置向外不应小于 4% 坡度,墙背连续设置 0.3m 厚砂卵石反滤层,砂卵石采用编织袋码砌。

(3)DK252 + 844.75,距Ⅰ线左侧 20.6~25.3m,路堑坡脚桩间设置重力式路堑挡土端墙。挡墙墙高均为 6m,挡墙墙身采用 C35 混凝土浇筑。墙身高出侧沟平台部分,每隔 2~3m 上下左右交错设置泄水孔,泄水孔应设置向外不应小于 4% 坡度,墙背连续设置 0.3m 厚砂卵石反滤层,砂卵石采用编织袋码砌。

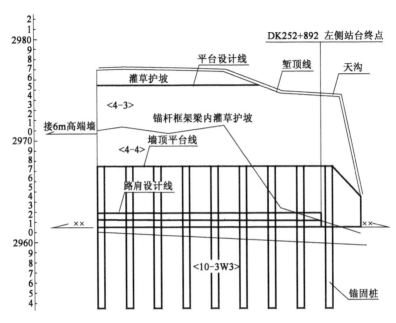

图 11-7　DK252+844.75~DK252+894.25 工点正面图

(4) 墙顶及墙顶上各级边坡平台设 0.4m×0.4m 截水沟排水。

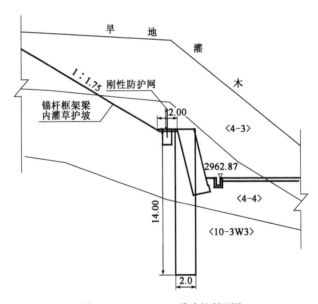

图 11-8　DK252+860 代表性断面图

四、支挡结构设计

(一) 设计参数

路堑桩体设计参数如表 11-15 所示。

第十一章 锚固桩复合支挡结构

设 计 参 数   表11-15

参数名称		数 值
地震参数	地震加速度 A_g(g)	0.3
	地震角 η(°)	4.5
	水平地震修正系数	0.25
岩土参数	综合内摩擦角(°)	35
	重度 γ(kN/m³)	20
桩身参数	重度 γ_w(kN/m³)	25
	墙背倾角 α(°)	0
	墙背摩擦角 δ(°)	17.5
悬臂段参数	挡土墙高度(m)	8
	悬臂段桩长(m)	10
	桩间距(中~中)	7
桩尺寸及锚固条件	桩截面宽(m)	1.5
	桩截面长(m)	2
	混凝土弹性模量(GPa)	31.5
	混凝土强度等级	C35
锚固段岩层数据	地基横向承载力特征值(kPa)	2000
	地基系数 K(kPa/m)	200000
边界条件	坡率	$1:m=1:1.75$
	墙后平台宽度(m)	$W=2$

注:表中地震工况下的边坡坡率应保证 $\tan(\varphi-\eta)>1/m$。

(二)受力分析及检算

对于地震地区路堑桩间挡土墙,计算水平推力时,需分别计算地震工况和一般工况下的水平推力,由此可分离得到岩土及地震产生的水平推力。

1. 地震条件参数选取

地震动峰值加速度为0.3g,根据《铁路工程抗震设计规范》(GB 50111)第6.1.4条规定,其所对应的地震角 $\eta=4.5°$。

根据第六章(地震工况下直线形墙背土压力计算)可知,在地震工况下,土的内摩擦角 φ 或土的综合内摩擦角 φ_0、墙背摩擦角 δ、土的重度 γ,均应根据地震角 η 进行参数修正,得到修正后的内摩擦角 φ_E、墙背摩擦角 δ_E、土的重度 γ_E,分别按下式计算:

$$\varphi_E=\varphi-\eta=35°-4.5°=30.5°$$
$$\delta_E=\delta+\eta=17.5°+4.5°=22°$$
$$\gamma_E=\frac{\gamma}{\cos\eta}=\frac{20}{\cos 4.5°}=20.062(kN/m^3)$$

2. 地震工况下土压力产生的力系

根据库仑理论破裂角取值范围($0\leq\theta\leq 90°-\varphi$)确定限界。按一定间距(0.001m)将计算界限内的路基面宽度进行分段,依次得到坐标点集合$\{A_1,\cdots,A_{2000},\cdots,A_{61025}\}$,连接$\sigma$点与$A_i$点,作为假定破裂面。

采用扫描搜索土压力计算方法,依次对破裂面进行扫描及土压力计算,并选出最大值。经计算,在$i=43850$时水平土压力最大,下面根据第六章介绍的扫描搜索法计算该破裂面所产生的库仑主动土压力,具体步骤如下所示:

(1)计算破裂楔体的自重及重心

①当$i=43850$时,破裂角$\theta=53.119°$,该破裂面与墙后土体所围成的破裂楔体各交点坐标,如图11-9所示。

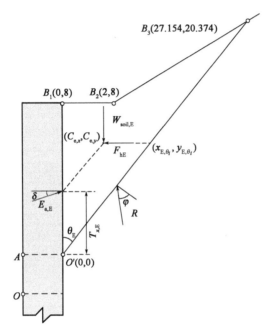

图11-9 地震工况土压力计算示意图

②参照图11-9,根据式(6-1)计算破裂楔体自重$W_{soil,E}$:

$$W_{soil,E}=\gamma_E\cdot S=\frac{1}{2}\cdot\gamma_E\cdot\left\{\begin{vmatrix}x_{O'}&y_{O'}\\x_{B_3}&y_{B_3}\end{vmatrix}+\begin{vmatrix}x_{B_3}&y_{B_3}\\x_{B_2}&y_{B_2}\end{vmatrix}+\begin{vmatrix}x_{B_2}&y_{B_2}\\x_{B_1}&y_{B_1}\end{vmatrix}+\begin{vmatrix}x_{B_1}&y_{B_1}\\x_{O'}&y_{O'}\end{vmatrix}\right\}$$

$=2659.760(kN)$

③根据式(6-2)、式(6-3)计算破裂楔体的形心点坐标$(c_{e,x},c_{e,y})$:

$$c_{e,x}=\frac{1}{6S}\sum_{k=1}^{3}(x_k+x_{k+1})(x_k y_{k+1}-x_{k+1}y_k)$$

$$=\frac{0+(38.335+2)(38.335\times 8-2\times 28.763)+(2+0)(2\times 8-0)+0}{6\times 132.577}$$

$=12.6739$

$$c_{e,y}=\frac{1}{6S}\sum_{k=1}^{3}(y_k+y_{k+1})(x_k y_{k+1}-x_{k+1}y_k)$$

$$= \frac{0 + (28.763 + 8)(38.335 \times 8 - 2 \times 28.763) + (8 + 8)(2 \times 8 - 0) + 0}{6 \times 132.577}$$

$$= 11.8367$$

(2)计算直线形墙背土压力及作用点位置

①根据式(6-11)、式(6-9),分别计算破裂楔体对挡土墙墙背产生的水平向土压力 $E_{x,\mathrm{E}}$:

$$E_{x,\mathrm{E}} = \frac{W_{\mathrm{soil,E}}}{\tan(\theta_j + \varphi_{\mathrm{E}}) + \tan(\delta_{\mathrm{E}} - \alpha)} \times \frac{\cos(\delta - \alpha)}{\cos(\delta_{\mathrm{E}} - \alpha)}$$

$$= \frac{2659.760}{\tan(53.119° + 30.5°) + \tan(22° - 0°)} \times \frac{\cos(17.5° - 0°)}{\cos(22° - 0°)} = 292.732(\mathrm{kN})$$

②计算库仑土压力的作用点:

参照图 11-14 及公式(6-10),得到相较于 O' 点的水平土压力的力臂 $T_{\mathrm{E},x}$:

$$T_{\mathrm{E},x} = \frac{x_{\theta i,\mathrm{e}} - c_{\mathrm{E},x}}{\tan\theta - \tan\alpha} = \frac{c_{\mathrm{E},y}\tan\theta - c_{\mathrm{E},x}}{\tan\theta - \tan\alpha} = \frac{11.8367 \times \tan 53.119° - 12.6739}{\tan 53.119° - \tan 0°} = 2.3274(\mathrm{m})$$

(3)计算所产生的水平向弯矩 $M_{x,\mathrm{e}}$

对 O' 点,土压力产生的弯矩:

$$M_{x,\mathrm{e}} = E_{x,\mathrm{e}} \times Z_{x,\mathrm{e}} = 292.732 \times 2.3274 = 681.304(\mathrm{kN \cdot m})$$

3. 一般工况下土压力产生的力系

一般工况下扫描搜索法土压力计算过程同本节地震工况下土压力产生的力系,计算过程如下:

(1)计算破裂体自重及形心

①当 $i = 13053$ 时,破裂角 $\theta = 40.697°$,该破裂面与墙后土体所围成的破裂楔体各交点坐标,如图 11-10 所示。

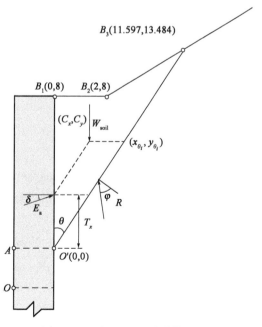

图 11-10 一般工况土压力计算示意图

②根据式(6-1)计算破裂楔体自重 W_{soil}：

$$W_{\text{soil}} = \gamma \cdot S = \frac{1}{2} \cdot \gamma \cdot \left\{ \begin{vmatrix} x_{O'} & y_{O'} \\ x_{B_3} & y_{B_3} \end{vmatrix} + \begin{vmatrix} x_{B_3} & y_{B_3} \\ x_{B_2} & y_{B_2} \end{vmatrix} + \begin{vmatrix} x_{B_2} & y_{B_2} \\ x_{B_1} & y_{B_1} \end{vmatrix} + \begin{vmatrix} x_{B_1} & y_{B_1} \\ x_{O'} & y_{O'} \end{vmatrix} \right\} = 818.06(\text{kN})$$

③根据式(6-2)、式(6-3)计算破裂楔体的形心点坐标(c_x, c_y)：

$$c_x = \frac{1}{6S} \sum_{k=1}^{3} (x_k + x_{k+1})(x_k y_{k+1} - x_{k+1} y_k) = 3.7764$$

$$c_y = \frac{1}{6S} \sum_{k=1}^{3} (y_k + y_{k+1})(x_k y_{k+1} - x_{k+1} y_k) = 6.8040$$

(2)计算直线形墙背土压力及作用点位置

①根据式(6-1)、式(6-2)，分别计算破裂楔体对挡土墙墙背产生的水平向土压力 E_x：

$$E_x = \frac{W_{\text{soil}}}{\tan(\theta_j + \varphi) + \tan(\delta - \alpha)} = \frac{818.06}{\tan(40.697° + 35°) + \tan(17.5° - 0°)} = 193.048(\text{kN})$$

②计算库仑土压力的作用点：

参照图11-15及公式(6-10)，得到相较于O'点的水平土压力的力臂T_x：

$$T_x = \frac{x_{\theta_j} - c_x}{\tan\theta - \tan\alpha} = \frac{c_y \tan\theta - c_x}{\tan\theta - \tan\alpha} = \frac{6.8040 \times \tan40.697° - 3.7764}{\tan40.697° - \tan0°} = 2.4131(\text{m})$$

(3)计算所产生的水平向弯矩 M_x

相较于O'点，土压力产生的弯矩 M_x：

$$M_x = E_x \cdot Z_x = 193.048 \times 2.4131 = 465.837(\text{kN} \cdot \text{m})$$

4.计算桩的推力及比例系数

①桩后岩土对O'点产生的水平推力：

考虑计算模型不确定系数1.2，计算填料对O点所产生的推力$E_{x-O-\text{soil}}$：

$$E_{x-O-\text{soil}} = 1.2 E_{x-O'-\text{soil}} = 1.2 \times 193.048 = 231.658(\text{kN})$$

填料产生推力的比例系数$\beta_{t-\text{soil}}$为：

$$\beta_{t-\text{soil}} = \frac{\dfrac{M_{x-O'-\text{soil}}}{E_{x-O'-\text{soil}}}}{8} = \frac{465.837 \div 193.048}{8} = 0.3016$$

②岩土地震作用产生的对O'点的水平推力及弯矩：

计算地震对O'点所产生的推力$E_{x-O'-E}$及弯矩$M_{x-O'-E}$：

$$E_{x-O'-E} = E_{x-O'} - E_{x-O'-\text{soil}} = 292.732 - 193.048 = 99.684(\text{kN})$$

$$M_{x-O'-E} = M_{x-O'} - M_{x-O'-\text{soil}} = 681.304 - 465.837 = 215.467(\text{kN} \cdot \text{m})$$

③桩身悬臂段自重及地震作用：

$$N_{\text{Wall}-O-E} = bh\gamma_W \times 8 = 1.5 \times 2 \times 25 \times 8 = 600(\text{kN})$$

$$F_{hE} = \eta A_g m = 0.25 \times 0.3g \times \frac{N_{\text{Wall}-O-E}}{g} = 0.25 \times 0.3 \times 600 = 45(\text{kN})$$

④地震产生的对O'点的总推力：

将桩身悬臂段地震作用按桩间距7m进行分摊，计算地震对O'点所产生的总推力E_{x-O-E}：

$$E_{x-0-E} = E_{x-0-E} + \frac{F_{hE}}{7} = 106.1126(\text{kN})$$

地震产生推力的比例系数 β_{t-E} 为：

$$\beta_{t-E} = \frac{\dfrac{\left(\dfrac{M_{x-O'-E}}{E_{x-O'-E}}\right)}{8} \times E_{x-O'-E} + 0.5 \times \dfrac{F_{hE}}{7}}{E_{x-0-E}}$$

$$= \frac{\dfrac{(215.467 \div 99.684)}{8} \times 99.684 + 0.5 \times \dfrac{45}{7}}{106.1126} = 0.2841$$

则桩身推力及比例系数如表 11-16 所示。

岩土及地震分别产生的推力及比例系数　　表 11-16

项　　目	数　　值
路堑岩土产生推力 $E_{x-0-\text{soil}}$	231.658kN
比例系数 $\beta_{t-\text{soil}}$	0.3016
地震作用产生总推力 E_{x-0-E}	106.1126kN
比例系数 β_{t-E}	0.2841

5. 计算桩的锚固段长度及桩身内力

假定锚固段长度 H_2，按普通"K"法计算桩身的变位和内力，检查锚固点和桩底地基的侧向应力是否满足岩层的侧向压应力。当桩侧地基应力超过岩层的侧向压应力时，应增加锚固段长度，直至满足岩层的横向压应力为止。

假设 $H_2 = 4\text{m}$，桩的截面惯性矩：

$$I = \frac{bh^2}{12} = \frac{1.5 \times 2^3}{12} = 1.0\text{m}^4$$

式中：b——桩截面尺寸宽度(m)；

h——桩截面尺寸长度(m)。

桩的变形系数：

$$\beta = \sqrt[4]{\frac{K_H B_p}{4EI}} = \sqrt[4]{\frac{K_H(b+1)}{4EI}} = \sqrt[4]{\frac{200000 \times (1.5+1)}{4 \times 25500000 \times 1}} = 0.264602(\text{m}^{-1})$$

式中：β——桩的变形系数(1/m)；

K_H——锚固段侧向地基系数(kPa/m)；

E——桩身混凝土弹性模量(kPa)；

I——桩的截面惯性矩(m^4)；

B_p——桩的计算宽度(m)，等于桩的实际宽度加 1m。

当桩底为自由端时，桩身内力和变位的计算公式如下(按桩底为自由端时的无量纲系数法计算)：

$$x_y = \frac{Q_0}{\beta^3 EI} a_x + \frac{M_0}{\beta^2 EI} b_x$$

$$\varphi_y = \frac{Q_0}{\beta^2 EI} a_\varphi + \frac{M_0}{\beta EI} b_\varphi$$

$$M_y = \frac{Q_0}{\beta}a_m + M_0 b_m$$

$$Q_y = Q_0 a_Q + M_0 \beta b_Q$$

$$\sigma_y = K_H x_y$$

式中： x_y、φ_y、M_y、Q_y、σ_y——锚固段桩身距锚固段顶面为 y 的截面的位移、转角、弯矩、剪力、地基横向压应力；

a_x、a_φ、a_m、a_Q 和 b_x、b_φ、b_m、b_Q——为 $Q_0=1$ 和 $M_0=1$ 时引起桩身各截面变位和内力的无量纲系数。

将锚固段分为十等分，计算各截面的位移、转角、弯矩、剪力和侧壁应力，如表 11-17 所示。

桩身位移和侧壁应力 表 11-17

截面位置(m)	桩身变位(cm)	桩身转角(°)	地基侧向应力	地基侧向应力特征值
0	5.727	4.946	—	—
1	5.233	4.947	—	—
2	4.738	4.947	—	—
3	4.243	4.946	—	—
4	3.749	4.939	—	—
5	3.256	4.922	—	—
6	2.765	4.887	—	—
7	2.279	4.825	—	—
8	1.802	4.724	—	—
9	1.336	4.574	—	—
10	0.889	4.373	1777	2000
10.4	0.716	4.256	1431.8	2000
10.8	0.548	4.139	1096.1	2000
11.2	0.385	4.029	769.4	2000
11.6	0.226	3.933	451	2000
12	0.07	3.855	139.6	2000
12.4	-0.083	3.796	-166.3	2000
12.8	-0.234	3.757	-468.3	2000
13.2	-0.384	3.734	-767.8	2000
13.6	-0.533	3.725	-1066.1	2000
14	-0.682	3.724	-1364.1	2000

各组合下的内力计算结果如表 11-18 所示。

桩身内力及组合计算结果 表 11-18

桩深(m)	永久作用		地震作用		地震组合	
	弯矩	剪力	弯矩	剪力	弯矩	剪力
0	0	0	0	0	0	0
1	-9.2	-8.4	-8.7	-12.4	-22.6	-25
2	3.2	43.5	-14.8	5.3	-9.9	70.5

续上表

桩深(m)	永久作用		地震作用		地震组合	
	弯矩	剪力	弯矩	剪力	弯矩	剪力
3	97.8	155.7	11.9	53	158.6	286.5
4	334.7	328.2	101.3	130.8	603.4	623.2
5	774.3	561.1	283.6	238.7	1445.1	1080.3
6	1477	854.3	588.8	376.7	2804.2	1658.1
7	2502.9	1207.8	1047	544.7	4801.4	2356.4
8	3912.6	1621.6	1688.2	742.8	7557.1	3175.2
9	5534.2	1621.6	2431	742.8	10732.3	3175.2
10	7155.8	1621.6	3173.8	742.8	13907.5	3175.2
10.4	7472.2	17.9	3321.7	22.7	14530.1	49.6
10.8	7215.6	−1245.2	3212.3	−544.9	14035.7	−2412.7
11.2	6520.2	−2177.3	2905.6	−964.1	12685.9	−4230
11.33	6213.6	−2415.9	2769.7	−1071.6	12090.1	−4695.4
11.47	5877.5	−2619	2620.6	−1163.1	11436.9	−5091.6
11.6	5516.7	−2786.9	2460.3	−1238.9	10735.4	−5419.2
12	4332.7	−3081.7	1933.3	−1372.7	8432.3	−5995.2
12.4	3092.6	−3067.9	1380.6	−1368.2	6019.4	−5970.1
12.8	1918.8	−2750.4	856.9	−1227.5	3735.2	−5353.1
13.2	932.4	−2132.2	416.5	−952.2	1815	−4150.4
13.6	253	−1215.1	113	−542.9	492.5	−2365.5
14	0	0	0	0	0	0

6. 桩身配筋计算

材料的设计强度和弹性模量如下表所示,荷载分项系数取值时,永久荷载分项系数取1.35,地震荷载系数取1.0。混凝土和钢筋的材料参数见表11-19。

混凝土和钢筋的材料参数   表11-19

材　料	材料标准强度(kPa)		弹性模量(kPa)
C35 混凝土	轴心抗压	$f_{ck}=23400$	$0.8E_c=25200000$
	抗拉	$f_{tk}=2200$	
热轧带肋钢筋	HRB400 级	$f_{yk}=400000$	$E_s=200000000$

(1)纵向受力筋的配筋计算(图11-11)

最大弯矩截面的配筋

地震组合最大弯矩:

$$M_{max}=1.5\times7472.2+1.0\times3321.7=14530(\text{kN}\cdot\text{m})$$

设截面有效高度:

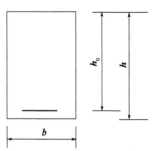

图 11-11 最大弯矩处正截面

$$h_0 = 0.9h = 1.8m$$

$$\xi = 1 - \sqrt{1 - \frac{2M_{max}}{\alpha_1 f_{ck} b h_0^2}} = 1 - \sqrt{1 - \frac{2 \times 14530}{1.0 \times 23400 \times 1.5 \times 1.8^2}} = 0.13717$$

钢筋直径采用 $\phi 25$,计算强度为 360000kPa。

钢筋面积:

$$A_g = \frac{\xi b h_0 f_{ck}}{f_{yk}} = \frac{0.13717 \times 1.5 \times 1.8 \times 23400}{400000}$$

$$= 0.021666 \, (m^2)$$

根数 $n = \frac{0.021666 \times 4}{\pi \times 0.025^2} = 44.138$,取 $n = 45$

纵向受力筋的排间净距采用 10cm,束间净距采用 10cm,混凝土保护层厚度采用 10cm,钢筋布置 2 排,每排可布置钢筋 9 束。根据钢筋排列,计算截面的有效高度,并与假设的有效高度比较,差值大于 1mm,取计算值为假设值,按上述方法重新计算钢筋面积,直到满足要求为止。最终荷载有效高度 $h_0 = 1.814m$,钢筋实用面积为 $0.021598m^2$,钢筋根数为 44 根。

配筋率验算:

$$\rho = \frac{A_g}{b h_0} = \frac{0.021598}{1.5 \times 1.814} = 0.794\% > 0.2\%,满足要求。$$

实际受压高度:

$$x = \frac{A_g f_{yk}}{\alpha_1 f_{ck} b} = \frac{0.021598 \times 400000}{1.0 \times 23400 \times 1.5} = 0.24613 \, (m)$$

实际抗弯能力:

$$R_d = A_g f_{yk} \left(h_0 - \frac{x}{2} \right) = 0.021598 \times 400000 \times \left(1.814 - \frac{0.24613}{2} \right) = 14608.33 \, (kN \cdot m)$$

$S_d = 14530 kN \cdot m < R_d = 14608.33 kN \cdot m$,满足要求。

(2)箍筋计算

最大剪力截面距桩顶 12.00m,剪力大小为:

$$Q_{max} = 1.5 \times 3081.7 + 1.0 \times 1372.7 = 5995.25 \, (kN)$$

当 $\frac{h_0}{b} = \frac{1.808}{1.5} = 1.2053 < 4.0$ 时:

$$V = 0.25 f_{ck} b h_0 = 0.25 \times 23400 \times 1.5 \times 1.814 = 15917.85 \, (kN) > Q_{max} = 5995.25 kN$$

受剪截面满足要求。

最大剪力截面配筋计算:

$$V_{cs} = 0.7 \beta_h f_{tk} b h_0 = 0.7 \times 1 \times 2200 \times 1.5 \times 1.814 = 4190.34 \, (kN) < Q_{max} = 5995.25 kN$$

需配箍筋,设计采用双肢 $\phi 20$。

$$A_{sv} = 2 \times \pi \frac{0.02^2}{4} = 0.00062832 \, (m^2)$$

$$S = \frac{f_{yk} A_{sv} h_0}{V - \alpha_{cv} f_{tk} b h_0} = \frac{400000 \times 0.00062832 \times 1.814}{5995.25 - 1.0 \times 2200 \times 1.0 \times 1.814} = 0.227 \, (m)$$

取箍筋间距为 200mm。

箍筋配筋率：

$$\rho = \frac{A}{bS} = \frac{2 \times \pi \times 0.01^2}{1.5 \times 0.3} = 0.001257 > 0.24 \frac{f_t}{f_{yv}}$$，满足要求。

$$R_d = \alpha_{cw} f_{tk} bh_0 + \frac{f_{yk} A_{sv} h_0}{S} = 1.0 \times 2200 \times 1 \times 1.814 + \frac{400000 \times 0.00062832 \times 1.814}{0.20}$$
$$= 6270.34(kN)$$

$S_d = 5995.25(kN) < R_d = 4996.112(kN)$，满足要求。

五、算例分析

(一) 桩身地震作用对比

在地震工况下进行支挡结构设计时，常考虑墙后滑动土体产生的地震作用和结构自重产生地震作用，如重力式挡墙。考虑结构自重产生地震作用时，与沿线路纵断面连续布置的挡土墙不同，间隔布置的桩需要将桩身悬臂段的地震作用换算为单位面积的水平地震作用，因此桩身悬臂段产生的地震作用较小，如表11-20所示，桩身地震作用占总地震作用的6.5%，占总水平推力的1.9%。因此在设计时桩身地震作用常被忽略，为此本小节对是否考虑桩身地震作用做了对比分析。

根据表11-20计算的总水平推力来计算桩身内力，各工况下的桩身内力和不同荷载分项系数下的配筋结果如表11-21所示。结果表明，考虑桩悬臂段地震作用(0.3g)时较不考虑的单桩主筋用量多1.7%~1.9%，箍筋用量多3.7%~7.3%。

单位面积土压力计算对比表　　　　　　　表11-20

项目	对比项	考虑桩身地震作用(kN)	不考虑桩身地震作用(kN)	桩身地震作用所占比值(%)
土压力	填料产生的水平土压力	231.66	231.66	0%
	荷载产生的水平土压力	0	0	—
	地震作用	106.11	99.68	6.5%
	总水平推力	337.77	331.34	1.9%

不同设计工况下的桩身弯矩剪力及用钢量　　　　　　　表11-21

设计工况	荷载作用	桩身内力		永久荷载分项系数1.35		永久荷载分项系数1.5	
		弯矩(kN·m)	剪力(kN)	单桩主筋重量(t)	单桩箍筋重量(t)	单桩主筋重量(t)	单桩箍筋重量(t)
一般工况	永久作用	7472.2	-3111.1	1.297	0.708	1.452	0.932
地震工况(不考虑桩身地震作用)	永久作用	7472.2	-3111.1	1.524	0.708	1.638	0.915
	地震作用	3044.1	-1273.2				
地震工况(考虑桩身地震作用)	永久作用	7472.2	-3111.1	1.553	0.760	1.667	0.949
	地震作用	3321.7	-1386.4				

(二)荷载分项系数对比

根据《铁路路基设计规范(极限状态法)》(Q/CR 9127—2018)规定,路堤和路堑式桩板墙永久作用分项系数可取1.35~1.50,桩顶边坡矮时,取小值,反之取大值。永久荷载分项系数选取的不同势必会对桩板墙桩身配筋量及可靠度水平造成影响,为此,分别从技术经济及风险角度进行了分析。

(1)技术经济性分析

钢筋用量和混凝土圬工量是重要的结构经济性指标。本小节中桩身C35混凝土用量一致,主要通过对钢筋混凝土桩的钢筋用量计算对比。表11-22、表11-23分别计算出不同永久荷载分项系数下的单桩工程数量。

单桩工程数量表(永久荷载分项系数取1.35)　　　　表11-22

主筋编号	钢筋类型	直径(mm)	每根长度(cm)	根　数	总长度(m)	每米重量(kg)	总重(kg)
N1	HRB400	25	1380	15	207.00	3.85	796.95
N2	HRB400	25	775	25	193.75	3.85	745.9
HRB400 钢筋合计:1.553t							
箍筋编号	钢筋类型	直径	间隔数	间隔量(mm)	肢数		
N3	HRB335	20	33	280	2		
N4	HRB335	20	11	400	2		
HRB335 钢筋合计:0.76t							
钢筋合计:2.313t C35 混凝土:42.36m³							

注:HRB335钢筋不含翼缘板内钢筋。

单桩工程数量表(永久荷载分项系数取1.5)　　　　表11-23

主筋编号	钢筋类型	直径(mm)	每根长度(cm)	根　数	总长度(m)	每米重量(kg)	总重(kg)
N1	HRB400	25	1380	15	207.0	3.85	796.95
N2	HRB400	25	770	29	223.3	3.85	859.71
HRB400 钢筋合计:1.667t							
箍筋编号	钢筋类型	直径	间隔数	间隔量(mm)	肢数		
N3	HRB335	20	3	300	2		
N4	HRB335	20	41	200	2		
N5	HRB335	20	11	400	2		
HRB335 钢筋合计:0.949t							
钢筋合计:2.616t C35 混凝土:42.36m³							

注:HRB335钢筋不含翼缘板内钢筋。

表11-24所示,永久荷载分项系数取1.50较取1.35的钢筋混凝土桩身所用的主筋用量增加7.3%,箍筋用量增加24.9%,总钢筋增加13.1%。由此可见,抗滑桩的荷载分项系数选取不同对其配筋量影响较大。

单桩工程数量表对比表　　　　　　　　表11-24

项　目	永久荷载分项系数	可变荷载分项系数	主筋用量(t)	箍筋用量(t)	钢筋合计(t)
桩	1.35	1.40	1.553	0.76	2.313
	1.50	1.40	1.667	0.949	2.616

(2)风险分析

根据《铁路路基支挡结构极限状态设计方法研究》课题研究发现,对于路肩式桩板墙,荷载分项系数采用1.35即可满足目标可靠指标的要求;若采用1.5的分项系数,根据20万次抽样结果,桩身抗弯和抗剪检算均不出现失效样本,可靠性更高。而对于高路堤式桩板墙、深路堑式桩板墙,研究中发现即使荷载分项系数取高限1.5,可靠指标能满足要求但相对较低,采用1.35分项系数则不能满足可靠指标要求,其原因主要是土压力计算的不确定性所导致。综上,对于高路堤式桩板墙、深路堑式桩板墙,荷载分项系数宜取1.5。

为进一步说明路堤桩板墙土压力计算存在不确定性,以下列举一个工程实例。某车站内高填方路堤左侧填方边坡高20m处设路堤桩板墙,该工点共设14根桩,桩长15～31.5m,桩截面2×3m,2.5×4m,桩间距6m,横断面设计如图11-12所示。

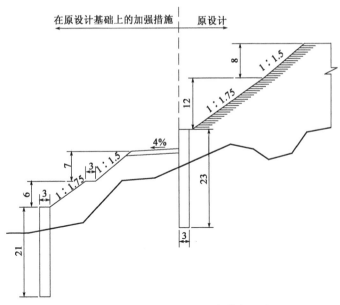

图11-12　路堤式桩板墙工程实例横断面图

该段路堤桩板墙施工完成后,在填筑路堤的过程中,桩身有变形,且随填土增高变形逐渐增大,部分超过规范允许范围。后采用弃渣作反压护道,并在护道坡脚处设置第二排桩以控制桩身变形。

造成桩身变形的主要原因之一是该高填方路堤填料的压实度不够,造成内摩擦角达不到设计的内摩擦角($\varphi = 35°$)。而填料的抗剪强度稍有降低,土压力就会大幅增加,从表11-25可见,随着φ角降低:$\varphi = 34° \sim 30°$,土压力分别为$\varphi = 35°$时的1.3～2.1倍。因此,在高填方路堤桩板墙施工时需考虑实际土压力的不确定性。

随着内摩擦角减小路堤墙水平土压力与标准土压力之比　　　　表 11-25

悬臂长度(m)	内摩擦角 φ(°)	35	34	33	32	31	30
10	水平土压力(kN)	310.1	405.8	488	542	599.4	665.2
	土压力与标准土压力之比	—	1.31	1.57	1.75	1.93	2.11
12	水平土压力(kN)	440.5	584.4	700	766.3	839.8	924.1
	土压力与标准土压力之比		1.33	1.59	1.74	1.91	2.10
14	水平土压力(kN)	589.2	795.4	942	1024	1118	1219
	土压力与标准土压力之比		1.35	1.62	1.74	1.90	2.07

附录 Appendix

附录 A 混凝土强度指标

混凝土强度指标可参考表 A.01~表 A.02 确定。

A.01 混凝土轴心抗压和抗拉强度指标可参考表 A.01 确定。

混凝土轴心抗压和抗拉强度值（N/mm²） 表 A.01

强　　度	混凝土强度等级							
	C15	C20	C25	C30	C35	C40	C45	C50
抗压强度标准值 f_{ck}	10.0	13.4	16.7	20.1	23.4	26.8	29.6	32.4
抗压强度设计值 f_c	7.2	9.6	11.9	14.3	16.7	19.1	21.1	23.1
抗拉强度标准值 f_{tk}	1.27	1.54	1.78	2.01	2.20	2.39	2.51	2.64
抗拉强度设计值 f_t	0.91	1.10	1.27	1.43	1.57	1.71	1.80	1.89

A.02 混凝土弹性模量指标可参考表 A.02 确定。

混凝土受压和受拉弹性模量（×10⁴N/mm²） 表 A.02

强　　度	混凝土强度等级							
	C15	C20	C25	C30	C35	C40	C45	C50
E_c	2.20	2.55	2.80	3.00	3.15	3.25	3.35	3.45

注：1. 当有可靠试验依据时，弹性模量可根据实测数据确定；
　　2. 当混凝土中掺有大量矿物掺合料时，弹性模量可按规定龄期根据实测数据确定。

附录 B 钢筋强度指标

钢筋强度指标可参考表 B.01~表 B.03 确定。

B.01 普通钢筋强度指标可参考表 B.01 确定。

普通钢筋型号及强度 表 B.01

种类	牌号	符号	公称直径 d(mm)	屈服强度标准值 f_{yk}(MPa)	极限强度标准值 f_{stk}(MPa)	抗拉强度设计值 f_y(MPa)	抗压强度设计值 f'_y(MPa)
普通钢筋	HPB300	A	6~14	300	420	270	270
	HRB400	C	6~50	400	540	360	360
	HRBF400	C^F					
	RRB400	C^R					
	HRB500	D	6~50	500	630	435	435
	HRBF500	D^F					

B.02 预应力钢筋强度指标可参考表 B.02 确定。

预应力钢筋型号及强度 表 B.02

种类	牌号	符号	公称直径 d(mm)	屈服强度标准值 f_{pyk}(MPa)	极限强度标准值 f_{ptk}(MPa)	抗拉强度设计值 f_{py}(MPa)	抗压强度设计值 f'_{py}(MPa)
螺纹钢筋	螺纹	A^T	18、25、32、40、50	785	980	650	400
				930	1080	770	
				1080	1230	900	
钢绞线	1×3（三股）	A^S	8.6、10.8、12.9	—	1570	1110	390
				—	1860	1320	
				—	1960	1390	
	1×7（七股）		9.5、12.7、15.2、17.8	—	1720	1220	
				—	1860	1320	
				—	1960	1390	
			21.6	—	1860	1320	

注：极限强度标准值为 1960N/mm² 的钢绞线作后张预应力配筋时，应有可靠的工程经验。

B.03 钢筋弹性模量指标,可参考表 B.03 确定。

钢筋的弹性模量　　　　　　　　　　表 B.03

牌号或种类	弹性模量 E_s（N/mm²）
HPB300	2.10×10^5
HRB400、HRB500	2.00×10^5
HRBF400、HRBF500	
RRB400	
预应力螺纹钢	
钢绞线	1.95×10^5

附录 C 土工格栅参数指标

C.01 单向拉伸塑料土工格栅(HDPE)的物理力学性能指标可按表 C.01 确定。

单向拉伸塑料土工格栅(HDPE)的物理力学性能指标　　　表 C.01

项目		规格			
		GGR/HDPE/US80	GGR/HDPE/US120	GGR/HDPE/US160	GGR/HDPE/US180
物理性能	单位面积质量(g/m²)	≥350	≥500	≥650	≥750
	内孔尺寸(mm)	A≤320、12≤B≤30			
	横肋宽度(mm)	≥16			
	幅宽/m	1.0~1.5			
力学性能	纵向抗拉强度(kN/m)	≥80	≥120	≥160	≥180
	纵向2%伸长率时的拉伸强度(kN/m)	≥21	≥33	≥47	≥52
	纵向5%伸长率时的拉伸强度(kN/m)	≥40	≥65	≥93	≥103
	纵向标称伸长率	≤11.5%			
	格栅连接强度(kN/m)	不小于标称抗拉强度的90%			
耐久性能	炭黑含量与分布	炭黑含量≥2.0%,灰分≤1.0%,炭黑分布应均匀,分散表观等级不低于B级			
	蠕变折减系数	2.2~3.0			
	抗紫外线强度保持率(%)	≥90			

附录 D 水泥砂浆参数指标

D.01 砌筑砂浆的强度等级及适用范围可按表 D.01 确定。

路基工程砌筑砂浆最低强度等级及适用范围　　　　　　表 D.01

砌体结构类型	砂浆最低强度等级	适 用 范 围
片石砌体支挡结构	M10	一般地区路堑、路堤挡土墙,墙高不大于5m
	M15	浸水、严寒地区路堑、路堤挡土墙,墙高不大于5m

注:最冷月的平均温度在 -3 ~ -8℃的地区为寒冷地区;-8℃以下的地区为严寒地区。

水泥砂浆用来砌筑石料构成片石混凝土时,除了对水泥砂浆的强度等级进行规定外,对于石料的强度也有一定要求,其强度不应低于MU30。

D.02 锚孔壁与锚固体间极限黏结强度标准值

锚孔壁与锚固体间极限黏结强度标准值可按表 D.02 确定。

锚孔壁与锚固体间极限黏结强度标准值　　　　　　表 D.02

岩土种类	岩土状态	f_{rbk}值(MPa)	备　注
			岩石单轴饱和抗压强度(MPa)
岩石	硬岩及较硬岩	1.0 ~ 2.5	>15 ~ 30
	较软岩	0.6 ~ 1.2	15 ~ 30
	软岩	0.3 ~ 0.8	5 ~ 15
	极软岩及风化岩	0.15 ~ 0.3	<5
黏性土	硬塑	0.05 ~ 0.06	—
	坚硬	0.06 ~ 0.07	—
粉土	中密	0.1 ~ 0.15	—
砂类土	中密	0.22 ~ 0.25	—
	密实	0.27 ~ 0.40	—

注:本表取值与原状岩土和砂浆性能及注浆压力有关,既可归在后面"三、岩土材料指标"中也可归在构件材料中,为设计方便,放在此处。

D.03 钢筋、钢绞线与锚固体间黏结强度参考值可按表 D.03 确定。

钢筋、钢绞线与锚固体间黏结强度(MPa)　　　　　　表 D.03

类　　　型	水泥浆或水泥砂浆强度等级			
	M30		M35	
	标准值	设计值	标准值	设计值
锚固体与螺纹钢筋或带肋钢筋间	2.40	1.92	2.70	2.16
锚固体与钢绞线或高强钢丝间	2.95	2.36	3.40	2.72

注:采用2根或2根以上钢绞线或钢筋时,强度折减系数为0.60 ~ 0.85。

附录 E 填料或墙背岩土物理力学指标

E.01 路堤地段支挡结构在计算墙背土压力,有经验时可参考表 E.01。

填料的物理力学指标　　　　　　　　　　　　　　　　　　表 E.01

填料种类		综合内摩擦角 φ_0	内摩擦角 φ	重度(kN/m^3)
细粒土(有机土除外)	墙高 $H \leqslant 6m$	35°	—	18、19、20
	$6m < 墙高 H \leqslant 12m$	30~35°		
砂类土		—	35°	19、20
碎石类、砾石类		—	40°	20、21
不易风化的块石类		—	45°	21、22

注:1. φ 为土的内摩擦角,φ_0 为土的综合内摩擦角。
　　2. 计算水位以下的填料重度采用浮重度。
　　3. 填料的重度可根据填料性质和压实等情况,作适当修正。
　　4. 全风化岩石、特殊土的值宜根据试验资料确定。

E.02 路堑地段支挡结构在计算墙背土压力,有经验时,可参考表 E.02 确定。

路堑地层的物理力学指标　　　　　　　　　　　　　　　　表 E.02

路堑边坡	综合内摩擦角 φ_0	重度(kN/m^3)
1:0.50	65°~70°	25
1:0.75	55°~60°	25
1:1.00	50°	24~25
1:1.25	45°	22~24
1:1.50	35°~40°	18~22

附录 F 地基承载力特征值

根据岩土的物理力学性质，可按下表确定地基承载力特征值：

F.01 岩石地基的基本承载力可参考表 F.01～表 F.02 确定。

岩石地基的基本承载力(kPa)　　　　　　　　　表 F.01

节理发育程度	节理很发育	节理发育	节理不发育或较发育
岩石类别	节理间距(cm)		
	2～20	20～40	>40
硬质岩	1500～2000	2000～3000	>3000
较软岩	800～1000	1000～1500	1500～3000
软岩	500～800	700～1000	900～1200
极软岩	200～300	300～400	400～500

注：1. 对于溶洞、断层、软弱夹层、易溶岩的岩石等，应个别研究确定。
　　2. 裂隙张开或有泥质充填时，应取低值。

F.02 碎石类土地基的基本承载力可参考表 F.02 确定。

碎石类土地基的基本承载力(kPa)　　　　　　　　　表 F.02

土　名	密实度			
	松散	稍密	中密	密实
卵石土、粗圆砾土	300～500	500～650	650～1000	1000～1200
碎石土、粗角砾土	200～400	400～550	550～800	800～1000
细圆砾土	200～300	300～400	400～600	600～850
细角砾土	200～300	300～400	400～500	500～700

注：1. 半胶结的碎石类土可按密实类的同类土的表值提高 10%～30%。
　　2. 由硬质岩块组成，充填砂类土者用高值；由软质岩块组成，充填黏性土者用低值。
　　3. 自然界中很少见松散的碎石类土，定为松散应慎重。
　　4. 漂石土、块石土的基本承载力值，可参照卵石土、碎石土表值适当提高。

F.03 砂类土地基的基本承载力可参考表 F.03 确定。

砂类土地基的基本承载力(kPa)　　　　　　　　　表 F.03

砂土名称	湿度	密实度			
		松散	稍密	中密	密实
砾砂、粗砂	与湿度无关	200	370	430	550
中砂	与湿度无关	150	330	370	450
细砂	稍湿或潮湿	100	230	270	350
	饱和	—	190	210	300

续上表

砂土名称	湿 度	密 实 度			
		松散	稍密	中密	密实
粉砂	稍湿或潮湿	—	190	210	300
	饱和	—	90	110	200

F.04　黏性土地基的基本承载力可参考表 F.04-1～表 F.04-3 确定。

Q_4 冲、洪积黏性土地基的基本承载力（kPa）　　　表 F.04-1

孔隙比 e	液性指数 I_L												
	0	0.1	0.2	0.3	0.4	0.5	0.6	0.7	0.8	0.9	1.0	1.1	1.2
0.5	450	440	430	420	400	380	350	310	270	240	220	—	—
0.6	420	410	400	380	360	340	310	280	250	220	200	180	—
0.7	400	370	350	330	310	290	270	240	220	190	170	160	150
0.8	380	330	300	280	260	240	230	210	180	160	150	140	130
0.9	320	280	260	240	220	210	190	180	160	140	130	120	100
1.0	250	230	220	210	190	170	160	150	140	120	110	—	—
1.1	—	—	160	150	140	130	120	110	100	90	—	—	—

注：土中含粒径大于 2mm 的颗粒，按质量计占全部质量的 30% 以上时，σ_a 可酌情提高。

Q_3 及其以前冲、洪积黏性土地基的基本承载力　　　表 F.04-2

压缩模量（MPa）	10	15	20	25	30	35	40
基本承载力（kPa）	380	430	470	510	550	580	620

注：压缩模量为对应于 0.1～0.2MPa 压力段的压缩模量。

残积黏性土地基的基本承载力　　　表 F.04-3

压缩模量（MPa）	4	6	8	10	12	14	16	18	20
基本承载力（kPa）	190	220	250	270	290	310	320	330	340

注：本表适用于西南地区碳酸盐类岩层的残积红土，其他地区可参照使用。

F.05　软土地基的基本承载力可参考表 F.05 确定。

软土土地基的基本承载力　　　表 F.05

天然含水率 w_n(%)	35	40	45	50	55	65	75
基本承载力（kPa）	100	90	80	70	60	50	40

F.06　黄土地基的基本承载力可参考表 F.06-1～表 F.06-2 确定。

新黄土（Q_3、Q_4）地基的基本承载力（kPa）　　　表 F.06-1

液限 w_L	孔隙比 e	天然含水率 w(%)						
		5	10	15	20	25	30	35
24	0.7	—	230	190	150	110	—	—
	0.9	240	200	160	125	85	(50)	—
	1.1	210	170	130	100	60	(20)	—
	1.3	180	140	100	70	40	—	—

续上表

液限 w_L	孔隙比 e	天然含水率 $w(\%)$						
		5	10	15	20	25	30	35
28	0.7	280	260	230	190	150	100	—
	0.9	260	240	200	160	125	85	—
	1.1	240	210	170	140	100	60	—
	1.3	220	180	140	110	70	40	—
32	0.7	—	280	260	230	180	150	—
	0.9	—	260	240	200	150	125	—
	1.1	—	240	210	170	130	100	60
	1.3	—	220	180	140	100	70	40

注:1. 非饱和 Q_3 新黄土,当 $0.85<e<0.95$ 时,σ_0 值可提高 10%。
2. 本表不适用于坡积、崩积和人工堆积等黄土。
3. 括号内表值供内插用。
4. 液限含水率试验采用圆锥仪法,圆锥仪总质量 76g,入土深度 10mm。

老黄土(Q_2、Q_1)地基的基本承载力(kPa)　　　　表 F.06-2

w/w_L	e			
	<0.7	0.7~0.8	0.8~0.9	>0.9
<0.6	700	600	500	400
0.6~0.8	500	400	300	250
>0.8	400	300500	250	200

注:1. 老黄土黏聚力小于 50kPa,内摩擦角小于 25°,表中数值应适当降低 20% 左右。
2. w 为天然含水率,w_L 为液限,e 为天然孔隙比。
3. 液限含水率试验采用圆锥仪法,圆锥仪总质量 76g,入土深度 10mm。

F.07 多年冻土地基的基本承载力可参考表 F.07 确定。

多年冻土地基的基本承载力(kPa)　　　　表 F.07

序号	土 名	基础底面的月平均最高土温(℃)					
		-0.5	-1.0	-1.5	-2.0	-2.5	-3.5
1	块石土、卵石土、碎石土、粗圆砾土、粗角砾土	800	950	1100	1250	1380	1650
2	粗圆砾土、细角砾土、砾砂、粗砂、中砂	600	750	900	1050	1180	1450
3	细砂、粉砂	450	550	650	750	830	1000
4	粉土	400	450	550	650	710	850
5	粉质黏土、黏土	350	400	450	500	560	700
6	饱冰冻土	250	300	350	400	450	550

注:1. 本表序号 1~5 类地基的基本承载力适合于少冰冻土、多冰冻土,当序号 1~5 类的地基为富冰冻土时,表列数值应降低 20%。
2. 含土冰层的承载力应实测确定。
3. 基础置于饱冰冻土的土层时,基础底面应敷设厚度不小于 0.20~0.30m 的砂垫层。

附录 G 地基系数参考值

G.01 土质地基系数随深度变化的比例系数可参考表 G.01-1 和表 G.01-2 确定。

锚固点水平位移 6~10mm 的 m 值　　　　表 G.01-1

序号	土的名称	比例系数 $m(kN/m^4)$ 水平位移 6~10mm
1	$0.75<I_L<1.0$ 的软塑黏土及粉质黏土;淤泥	1000~2000
2	$0.5<I_L<0.75$ 的软塑粉质黏土及黏土	2000~4000
3	硬塑粉质黏土及黏土;细砂和中砂	4000~6000
4	坚硬的粉质黏土及黏土;粗砂	6000~10000
5	砾砂;碎石土、卵石土	10000~20000
6	密实的大漂石	80000~120000

注:1. 位移大于表中限定范围时,表中系数应降低。有可靠资料和经验时,可不受本表限制。
　　2. I_L 为土的液性指数。

锚固点水平位移 ≤6mm 的 m 值　　　　表 G.01-2

序号	土的名称	比例系数 $m(kN/m^4)$ 水平位移≤6mm
1	流塑黏性土 $I_L \geq 1.0$、淤泥	3000~5000
2	软塑黏性土 $1>I_L>0.5$、粉砂、粉土	5000~10000
3	硬塑黏性土 $0.5>I_L>0$、细砂、中砂	10000~20000
4	坚硬黏性土、粗砂	20000~30000
5	角砾土、圆砾土、碎石土、卵石土	30000~80000
6	块石土、漂石土	80000~120000

注:1. 位移大于表中限定范围时,表中系数应降低。
　　2. 当基础侧面设有斜坡或台阶,且其坡或台阶总宽度与地面以下或局部冲刷以下深度之比大于 1:20 时,m 值应减小一半。

G.02 岩质地基系数随深度变化的比例系数。
较完整岩层的抗压强度和地基系数可参考表 G.02 确定。

较完整岩层的抗压强度和地基系数　　　　表 G.02

顺号	抗压强度(kPa)		地基系数(kN/m^3)	
	单轴极限值	侧向应力特征值	竖直方向 K_0	水平方向 K
1	10000	1500~2000	100000~200000	60000~160000
2	15000	2000~3000	250000	150000~200000
3	20000	3000~4000	300000	180000~240000

续上表

顺号	抗压强度(kPa)		地基系数(kN/m^3)	
	单轴极限值	侧向容许应力值	竖直方向 K_0	水平方向 K
4	30000	4000~6000	400000	240000~320000
5	40000	6000~8000	600000	360000~480000
6	50000	7500~10000	800000	480000~640000
7	60000	9000~12000	1200000	720000~960000
8	80000	12000~16000	1500000~2500000	900000~2000000

注：$K=(0.6~0.8)K_0$。

附录 H 常用材料标准重度指标

H.01 常用材料标准重度可按表 H.01 确定。

常用材料标准重度 表 H.01

材料名称	重度(kN/m^3)
钢	78.5
铸铁	72.5
钢筋混凝土	25.0
混凝土、片石混凝土	23.0
浆砌片石	22.0
浆砌块石	23.0
干砌片石	22.0
填土	17.0~21.0
填石	19.0~22.0
碎石道砟	21.0

注：钢筋混凝土配筋率大于3%时，其重度为单位体积中混凝土(扣除所含钢筋体积)自重与钢筋自重之和。

附录 I 库仑主动土压力公式

I.01 典型边界条件下库仑主动土压力公式可按表 I.01 采用。

典型边界条件下库仑主动土压力公式 表 I.01

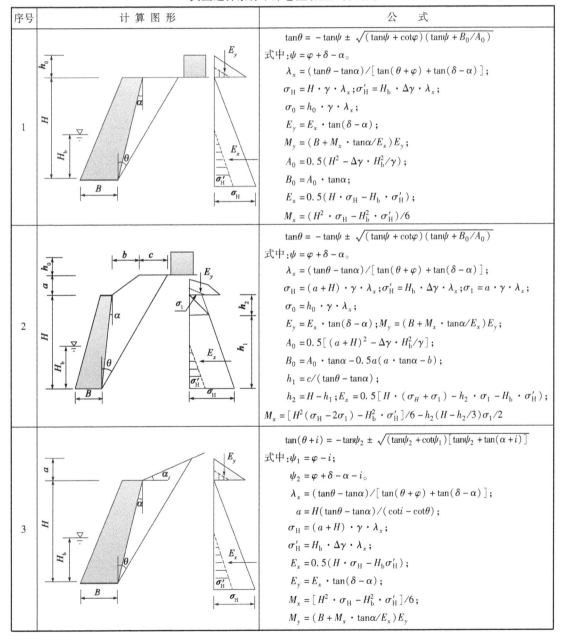

序号	计算图形	公 式
1		$\tan\theta = -\tan\psi \pm \sqrt{(\tan\psi + \cot\varphi)(\tan\psi + B_0/A_0)}$ 式中:$\psi = \varphi + \delta - \alpha$。 $\lambda_x = (\tan\theta - \tan\alpha)/[\tan(\theta+\varphi) + \tan(\delta-\alpha)]$; $\sigma_H = H \cdot \gamma \cdot \lambda_x$;$\sigma'_H = H_b \cdot \Delta\gamma \cdot \lambda_x$; $\sigma_0 = h_0 \cdot \gamma \cdot \lambda_x$; $E_y = E_x \cdot \tan(\delta - \alpha)$; $M_y = (B + M_x \cdot \tan\alpha/E_x)E_y$; $A_0 = 0.5(H^2 - \Delta\gamma \cdot H_b^2/\gamma)$; $B_0 = A_0 \cdot \tan\alpha$; $E_x = 0.5(H \cdot \sigma_H - H_b \cdot \sigma'_H)$; $M_x = (H^2 \cdot \sigma_H - H_b^2 \cdot \sigma'_H)/6$
2		$\tan\theta = -\tan\psi \pm \sqrt{(\tan\psi + \cot\varphi)(\tan\psi + B_0/A_0)}$ 式中:$\psi = \varphi + \delta - \alpha$。 $\lambda_x = (\tan\theta - \tan\alpha)/[\tan(\theta+\varphi) + \tan(\delta-\alpha)]$; $\sigma_H = (a+H) \cdot \gamma \cdot \lambda_x$;$\sigma'_H = H_b \cdot \Delta\gamma \cdot \lambda_x$;$\sigma_1 = a \cdot \gamma \cdot \lambda_x$; $\sigma_0 = h_0 \cdot \gamma \cdot \lambda_x$; $E_y = E_x \cdot \tan(\delta - \alpha)$;$M_y = (B + M_x \cdot \tan\alpha/E_x)E_y$; $A_0 = 0.5[(a+H)^2 - \Delta\gamma \cdot H_b^2/\gamma]$; $B_0 = A_0 \cdot \tan\alpha - 0.5a(a \cdot \tan\alpha - b)$; $h_1 = c/(\tan\theta - \tan\alpha)$; $h_2 = H - h_1$;$E_x = 0.5[H \cdot (\sigma_H + \sigma_1) - h_2 \cdot \sigma_1 - H_b \cdot \sigma'_H]$; $M_x = [H^2(\sigma_H - 2\sigma_1) - H_b^2 \cdot \sigma'_H]/6 - h_2(H-h_2/3)\sigma_1/2$
3		$\tan(\theta+i) = -\tan\psi_2 \pm \sqrt{(\tan\psi_2 + \cot\psi_1)[\tan\psi_2 + \tan(\alpha+i)]}$ 式中:$\psi_1 = \varphi - i$; $\psi_2 = \varphi + \delta - \alpha - i$。 $\lambda_x = (\tan\theta - \tan\alpha)/[\tan(\theta+\varphi) + \tan(\delta-\alpha)]$; $a = H(\tan\theta - \tan\alpha)/(\cot i - \cot\theta)$; $\sigma_H = (a+H) \cdot \gamma \cdot \lambda_x$; $\sigma'_H = H_b \cdot \Delta\gamma \cdot \lambda_x$; $E_x = 0.5(H \cdot \sigma_H - H_b\sigma'_H)$; $E_y = E_x \cdot \tan(\delta - \alpha)$; $M_x = [H^2 \cdot \sigma_H - H_b^2 \cdot \sigma'_H]/6$; $M_y = (B + M_x \cdot \tan\alpha/E_x)E_y$

续上表

序号	计 算 图 形	公 式
4	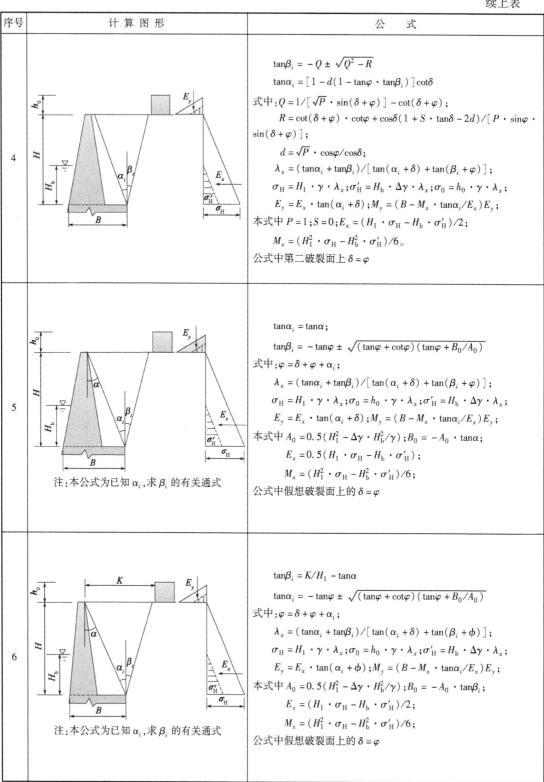	$\tan\beta_i = -Q \pm \sqrt{Q^2 - R}$ $\tan\alpha_i = [1 - d(1 - \tan\varphi \cdot \tan\beta_i)]\cot\delta$ 式中：$Q = 1/[\sqrt{P} \cdot \sin(\delta + \varphi)] - \cot(\delta + \varphi)$； $R = \cot(\delta + \varphi) \cdot \cot\varphi + \cos\delta(1 + S \cdot \tan\delta - 2d)/[P \cdot \sin\varphi \cdot \sin(\delta + \varphi)]$； $d = \sqrt{P} \cdot \cos\varphi/\cos\delta$； $\lambda_x = (\tan\alpha_i + \tan\beta_i)/[\tan(\alpha_i + \delta) + \tan(\beta_i + \varphi)]$； $\sigma_H = H_1 \cdot \gamma \cdot \lambda_x$；$\sigma'_H = H_b \cdot \Delta\gamma \cdot \lambda_x$；$\sigma_0 = h_0 \cdot \gamma \cdot \lambda_x$； $E_y = E_x \cdot \tan(\alpha_i + \delta)$；$M_y = (B - M_x \cdot \tan\alpha_i/E_x)E_y$； 本式中 $P = 1$；$S = 0$；$E_x = (H_1 \cdot \sigma_H - H_b \cdot \sigma'_H)/2$； $M_x = (H_1^2 \cdot \sigma_H - H_b^2 \cdot \sigma'_H)/6$。 公式中第二破裂面上 $\delta = \varphi$
5	注：本公式为已知 α_i，求 β_i 的有关通式	$\tan\alpha_i = \tan\alpha$； $\tan\beta_i = -\tan\varphi \pm \sqrt{(\tan\varphi + \cot\varphi)(\tan\varphi + B_0/A_0)}$ 式中：$\varphi = \delta + \varphi + \alpha_i$； $\lambda_x = (\tan\alpha_i + \tan\beta_i)/[\tan(\alpha_i + \delta) + \tan(\beta_i + \varphi)]$； $\sigma_H = H_1 \cdot \gamma \cdot \lambda_x$；$\sigma_0 = h_0 \cdot \gamma \cdot \lambda_x$；$\sigma'_H = H_b \cdot \Delta\gamma \cdot \lambda_x$； $E_y = E_x \cdot \tan(\alpha_i + \delta)$；$M_y = (B - M_x \cdot \tan\alpha_i/E_x)E_y$； 本式中 $A_0 = 0.5(H_1^2 - \Delta\gamma \cdot H_b^2/\gamma)$；$B_0 = -A_0 \cdot \tan\alpha$； $E_x = 0.5(H_1 \cdot \sigma_H - H_b \cdot \sigma'_H)$； $M_x = (H_1^2 \cdot \sigma_H - H_b^2 \cdot \sigma'_H)/6$； 公式中假想破裂面上的 $\delta = \varphi$
6	注：本公式为已知 α_i，求 β_i 的有关通式	$\tan\beta_i = K/H_1 - \tan\alpha$ $\tan\alpha_i = -\tan\varphi \pm \sqrt{(\tan\varphi + \cot\varphi)(\tan\varphi + B_0/A_0)}$ 式中：$\varphi = \delta + \varphi + \alpha_i$； $\lambda_x = (\tan\alpha_i + \tan\beta_i)/[\tan(\alpha_i + \delta) + \tan(\beta_i + \phi)]$； $\sigma_H = H_1 \cdot \gamma \cdot \lambda_x$；$\sigma_0 = h_0 \cdot \gamma \cdot \lambda_x$；$\sigma'_H = H_b \cdot \Delta\gamma \cdot \lambda_x$； $E_y = E_x \cdot \tan(\alpha_i + \phi)$；$M_y = (B - M_x \cdot \tan\alpha_i/E_x)E_y$； 本式中 $A_0 = 0.5(H_1^2 - \Delta\gamma \cdot H_b^2/\gamma)$；$B_0 = -A_0 \cdot \tan\beta_i$； $E_x = (H_1 \cdot \sigma_H - H_b \cdot \sigma'_H)/2$； $M_x = (H_1^2 \cdot \sigma_H - H_b^2 \cdot \sigma'_H)/6$； 公式中假想破裂面上的 $\delta = \varphi$

附录Ⅰ 库仑主动土压力公式

续上表

序号	计算图形	公 式
7	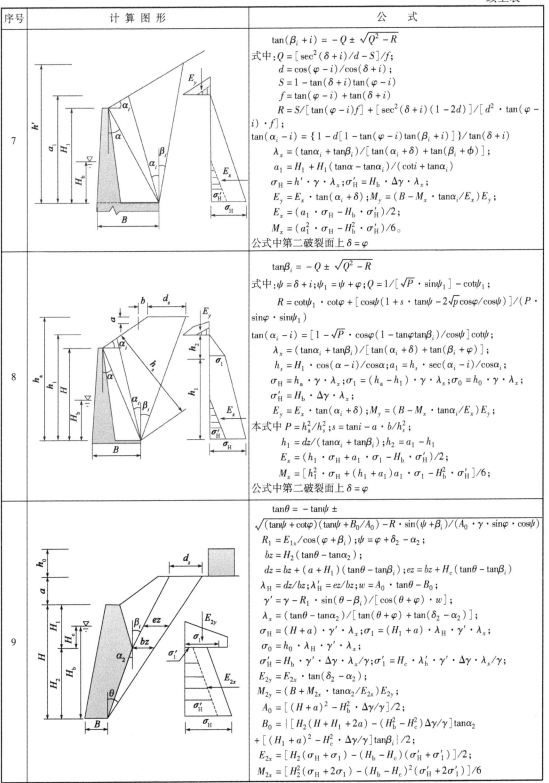	$\tan(\beta_i+i) = -Q \pm \sqrt{Q^2-R}$ 式中：$Q = [\sec^2(\delta+i)/d - S]/f$； $d = \cos(\varphi-i)/\cos(\delta+i)$； $S = 1 - \tan(\delta+i)\tan(\varphi-i)$ $f = \tan(\varphi-i) + \tan(\delta+i)$ $R = S/[\tan(\varphi-i)f] + [\sec^2(\delta+i)(1-2d)]/[d^2 \cdot \tan(\varphi-i) \cdot f]$； $\tan(\alpha_i-i) = \{1 - d[1 - \tan(\varphi-i)\tan(\beta_i+i)]\}/\tan(\delta+i)$ $\lambda_x = (\tan\alpha_i + \tan\beta_i)/[\tan(\alpha_i+\delta) + \tan(\beta_i+\phi)]$； $a_1 = H_1 + H_1(\tan\alpha - \tan\alpha_i)/(\cot i + \tan\alpha_i)$ $\sigma_H = h' \cdot \gamma \cdot \lambda_x$；$\sigma'_H = H_b \cdot \Delta\gamma \cdot \lambda_x$； $E_y = E_x \cdot \tan(\alpha_i+\delta)$；$M_y = (B - M_x \cdot \tan\alpha_i/E_x)E_y$； $E_x = (a_1 \cdot \sigma_H - H_b \cdot \sigma'_H)/2$； $M_x = (a_1^2 \cdot \sigma_H - H_b^2 \cdot \sigma'_H)/6$。 公式中第二破裂面上 $\delta = \varphi$
8		$\tan\beta_i = -Q \pm \sqrt{Q^2-R}$ 式中：$\psi = \delta+i$；$\psi_1 = \psi+\varphi$；$Q = 1/[\sqrt{P} \cdot \sin\psi_1] - \cot\psi_1$； $R = \cot\psi_1 \cdot \cot\varphi + [\cos\psi(1 + s \cdot \tan\psi - 2\sqrt{p}\cos\varphi/\cos\psi)]/(P \cdot \sin\varphi \cdot \sin\psi_1)$ $\tan(\alpha_i-i) = [1 - \sqrt{P} \cdot \cos\varphi(1 - \tan\varphi\tan\beta_i)/\cos\psi]\cot\psi$； $\lambda_x = (\tan\alpha_i + \tan\beta_i)/[\tan(\alpha_i+\delta) + \tan(\beta_i+\varphi)]$； $h_s = H_1 \cdot \cos(\alpha-i)/\cos\alpha$；$a_1 = h_s \cdot \sec(\alpha_i-i)/\cos\alpha_i$； $\sigma_H = h_a \cdot \gamma \cdot \lambda_x$；$\sigma_1 = (h_a - h_1) \cdot \gamma \cdot \lambda_x$；$\sigma_0 = h_0 \cdot \gamma \cdot \lambda_x$； $\sigma'_H = H_b \cdot \Delta\gamma \cdot \lambda_x$； $E_y = E_x \cdot \tan(\alpha_i+\delta)$；$M_y = (B - M_x \cdot \tan\alpha_i/E_x)E_y$； 本式中 $P = h_a^2/h_s^2$；$s = \tan i - a \cdot b/h_s^2$； $h_1 = dz/(\tan\alpha_i + \tan\beta_i)$；$h_2 = a_1 - h_1$ $E_x = (h_1 \cdot \sigma_H + a_1 \cdot \sigma_1 - H_b \cdot \sigma'_H)/2$； $M_x = [h_1^2 \cdot \sigma_H + (h_1+a_1)a_1 \cdot \sigma_1 - H_b^2 \cdot \sigma'_H]/6$； 公式中第二破裂面上 $\delta = \varphi$
9		$\tan\theta = -\tan\psi \pm$ $\sqrt{(\tan\psi + \cot\varphi)(\tan\psi + B_0/A_0) - R \cdot \sin(\psi+\beta_i)/(A_0 \cdot \gamma \cdot \sin\varphi \cdot \cos\psi)}$ $R_1 = E_{1x}/\cos(\varphi+\beta_i)$；$\psi = \varphi + \delta_2 - \alpha_2$； $bz = H_2(\tan\theta - \tan\alpha_2)$； $dz = bz + (a+H_1)(\tan\theta - \tan\beta_i)$；$ez = bz + H_c(\tan\theta - \tan\beta_i)$ $\lambda_H = dz/bz$；$\lambda'_H = ez/bz$；$w = A_0 \cdot \tan\theta - B_0$ $\gamma' = \gamma - R_1 \cdot \sin(\theta - \beta_i)/[\cos(\theta+\varphi) \cdot w]$； $\lambda_x = (\tan\theta - \tan\alpha_2)/[\tan(\theta+\varphi) + \tan(\delta_2 - \alpha_2)]$； $\sigma_H = (H+a) \cdot \gamma' \cdot \lambda_x$；$\sigma_1 = (H_1+a) \cdot \lambda_H \cdot \gamma' \cdot \lambda_x$； $\sigma_0 = h_0 \cdot \lambda_H \cdot \gamma' \cdot \lambda_x$； $\sigma'_H = H_b \cdot \gamma' \cdot \Delta\gamma \cdot \lambda_x/\gamma$；$\sigma'_1 = H_c \cdot \lambda'_H \cdot \gamma' \cdot \Delta\gamma \cdot \lambda_x/\gamma$； $E_{2y} = E_{2x} \cdot \tan(\delta_2 - \alpha_2)$； $M_{2y} = (B + M_{2x} \cdot \tan\alpha_2/E_{2x})E_{2y}$； $A_0 = [(H+a)^2 - H_b^2 \cdot \Delta\gamma/\gamma]/2$； $B_0 = \{[H_2(H+H_1+2a) - (H_b^2 - H_c^2)\Delta\gamma/\gamma]\tan\alpha_2$ $+ [(H_1+a)^2 - H_c^2 \cdot \Delta\gamma/\gamma]\tan\beta_i\}/2$； $E_{2x} = [H_2(\sigma_H + \sigma_1) - (H_b - H_c)(\sigma'_H + \sigma'_1)]/2$； $M_{2x} = [H_2^2(\sigma_H + 2\sigma_1) - (H_b - H_c)^2(\sigma'_H + 2\sigma'_1)]/6$

附录 J 挡土墙极限状态分项系数

J.01 重力式挡土墙抗滑动稳定性承载能力极限状态设计分项系数可按表 J.01 采用。

重力式挡土墙抗滑动稳定性承载能力极限状态设计分项系数　　表 J.01

分项系数			组合Ⅰ		组合Ⅱ	组合Ⅲ	组合Ⅳ
			永久荷载；永久荷载+主可变荷载		Ⅰ+施工荷载	Ⅰ+偶然荷载	Ⅰ+地震荷载
			无水	常水位			
不平衡作用水平土压力 γ_{E1}		衡重式	1.25	1.30	1.20	1.25	1.30
		重力式	1.35	1.30	1.20	1.20	1.30
平衡作用	墙体重力 γ_G	衡重式	0.75	0.70	0.90	0.70	0.90
		重力式	0.90	0.65	0.90	0.65	0.90
	竖向土压力 γ_{E2}	衡重式	0.85	0.65	0.85	0.70	0.85
		重力式	0.70	0.70	0.85	0.85	0.95

注：1. 设计结果应采用以上可能组合的最不利计算结果。
2. 洪水位时的设计分项系数选择组合Ⅲ。
3. 组合Ⅰ、组合Ⅱ、组合Ⅲ、组合Ⅳ含义参见附录 N。

J.02 悬臂式挡土墙抗滑动稳定性检算的分项系数可按表 J.02 采用。

悬臂式挡土墙抗滑动稳定性检算的分项系数　　表 J.02

分项系数		组合Ⅰ		组合Ⅱ	组合Ⅲ	组合Ⅳ
		永久荷载；永久荷载+主可变荷载		Ⅰ+施工荷载	Ⅰ+偶然荷载	Ⅰ+地震荷载
		无水	常水位			
不平衡作用水平土压力 γ_{E1}		1.20	1.20	—	1.20	1.20
平衡作用	墙体重力 γ_G	0.85	0.85	—	1.00	0.85
	竖向土压力 γ_{E2}	0.55	0.55	—	0.70	0.50

注：设计结果应采用以上可能组合的最不利计算结果。

J.03 重力式挡土墙抗倾覆稳定性承载能力极限状态设计分项系数可按表 J.03 采用。

重力式挡土墙抗倾覆稳定性承载能力极限状态设计分项系数　　表 J.03

分项系数			组合Ⅰ		组合Ⅱ	组合Ⅲ	组合Ⅳ
			永久荷载；永久荷载+主可变荷载		Ⅰ+施工荷载	Ⅰ+偶然荷载	Ⅰ+地震荷载
			无水	常水位			
不平衡作用水平土压力 γ_{E1}		衡重式	1.50	1.50	1.10	1.30	1.35
		重力式	1.30	1.45	1.10	1.30	1.35

续上表

分项系数			组合Ⅰ		组合Ⅱ	组合Ⅲ	组合Ⅳ
			永久荷载；永久荷载+主可变荷载		Ⅰ+施工荷载	Ⅰ+偶然荷载	Ⅰ+地震荷载
			无水	常水位			
平衡作用	墙体重力 γ_G	衡重式	1.00	0.95	1.0	0.90	1.00
		重力式	0.80	1.00	1.0	0.90	1.00
	竖向土压力 γ_{E2}	衡重式	0.85	0.90	1.0	0.90	0.90
		重力式	0.90	0.80	1.0	0.85	0.90

注：1. 注意事项同表 J.0.1。
2. 悬臂式挡土墙抗倾覆分项系数同衡重式挡土墙。

J.04 基底承载力特征值调整系数可按表 J.04 采用。

基底承载力特征值调整系数 γ_σ 表 J.04

验算项目	组合Ⅴ							
	组合内容①	组合内容②	组合内容③	组合内容④				
	永久荷载	永久作用+主可变荷载	①+施工荷载	①+偶然荷载	①+地震荷载			
					a	b	c	d
墙趾处地基承载力	1.0	1.0	1.2	1.2	1.5	1.4	1.3	1.2
墙踵处地基承载力	1.3	1.3	1.5	1.5	1.95	1.82	1.69	1.56
地基平均承载力	1.0	1.0	1.2	1.2	1.5	1.4	1.3	1.2

注：表中编号 a、b、c、d 与表 7-1 对应。

附录 K 钢筋混凝土结构表面裂缝计算宽度限制值

K.01 钢筋混凝土结构表面裂缝计算宽度限制值需按表 K.01 采用。

钢筋混凝土结构表面裂缝计算宽度限制值(mm) 表 K.01

环境类别	环境等级	表面裂缝计算宽度最大限值
碳化环境	T1	0.2
	T2	0.2
	T3	0.2
氯盐环境	L1	0.2
	L2	0.2
	L3	0.15
化学侵蚀环境	H1	0.2
	H2	0.2
	H3	0.15
	H4	0.15
盐类结晶破坏环境	Y1	0.2
	Y2	0.2
	Y3	0.15
	Y4	0.15
冻融破坏环境	D1	0.2
	D2	0.2
	D3	0.15
	D4	0.15
腐蚀环境	M1	0.2
	M2	0.2
	M3	0.15

附录 L 铁路标准路基面宽度

L.01 常用客货共线非电气化铁路直线地段标准路基面宽度可按表 L.01 取值。

常用客货共线非电气化铁路直线地段标准路基面宽度　　　表 L.01

项　目			单位	Ⅰ级铁路			Ⅱ级铁路
设计速度			km/h	200	160	120	≤120
双线线间距			m	4.4	4.2	4.0	4.0
道床顶面宽度			m	3.5	3.4	3.4	3.4
基床表层类型	土质	道床厚度	m	—	0.5	0.5	0.45
		单线　路堤	m	—	7.8	7.8	7.5
		单线　路堑	m	—	7.8	7.8	7.5
		双线　路堤	m	—	12.2	12.0	11.8
		双线　路堑	m	—	12.2	12.0	11.8
	硬质岩石	道床厚度	m	0.35	0.35	0.35	0.3
		单线路堑	m	7.7	7.2	7.2	7.0
		双线路堑	m	12.3	11.6	11.4	11.2
	级配碎石或级配砂砾石	道床厚度	m	0.3	0.3	—	—
		单线　路堤	m	7.5	7.0	—	—
		单线　路堑	m	7.5	7.0	—	—
		双线　路堤	m	12.1	11.4	—	—
		双线　路堑	m	12.1	11.4	—	—

注：表中路基面宽度按下列条件计算确定，如有变化需另行计算确定。
 1. 无缝线路轨道、60kg/m 钢轨。
 2. Ⅰ级铁路采用Ⅲ型混凝土枕，Ⅱ级铁路采用新Ⅱ或混凝土枕。

L.02 客货共线电气化铁路直线地段标准路基面宽度可按表 L.02 选取。

客货共线电气化铁路直线地段标准路基面宽度　　　表 L.02

项　目	单位	Ⅰ级铁路			Ⅱ级铁路
设计速度	km/h	200	160	120	≤120
双线线间距	m	4.4	4.2	4.0	4.0
道床顶面宽度	m	3.5	3.4	3.4	3.4

续上表

项目			单位	Ⅰ级铁路			Ⅱ级铁路
基床表层类型	土质	道床厚度	m	—	0.5	0.5	0.45
		单线 路堤	m	—	8.1(7.8)	8.1(7.8)	8.1(7.7)
		单线 路堑	m	—	8.1(7.8)	8.1(7.8)	8.1(7.7)
		双线 路堤	m	—	12.3(12.2)	12.1(12)	12.1(11.8)
		双线 路堑	m	—	12.3(12.2)	12.1(12)	12.1(11.8)
	硬质岩石	道床厚度	m	0.35	0.35	0.35	0.3
		单线路堑	m	8.1(7.7)	8.1(7.7)	8.1(7.7)	8.1(7.7)
		双线路堑	m	12.5(12.3)	12.3(11.9)	12.1(11.7)	12.1(11.7)
	级配碎石或级配砂砾石	道床厚度	m	0.3	0.3	—	—
		单线 路堤	m	8.1(7.7)	8.1(7.7)	—	—
		单线 路堑	m	8.1(7.7)	8.1(7.7)	—	—
		双线 路堤	m	12.5(12.1)	12.3(11.9)	—	—
		双线 路堑	m	12.5(12.1)	12.3(11.9)	—	—

注：1. 表中路基面宽度按下列条件计算确定，如有变化需另行计算确定：
  (1)无缝线路轨道、60kg/m 钢轨。
  (2)Ⅰ级铁路采用Ⅲ型混凝土枕，Ⅱ级铁路采用新Ⅱ或混凝土枕。
  (3)路基面处接触网支柱内侧至线路中心的距离为 3.1m。
2. 括号外为采用横腹杆式接触网支柱时路基面宽度，括号内为采用环形等径支柱时路基面宽度。

L.03 高速铁路标准路基面宽度可按表 L.03 选取。

高速铁路标准路基面宽度　　　　　　　　　　　　　表 L.03

项目		单位	有砟轨道			无砟轨道		
设计速度		(km/h)	350	300	250	350	300	250
双线线间距		m	5.0	4.8	4.6	5.0	4.8	4.6
道床厚度		(m)	0.35	0.35	0.35	—	—	—
路基面宽度	单线	(m)	8.8	8.8	8.8	8.6	8.6	8.6
	双线	(m)	13.8	13.6	13.4	13.6	13.4	13.2

注：1. 表中路基面宽度计算时按路肩设电缆槽考虑，如有变化，应计算调整路基面宽度。
2. 表中数值是按路基面处接触网支柱内侧至线路中心的距离有砟轨道为 3.1m、无砟轨道为 3.0m 计算的，如有变化时，应计算调整路基面宽度。

L.04 城际铁路直线地段标准路基面宽度可按表 L.04 选取。

城际铁路直线地段标准路基面宽度　　　　　　　　　表 L.04

项目	单位	有砟轨道					无砟轨道		
设计速度	(km/h)	200		160		120	200	160	120
双线线间距	m	4.2		4.0		4.0	4.2	4.0	4.0
道床结构	层	单	单	双	单	双	—	—	—
道床厚度	(m)	0.30	0.35	0.30	0.5	0.3	0.45	—	—	—

续上表

项目		单位	有砟轨道						无砟轨道		
路基面宽度	单线 路肩上不设电缆槽	(m)	7.3	7.3	7.3	7.8	7.3	7.6	6.1	6.1	6.1
	单线 路肩上设电缆槽	(m)	7.3	7.3	7.3	7.8	7.3	7.6	6.1	6.1	6.1
	双线 路肩上不设电缆槽	(m)	11.5	11.7	11.3	12.0	11.3	11.8	10.3	10.1	10.1
	双线 路肩上设电缆槽	(m)	13.0	13.0	12.8	12.8	12.8	12.8	11.8	11.6	11.6

注：表中数值是按路基面处接触网支柱内侧至线路中心的距离有砟轨道为3.1m、无砟轨道为2.5m计算的，如有变化时，应计算调整路基面宽度。

L.05 重载铁路直线地段标准路基面宽度可按表L.05选取。

重载铁路直线地段标准路基面宽度 表L.05

项目			单位	有砟轨道			
双线线间距			m	4.0			
道床结构			层	单		双	
道床厚度			(m)	0.35	0.30	0.55	0.50
路基面宽度	单线	路堤	(m)	8.1	8.1	8.5	8.3
		路堑	(m)	8.1	8.1	8.1	8.1
	双线	路堤	(m)	12.1	12.1	12.7	12.5
		路堑	(m)	12.1	12.1	12.3	12.1

注：表中数值是按路基面处接触网支柱内侧至线路中心的距离为3.1m计算的，如有变化时，应计算调整路基面宽度。

附录 M 铁路路基面以上轨道和列车荷载

M.01 客货共线铁路路基面以上轨道和列车荷载可按表 M.01 采用。

客货共线铁路轨道和列车荷载 表 M.01

项 目			单位	I 级铁路					II 级铁路
设计速度			km/h	200	160	160	120	120	≤120
钢轨自重			kg/m	60	75	60	60	50	50
混凝土轨枕型号			—	Ⅲ	Ⅲ	Ⅲ	Ⅲ	Ⅱ	Ⅱ
混凝土轨枕长度			m	2.6	2.6	2.6	2.6	2.5	2.5
铺轨根数			根	1667	1667	1667	1667	1760	1760
双线线间距			m	4.4	4.2	4.2	4.0	4.0	4.0
道床顶面宽度			m	3.5	3.5	3.4	3.4	3.3	3.3
道床边坡坡率			—	1.75	1.75	1.75	1.75	1.75	1.75
基床表层类型	土质	道床厚度	m	—	0.5	0.5	0.5	0.45	0.45
		荷载分布宽度	m	—	3.7	3.7	3.7	3.5	3.5
		轨道单位荷载 q_1	kN/m²	—	19.07	18.61	18.61	16.79	16.79
		列车单位荷载 q_2	kN/m²	—	42.23	42.23	42.23	44.04	44.04
		单位荷载合计 q	kN/m²	—	61.30	60.84	60.84	60.83	60.83
	硬质岩石	道床厚度	m	0.35	0.35	0.35	0.35	0.3	0.3
		荷载分布宽度	m	3.4	3.4	3.4	3.4	3.2	3.2
		轨道单位荷载 q_1	kN/m²	15.47	15.51	15.11	15.11	13.24	13.24
		列车单位荷载 q_2	kN/m²	45.96	45.96	45.96	45.96	48.82	48.82
		单位荷载合计 q	kN/m²	61.43	61.47	61.06	61.06	62.07	62.07
	级配碎石或级配砂砾石	道床厚度	m	0.3	0.3	0.3	—	—	—
		荷载分布宽度	m	3.3	3.3	3.3	—	—	—
		轨道单位荷载 q_1	kN/m²	14.25	14.29	13.91	—	—	—
		列车单位荷载 q_2	kN/m²	47.35	47.35	47.35	—	—	—
		单位荷载合计 q	kN/m²	61.60	61.64	61.26	—	—	—

注：表中列车单位荷载按普通活载计算。

M.02 高速铁路路基面以上轨道和列车荷载可按表 M.02 采用。

附录M 铁路路基面以上轨道和列车荷载

高速铁路轨道和列车荷载 表 M.02

轨道形式	荷载分布宽度 (m)	轨道和列车单位荷载(kN/m^2)			线间荷载 q_0 (kN/m^2)
		轨道 q_1	列车 q_2	总荷载 q	
CRTS Ⅰ型板式无砟轨道	3.0	12.6	41.7	54.3	13.2
CRTS Ⅱ型板式无砟轨道	3.25 (2.95)	11.6 (14.3)	38.5 (42.4)	50.1 (56.7)	14.1 (12.0)
CRTS Ⅲ型板式无砟轨道	3.1	13.7	40.4	54.1	2.3
CRTS Ⅰ型双块式无砟轨道	3.4	13.7	36.8	50.5	15.1
有砟轨道	3.4	17.3	36.8	54.1	10.7

注:1. CRTS Ⅱ型板式无砟轨道栏中,括号内为摩擦板范围内的荷载值,扩号外为摩擦板范围以外的荷载值。
2. 表中列车单位荷载按 ZK 普通活载计算。

M.03 城际铁路路基面以上轨道和列车荷载可按表 M.03 采用。

城际铁路轨道和列车荷载 表 M.03

轨道类型	设计速度 (km/h)	道砟厚度 (m)	荷载分布宽度 (m)	单位荷载(kN/m^2)		
				轨道 q_1	列车 q_2	总荷载 q
有砟轨道	200	0.30	3.3	19.3	28.5	47.8
		0.35	3.4	20.5	27.6	48.1
	160	0.30	3.3	18.8	28.5	47.3
		0.50	3.7	23.3	25.4	48.7
	120	0.30	3.3	18.8	28.5	47.3
		0.45	3.6	22.2	26.1	48.3

注:表中未包含的轨道形式应另行计算确定。表中列车单位荷载按 ZC 普通活载计算。

M.04 重载铁路路基面以上轨道和列车荷载可按表 M.04 采用。

重载铁路轨道和列车荷载 表 M.04

基床表层类型	道床厚度 (m)	设计轴重 (kN)	荷载分布宽度 (m)	单位荷载(kN/m^2)		
				轨道 q_1	列车 q_2	总荷载 q
级配碎石或级配砂砾石	0.3	250	3.3	16.1	47.4	63.5
		270	3.3	16.1	51.1	67.2
	0.35	250	3.4	17.3	46.0	63.3
		270	3.4	17.3	49.6	66.9
		300	3.4	17.3	55.2	72.5
A组填料	0.5	250	3.7	20.8	42.2	63
		270	3.7	20.8	45.6	66.4
	0.55	300	3.8	21.8	49.3	71.1

注:表中列车单位荷载按 ZH 普通活载计算。

附录 N 常用设计状况下的作用组合

N.01 常用设计状况下的作用组合按表 N.01 采用。

常用设计状况下的作用组合　　　　　表 N.01

项目		作用组合形式			
		永久荷载 永久荷载+主可变荷载	Ⅰ+短暂可变荷载	Ⅰ+偶然荷载	Ⅰ+地震荷载
承载能力极限状态	组合名称	组合Ⅰ （持久组合）	组合Ⅱ （短暂组合）	组合Ⅲ （偶然组合、不含地震）	组合Ⅳ （地震组合）
	取值特点	设计值	设计值	偶然作用项 可取标准值	地震作用项 可取标准值
	示例	一般地区和浸水地区常水位时	受施工荷载作用	浸水地区 洪水位时	地震地区
正常使用极限状态	组合名称	组合Ⅴ （标准组合）	组合Ⅵ （准永久组合）	组合Ⅴ （标准组合）	组合Ⅵ （准永久组合）	
	取值特点	标准值	准永久值	标准值	准永久值	
	示例	裂缝宽度检算	变形或位移检算	裂缝宽度检算	变形或位移检算	

注：1. 组合中的作用应乘以分项系数。
　　2. 列车荷载为主可变荷载。

附录 O 地 震 角

O.01 常用设计状况下的作用组合按表 O.01 采用。

地 震 角　　　　　　　　　　　　　　　　表 O.01

地震角		A_g			
		0.1g、0.15g	0.2g	0.3g	0.4g
θ	水上	1°30′	3°	4°30′	6°
	水下	2°30′	5°	7°30′	10°

注：表中 A_g 为地震峰值加速度。

参 考 文 献

[1] 中国铁路总公司.铁路路基设计规范(极限状态法):Q/CR 9127—2018[S].北京:中国铁道出版社,2018.

[2] 国家铁路局.铁路路基支挡结构设计规范:TB 10025—2019[S].北京:中国铁道出版社,2019.

[3] 中铁二院工程集团有限责任公司.铁路路基典型结构极限状态法试设计报告——分报告二[R].北京:中国铁路总公司 2017.

[4] 中铁二院工程集团有限责任公司,西南交通大学.铁路路基支挡结构极限状态设计方法研究[R].成都:中铁二院工程集团有限责任公司,2014.

[5] 中铁二院工程集团有限责任公司,西南交通大学.铁路路基支挡结构极限状态设计验证研究[R].成都:中铁二院工程集团有限责任公司,2016.

[6] 中铁二院工程集团有限责任公司.铁路路基支挡结构极限状态及自洽性及相关问题研究[R].成都:中铁二院工程集团有限责任公司,2017.

[7] 中铁二院工程集团有限责任公司.可靠性设计标准指标体系的统一性研究[R].成都:中铁二院工程集团有限责任公司,2020.

[8] 魏永幸,罗一农,刘昌清.支挡结构设计的可靠性[M].北京:人民交通出版社股份有限公司,2017.

[9] 李海光,等.新型支挡结构设计与工程实例[M].北京:人民交通出版社,2011.

[10] 李毓林,等.铁路工程设计技术手册——路基[M].北京:中国铁道出版社,1992.

[11] 尉希成.支挡结构设计手册[M].北京:中国建筑工业出版社,2004.

[12] 李广信.土力学[M].2版.北京:清华大学出版社,2013.

[13] 魏永幸,罗一农,刘昌清.基于极限状态法的悬臂式挡土墙设计研究[J].铁道工程学报,2014(11):6-9.

[14] 郭海强,罗一农,王占盛.地震作用下支挡结构的设计式研究[J].路基工程,2018,200(05):8-12.

[15] 郭海强,罗一农,李安洪.倾斜基底作用对挡土墙可靠指标的影响[J].高速铁路技术(4):5-8.

[16] 郭海强.一种扫描搜索土压力计算方法:中国,201910392991.5[P].2019-05-13.

[17] 罗一农,丁兆锋.重力式挡墙的选型及其布置探讨[J].铁道工程学报(04):25-29.

[18] 罗一农,王占盛,郭海强.分项系数与目标可靠指标的关系及其应用[J].高速铁路技术,2018,9(1).

[19] 罗一农,李安洪,王占盛,等.概率设计法和定值设计法的辨证关系[J].路基工程,2018(2):1-4.

[20] 罗一农,刘昌清,魏永幸.支挡结构的可靠指标与分项系数关系研究[J].铁道工程学报,2014(7):38-42.

[21] 罗一农,刘昌清,魏永幸.支挡结构极限状态的划分探讨[J].铁道工程学报,2014(9):

26-29.

[22] 罗一农,刘昌清,魏永幸.基于极限状态法的桩板式挡土墙设计研究[J].铁道工程学报,2014(11):10-14.

[23] 刘昌清,罗一农,魏永幸.基于概率的支挡土压力及其对可靠指标的影响[J].铁道工程学报,2014(7):43-47.

[24] 刘昌清,罗一农,魏永幸.基于极限状态设计法的重力式挡墙设计研究[J].铁道工程学报,2014(9):30-34.

[25] 王占盛,罗一农,李安洪,等.变量相关性对分项系数的影响分析[J].铁道工程学报,2017(02):39-44.

[26] 王占盛,罗一农,魏永幸,等.变量相关性对可靠指标的影响分析[J].铁道工程学报,2016,33(12):19-24.

[27] 王占盛,罗一农,徐骏.国内外工程结构可靠性设计标准对比[J].路基工程,2018(3):1-5.

[28] 周诗广,张玉玲.我国铁路工程结构设计方法转轨的认识和思考[J].铁道经济研究,2011(3):27-32.

[29] 中国建筑科学研究院.工程结构可靠度设计统一标准:GB 50153—2008[S].北京:中国计划出版社,2008.

[30] 国家铁路局.铁路路基设计规范:TB 10001—2016[S].北京:中国铁道出版社,2016.

[31] 中华人民共和国交通部.公路工程结构可靠性设计统一标准:GB/T 50283—1999[S].北京:中国计划出版社,1999.

[32] 中华人民共和国建设部.混凝土结构设计规范:GB 50010—2010[S].北京:中国建筑工业出版社,2010.

[33] 中国铁路总公司.铁路工程结构可靠性设计统一标准(试行):Q/CR 9007—2015[S].北京:中国铁道出版社,2015.

[34] 中华人民共和国交通运输部.公路工程抗震规范:JTG B02—2013[S].北京:人民交通出版社,2013.

[35] 中华人民共和国铁道部.铁路工程抗震设计规范:GB 50111—2016[S].北京:中国计划出版社,2016.

[36] 贺才钦.折线形墙下墙力多边形法的土压力图形及其力臂[J].科学技术通讯,1989(1):10-16.

[37] 王炳锟,邢富强,李庆海.关于挡土墙土压力简化计算方法的探讨[J].路基工程,2011(06):139-141.

[38] 王世强,李长松.浅谈折线形墙背的土压力计算[J].黑龙江交通科技,2010,33(6):70.

[39] 沈在康.混凝土结构设计新规范应用讲评[M].北京:中国建筑工业出版社,1993.

[40] 杨广庆.土工格栅加筋土结构理论及工程应用[M].北京:科学出版社,2010.

[41] 柯国军.土木工程材料[M].北京:北京大学出版社,2012.

[42] 高大钊.关于岩土设计参数标准值计算公式的讨论[J].工程勘察,1996,000(003):5.

[43] 中华人民共和国住房和城乡建设部.工程结构可靠度设计统一标准:GB 50153—2008

[S].北京:中国计划出版社,2008.

[44] EN1990—2002, Eurocode-basis of Structure Design[S]. British:BSI,2002.

[45] 中华人民共和国交通运输部.港口工程结构可靠性设计统一标准:GB 50158—2010[S].北京:中国计划出版社,2010.

[46] 中华人民共和国交通运输部.公路工程结构可靠性设计统一标准:GB/T 50283—1999[S].北京:中国计划出版社,1999.

[47] 中华人民共和国交通运输部.建筑结构可靠性设计统一标准:GB 50068—2001[S].北京:中国建筑工业出版社,2001.

[48] 中国铁路总公司.铁路工程结构可靠性设计统一标准(试行):Q/CR 9007—2015[S].北京:中国铁道出版社,2015.

[49] 中华人民共和国交通运输部.公路工程抗震规范:JTG B02—2013[S].北京:人民交通出版社,2013.

[50] 国家能源局.水电工程水工建筑物抗震设计规范:NB 35047—2015[S].北京:中国电力出版社,2015.

[51] 中华人民共和国住房和城乡建设部.建筑抗震设计规范:GB 50011—2010[S].北京:中国建筑工业出版社,2010.

[52] 中华人民共和国交通运输部.水运工程抗震设计规范:JTS 146—2012[S].北京:人民交通出版社,2012.

[53] 谢清泉,刘昌清,王卉,等.悬臂式挡土墙土压力计算方法对比研究[J].路基工程,2020(05):110-114+125.